本书为山东社科院创新工程重大支撑项目成果

孟子与中韩儒学

孙聚友　石永之◎主编

中国社会科学出版社

图书在版编目(CIP)数据

孟子与中韩儒学/孙聚友,石永之主编.—北京:中国社会科学出版社,2018.11(2020.6重印)
ISBN 978-7-5203-3615-4

Ⅰ.①孟… Ⅱ.①孙…②石… Ⅲ.①孟轲(约前372-前289)—哲学思想—文集 Ⅳ.①B222.05-53

中国版本图书馆 CIP 数据核字(2018)第 265869 号

出 版 人	赵剑英
责任编辑	冯春风
责任校对	张爱华
责任印制	张雪娇

出　　版	中国社会科学出版社
社　　址	北京鼓楼西大街甲 158 号
邮　　编	100720
网　　址	http://www.csspw.cn
发 行 部	010-84083685
门 市 部	010-84029450
经　　销	新华书店及其他书店

印　　刷	北京君升印刷有限公司
装　　订	廊坊市广阳区广增装订厂
版　　次	2018 年 11 月第 1 版
印　　次	2020 年 6 月第 2 次印刷

开　　本	710×1000　1/16
印　　张	24.5
插　　页	2
字　　数	402 千字
定　　价	98.00 元

前　言

中韩儒学交流大会是纪念习近平总书记 2013 年曲阜重要讲话五周年重要活动，是中韩两国之间持续至今的重要学术交流活动。自 2014 年以来，在山东省人民政府外事办公室和韩国驻青岛总领事馆的大力支援下，山东社会科学院与韩国安东大学等机构共同举办了四届"中韩儒学交流大会"，会议分别围绕"儒家文明的传承与创新""中韩儒学比较与发展""一带一路发展战略与儒家大同思想""儒学与东亚文明"四个主题进行了深入探讨和广泛交流。与会学者就中韩儒家文明的历史传承、当代价值和创新发展，儒家文明的创造性发展和创新性转换，儒家文明与世界和平发展等议题进行了研讨，取得了很好的社会反响。

在成功举办四届"中韩儒学交流大会"的基础上，"第五届中韩儒学交流大会"于 2018 年 8 月 6 日至 9 日在孟子故里——山东省邹城市举办。本次会议由山东社会科学院、韩国国立安东大学、山东省邹城市人民政府共同主办，山东省人民政府外事侨务办公室、山东智库联盟、中国孔子基金会、中国孔子研究院、韩国驻青岛总领事馆、韩国成均馆大学支援，山东社会科学院国际儒学研究与交流中心、韩国国立安东大学孔子学院和孟子研究院承办。山东社会科学院院长张述存到会并致开幕辞，韩国驻青岛总领事馆总领事朴镇雄先生、济宁市委常委、邹城市委书记张百顺等出席会议并致辞。大会由孟子研究院党委书记赵永和主持，山东社会科学院党委副书记王兴国致闭幕辞。

大会的主题是"孟子与中韩儒学"，设有四个分选题，包括：（1）孟子思想研究；（2）中韩孟学史研究；（3）中韩孟子思想比较研究；（4）孟子思想在中韩儒学发展中的传承与创新。来自复旦大学、中国社会科学院、中国孔子基金会、孔子研究院、中山大学、华东师范大学、山东大学、上海师范大学、西北大学、山东社会科学院、孟子研究院，以及韩国国立安东大学、韩国成均馆大学、韩国朝鲜大学、韩国启明大学、韩国同德女子大学等高等院校和研究机构的六十多位专家学者参加会议。会议先后共举行七场学术交流，与会专家学者分别从不同的国情和学术视角出发，就孟子思想之于现当代社会的历史价值和时代意义进行了深入挖掘和探析，围绕孟子与中韩孟学史、中韩孟子思想比较研究、孟子思想在中韩儒学发展中的传承与创新等议题进行了切磋和探究。与会学者认为，文化是人类文明进步的结晶和先导，是一个文明国度必备的文明样态。儒家文化无疑是具有鲜明东方特色的文明形式，儒学也潜移默化地塑造了东方文明的基本底色。孟子是继孔子之后儒家又一重要代表人物，以承继和发扬孔子思想为己任，不仅完善了儒学思想体系，而且将之发扬光大，堪为儒家思想的集大成者。孟子不仅于中国影响巨大，而且其思想早已飞跃国界，影响波及世界。

本次会议的召开，对于实现儒家文化的创新性发展与创造性转化，拓展和拓宽儒学研究新方向和新领域，特别是深刻揭示孟子思想在当今世界文明发展中的地位和价值，深入激发孟学在促进人类社会文明和谐发展、共同构建人类命运共同体等方面的作用，都具有重要而深远的现实意义和时代价值。

目　录

山东社会科学院院长张述存先生在第五届中韩儒学交流大会开幕式上的致辞

尊敬的朴镇雄总领事，尊敬的王志民副主席，尊敬的张百顺书记，各位来宾，女士们，先生们：

大家上午好！

"云天收夏色，木叶动秋声。"在这恰逢立秋，喜迎收获的美好时节，来自中韩两国的专家学者，以及媒体界的各位朋友们，齐聚邹鲁圣地、孟子故里，隆重举行第五届中韩儒学交流大会，可谓群贤毕至、智慧激荡。在此，我代表山东社会科学院对大会的胜利召开，表示热烈的祝贺！对出席会议的各位嘉宾，表示诚挚的欢迎！对各个主办方和支援单位表示诚挚的谢意！向为本次会议顺利召开，付出巨大努力的邹城市政府以及孟子研究院，表示衷心的感谢！

今年是习近平总书记2013年在曲阜发表重要讲话五周年，为推进中韩两国之间的人文交流，我们在孟子故里，论说孟子思想，领悟孟子智慧，举办"第五届中韩儒学交流大会"，可谓恰逢其时，恰适其地，这是中韩儒学界意义重大的又一盛事。

邹城是孟子故里，被誉为"孔孟桑梓之邦，文化发祥之地"。两千多年前，邹鲁文化孕育了孔子、孟子等古圣先贤。孔子创立儒家学说，孟子继往开来，以其泰山岩岩的崇高品格，至大至刚的浩然正气，明道救世的忧患精神，论性善，倡仁政，重民本，求治世，崇尚"富贵不能淫，贫贱不能移，威武不能屈"的大丈夫人格，倡导"舍生取义"的献身精神，发展、创新了儒家思想体系。孟子以其卓越的思想贡献和杰出的文化功绩，受到了历代世人的推崇，被后世尊称为"亚圣"。以孔孟之道为核心的儒家思想，是中国传统文化的重要组成部分，对中华文明产生了深刻影响。

人文化成之大道，放之四海而皆准。中韩两国一衣带水，儒学交流源远流长。作为儒家文化的重要组成部分，孟子思想在韩国儒学发展史上也是广受重视，研究成果蔚为大观。大儒李退溪、李栗谷均著有《孟子释义》。孟子思想对韩国社会文化的进步发展，也产生了深远的历史影响，具有重要的文化价值。

习近平总书记指出，不忘本来才能开辟未来；善于继承才能更好创新。当今社会，人类面临着许多共同性问题，需要运用人类历史上积累和储存的智慧和力量来解决。弘扬孟子思想精华，传承儒家优秀文化，实现儒学在当代社会中的引领作用、教化作用、凝聚作用和导向作用，我们就要跟随时代进步，关注现实问题，以传统观照现代，从现代反思传统，大力推动中韩儒学的交流发展，加强儒学与其他文明的交流互鉴，深入探讨儒学思想的现代价值，为当代社会的进步发展，提供正确的精神指引，让智慧的光芒穿透历史，让思想的价值跨越时空！

本次会议来自中韩儒学领域的知名专家，将围绕"孟子与中韩儒学"这一主题，就孟子思想研究、中韩孟学史研究、中韩孟子思想比较研究、孟子思想在中韩儒学发展中的传承与创新等议题，进行深入广泛的交流探讨。我相信，在大家共同努力下，中韩儒学交流大会一定会增进理解，增进交流，增进友谊，结出丰硕的果实。

最后，预祝本次会议取得圆满成功！预祝大家在邹城工作生活一切顺利！

谢谢大家！

韩国驻青岛总领事馆总领事朴镇雄先生的致辞

尊敬的王志民副主席、尊敬的山东社会科学院张述存院长、尊敬的孟子学院的院长，安东大学李润和院长，以及在座的各位贵宾：

大家好！

今天，第五届中韩儒学交流大会在儒学发祥地、孟子故乡、山东省邹城市举办，来自两国的学者参加大会，我对此表示衷心的祝贺！

儒学文化在过去的两千多年里，在中韩两国历史上具有源远流长的发展过程，两国应继续共享儒学的精神价值，加强交流，进一步发扬光大，从这一点来说，自2014年起持续举办的中韩儒学交流大会，通过两国共同关注的问题——儒学，为两国关系的发展作出了积极的贡献。同时也期待中韩儒学交流大会，为推动两国儒学研究的更高层次发展作出更多贡献。

韩国有句俗话"雨后的土地更加结实"，中国也有句名言"梅花香自苦寒来"。中韩两国关系虽然暂时遇到一些困难，但在去年积极努力下，韩中两国一致认为加强两国交流合作，符合两国的共同利益，两国要共同推动各领域的交流合作回到正常的轨道。相信以后两国关系将比任何时候更加成熟。

今后，总领事馆也将为韩国与山东之间的儒学交流给予积极支持。最后，希望在座的各位更加积极支持我们参加的各种学术活动。最后借此机会，向筹备本次中韩儒学交流大会付出辛勤努力的孟子学院、山东社会科学院、安东大学、成均馆大学等机构，表示诚挚的谢意，谢谢大家！

中共济宁市委常委、邹城市委书记
张百顺同志的致辞

尊敬的朴镇雄总领事、尊敬的王志民副主席、张述存院长，各位嘉宾、女士们、先生们：

今天第五届中韩儒学交流大会在孟子故里——邹城举办，我谨代表邹城市委市政府对各位嘉宾的到来表示热烈的欢迎！对大家长期以来给予邹城的关心、支持表示衷心的感谢！

文化是一个民族的血脉和灵魂，两千多年来，由孔子创立、孟子发扬光大的儒家思想、儒家文化，历经千载而不衰，历经沧桑而弥新，不仅成为中华文化的骨干，塑造了中华民族的基本性格，并且跨越国界，润泽四海。

以习近平总书记为核心的党中央高度重视传统文化的传承发展，从中华民族最深沉精神追求的深度，看待优秀文化。优秀的传统文化从推动中华民族现代化进程的高度创新发展优秀传统文化。2013年11月，习近平总书记视察济宁时发表了重要讲话，站在历史和时代的高度，阐明了四个"讲清楚"的重大历史课题，对传承优秀传统文化给予殷切的期望，为我们弘扬、传承、发展优秀传统文化指明了方向，提供了遵循。

近年来，围绕传承、弘扬优秀传统文化，山东省做出了建设优秀传统文化传承发展示范区的重大决策部署，并上升为国家战略。邹城作为国家历史文化名城，作为优秀传统文化传承发展示范区三大核心区之一，肩负着重要的责任和光荣的使命。我们始终以高度的文化自觉和文化自信，全面深化文化研究，高水平推进孟子思想、儒教文化、邹鲁文化的传承弘扬，形成了《孟子文献集成》等系列研究成果。我们还深入推动文旅融合，着力打造文化品牌，高标准建设孟子研究院新院，连年举办母亲文化节，有力推动了优秀传统文化创造性转化、创新性发展。

中韩儒学交流大会作为两国之间的重要学术交流活动，已经连续举办四届，取得了良好的社会反响。本届大会，以"孟子与中韩儒学"为主题，旨在进一步拓展孟子思想的研究深度，推动儒学发扬光大。

我们相信，本届大会必将是一次成功的儒学盛会、文化盛宴，必将推动孟子思想焕发出夺目的时代光彩。预祝本次大会取得圆满成功，祝各位嘉宾在邹城期间身体健康、工作顺利，万事如意。

谢谢大家！

孟子说的"大丈夫"是什么？

安秉杰

（韩国国立安东大学东洋哲学系　教授）

2016 年 8 月中韩儒学交流学术大会的主题是"儒家大同思想"，笔者指出孔子说的"博施济众"和"安百姓"是现在儒学要做的事。今天有关孟子思想的探索，把这个主题放首位将窥见孟子的"大丈夫"论思想特点。

"大同"是世界人民都毫无差别地过日子，尤其是像人一样生活。但是，在东西方历史上，实在没有真正实现，世界也没有完全出现像人一样过好的人间。

对此，我关注"修己以安百姓"。"安百姓"不仅是经济稳定，而是"让人活得像人一样"。这意味着万民过得安逸，并不是一件容易的事。因此孔子说："尧舜其犹病诸"。①

一　孟子说的"大丈夫"：居天下之广居，立天下之正位，行天下之大道

《孟子》与《论语》都是朝鲜时代儒生的必读书籍。朝鲜的知识分子以孟子主张的性善说理解人间，把王道政治作为经世思想的基础，认为孟子所提到的"井田说"和"十分之一税"是圣人制定的制度。目前，在

---

① 《论语·雍也28》："子贡曰如有博施于民而能济众者何如？可谓仁乎？子曰何事于仁？必也圣乎！尧舜其犹病诸"。《论语·宪问45》："子路问君子．子曰修己以敬，……修己以安百姓．修己以安百姓，尧舜其犹病诸"。

韩国研究儒学的学者们，对孟子的理解也大同小异。其"性善说"和"王道政治思想"成为了关注的焦点，同时对于"辟异端论""浩然之气"等方面扩大研究范围。

如果在21世纪寻找人类和世界的发展的方法，笔者要关注孟子对"大丈夫"和"大人"的阐释。《孟子》里常提到"大丈夫（度量大的男人）"的概念。孟子自己也是一个浩然之气的人，看他所说的：

景春曰：公孙衍，张仪，岂不诚大丈夫哉！一怒而诸侯惧，安居而天下熄。

孟子曰："是焉得为大丈夫乎？子未学礼乎？丈夫之冠也，父命之；女子之嫁也，母命之。往，送之门，戒之曰："往之女家，必敬必戒，无违夫子！以顺为正者，妾妇之道也。居天下之广居，立天下之正位，行天下之大道。得志，与民由之；不得志，独行其道。富贵不能淫，贫贱不能移，威武不能屈，此之谓大丈夫。"①

张仪和公孙衍之类的人是拥有至高权力的人物。他们是孟子同时代人们的羡慕对象。但是孟子对他们的评价却不同，依照孟子的观点，他们只从王的意愿，按照王的要求来做，就像顺宗的妾妇，这并不是大丈夫。

孟子眼中的"大丈夫"是跟权势毫不相干的人，大丈夫能做到的根据是什么？他说："居天下之广居，立天下之正位，行天下之大道。"在《朱子集注》中有相关阐释，"广居，仁也。正位，礼也。大道，义也"。②大丈夫是立足于仁，具有礼，践行义的人。他说："大丈夫不屈服于富贵、贫贱、武力，因此比起有权力的人，与无力的百姓在一起的人更容易成为大丈夫"。

二　"贱丈夫"，孟子批评天下的财利垄断的人

在《孟子》中，与"大丈夫"正好相反的人物就是"贱丈夫"。

"古之为市也，以其所有易其所无者。有司者治之耳。有贱丈夫

---

① 《孟子·滕文公下》。
② 《孟子·离娄上》。

焉，必求垄断而登之，以左右望，而罔市利。人皆以为贱，故从而征之。征商自此贱丈夫始矣。"①

这是在齐国做官的孟子拒绝了齐王赐予的都城大宅邸和一万千钟的俸禄，罢官离开时所说的。人生在世，我们可以用自己的东西与别人拥有的东西等价交换，彼此不损人利己。可是世上也有人做不到体谅别人，反而像垄断天下利益的黑心商人一样，这样的人大有人在。上面的文章批判那些贪财的人，孟子把这些人界定为卑鄙小人，即"贱丈夫"。孟子批判那些只顾自己利益的人。

三　谁是"大丈夫""大人"？

(1) 正己而物正者

强调"大丈夫"的孟子多次提到"大人"：

> 有事君人者，事是君则为容悦者也。有安社稷臣者，以安社稷为悦者也。有天民者，达可行于天下而后行之者也。有大人者，正己而物正者也。②

在孟子看来世上有各种各样的人，有些人认为，对强者阿谀奉承是自己的能力；有些人认为，愚直地忠诚是一件自豪的事。虽然不知道有没有孟子所说的"天民"，可是与周围人的眼光无关，只顾自己利益的人很多，这是很明显的事情。列举了这些人之后，孟子说出了"大人"。所谓"大人"，是端正自己而已，别人受他影响以后也会变成正直的人。其实大人并不是主动影响他人，但见过他的人会自然而然地被教化。③

---

① 《孟子·公孙丑下》。
② 《孟子·尽心上》。
③ 与此关联，希望与"夫君子所过者化，所存者神．上下与天地同流"《孟子·尽心上》一起观看。大人的"正己而物正"只能说是和"所过者化，所存者神"表达不同，堪称一种境界。

（2）大人与小人

大人如何那样？

> 公都子问曰："钧是人也，或为大人，或为小人，何也？"孟子曰："从其大体为大人，从其小体为小人。"曰："钧是人也，或从其大体，或从其小体，何也？"曰："耳目之官，不思而蔽于物。物交物，则引之而已矣。心之官则思，思则得之，不思则不得也。此天之所与我者。先立乎其大者，则其小者弗夺也。此为大人而已矣。"①

这篇文章是孟子和他的徒弟公都子之间的问答。公都子的提问，可以看作是对孟子的"性善说"观点提出了质疑。即使善良的本性是人们的共性，但在当时的时代里人与人存在着身份差异，这是无可非议的事实。小人与大人本来就是身份用语。孟子对于大人和小人也用身份意义分别作过阐释。② 小人是被他人驱使人的人，并且大人是驱使人的人，这就是身份高低的体现。

仔细想想，也有可能是这样的原因，就像公都子的提问一样，不管是大人和小人都是人类，但与此同时二者之间有着很大的差异。二者之间的差异在于是随着自己的想法而活着，还是附求外物追求欲望生活。换句话说，就是坚守自己的主观意志而生活，还是放弃自己的主见而成为欲望的奴隶这样的差异。

对此，孟子又说过：

> 体有贵贱，有小大。无以小害大，无以贱害贵，养其小者为小人，养其大者为大人。……贱而小者，口服也。贵而大者，心志也。……饮食之人则人贱之矣。为其养小以失大也。③

---

① 《孟子·告子上》。

② 《孟子·滕文公上》："有大人之事，有小人之事。且一人之身而百工之所为备，如必自为而后用之，是率天下而路也。故曰：或劳心，或劳力。劳心者治人，劳力者治于人。治于人者食人，治人者食于人，天下之通义也。"

③ 《孟子·告子上》。

人的欲望中最强烈的是食和女色。可是欲望不可能只止步于一两次的满足感。解决饥饿之后，每次都希望下次还能吃饱肚子。所以人们有了更多的欲求，追逐财物和权力，还有追求名誉。因此，越是贪心的人，越容易被财物、权力和名誉所束缚。这就是我们常说的贪得无厌。

世俗人，还是无论是谁，都无法摆脱金钱、权力、名誉的束缚，不过孟子说这并不是全部。很多人在获得财物和权力的瞬间，会迅速成为它们的俘虏，因此，不得不听大权力者的吩咐，这就是小人。

四　"大人"的责务

（1）格君心之非，一正君而国正

在上面说，大丈夫的品格不会因富贵和贫贱而变移，也不会屈服于权力和武力。总而言之，自由的人就是大人。只有这样，才能在最高统治者面前堂堂正正，因为没有被束缚的。所以孟子说：

> 惟大人为能格君心之非。君仁，莫不仁。君义，莫不义。君正，莫不正。一正君而国定矣。①

纠正君王的错误，能够安定国家的人就是大人。不会摇惑于富贵和贫贱，也不屈服于武力和权势，因而在像国王一样的最高权力者面前，大丈夫也可以自由地直言，可以堂堂正正地面对。

（2）士：居仁由义

那么谁做到大人的事？再看看《孟子》：

> 王子垫问曰："士何事？"孟子曰："尚志。"曰："何谓尚志？"曰："仁义而已矣。杀一无罪非仁也，非其有而取之非义也。居恶在？仁是也；义是也。居仁由义，大人之事备矣。"②

---

① 《孟子·离娄上》。

② 《孟子·尽心上》。

这篇文章，是《公孙丑下》里记载齐国的大夫景丑谈话。概括其内容，爵、齿、德是天下的三达尊，臣子之德的重要性不亚于君主之尊贵。大有为之君也有不能随便使唤的不召之臣，像汤王和伊尹的故事一样，只有尊重臣子才能实现大事业。① 齐国王子垫是这样向孟子提问的。

孟子关注"士"能做到大人的事。士是公、卿、大夫之下的阶级，是个身份用语。公、卿、大夫和王一样，是子孙继父祖业的世袭阶级，他们拥有继承财富和权势的特权。虽然士从祖上那里接受身份，但没有得到权力或职位。因此，孟子主张，像大人一样自由自在的人，不是拥有很多东西的公、卿、大夫，而是没有权势继承的士。

当今我们生活的 21 世纪，与孟子生前生活的时代一样，也会发生杀戮。但比起来，发生更有组织的、更残酷的、没有硝烟的战争，即是阿修罗的世上。当今人物中，有讨厌富贵和权力的人，但从贫贱起获得自由是很困难的。吃的和穿的宽松，可是仍然穷坑难填。其实，按孟子说的去做，容易饿死。

也许孟子也知道这一点，所以说了下面的话："孟子曰：大人者不失其赤子之心者也。"②

赤子之心，就是纯真无邪之心。因为纯真且无伪，所以富贵、贫贱也不会动摇他，他也不会屈服于威武。如此一来，有些读者可能会发笑，所以就像初生牛犊不怕虎。即使没有引用孟子的话，"大丈夫"和"大人"就是个男子汉。但实际上，对孟子来说，在世界上，成为"大丈夫""大人"是能够做到的事。

---

① 《孟子·公孙丑下》："景子曰：内则父子，外则君臣，人之大伦也。父子主恩，君臣主敬。丑见王之敬子也，未见所以敬王也。曰：恶！是何言也！齐人无以仁义与王言者，岂以仁义为不美也？其心曰：是何足与言仁义也云尔，则不敬莫大乎是。我非尧舜之道，不敢以陈于王前，故齐人莫如我敬王也。景子曰：否，非此之谓也。礼曰：父召，无诺，君命召，不俟驾。固将朝也，闻王命而遂不果，宜与夫礼若不相似然。曰岂谓是与？曾子曰：晋楚之富，不可及也。彼以其富，我以吾仁。彼以其爵，我以吾义，吾何慊乎哉？夫岂不义而曾子言之？是或一道也。天下有达尊三，爵一，齿一，德一。朝廷莫如爵，乡党莫如齿，辅世长民莫如德。恶得有其一，以慢其二哉？故将大有为之君，必有所不召之臣。欲有谋焉，则就之。其尊德乐道，不如是不足与有为也。故汤之于伊尹，学焉而后臣之，故不劳而王；桓公之于管仲，学焉而后臣之，故不劳而霸"。

② 《孟子·离娄下》："孟子曰：大人者不失其赤子之心者也"。

五 再看看"贱丈夫"

在前面看到了《孟子》关于"贱丈夫"的批评，这本书里有一篇介绍另一个小气男人的文章。

> 齐人有一妻一妾而处室者。其良人出，则必餍酒肉而后反。其妻问所与饮食者，则尽富贵也。其妻告其妾曰："良人出，则必餍酒肉而后反。问其与饮食者，尽富贵也，而未尝有显者来。吾将瞷良人之所之也。"蚤起，施从良人之所之。遍国中，无与立谈者。卒之东郭墦间，之祭者乞其馀。不足，又顾而之他。此其为餍足之道也。其妻归，告其妾曰："良人者，所仰望而终身也，今若此。"与其妾，讪其良人而相泣于中庭，而良人未之知也，施施从外来，骄其妻妾。①

孟子说的这话里没有直接说到大丈夫、大人、贱丈夫的概念。去丧家讨饭，反倒说大话跟名人一起玩的那个人是谁？这就是卑鄙的贱丈夫啊！在这个险恶的世界里生活下去，事实上成为大人、大丈夫未免太高了。但无论如何也不能成为贱丈夫。在形成高度文明的 21 世纪现代社会里，到处都是这样的贱丈夫。只有个人的人生不是独立存在，而是与国家社会利益一致，在经济发展的美名下追求自己的集体利益。

六 《孟子》大丈夫论的信息

在 21 世纪现代，时间和空间沟通更加便利。但在这世界上，孟子所说的"贱丈夫"仍在横行。不仅是人与人之间，国家和国家之间也为了争取集体利益而斗争。表面上谈到博爱和和平，但内心却想要我独自一人取得成功、想要比别人优越。在这种情况下，在这一灿烂的文明中，被冷落的人民不可胜计。

---

① 《孟子·离娄下》。

正如前面所说，孔子认为，成功是比作为圣人事业的仁更难的事情。[①] 但他在说明君子的时候，君子是修养其身而使百姓感到安宁。[②] 如上文所言，"博施济众"和"安百姓"是尧和舜所期望的圣人事业。

孟子对圣人有所说明。对于齐国的浩生不害对乐正子的提问，孟子回答说：

> 浩生不害问曰：乐正子何人也？孟子曰：善人也，信人也。何谓善？何谓信？曰：可欲之谓善，有诸己之谓信，充实之谓美，充实而有光辉之谓大，大而化之之谓圣，圣而不可知之之谓神。乐正子二之中，四之下也。[③]

我们日常的近邻中，善人和信人不在少数，充满信实的人也不少。更进一步，孟子认为，心底里充满信实自然散发的人，就是伟大的人，用这样的伟大感化别人就是圣人。通过孟子的这些言论可知以下几个事实。虽然善人、信人、美人少，即使是这样，可是如果是人，任何人都能成为大人、圣人。从这一点来看，孟子对圣人的理解比孔子更加开放。当然，圣人是与我们周围经常能看到的善人、信人不同的人，但我们都是以善、信、美为基础，可以成为大人，进而成为圣人。

事实上圣人与大人不是和我们在别的世界上的人。忠实地发挥自己天生的善性和信义，现实世界的人就是大人，也能感化他人的人就是圣人。[④] 从这一点看，我相信孟子对大人的发言有意义。

就像本文开头说的那样，儒家的大同思想是人类社会要实现的永远的课题。为此，人类不应该被自私自利所束缚。我相信，我们可以从孟子所

---

① 《论语·雍也》："子贡曰：如有博施于民而能济众者何如？可谓仁乎？子曰：何事于仁？必也圣乎！尧舜其犹病诸。夫仁者己欲立而立人，己欲达而达人。能近取譬，可谓仁之方也已"。

② 《论语·宪问》："子路问君子。子曰：修己以敬，……修己以安百姓。修己以安百姓，尧舜其犹病诸"。

③ 《孟子·尽心下》。

④ 与此关联，希望与"夫君子所过者化，所存者神。上下与天地同流"《孟子·尽心上》一起观看。对此，在孟子的集注里写"君子，圣人之通称也"，也可以理解为圣人的实践是君子的事情。

说的"大丈夫""大人"中找到条路。

如何实现儒学的大同思想？21世纪是全世界人类共同生活的时代，为此，全人类应该创造出没有差别的世界。身份高的人为了身份低的人、强者为了弱者、富人为了穷人、大国给小国先给予关怀和包容，这样才能实现没有差别的世界。20世纪以前，提倡资本主义的西欧列强未能做到。这是生活在21世纪的全世界人们面临的课题。世代间、阶层间、国家间、人种间、宗教之间的矛盾都应要解决。在包含"修己以安百姓"之圣人事业的儒学里有其钥匙。因此，我建议中韩两国儒学的知性人，在孟子的"大丈夫""大人"论里寻求其答案。

我父亲和母亲去世已经很久了。在韩国成为日本的殖民地时期，在韩国历史上史无前例的无力时期，他们经历了韩国战争，为了侍奉父母和家人生活劳累了一生，现以我父亲说的一句话，作为本文的结尾：

> 人生在世，在钱财、权力、名誉中获得了一个就够了。其三个当中有两个就太多了。

孟子的道德教育理论

安永哲

（韩国国立安东大学　伦理教育系）

Ⅰ　绪　论

本文从实践的角度探讨孟子的德育理论。孟子的儒学思想可以说是一种实践性的道德教育思想，这一观点是许多孟子研究者所认同的。但似乎很少有研究阐明孟子德育理论的具体内容中的实践性是一以贯之的①，其中一个原因是朝鲜王朝的儒学研究思潮偏向于程朱理学。程朱理学开展了基于主知主义认识论的道德实践与修养论，影响了对孟子实践性儒学思想的看法。② 中国宋代以后，新儒学不仅仅是以理学型态为存在，又是以理学、气学、心学或者程朱理学与陆王心学等多种形式传承下来的。于是在本文中，兼顾朱熹和阳明的两种观点，试图客观地理解孟子德育理论的实践性。

Ⅱ　道德教育理论的基础：性善说

性善说是形成孟子道德教育思想（道德教育、原则、过程和方法的

---

① 从教育理论和道德实践理论的角度出发，有以下文章系统地阐明了孟子的思想。赵竞镐：《孟子에 나타난 心理学의 含意（Ⅱ）》，韩国心理学会志（社会），韩国心理学会，1991 年。本文的目的是通过对孟子思想的心理解释作为赵岐：《孟子章句》与朱熹：《孟子集注》的基本数据来克服西方心理学的问题。然而，在道德实践方面上，孟子的道德教育过程被认为是不够的。

② 《孟子의哲学》，蔡仁厚、千炳敦译，第 255—263 页。李东熙：《朱子의大学章句에 대한研究》，第 125—126 页。

目标）的基础理论之一。可以说，性善论决定了他的道德教育理论内容，其道德教育理论与道德教育的内容是相互一致的。① 然而在道德教育理论的领域上，仍缺乏孟子如何被人性善所感知和提出的道德实践理论的研究。因此，本文关注的是人性取向和提升过程，对他的道德教育理论的一般内容进行了界定。

一 提出性善说的过程

孟子如何认识到"人之性善"？首先，孟子说：

> 尽其心者，知其性也。知其性，则知天矣。②

孟子认为能够"尽其心"就可以了解到自己的本性。那么，什么叫"尽其心"？就是说全心全意地实践他所主张的学习方法。对于做学问的方法，孟子说：

> 仁，人心也；义，人路也。舍其路而弗由，放其心而不知求，哀哉！人有鸡犬放，则知求之；有放心而不知求。学问之道无他，求其放心而已矣。③

孟子将做学问的核心概括为"求放心"。据此，他所说的研究总是追求和练习，而不忽视真相和正义。通过这种方式，他所说的人性只能通过忠实的道德实践而被视为一种体验。④

事实上，他明白德性的价值在于人性的价值，而且因为他竭尽全力去

---

① 这些研究已经就人性论与道德教育理论的关系达成了普遍共识。"提倡性恶说的荀子认为，教育的目的在于纠正恶性，并提出了一个监管框架。提倡性善说的孟子坚持认为，教育的目的在于保持并培养良好的本性。"金忠烈外：《东洋哲学의本体论의人性论》，第169—184页。赵兢镐：《孟子에 나타난 心理学的 含意（Ⅱ）》，第74页。

② 《孟子·尽心上》。

③ 《孟子·告子上》。

④ 据《孟子》的内容，孟子的人性概念并不仅限于"人兽之辨"的逻辑形式概念，单凭逻辑推理也无法完全理解他的学问。因为孟子的研究是基于对道德价值观的向内的反思及道德实践的，如果没有相应的道德实践经验，他的意义就无法理解。

践行它，所以孟子体会到了人的本心是个无不善良的。① 因此，他能够指出了人性一词，也强调了与动物的不同之处。正如孟子所说，这种人格是心灵的终极形式，它几乎不被动态意识和冲动所控制。因此，他不同于那个时代的其他思想家，自信主张人之性善。② 因此，孟子的性善论并不是现象学分析或人类行为或心智类比的结果，而是认识到道德实践的人文主义。换句话说，他通过克服动物欲望和自私欲望而感知到的道德理性是"与动物不同的人性"。

二　性善说的内容

孔子说："性相近也，习相远也"、"唯上知与下愚不移"③，但没有具体描述人性的内容。因此，在孟子时代，关于人性的讨论有很多。在上面的《孟子·告子上》中提到了以下四种主张。首先是"性无善无不善（告子）"，其次是"性可以为善为不善（性后天说）"，第三是"有性善性不善（性先天说）"，第四是孟子的性善。虽然孟子没有批评后天说和先天说，但对告子说法进行了深入的批评：

> 性犹杞柳也，义犹桮棬也，以人性为仁义，犹以杞柳为桮棬。…性犹湍水也，决诸东方则东流，决诸西方则西流。人性之无分于善不善也，犹水之无分于东西也。…生之谓性。…食色，性也。④

据上所述，告子所谓的性是一种人类从天生所具有的"生理本能"，他将食、色看作为天性，这一点是很清楚的。这种生理本能是跟道德无关的，因而不能把它规定为善或恶本身。善恶是根据生理本能如何解决来评

---

① "万物皆备于我矣"这句话表明了这一现实的心理边界。

② 逻辑上分析讨论了心的本质只是无视道德不知道人的本性的做法。真正认识到本性就是要了解原始心灵的本质，当心灵的非必要部分通过锻炼心灵的功能而不被感官欲望所吸引而逐渐被克服时，心灵会被唤醒。如果道德被真诚地实践并与其道德相匹配，那么这个主体的心灵就已经不同于前者。"嫉妒的心灵"不是我原来的心灵，而是原始心灵的功能是通过感性的欲望和痴迷创造出来的，原始的心灵超越了这种欲望和痴迷，我认识到它存在。因此，实现了对知识的最终认识。蔡仁厚，千炳敦译：《孟子의哲学》，首尔：艺文书院2000年版，第91—92页。

③ 《论语·阳货》。

④ 《孟子·告子上》。

估。例如，如果人的本能符合于社会规则，那么它可以称为合理的，反之既是不公正的。因此，他说孟子的仁义不是一种本性而是一种"人为的本能充足方式"，一种"生理本能"是一种人性。但他的论点被孟子批评如下：

> 告子曰："生之谓性。"孟子曰："生之谓性也，犹白之谓白与？"
> 曰："然。""白羽之白也，犹白雪之白，白雪之白犹白玉之白与？"
> 曰："然。""然则犬之性犹牛之性，牛之性犹人之性与？"①

像告子一样把生活本能叫做人性的话，那么这些本能不是只有人类所固有的，而是在其他动物如狗和牛的身上也同样可以看见的。因此，这个论点是不得不归结于人性与动物的本性之间没有任何区别的。这样的话，就无法呈现从动物中区分出来的人的特征，也没办法成立以人道主义为基础的孔子所述的人性化的概念。因为人的本性和牛、狗的本性之间没有任何不同之处，那凭借哪一点来主张唯一人类才能拥有美德？② 孟子提出的问题，告子对此无法给以进一步的回答。最终，孟子指"人性是一种亚种特征"，将其与其他动物区分开来，并指出道德的存在，即是通过道德实践学到的本质。

如果这种道德本质是人类所先天固有的，那么这种自然性应该可以在人类现实生活中发现并证明。所以孟子提出了各种各样的例子，说明这个人格是所有人先天具有。"四端、不忍人之心、良知良能"都是他提出的例子。

> 所以谓人皆有不忍人之心者，今人乍见孺子将入于井，皆有怵惕
> 恻隐之心，非所以内交于孺子之父母也，非所以要誉于乡党朋友也，
> 非恶其声而然也。由是观之，无恻隐之心，非人也；无羞恶之心，非
> 人也；无辞让之心，非人也；无是非之心，非人也。恻隐之心，仁之

---

① 《孟子·告子上》。

② 可以解释人类与其他动物的差异以及道德在人类认知和推理能力中的基础，而不是"自然"，就是继承了这种"生理性质理论"的地位。最典型的例子是荀子。

端也；羞恶之心，义之端也；辞让之心，礼之端也；是非之心，智之端也。人之有是四端也，犹其有四体也。①

上面是他对"自然的善良"的四种说明。如果人具有自然的善性，那么他的生活就必须以某种形式表现出来。例如不忍人之心是"为他人着想"，或"道德观念"，孟子认为这是全人类所共有的。② 即使人们陷入错误的环境、教育和习惯中，这些本性并非不具备的，只是它们未被暴露，且通过意外的场合而暴露于无意识的行为和情绪。这是他举例说明的四个结局。孟子也以小孩子的例子，即所有的人都具有这种天性。这就是个良知良能说。

　　人之所不学而能者，其良能也；所不虑而知者，其良知也。孩提之童无不知爱其亲者，及其长也，无不知敬其兄也。亲亲，仁也；敬长，义也。无他，达之天下也。③

如果善行不仅是后天教育的结果，也是天生的本性，那么你就能在一个尚未接受教育的孩子的道德行为中找到理解的线索。孟子说这种天生的道德感知能力和行为能力是好的，它是基于孩子与父母的纯洁的爱和亲密关系，是道德的基础。即使你不告诉他们应该爱父母，一个孩子也会自然接近并跟随你的父母。最后，良知和良能意味着人的天性表达的道德知识和能力。

因此，我在孟子德育理论的基础上考察了他的教育过程。总之，他的教育不是通过对人类行为和心智的现象分析或比喻来阐明的，而是将道德实践所获得的"道德理性"看作"人性"。这种本性是人类独有的本性，

---

① 《孟子·公孙丑上》。

② 人们经常与"恶人"分享"善良的人"，而邪恶的人从未被认为有这样的心态。然而，对于那些有忠实道德实践的人来说，善与恶有区别，没有人是完全善良和完全邪恶的。对于他来说，有一种有认识的意识总是受到警惕和警觉，因为他知道，如果只有一分钟的自我忽视，那么邪恶的可能性就会被无瑕疵地破坏。人类有可能因为自私而犯错误，同时有能力通过错误了解这些错误，修复错误并与他人和解。孟子强调后者的能力固有地赋予人类。

③ 《孟子·尽心上》。

与"生理本性"是不同的。孟子通过"四端说、不忍人之心说、良知良能说"来证明这种性质。

Ⅲ　道德教育理论的内容

孟子德育理论的重点在于通过实现自我善良的自我意识来认识本性和天。因此，它超越了自私欲望的约束，形成了符合天道的自由和强加的道德人格。表面上，我们在社会上践行人类道德，实现善良人性。孟子内在与外在的道德实践内容是内在与外在的不可分割的关系。不可分割，换句话说，内部和外部的区别在于同一道德行为的内部和外部方面的技巧不同。[①] 我将在此基础上考察孟子德育理论的具体内容。

一　道德教育目标

孟子的德育目标是通过培养具有道德主体性和自律性的人力资源来实现理想的道德社会。孟子提出了"道德人格"、"仁者、仁人、大丈夫、大人、君子、圣人"等各种道德人格范例。它们都指的是一种意识道德价值并在生活中体现其道德价值的"道德人格"，但其含义略有不同。然而，在这些概念中，孟子将圣人称为完美人格和完美的理想人物。圣人是代表理想人格的概念，完全体现了孟子的德育目标，即使在没有孔子的情况下也感到困难的人格。[②] 换句话说，自我美德的完善是指完成社会教化的个性。此外，还有一些例子显示了忠实执行道德实践的人所实现的理想社会。

乐民之乐者，民亦乐其乐，忧民之忧者，民亦忧其忧，乐以天

---

① 通常很容易理解内在的一面是作为个体维度的工作而外部是作为社会维度的工作，但孟子的情况并非如此。对于孟子和其他传统的儒家思维方式，人类不是与其他人分离的"独立实体"，而是"关系存在"，其特征是与对手相关的。如果人类被理解为"关系存在"，那么这种关系的实现必定会使一个实体不被埋没在自己的个性中，也就是说，它完美地实现了自我的存在。换句话说，个人的完成是社会关系的完成，而社会关系的完成则是个人的完成。金春泰：《伦理学》，首尔：萤雪出版社 2006 年版，第 246—247 页。

② 《孟子·公孙丑上》，"昔者子贡问于孔子曰，夫子圣矣乎？孔子曰，圣则吾不能，我学不厌而教不倦也。"

下，忧以天下，然而不王者，未之有也。①

在孟子的道德教育中，内心人格完善的关键是通过克服自私欲望而超越的"个人自我"。这是上面讨论的"关系自我"的善良和认识的意识。只有当道德实践的主体脱离个人欲望的控制时，他的善良才会被揭示和唤醒，伴随着一种确认与之有关的一切存在价值的"人格变化"。因此，他人的快乐和焦虑成为我的喜悦和焦虑，当这种情况发生时，他们可以分享彼此的痛苦和快乐，实现社会和谐，而公平的道德秩序可以被广泛实践。这个社会是孟子德育目标的理想社会。

二　道德教育原则

孟子道德教育的原则可以从两个方面来论述。一是"认识和建立主体性"，二是自律的道德实践。这一切都源于他讲道的内容（性善说）和提出的过程。

（1）认识和建立主体性

据他所述，"认识和确立主体性"的原则是非常自然的结果。如果人性真善美，如果人认识到自己的本性，它就可以作为自我存在的道德主体自豪地站立起来。实际上，孟子强调"四端之心、不忍人之心、良知"认识的原因在于鼓励人们树立这种道德主体性。因此，孟子呼吁要强调心的伟大与发挥反思思维的能力作用，他说：

> 耳目之官不思，而蔽于物。物交物，则引之而已矣。心之官则思，思则得之，不思则不得也。此天之所与我者。先立乎其大者，则其小者不能夺也。此为大人而已矣。②

人的生活方式可以大致分为两种模式，感性欲望支配的生活和理性主体所主宰的生活。而人的生活应当是通过理性判断认识到其中的道德价值来运作。事实上，以感性欲望为主的生活不能控制自私的冲动，因此不可

---

① 《孟子·梁惠王下》。
② 《孟子·告子上》。

避免地会导致冲突和斗争。这不是一种主体生活。这是因为，只要人受到感官欲望的支配，就必然受到作为该感觉对象的外部物体的影响。所以孟子说它和动物的生活水平没有什么不同。因此，他的主张是，通过理性判断进行的、认识到道德价值观的生活，才是一种人的生活和一种主体生活，而这种主体的人是一个大人。因此，孟子的德育思想是以人的"主体性认识和建构"原则为基础的。

（2）自律的道德实践

孟子的性善说是通过忠实的道德实践意识到的，他没有强调对布道和其他道德理论的逻辑解释或系统评论，而是敦促人们不断认识道德实践的线索和方法并坚持下去。① 他之所以提出实践道德实践的提示和方法，是因为他的道德教育原则是"自律的道德实践"。"自律的道德实践"是一种道德实践形式，不仅依赖于主体的主观判断，而且还依赖于任何事物。孟子展示了这个主体的自律道德实践。

> 子莫执中，执中为近之，执中无权，犹执一也。所恶执一者，为其贼道也，举一而废百也。②

上面提到孟子强调了"自律的道德实践"，这是道德实践的一种完成形式。据他所说，自律的道德实践只通过对道德理论的逻辑理解是不可能的。孟子认为杨朱的"为我说"和墨翟的"兼爱说"是当时伦理学的主要观点，作为一个不完美的论证，其本身就有其局限性。因为人的生命不只是自我和利他主义的一个方面。因此，追求逻辑完整性的方式是一方是排他性而另一方是非排他性的，这不可避免地是一个不完整的片面理论。上面讨论的是"执一"。只有追求道德主体的"实践完美"才能克服这种局限。通过追求"实践完美"的主题的实践，这些限制经历和唤醒，使得主体可以通过适当选择来克服这些限制并在中间实现"实际完美"。他表示这是"执中有权"。这是以主体主观判断为基础的"自律的道德实

---

① 事实上，有人指出，由于这种性质，"孟子非常具体地提到了教育方法，但很难找到具体的教育内容。"辛尧永：《孟子의教育思想研究》，《教育研究》15 辑，圆光大教育问题研究所1996 年版，第 31 页。

② 《孟子·尽心上》。

践",它不依赖于任何有偏见的东西,这是孟子道德教育的第二个原则。

三　道德教育过程

孟子的道德教育是以"求放心"为核心。

> 仁,人心也;义,人路也。舍其路而弗由,放其心而不知求,哀哉!人有鸡犬放,则知求之;有放心而不知求。学问之道无他,求其放心而已矣。①

据此,孟子所说的学问是追求孔子所提出的仁。人们普遍认为,儒家当时的学问是阅读和掌握六艺和六经,但上述提及表明,孟子所说的学问最终都是为了获得和实施仁。②

孟子的学可以概括为三种道德价值观实践方式,即"反求诸己的反省""存心养性的道德实践""知性知天的终极体证"。道德教育的过程可以用同样的方式来描述。

（1）反求诸己的省察

首先,孟子道德实践的开始,始于"反求诸己"。当出现问题时,不会将其归咎于他人,而是从自己身上找到原因。③ 这种内向反思的道德行为表现为:

> 爱人不亲,反其仁;治人不治,反其智;礼人不答,反其敬。行有不得者,皆反求诸己。其身正而天下归之。④

上文告诉我们,道德行为始于对自己的反思。这不仅可以说是个人道德实践,也可以说是社会治理的构成内容。

因此,人类无论其地位如何,都应该反思自己的行为。对于处于领

---

① 《孟子·告子上》。

② 因此,认为孟子的思想继承了孔子思想的核心"道德心灵的意识与发展"的内在方面。

③ 《孟子·公孙丑上》,"仁者如射,射者正己而后发,发而不中,不怨胜己者,反求诸己而已矣。"

④ 《孟子·离娄上》。

导地位的统治阶级来说尤其如此。如果统治阶级不能反思自己，陷入"以自我为中心的思想"并责备人民，世界将永远不会被统治。如果是这样的话，社会秩序和稳定自然会通过与反映和接受他人的"包容性思维"发生关系来实现。反映和接受他人的"拥抱心灵"是一种与孔子所呈现的仁相容的心。因此，孟子的道德行为总是始于反思个体的思想是否符合这些美德。这种"实践反思"是道德实践的开始。

（2）存心养性的道德实践

如果我们通过实际反思认识到自己的美德和实践方法，那么后续的过程就是观察它，保存它并扩展它，在任何时候都要保持和实践良好的美德。① 如果在现实生活中，无论何时何处，都能保存和实践源于内心的美德，那么心灵就会转变为一种越来越具有道德的人格，转化为一种拥抱世界并承担责任的巨大品性。上面讨论的"大丈夫"的心理境界就是这种心态的表达。② 这是孟子的"养性"。

如果"存心养性"表达了孟子道德实践的内在心理层面，那么养气的概念就是这种道德实践的外在方式。孟子声称"养气"，他说的是通过持续的道德实践获得的"浩然之气"③。以下段落告诉我们，除了"存心养性的修炼"之外，这种"养气"也是另一种特殊的修养。

是集义所生者，非义袭而取之也。行有不慊于心，则馁矣。④

气是由正义的积累创造的（集义），这意味着，浩然之气是通过不断实践"存心养性"的道德实践而创造出来的。换句话说，孟子所说的"养气"方法只是一种被称为"存心养性"的道德实践的外在方面。因此，孟子的第二个道德教育阶段是通过"存心养性"的道德实践来拓展

---

① 《孟子·离娄下》，"孟子曰：君子所以异于人者，以其存心也。君子以仁存心，以礼存心。"

② 正如我们上面所看到的，大丈夫的心理境界表达了这种心态。

③ 《孟子·公孙丑上》，"难言也。其为气也，至大至刚，以直养而无害，则塞于天地之间。"

④ 《孟子·公孙丑上》。

道德。①

（3）知性知天的终极体证

在此基础上进行内心反思和道德实践的孟子学问的最终认知水平是
"知天"。在这里，天是包含所有生命的"终极"，是这些变化的最终原
因。孟子说：

> 尽其心者，知其性也。知其性，则知天矣。②

在这里，孟子认为，对终极的认识必须先"尽其心"和"知其性"。
那么"尽其心"和"知其性"是什么？"尽其心"是之前讨论过的"存
心养性"的行为，它是全心全意地促进"道德实践"。而"知其性"指的
是"以清晰的方式认识到自己的本性"。只有当道德实践认识到自己的本
性时，才能实现对"知天"的终极认识。从这个意义上说，孟子不仅仅
是通过记忆任何概念知识或观念来扩展知识，而是通过真正的道德实践来
实现知识的最终完成。这表明孟子的知识是通过自律的道德实践获得的
"实践知"。

四　道德教育方法

孟子的道德教育方法源于提高性善说的过程和以此为基础的道德教育
原则，可以在他的"认识和建立主体性"和"自律的道德实践"的道德
教育原则的基础上进行描述。因此，孟子的道德教育方法被视为"主体
和自律教育方法""渐进式教育方法"和"考虑能力和人才的教育方法"。

（1）主体和自律教育方法

孟子的"主体和自律教育方法"可以根据他的"认识和建立主体性"
的道德教育原则来描述。他断言，实际上，人类的生命在各种欲望和诱惑
下都停留在动物的层面上，但善良的本性并没有消失，而是表达了同情或
内疚。这成为了"建立主体性"教育的关键。这种教育认识到在离开被

---

① "德性的扩张"意味着在心灵中存在一种称为"美德"的现实，并不意味着它被扩展。
这是心灵本身转化为更具道德品质的。可以说，这意味着每个人都被转化为"没有事物和空间的
开放思想"，理解，关心和关心存在的存在。

② 《孟子·尽心上》。

剥夺欲望和诱惑的状态后，他自己存在的价值和作用。① 如果建立了这种主体性，就有可能做出"自律的道德实践"，根据人性的本质来判断自我的行为，这是主体性的内容，这是最理想的道德实践模式。② 因此，"主体和自律教育方法"是最重要方法。孟子指出了这种自律教育方法的原因，他说：

> 梓匠轮舆能与人规矩，不能使人巧。③

毕竟，自我行动的主体必须是自我的，而且每一件事情都取决于他们自己的努力。因此，教育者的作用是揭示教育的基本原则和目标，严格评估和鼓励学习过程④，建立学生的主体性和自律性，而不是教授细节或技术。⑤ 这种原则的具体应用或方法的获得是接受者的责任，教育者要避免过度干扰学生的这种主体发展。

（2）渐进式教育方法

以"自律的道德实践"为目标，是孟子道德教育的原则之一。然而，这种"自律的道德实践"只有在伴随着心灵和身体的忠实实践的情况下才能实现。如果你没有考虑到学生的练习和发展能力，而是超越过程，提出更高层次的理论，并要求学生这样做，那必然会导致失败。因此，孟子强调了循序渐进的教育方法如下：

> 原泉混混，不舍昼夜，盈科而后进，放乎四海。有本者如是，是

---

① "存心养性与尽心知性"之间的关系存在分歧。通常，朱子和阳明有不同的看法。朱子基于他的先知后行的立场，将"存心养性"看作是"尽心知性"之后的事。在《孟子集注》中，所以他说："尽心知性而知天所以造其理也。存心养性而事天所以履其事也。不知其理固不能履其事。然徒造其理而不履其事，则亦无以有诸己矣。"另一方面，阳明将"尽心知性"视为生知安行的圣人的情况，将"存心养性"视为学知利行的贤人的情况，认为这两者之间有水平的差异。（《传习录》6 条）在这种情况下，如果我们被迫讨论前面两个关系，我们只能通过贤人的水平到达圣人，所以阳明可以理解"存心养性"被理解为在"尽心知性"之前。

② 孟子表达了此"求放心"和"先立乎其大者"。

③ 《孟子·离娄下》，"舜明于庶物，察于人伦，由仁义行，非行仁义也"。

④ 《孟子·尽心下》。

⑤ 《孟子·告子上》，"羿之教人射，必志于彀，学者亦必志于彀。大匠诲人必以规矩，学者亦必规矩"。

之取尔。①

此外，学是一项循序渐进的研究，可以从很多方面考虑。在对外关系方面，学是一个向"亲亲，仁民，爱物"阶段扩张的过程。② 而且，在内在思维方面，它发展到"反求诸己的反省""存心养性的道德实践""知性知天的终极体证"的阶段。这是一个过程，在这个过程中，主体的道德实践的忠诚度经过每个阶段，并自然地进入下一个阶段。这些发展阶段，它是孟子的循序渐进的道德教育方法，在实践上要忠实地进行。

（3）考虑能力和人才的教育方法

孟子的道德教育理论强调学生的主体性和自律性，并没有强调系统学习知识的主导型道德教育理论。因此，他主张各种教育方法，要根据学生的才能，才能实现学习者的主体性，而不是要求正规教育建立系统的理论并将其传递给学生。在孟子的《尽心上》中，他的教学方法介绍如下：

　　君子之所以教者五：有如时雨化之者，有成德者，有达财者，有答问者，有私淑艾者。此五者，君子之所以教也。③

朱子将此部分解释为"圣贤施教，各因其材，小以成小，大以成大，无弃人也"。④ 这种方式，孟子为个人才智提供了一种独特的教育方法。但是，从他的评论中可以看出，他的"因材施教"方法可以根据学习者的才能以各种方式进行教育。⑤ 所以他说："教亦多术矣，予不屑之教诲也者，是亦教诲之而已矣。"⑥ 在此基础上，孟子的教育方法被概括为"主体和自律教育""渐进式教育""考虑能力和人才的教育"，所有这些都是旨在提高个体实践道德能力的教育方法。从这个意义上说，孟子的道

---

　① 《孟子·离娄下》。

　② 《孟子·尽心上》，"亲亲而仁民，仁民而爱物"。

　③ 《孟子·尽心上》。

　④ 朱熹：《孟子集注》，"圣贤施教，各因其材，小以成小，大以成大，无弃人也"。

　⑤ 赵竞镐：《孟子에 나타난 心理学的 含意（Ⅱ）》，《韩国心理学会志（社会）》，韩国心理学会 1991 年版。

　⑥ 《孟子·告子下》。

德教育理论的特点是"强调实践性",优先考虑"主体的道德实践"。

Ⅳ 结 论

孟子的道德教育理论侧重于"实用性",我将上述讨论加以总结。首先,孟子的道德教育理论是基于他的性善说和人性完善的过程。他的观点不仅通过对心灵的分析或类比,而且通过最实际的道德实践得来的。"性善说"的实践特征形成了他的道德教育理论的实践本质,同时他相信人性的善良,所以形成了强调主体性的道德教育理论的自律性。

孟子道德教育理论的详细内容主要包括下面几个方面:

第一,道德教育的目标是通过实现和实践他的善性来培养符合天的"道德人格"。道德教育的目标是建立一个有序和谐发展的世界。

第二,"认识和建立主体性"和"自律的道德实践"是孟子道德教育的原则。由于人的本性是好的,人通过道德的实践认识到人性里先天的善,并通过反思自己的存在来建立主体性,因此"认识和建立主体性"是他道德教育的第一原则。同时道德教育是通过"自律的道德实践"来实现的,这种实践只是基于对主体的主观判断而不依赖于任何有偏见的东西,这是他道德教育的次原则。

第三,根据道德价值观的认识和实践阶段,这种道德教育的过程可以概括为"反求诸己的反省""存心养性的道德实践""知性知天的终极体证"三阶段。

第四,孟子的道德教育方法包含"主体自律性教育法""渐进式教育法"及"考虑到个人才能的教育方法"三种。他最希望根据仁、义、礼、智的本性,通过自己的判断建立主体性和实践道德,因此"主体和自律教育方法"是第一种教育方法;由于这种道德实践是一个"从渐进的道德发展过程",从基本阶段到充实的诚意,自然过渡到下一阶段,"渐进式教育方法"成为第二种教育方法;当满足个别学生的才智、能力和条件的方法时,可以预期适当的道德实践原则会产生影响,"考虑到个人能力的教育方法"成为他的第三种教育方法。总之,孟子的道德教育理论强调"主体的道德实践",因此,"强调实践性"是一个基本特征。

参考文献

王守仁：《王阳明全集》，上海，上海古籍出版社 1992 年版。

陆九渊：《象山先生全集》，台北，商务印书馆 1968 年版。

朱熹：《朱子语类》，北京，中华书局 1994 年版。

朱熹：《孟子集注》，台北，商务印书馆 1968 年版。

金忠烈外：《东洋哲学의本体论과人性论》，首尔：延世大出版部 1982 年版。

金春泰外：《伦理学》，首尔，萤雪出版社 2006 年版。

劳思光、郑仁在译：《中国哲学史》，首尔，探求堂 1989 年版。

东京大中国哲学教室，全南大东洋哲学教室译：《中国哲学思想史》，光州，全南大学校出版部 1981 年版。

蔡仁厚：《宋明理学（南宋篇)》，台湾，学生书局 1989 年版。

蔡仁厚：《孟子의哲学》，千炳敦译，首尔，艺文书院 2000 年版。

辛尧永：《孟子의教育思想研究》，《教育研究》15 辑，圆光大教育问题研究所 1996 年版。

李东熙：《朱子의大学章句에 대한研究》，《东洋哲学研究》2 辑，1982 年版。

赵竞镐：《孟子에 나타난 心理学的含意（Ⅰ)》，《韩国心理学会志（社会)》，韩国心理学会 1990 年版。

赵竞镐：《孟子에 나타난 心理学的含意（Ⅱ)》，《韩国心理学会志（社会)》，韩国心理学会 1991 年版。

从见、闻到心

——中国思想史演变的感官逻辑

贡华南

（华东师范大学中国现代思想文化研究所/哲学系）

就思想方法说，"道统"意识表现为思想道路之自觉。从孟子开始，对"道统"的表述便通过见、闻等感官认知方式展开。感官逻辑构造着思想方法，二者又构成了思想道路讨论的必要的准备环节与前提。因此，从感官认知开始讨论思想道路既必然又必要。

如我们所知，在认知客观世界的道路上，视觉、听觉、味觉分别主导思想道路的塑造，分别成就了视觉思想、听觉思想、味觉思想。具体说，视觉思想以人与对象之间自觉保留距离为特征，追求形式性、客观性；听觉思想也预设人与对象之间的距离，但此距离可以通过人的修行而消解；味觉思想自觉敉平主客之间距离，以主客彼此交融而互相应和为基本特征。先秦以来，视觉思想在中国思想史中被尝试，但被儒家、道家自觉抑制、超越，从而走上听觉思想，最终味觉思想含摄听觉思想，成就了有别于古希腊、希伯来的中国思想[①]。

一 "闻而知之"与"见而知之"

"道统"意识是儒家高度自我认同及思想道路自觉的体现。从中国思

---

① 关于视觉思想、听觉思想、味觉思想的具体特征，以及三者在中国思想史中的冲突与味觉思想在中国思想史中的确立历程，请参见贡华南《中国早期思想史中的感官与认知》，载于《中国社会科学》2016 年第 3 期。

想史看，"道统说"由唐代韩愈明确提出，宋代朱熹等人强化，现代牟宗三等学者亦极力鼓动，其源头则是《孟子》末章中所显露的"道统"意识：

"由尧舜至于汤，五百有余岁，若禹、皋陶，则见而知之；若汤，则闻而知之。由汤至于文王，五百有余岁，若伊尹、莱朱则见而知之；若文王，则闻而知之。由文王至于孔子，五百有余岁，若太公望、散宜生，则见而知之；若孔子，则闻而知之。由孔子而来至于今，百有余岁，去圣人之世，若此其未远也。"（《孟子·尽心下》）

这里所列举的圣贤尧、舜、禹、皋陶、汤、文王、伊尹、莱朱、太公望、散宜生、孔子等人无疑是孟子心目中的圣人—人伦之至者。但是这些圣人之间并非齐同，或者说，他们的境界是有差别的。孟子用"闻而知之"与"见而知之"将此群体划分为二：汤、文王、孔子是闻而知之；禹、皋陶、伊尹、莱朱、太公望、散宜生是见而知之。

就这一章看，孟子对"闻而知之"与"见而知之"并没有下断语。但结合《孟子》文本，我们会看到，"闻而知之"者总高于"见而知之"者。尧舜、汤、文王、孔子的精神不必说，禹与伊尹何以只算"见而知之者"者呢？

我们可以结合《孟子》文本来看看孟子对"禹"的看法。一方面，"禹"以"智"为最大特点："所恶于智者，为其凿也。如智者若禹之行水也，则无恶于智矣。禹之行水也，行其所无事也。如智者亦行其所无事，则智亦大矣。"（《离娄下》）"智"有大小。小智造作（"凿"），禹之智在于以水之"故"治水，故为大智。另一方面，禹之德亦高，如：

"禹恶旨酒而好善言。"（《离娄下》）

"禹疏九河，瀹济漯，而注诸海；决汝汉，排淮泗，而注之江，然后中国可得而食也。当是时也，禹八年于外，三过其门而不入。"（《滕文公上》）

"禹闻善言则拜。大舜有大焉，善与人同。舍己从人，乐取于人以为善。"（《公孙丑上》）

禹以其"贤"而造福天下，使水注之海，驱蛇龙而放之菹，由此使人得平土而居之。此无量功德足以称道后世，所以当别人以禹"不传于贤而传于子。"（《万章上》）为理由而质疑禹德衰的时候，孟子极力为禹作辩护："启贤，能敬承继禹之道。益之相禹也，历年少，施泽于民未久。"（《万章上》）禹本来和舜一样，欲传于贤（"益"）。但由于自己儿子（启）贤于他所推荐的益，因此，禅让没能成功。舜与禹之子或贤或不肖，这非人之所能为，不应该据此来贬抑禹之德。

不过，在孟子看来，禹有贤能有美德，但并非尽善尽美。孟子说："尧、舜既没，圣人之道衰。"（《滕文公上》）孟子屡称道舜，是因为，在他看来，舜最能践行仁义之道，是完美的圣人。如："舜明于庶物，察于人伦，由仁义行，非行仁义也。"（《离娄下》）在孟子，圣人之道指的是人伦之道、仁义之道。圣人之道衰，即指仁义之道、人伦之道衰。孟子断言，尧舜之后道衰，其言下之意是禹乃道衰的表现。如我们所知，禹通水之"故"，亦能驯服猛兽毒虫，可以说，其熟悉、践行的更多的是天地万物之道，而不少人伦之道。这恐怕才是禹低于舜之处，也是孟子慨叹尧舜后道衰的原因。

在《孟子》中，伊尹也被多次提起，比较完整的是以下段落："伊尹耕于有莘之野，而乐尧、舜之道焉。非其义也，非其道也，禄之以天下，弗顾也；系马千驷，弗视也。非其义也，非其道也，一介不以与人，一介不以取诸人。汤使人以币聘之，嚣嚣然曰：'我何以汤之聘币为哉？我岂若处畎亩之中，由是以乐尧、舜之道哉？'汤三使往聘之，既而幡然改曰：'与我处畎亩之中，由是以乐尧、舜之道，吾岂若使是君为尧、舜之君哉？吾岂若使是民为尧、舜之民哉？吾岂若于吾身亲见之哉？天之生此民也，使先知觉后知，使先觉觉后觉也。予，天民之先觉者也；予将以斯道觉斯民也。非予觉之，而谁也？'思天下之民匹夫匹妇有不被尧、舜之泽者，若己推而内之沟中。其自任以天下之重如此，故就汤而说之以伐夏救民。"（《万章上》）这里，孟子解释伊尹"以尧、舜之道要汤"的细节。首先，伊尹"乐尧、舜之道"——仁义之道、人伦之道，自觉坚定地以此道立身处事。其次，对尧、舜之道足够自信，且能自觉将尧、舜之道推行于天下。第三，以天下为己任的担当意识。孟子称伊尹为"圣之任者"，总体上肯定其思想道路。

不过，孟子又喜欢将伊尹与伯夷、柳下惠并提，而以此衬托自有生民以来之第一人孔子之伟大。如：

"何事非君，何使非民；治亦进，乱亦进，伊尹也。可以仕则仕，可

以止则止，可以久则久，可以速则速，孔子也。皆古圣人也，吾未能有行焉；乃所愿，则学孔子也。"（《公孙丑上》）

"伯夷，圣之清者也；伊尹，圣之任者也；柳下惠，圣之和者也；孔子，圣之时者也。孔子之谓集大成。"（《万章下》）

按照孟子的说法，这些可称之为"圣"的都能做到"仁且智"。但是，相较于"集大成"的孔子，伊尹仅算一偏（任），而未能真正做到将诸美德"大而化之"。

可以看出，在孟子心目中，"闻而知之"为上，"见而知之"为次。尧、舜、汤、文王、孔子都是闻而知之的圣人。至于禹、皋陶、伊尹、莱朱、太公望、散宜生等只能算是见而知之的智者。以"见而知之"与"闻而知之"作为划分圣人层次的标准，从而将感官价值秩序问题凸显出来。

二　闻、见与心

对于"闻"与"见"的关系，孔子有断语："多闻，择其善者而从之；多见而识之，知之次也。"（《述而》）多闻为知之先，多见为知之次，① 这可以看作是孔子对闻、见的一般规定。"多闻"中隐含着"闻者"对"所闻"的信赖与接受。但是，诸"所闻"之间并非具有同等的价值，信赖、接受亦非盲从，孔子强调"择其善者"，突出的是闻者对所闻的辨析与选择。"见"而"识"只是对外在事物的了解与判别，其中并无对所见的信赖，而更多包含着对所见的整理与征服。② 孔子提倡"闻道"，将"耳顺"境界作为通达最高的"从心所欲不逾矩"境界的直接通道，都显示出对听觉的偏爱。

竹简《五行篇》明确以"闻而知之"与"见而知之"区分了"圣

---

① 李泽厚将"知之次"理解为"知的次序"。（李泽厚：《论语今读》，安徽文艺出版社1998年版第189页）即"多闻"为先，"多见"为后。钱穆理解为"这是次一级的知"。（钱穆：《论语新解》，生活·读书·新知三联书店2002年版第190页）亦是以"多闻"为优，以"多见"为次。两者无实质差异。

② 朱熹对多闻与多见的解释颇令人玩味。朱熹反对"闻浅见深"、"闻详见略"之说，但对闻见并非不作分别。在他看来，多闻与化，有得于己，故当从行；多见仅是对外在事物之识别，无得于己，故不必从，未必当行。可参见朱熹《朱子语类》，黎敬德编，中华书局1994年版，第899页。

人"与"贤人",所谓"闻而知之,圣也;见而知之,知也。"这表明,孔子后学已经自觉展开"闻见之辩",并且自觉秉承了"闻道"思想系统。二者之辩在一定意义上对于唐宋儒者道统之制作也提供了思想方法之依据。

但是,孟子本人并未停留在"闻而知之",而是自觉将"闻而知之"推向"心"。这是孟子的贡献。"心"的活动方式与"闻""见"的活动方式有何不同呢?按照《孟子》提供的线索,我们可以找出"心"的活动方式之特征。"心之官则思"(《告子上》),"心"以何种方式"思"?在《孟子》中,人皆有的"心"可分为"恻隐之心""羞恶之心""辞让之心"与"是非之心"(《公孙丑上》)。"四心"之展开表现为"心"当恻隐而恻隐,当羞恶而羞恶,当辞让而辞让,当是非而是非。孟子举例说:"今人乍见孺子将入于井,皆有怵惕恻隐之心;非所以内交于孺子之父母也,非所以要誉于乡党朋友也,非恶其声而然也。"恻隐乃心对特定情境("孺子将入于井")的自然显露,是为此情境中的特定人紧张、恐惧、伤痛、怜爱、不忍。此情境中的人不是"心"的对象——心之所对。它们与心没有距离,或可说,它们不在"心外";它们又不是心之所生,故可说,它们也不在"心内"。我有恻隐之心,才能随时感受到此情境微妙的变化。或可说,它们触动心时,心便恻隐起来。心本身持续地紧张、恐惧、伤痛、怜爱、不忍……,像是自己身临险境,象孺子一样无法摆脱。尽管事实上自己很安全(作为有心人),但此安全之境况以被忘记(作为孺子)。我与孺子之间始终无距离,我同时作为有心人与孺子,两种身份交织在一起。正因为我与孺子之间无距离,我才能充分感受此中意味——这对于我意味着什么。

显然,"恻隐之心"的活动方式不是听觉式的,它并没有预设一个外在于心的规范,进而在修行中完成心与规范之合一。"羞恶之心"的活动方式与"恻隐之心"活动方式相一致。"恻隐之心"对周遭情境中的人(事物)而发,"羞恶之心"对着人而发,包括人和我[1]。如朱熹曰:

---

[1] 参见朱熹《四书章句集注》,中华书局 1983 年版,第 237 页。又如:王船山:"羞,耻己之不善也,恶,憎人之不善也。"见王夫之:《船山全书》第八卷,岳麓书社 1996 年版,第 214 页。

"羞，耻己之不善也，恶，憎人之不善也。"具体说，羞对着自己之不善而发，恶对着他人之不善而发。"耻己之不善"，这里的"不善"既指行动招致的不善后果，还可以指"不善的动机"。前者是指对客观规范、原则的违背，是已成的事实；后者则指尚未形于迹，却已在心灵中展开了的行为与规范之间冲突的预演。故羞之所起，不尽是因为已经触犯、违反了道德规范，也不尽是因为做的不对而自责，它尤其偏向"未发"，即偏向对种种可能性的评价，随时担心自己做的不好，担忧尊严之潜在的失落。因此，羞首先表现为精神有意识的自我防护①。不善之己（可能）出现，则羞随之而起；人之不善（可能）出现，恶随之而起。"羞恶之心"与人、己之（可能的）不善随时感应，彼此融通。后者非前者指对象，而是前者发起之机缘。更确切地说，（可能的）不善之起，羞恶之心即起，并知其对于我之意味。从而警戒自我，以免自我道德沉沦。所以，"羞恶之心"并不预设不善已然存在，更不会期待它成为现实。在此意义上，"羞恶之心"之活动方式不是听觉式活动，更不是视觉式活动，而属于典型的"味觉式"活动

　　说孟子的"心"以"味觉式"展示，并不是说孟子已经对味觉思想有了充分自觉。就中国思想史说，味觉思想在汉代才完成。这表现在，将"舌"理解为"心"之"窍"（《素问》）或"心"之"候"（《白虎通》）。"心"的展开乃是以味觉方式（即以"舌"，而非"耳"或"目"方式）展开：人与对象自觉敉平距离，关注质料（"意味"）而非外在形式等②。对照着见而知之、闻而知之，不难发现孟子所说的"心"（恻隐之心等）的展开正是味觉式活动。

三　感官逻辑与思想道路的自觉

　　如我们所知，春秋思想世界中存在着两股重要的思想力量，一是《诗》《书》《礼》《乐》代表的老的思想传统，另一个是齐桓——管仲的

----

　　① 对于"羞"的完整分析，请参见贡华南：《羞何以必要》，载于《孔子研究》2009 年第1 期。

　　② 具体可参见贡华南：《中国思想史中的感官与认知》，载于《中国社会科学》2016 年第 3期。

形名——事功思潮。后者颠覆了前者，确立起视觉化思潮的主导地位。孔子自觉反对外在的、客观的、视觉化之刑政，而主张以仁心充实礼乐，重新确立礼乐尊严①。在此理路中，一方面，礼与人之间初始时保留着距离，以维护礼之尊严；另一方面，礼与人之间的距离可以通过人的修行工夫得以化解，最终达到礼与人之间内在融通，所谓"从心所欲不逾矩"是也。这种始而设置距离，终而化解距离之理路正是"听觉思想"的典型特征。孔子偏爱"闻道"，表明其对自己的思想有着高度的自觉②。孟子对重建外在的、与人有距离的"礼"并无热情。在他看来，仁义礼智在"心"中有其根基。心内具仁义礼智，或谓心与仁义礼智本然无间无距离。人要做的是"存心""养心""尽心"。从孔子到孟子，其思想方式也由听觉式推向味觉式。

由韩愈、朱熹等人鼓吹的"道统"将孔子到孟子塑造为儒学的统绪，也确立了从听觉到味觉思想方式之演变脉络。宋明儒从理学到心学的演变逻辑正是此思想方式演变脉络之再次演绎。程朱反对以才性（自然、理智）确立客观秩序（名教），也反对名法之治（视觉化具体表现），而确立"礼""天理"。"天理"为"形而上"，有尊严而给人以高高在上感觉。但人可以通过用敬涵养成为如理而在者，由此而化解天理与人的距离。陆象山对天理与人之间的距离深感不安，进一步将理拉进心里，心与理合，再次演绎着从孔到孟的思想逻辑。

先秦儒者通过区分"见而知之"与"闻而知之"，抑制"见而知之"而挺立"闻而知之"；汉儒通过"耳舌之辨"而以味觉（即作为"心之窍"的"舌"）进一步抑制视觉，统摄听觉。舌为心之窍，心以味觉的方式展开，此乃中国思想的一个基本特征③。宋儒区分"德性之知"与"见闻之知"，抑制、超越"见闻之知"，将视觉、听觉同时超越，而归向以

---

① 　春秋思想世界的二元对立，构成了诸子百家共同的思想背景，孔子反对新兴的形名—事功思潮，而主张重建礼乐世界。具体论述请参见贡华南："春秋思想界的张力""论新思潮与老思潮的关系"，载于《复旦学报》（社会科学版）2017 年第 5 期。

② 　值得注意的是，《论语》多是弟子听来的。其中虽有教学之间的互动，但主要是老师自上而下的发布。弟子听闻权威，并努力使之化之于身，最终结集成书。此外，孔子"兴于诗""成于乐"观念也一直与听觉密切关联：《诗》由听风而得，"乐"之展开也只能经由听闻。礼崩乐坏之后，乐犹可得而闻（比如孔子问乐），但《乐经》的失传，象征着听闻传统逐渐崩坏。

③ 　可参见贡华南：《中国早期思想史中的感官与认知》，《中国社会科学》2016 年第 3 期。

"心"（心本身而非心之窍）之"所体"为基本内涵的"德性之知"①。王阳明所展开"心目之辩"，较之横渠，更自觉地高扬"心"而抑制"目"，无疑是儒家这一传统的自觉继承与推进。阳明将与天地万物相互感应作为心的基本活动方式。"感应"实质是相互契入、无距离彼此融合的交接方式，这是"心之窍"的"舌"（味觉）的典型活动方式。贵心而贱耳目，可以看作是对以上思想历程之再次重演。阳明对心的活动方式的论述，正是对味觉思想的深度强化②。

20 世纪儒学由从新理学推进到新心学，亦在演绎着此思想逻辑。新儒家们试图超越科学（视觉化），而确立"本体"（熊十力）、"理"（冯友兰）。此"体"与"理"与人始有距离（给出的解释是心灵被蒙蔽或未加反思等），但人可以去除私欲或加以反思皆可化解其与人的距离（听觉化）。牟宗三等对理与人之间的距离深感不安，遂以"良知是呈现"（或"即存有即活动"）为核心展开其思想系统。并以"良知坎陷说"化解了内外界限，再次完成理向心的递进，儒家内在逻辑再次演绎。

不难发现，儒家之确立首先是在反对、超越视觉思想基础上听觉思想之确立，即先确立起与人有距离的规范系统，但配合修行工夫最终化解此距离。而儒家思想之进一步演进则必然走向无距离的味觉思想。此思想演变的感官逻辑在道家思想史中也有明显的体现。

先秦道家中，《老子》既反对老的诗书礼乐传统，也反对新的形名思潮。也可以说，反对视觉思想乃其确立自身的前提。《老子》所确立的"道"亦是高高在上，所谓"象帝之先"（第四章）"先天地生"（第二十五章）展示出"道"的崇高性，也给人以深深的距离感。同时《老子》努力以"无""损"等修行工夫化解人与道之间的距离，最终归于"闻道"③。《庄子》以"逍遥"为第一义，虽然其思想方式中还保留着对听觉的推崇。如"若一志，无听之以耳而听之以心，无听之以心而听之以气。听止于耳，心止于符。"（《人间世》）在"以耳听"之外提出"以心

---

① 比如张载曰："见闻之知，乃物交而知，非德性所知；德性所知，不萌于见闻。"（《张载集》，中华书局 1978 年版，第 24 页）"不萌于见闻"表述的是，两者乃不同类的"知"。

② 关于阳明"心与目之辩"，请参见贡华南：《心与目之辩——王阳明思想的一个主题》，载于《社会科学》2017 年第 12 期。

③ 如四十一章："上士闻道，勤而行之；中士闻道，若存若亡；下士闻道，大笑之。"

听""以气听"等，都表明了这一点。同时，庄子已经将"道"理解为与万物同在者，而且有意无意地提到新的把握"道"的方式——"体道"（《知北游》）。作为经验方式与认知方式，"体"不是外在的观看，不是旁观，而是整个的人进入到对象的内部。对象与人始终处于"零距离"，这是"体"的基本特征。在此意义上，"体"与孟子的"心"一致，乃味觉思想的一种方式①。

从《老子》到《庄子》的演变逻辑在魏晋玄学中得到再次演绎，从《老子注》到《庄子注》之思想演变即可直观此特征：《老子注》以"无"立"道"，反对新形名家（曹氏父子的名法之治）。《老子注》以"无"为"本"，崇本而息末，即"抑万殊"。"崇本"而使"体"高高在上，体道之承诺不免虚化（看似味觉化，实为听觉化）。《庄子注》重"万殊"，强调"自得""自化""自尔"，万物自因自果。道在万殊，体道说得以贯通（味觉化）。

由此看，抑制视觉思想，先挺立听觉思想，再推进至味觉思想，这不仅是儒家思想演变的逻辑，也可说是中国思想史演变的感官逻辑。

四　余　论

就世界文化看，古希腊形成视觉优先思想传统，希伯来发展出听觉优先思想传统。两希合流，听觉优先传统传入欧洲，以听觉思想补充视觉思想，希腊理想得以充实。继而，在近代科学激发下，视觉中心主义在欧洲得以确立。但在此主线中，听觉思想，甚至味觉思想都被一再尝试，甚至我们也能发现与中国思想史类似的演变逻辑。

在康德三大批判中，《纯粹理性批判》为视觉精神的贯彻："看"（感性直观）与对"所看"的整理（"知性范畴"）构成了纯粹理性的基本内容。在此视觉思想架构下，物自身与现象之间、自然对象与我之间都设置了不可跨越的鸿沟。康德设想的"intuition"可直达"上帝""灵魂""自由意志"，但却否认人没有此机能。

---

①　关于"体"的具体分析，请参见贡华南：《体，本体与体道》，载于《社会科学》2014年第7期。

康德在《实践理性批判》中强调法则、命令的客观性与普遍有效性，这就规避了"质料"（意志的对象）而走向"单纯立法形式"。这虽然仍旧在视觉思想轨道内，但视觉思想所展开的条件——严格的距离性已经悄然被松动。"上帝""灵魂""自由意志"（理性）之悬设，尽管三者仍旧高高在上，但已经承诺此距离可以消弭①。"上帝存有"之悬设保存了听觉思想的基本架构。"绝对命令"如上帝的声音，自上而下地发布（"心中的道德律"如"头上的星空"），对每个人普遍有效，强制每个人无条件服从。对个体来说，"绝对命令"是"强制"，是"义务"。通过"敬重"（一如"信仰"）而化解命令与人之间的距离，此正是听觉性思想。这与儒家强调修行工夫，走自下而上以化解内与外、上与下之间的距离之思路不同。

《判断力批判》中的判断力基于味觉②。判断力的对象是一个一个的特殊事物，但作为个体的个人都可以从特殊事物的特殊性中揭示出一般性。特殊与一般之间的自由转换，不仅仅表达着逻辑意义上的殊相与共相之间的关系，也可以作为思考实存的一个切入口。自然与自由之间的距离在无目的而合目的的味觉判断中得以化解。

20 世纪西方哲学演进的另一重要脉络也值得注意：胡塞尔崇尚视觉，偶尔触及听觉（从"范畴直观"到"本质直观"）；海德格尔自觉批判视觉中心主义，推崇听觉；海德格尔的弟子伽达默尔进而对味觉——判断力做了进一步考察，以此作为诠释学展开的一个基础。同为海德格尔弟子的阿伦特亦试图从思维、意志推进至味觉——判断力。可惜的是，味觉思想在西方无根基，阿伦特最终也没能写出《精神生活》之《判断力》。

---

① "意志与道德律的完全的适合就是神圣性，是任何在感官世界中的有理性的存在者在其存有的任何时刻都不能做到的某种完善性。然而由于它仍然是作为实践上的而被必然要求着，所以它只是在一个朝着那种完全的适合而进向无限的进程中才能找到。"（"灵魂不朽，作为纯粹实践理性的一个悬设"）

② 伽达默尔说"趣味这一概念在被康德作为他的判断力批判的基础之前就有很长的历史。"（伽达默尔：《真理与方法》，上海译文出版社 1999 年版，第 44 页）伽达默尔所说的"趣味"即"味觉。"实际情况是：味觉一直被视觉、听觉压制，被定性为"享乐性"感官而非"认识性"感官。汉娜·阿伦特以疑惑的口吻质疑康德："为什么味觉应该提高到和成为心理判断能力的手段？而判断力为什么应该基于这种感觉？"（《精神生活·意志》，凤凰出版传媒集团有限公司 2006 年版，第 264—265 页）

从物我疏离的视觉思想，走向始而有距离，继而化解距离的听觉思想，最终走向物我始终无距离的味觉思想，这是解决人与天地万物如何共在问题的一条思想趋向。20 世纪以来，视觉思想造就人与天地万物的疏离，此乃中西方共同面对的世界图景。由味觉——判断力出发，以解决人与世界的疏离化问题，这既是世界哲学生长的一种可能路向，也是中国传统思想再次绽放的内在驱动力。

性善论与人的存在

——理解孟子性善论哲学的入口

郭美华

（上海师范大学哲学系华东师范大学现代思想文化研究所）

人自身的存在，是哲学永恒的主题。在一定意义上，哲学就是人自身存在的方式，而且是关乎其本质的存在方式。在孟子哲学中，对于人自身存在的追问，以对性和善的讨论为中心展开。在生存论视域之内理解孟子性善论哲学，必须找到一个恰切的入口，廓清一些基本的前提，才能获得合于哲学本旨的结论。性善的哲学追问，具有形而上的意义。从而，对此问题的追问本身，需要一种源初的问题自觉，即就此一人栖身其中的世界而言，"问题是：为什么总是有所有而非一无所有？这并非一个随随便便的问题。'为什么总是有所有而非一无所有？'——这显然是一切问题中第一位的问题。当然，这不是时间先后意义上的第一问题。在经由时间的历史性行进过程中，每个人和所有人一样，追问许多问题。他们在进入'为什么总是有所有而非一无所有？'这个问题前，探究、调查、勘探许多各种各样的事物。如果进入这个问题意味着不仅仅是其作为被言说者而被倾听和阅读，而且是追问问题，亦即，立于此一问题上，展示这一问题，彻底地把自己置于这一问题追问状态之中。"① 在生存论上讨论性善问题，我们须得将自身置于"问题追问状态"，让自身的"存在处于追问之中"，也让"问题之追问进入并成为我们的存在本身"。因此，我们立足于哲学本身，并将问题追问展现为一种哲学的存在，先行绽现"理解

---

① Martin Heidegger, *Introduction to Metaphysics*, Translated by Gregory Fried & Richard Polt, Yale University Press, New Haven & London, 2000, p. 1.

孟子性善论哲学的入口"。只有先行厘清了进入孟子性善论哲学的"入口",才能获得恰当理解其内容的通道,并达致妥帖的结论。

一 自我与传统:讨论性与善的两重根基及其融合

从置身问题情境而在的意义出发,以性和善为切入点与讨论中心,我们可以先行追问一个元问题:当我们追问并谈论人性之际,我们究竟是要做什么?

这个问题并不好回答。当我作为"说我者"要反思、讨论人本身的问题时,"我"究竟应该从什么地方出发?或者说,立脚点与起始点在哪里?谁能进行如此追问?如何进行追问?在回应谁(who)在追问以及如何(how)进行追问之先,我们还说不到究竟给予这个问题什么样的回答。

因为,关于有意义问题的讨论,都有一个历史与文化的背景,以至于追问本身也得接受一个追问:"人们会一般地谈论人性还是必须相对于时代和文化来看待一切关于人的说法?"① 就这个意义而言,似乎"我"就是一种历史文化与地理环境的产物,"我"不能抽身离却这个传统与环境,似乎与之无关地来谈论这一些。我并不能一般地谈论什么是人,我只能先天地属于特定的文化历史背景而谈论具有具体内容或具体规定性的人。

如此说法,具有相当的合理性。我们每一个当下进行思考的人,都不是开天辟地的"第一人",每个进行思考的具体之人,前面都有一个由其历史与典籍为主构成的传统。我们思考和言说,都无可避免地受制于"自我之前"的语言历史及其产物。

但是,更为深入而细致地看,"我们"探讨"孟子"关于"性与善的观念"(包括孟子与告子关于人性问题的争论),实际上涵着四个不同的基本项目:

其一,孟子与告子作为两个个体自身之人性观点(M)。

其二,人之性与善的问题本身(R)。

其三,历史上其他思考者对于孟告及其人性理论的讨论(T)。

---

① 恩斯特·图根哈特:《自我中心性与神秘主义:一项人类学研究》,郑辟瑞译,译文出版社2007年版,第144页。

其四，作为说我者的"我"对于此问题的讨论（W）。

现在的问题是：W 究竟是对 R 感兴趣还是对 M 感兴趣呢？当然，T 可以被归入于 M 与 R 的区分之中。这个区别是很重要的。图根哈特认为，谈论问题有两种不同的方式，即第一人称与第三人称两种不同方式。比如，一个历史上的哲学家 A，他所言说的哲学主张是 p；一个其后的思考者 B，他面对 A 和 p，就有两种可能：一是 B 只对 A 和 p 感兴趣，只要是 A 说的，B 就觉得有意义，这是第三人称的方式；一是 B 对 A 并不感兴趣，B 只对 p 感兴趣，B 要为 p 找自己认可的理由，这是第一人称的方式。① 传统主义的思想认为，某种既有的传统是先在的、决定性的，必须由此不可置疑的先在物出发来加以讨论；或者以为存在着某种先天的原则，这些原则独立于具体历史现实，并确定具体历史事实的展开与变化；这两者实质上都是第三人称的方式。图根哈特认为，每一个思考者都是一个"说我者"，他作为"哲学家并不处于某种传统之中，而是提出某个实事问题。只有当他相信，他能够从先前的哲学家那里学到某些关于此实事的东西，他才会转向先前的哲学家，也就是说，他是从第一人称的角度来面对他们的。这不仅意味着，他要探寻他在某位哲学家那里发现的东西是否有理由，而且，他只吸收这位哲学家的那些对他来说重要的东西。"② 所谓要从哲学家自身的历史语境出发来理解其思想，即是"第一人称"角度的立论。

可以简单地说，第一人称角度基于"自我"，第三人称角度则注重"传统"。就孟子性善哲学而言，一方面，我们只有将之置于"道德生存论的中国传统"之下，才能理解其作为"生存论问题追问"的重要性；另一方面，任何一个具体的问题追问作为"追问"活动本身，都有一个具体的个体作为"自我"主体来切己展开，此一"自我"作为发问者，他有着自身问题意识域中的个体性意义关怀。

因此，在对性与善的哲学追问中，"自我"的存在与"传统"的展开，是交相融合在一起的。就孟子性善论哲学而言，与"自我"相关的一个重要的概念是"良知"。实际上，当我们说"自我"，尤其在孟子哲

---

① 恩斯特·图根哈特：《自我中心性与神秘主义：一项人类学研究》，郑辟瑞译，译文出版社 2007 年版，第 145—146 页。

② 同上书，第 147 页。

学中说"良知"的时候，我们很多情况下可能产生了很严重的误解。

孟子说："人之所不学而能者，其良能也，所不虑而知者，其良知也。孩提之童，无不知爱其亲者，及其长也，无不知敬其兄也。亲亲，仁也，敬长，义也。无他，达之天下也。"（《孟子·尽心上》）"良知呈现"，良知显现出自身，这是确切无疑的。但是，如何解释良知呈现呢？我们可以追问如此问题：是什么东西作为如此显现的显现者？回答如此问题，一般的进路无非是两条：超越的实体主义进路与经验的生物主义进路。借用海德格尔良知召唤的说法，"的确，（良知）召唤确乎是如此之物，此物我们既没有计划过，也没有准备过或自愿执行过，也未曾如此做过。悖于我的期望，甚至悖于我们的意愿，'它'（It）召唤。在另一方面，此召唤无疑并非来自与我同在此世界中的他者。此召唤来自我，且又来自超越我者与在我之上者。"① 这一现象性事实，易于使我们寻找某种外在超越的主宰力量来说明此一召唤，"一个人因此假设而提出一个如此力量的拥有者，或者将此力量作为使自身显明的人格，即上帝。另一方面，一个人可能会拒斥这一解释将召唤者视为如此力量的外在显示，而与此同时生物学地加以敷衍解释。"② 前者是超验实体主义的取向，后者是经验生物主义的取向，二者都"为一个未经明述但本体论上独断导向的命题所促进，即'何物是'（what is，换句话说，任何如召唤一样的实际事物）必须是现成在手状态之物（present - at - hand），不让自身被客观地展示为现成在手状态，则其根本不存在。"③ 以现成在手状态的某种具有僵死规定性的某物来理解良知，这完全悖于良知"出入无时不知其向"的本真状态。

作为"自我呈现"的"良知召唤"，或者说作为"良知召唤"的"自我呈现"，并未有一个"召唤者"，也没有一个"被召唤者"，良知呈现或良知召唤中"未予任何一物"，而只是"唤起作为其自身存在的本己可能性"。④ 就此而言，作为生存论发问的性善论哲学，并非走向一个概

---

① Being and Time, Martin Heidegger, translated by John Macquarrie & Edward Robison, Harper Perennial Modern Thought, 2008, p. 320.

② Ibid.

③ Ibid.

④ Ibid. , p. 318.

念式的实体性执持与知识性把握，而是将自身置于一个醒豁的"自我追问的问题境遇"，使得切己的本真生存得以展开。由此，"自我主体"与"传统之道"，就消融在以问题追问逼显而展开的生存活动自身之中。

性与善就是生命存在本身的问题，生命存在自身处于一个历史传统之中。就其本质而言，"生命本身指向反思"①。然而，一方面，不经过理性反思的生命不值得过；另一方面，反思自身却又属于生命存在整体——反思只是整体生命的部分，整体生命超越了作为部分的反思。相应地，具体生命处身其中的传统，也是一个超越于个体的整体。一方面，"伦理、宗教、法律的传统本身却依赖于生命对自身的认识"，尤其整个传统"被反思所摧毁，并需要建立一种新秩序"②之时，反思性思想（这总是由具体个体的生命承担者来实现）就取得了对于传统的"优先性"；但另一方面，每一个体生命总是在自身的存在过程中，不断"提升自己超出其特殊性，个人生存于其中的那种伟大的道德世界，表现了某种固定的东西，在这固定的东西上他能面对他的主观情感匆匆易逝的偶然性去理解自身"③，不能"以某个当代的自我意识去统一精神生成物整体"④。由具体个体生命反思加以确认的"传统"，与由传统所决定了"个体"，二者之间确乎具有某种"诠释学的循环"关系。

思想自身或哲学自身是生命本身的表现形式，"哲学只被认为是生命的表现"⑤。如果将哲学或思想或者其文字固化物（典籍）或者某个具体的思考者（哲人或圣贤）作为生命本身，就本末倒置了。不能丢弃一个在生存论上先行在此的、作为一切展开基底的源初之"我"。思想之于生命，正如斧头之于砍柴、锯子之于锯木，是斧头、锯子之归属于"砍柴者及其活动"，而不是相反，否则就荒谬了："斧岂可向用斧的自夸呢？锯岂可向用锯的自大呢？好比棍抡起那举棍的，好比杖举起那非木的人。"⑥我们根本不能在生命之外去思考生命，思考本身属于生命整体。

---

① 伽达默尔：《真理与方法》（上），洪汉鼎译，上海译文出版社1999年版，第303页。

② 同上书，第307页。

③ 同上书，第304页。

④ 同上书，第302页。

⑤ 同上书，第296页。

⑥ 《旧约·以赛亚书》10：15。

　　总而言之，作为生存论追问的性善论哲学，是存在自身的"问题性情境"，是存在之哲学地展开自身的自我逼问与自我绽放，而不是任何抽象的"普遍而凝固的理智知识"。所谓问题性情境，不是作为"抽象理智的困境"，而是"具体存在本身的困境"。

二　富于内容的生命与理智认知的界定

　　之所以强调性善论追问的非知识性取向，其中有一个关键是，我们作为人"应该是一个行动的存在者，而不只是一个思辨的存在者"，人天赋有着特定的行动能力，运用并实现这些能力"是真正的智慧""也是我们存在的真正目的"。① 人与禽兽的区别，不单单是因为思辨，而且由于行动能力："我们除了由于我们的思辨能力而不同于禽兽之外，至少还由于我们的行动能力而不同于它们。"②

　　严格而言，单纯的知识引向对于人的形式性理解，而生命本身是富于内容的。行动是道德生存论的实质与内容。内容是在区别之中得以体现的。人的内容，有两个维度的区别：一是与禽兽相区别，一个是与鬼神相区别。可以很简单地说，不能禽兽不如，且不能装神弄鬼，是人之为人存在的两个端点，人的内容就实现在禽兽与鬼神二者之间的"中庸之域"。

　　孔子一方面说"敬鬼神而远之"（《论语·雍也》）、"未能事人焉能事鬼"（《论语·先进》），一方面问"伤人乎不问马"（《论语·乡党》），将人自身界定在鬼神与禽兽之间，并且有一个将鬼神一端转化为圣人的转变。这一点为孟子所继承，孟子将人的两端界定为圣人和禽兽，在孟子看来，圣人的最高表现就是孔子。人之存在的实际内容，实现在圣人和禽兽之间。某种意义上，因为圣人可学而至③，人也易于失其本心（《孟子·告子上》）而为禽兽，圣人和禽兽构成了"人的现实性内容"的两个边界。

――――――――――

　　① 托马斯·里德：《论人的行动能力》，丁三东译，浙江大学出版社2011年版，《导言》第1页。

　　② 同上书，《导言》第2页。

　　③ 《公孙丑上》中，孟子明确论证了孔子作为圣人的现实性，以孔子为最高的圣人，并表达自己的愿望是"学孔子"。

人与禽兽的区别，究竟何在，在孟子可能还需要更深一层地理解：人不仅仅是自觉地肯定自身，而且更重要地是自觉地在践行中否定自身——这种自觉的否定，恰好就是更高的肯定。单纯直接的肯定性，并不能表现人的本质（或善）。某种意义上，自觉到自身的行动的否定性方面，这是道德性生存的重要维度。道德戒律往往都是否定性，比如摩西五戒、比如佛家戒律等，这种否定性的领悟，更为深刻地体现了人与禽兽的区别："恨恶责备的，却是畜类。"① 此所谓责备，即是一般的否定性因素。遭遇否定性，是人生存的实情之一，只有经由否定性，人才能肯定自身。排除否定性而直接肯定，这是禽兽。

基于否定性来理解人的存在内容，基础就在于将人的存在理解为行动，如下文将要讨论的，理解孟子性善论哲学的一个基础性入口就是"具体行事"。在孟子与告子"杞柳与杯棬之辩""生之谓性辩"和"湍水之辩"三个著名争辩中，孟子就鲜明地突出了基于行动来理解孟子性善论哲学：道德性存在之于人自身的本性，就是一个自觉的内在自我否定的能动过程，而非如杯棬对于杞柳的外在否定过程②；"人性之善，如水之就下"，善和性都需要从"动词意义上"加以理解③；而告子与孟子关于"生之谓性"的争论，则在于告子从天生本能的角度理解人之本质，

① 《旧约·箴言》12：1。实际上，将人从现实性上与动物加以分类区别，显得特别基础。但是其中蕴含的问题的是，这个以类相区别的认知路径，不能"径直"使用于人自身内部的区别。就中国传统哲学而言，人性论上的三品说、二重论，都是重要表现。然而，基于一种人性论断而展开的哲学之所以具有特殊性，就在于基于一种人性论断的哲学需要更为深邃的思辨，性善论和性恶论都有如此特质。尽管《圣经》信仰会强调每个人的普遍罪性，但它也有一种"现实性"上的区分，即智慧人、愚顽人与畜类人之分（《旧约·诗篇》49：10）。孔子也说"上智"与"下愚"以及生而知之者、学而知之者、困而知之者与困而不学者之分。这种出自"现实性"的区别，后面还蕴涵着一种价值"理念"或"理想"立场。困难就在于，一方面人与动物要相区分，另一方面人自身内部人与人之间也要加以区分。但是，在"价值立场"上，人又必须是平等的。而在生存论指向上，具体个体又必须将自身与单纯的类本质相区别乃至于与其他个体相区别。人的存在究竟是趋同还是趋异的问题，在讨论善的过程中，并不简单，而是一个较为棘手的问题。

② 参见拙文《人性的顺成与转逆——孟子与告子"杞柳与杯棬之辩"析义》，《文史哲》2011 年第 2 期。

③ 参见拙文《湍水之辩与善的必然性：孟子与告子"湍水之辩"释义》，《学海》2012 年第 2 期。

孟子则是从人之现实的能动活动的展开而理解人性的生成。①

由此，我们可以深入到孟子性善论哲学的一个关键之处，即其"四端说"来略加疏释，以显明我们这里所谓"富于内容的生命存在"之意。

《孟子》本文中的"四端"或"四心"说②，很多学者对于"端"的

---

① 本质上看，基于肯定人的道德能动活动，孟子乃至整个心学的立场都肯定"生之谓性"本身，而非否定这一主张。朱熹的理学立场突出理智思辨的形上确定性，认为孟子反对生之谓性之说；有意思的是，作为心学的牟宗三也反对生之谓性说，这也是心学立场在哲学思辨上的"理学化"。参见拙文《认知取向的扬弃——〈孟子告子上〉"生之谓性"章疏解》，《中山大学学报》2018 年第 4 期。

② 《公孙丑上》说"四端之心"（恻隐之心，仁之端也；羞恶之心，义之端也；辞让之心，礼之端也；是非之心，智之端也），《告子上》直接说"四心"（恻隐之心，仁也；羞恶之心，义也；恭敬之心，礼也；是非之心，智也）。后世学者，不但没有理解《孟子》本文中四端与四心的确切意蕴，而且将端与心都囫囵地理解为"端"，将"端"理解为生物学种子或者理智形而上学的先天本质/精神实体。这就根本上脱离了孟子哲学的地基。孟子性善论是儒家哲学的一个基本命题，一定意义上甚至可以说性善论是儒家哲学的一个信仰，乃至于后世儒学一说到荀子性恶，便谓"大本已失"。但是，一直以来，性善论的具体含义却并没有得到清晰而确切的揭示。

实际上，孟子哲学所谓性善，是与心连在一起加以论述的，是从心立论的。从心立论以言性善，在《孟子》中有两段基本的文本，第一段出现在《公孙丑上》第六章：

孟子曰："人皆有不忍人之心。先王有不忍人之心，斯有不忍人之政矣。以不忍人之心，行不忍人之政，治天下可运之掌上。所以谓人皆有不忍人之心者，今人乍见孺子将入于井，皆有怵惕恻隐之心，非所以纳交于孺子之父母也，非所以要誉于乡党朋友也，非恶其声而然也。由是观之，无恻隐之心，非人也；无羞恶之心，非人也；无辞让之心，非人也；无是非之心，非人也。恻隐之心，仁之端也；羞恶之心，义之端也；辞让之心，礼之端也；是非之心，智之端也。人之有是四端也，犹其有四体也。有是四端而自谓不能者，自贼者也。谓其君不能者，贼其君者也。凡有四端于我者，知皆扩而充之矣。若火之始燃，泉之始达。苟能充之，足以保四海，苟不充之，不足以事父母。"

在这一段文本中，如何恰切地理解"端"，成为合理而准确地理解孟子性善论的一个关键和基础。赵岐注说："端者，首也。人皆有仁义礼智之首，可引用之。"（《孟子注疏》，北京大学出版社 1999 年版，第 94 页）孙奭疏说："此章指言人之行当内求诸己，以演大四端，充广其道……孟子言人有恻隐之心，是仁之端，本起于此也。有羞恶之心者，是义之端，本起于此也。有辞让、是非之心者，是礼、智之端，本起于此也。以其仁者不过有不忍恻隐也，此孟子所以言恻隐羞恶辞让是非四者，是为仁义礼智四者之本也。"（《孟子注疏》，第 94—95 页）孙奭疏将赵岐所注"端为首"，解释为"本"，将问题推向了一个歧义之处，即端究竟是本还是末？《说文解字》说："木下曰本，从木，一在其下"，"木上曰末，从本，一在其上。"孟子所谓端，究竟是在"其上"还是"其下"呢？

《说文解字》注"端"："直也，从立，耑声。"注"耑"："物初生之题也。上象生形，下象其根也。凡耑之属，皆从耑。"注"题"："额也，从页，是声。"额同颡。焦循说："《仪礼 郊射礼》注云：'序端，东序头也。'头，首也。故端为首。端与耑通。《说文》耑部（转下页注）

理解就是错误的（而且不确切理解四端与四心说的意涵区别，直接将四心

（接上页注）云：'耑，物初生之题也。'题亦头也。"（焦循，《孟子正义》，中华书局 2004 年版，第 234 页）从字义本身来说，"端"是在上者，而非在下者，端作为在上之初生，就是已然有所绽放的端芽或萌芽。孙奭疏把赵岐注的"首"理解为"在下之本"，意义恰好相反了。

端作为已然萌发之芽，是仁义礼智之具体道德的源初展开。就其实质意义而言，从已然萌发之芽出发，善或道德是"向前地行动以充分展开自身"。但是，在对于端的理解中，大多数理解并没有从"已然绽放之端芽"，从切已地展开践履、修行而实践地实现、完善自身来理解，而是更多地诉诸于理智的抽象之思，为"已发之端芽"寻找"端之所以能萌发的所以然之本"。比如朱熹说："端，绪也。因其情之发，而性之本然可得而见，犹有物在中而绪见于外也。"（朱熹：《四书章句集注》，中华书局 2001 年版，第 238 页）朱熹这个解释，具有典型性，基本上代表了对于孟子性善论的一般性理解。这个理解的关键就是，将"已然萌发之端"，由理智的反思抽象为"无所萌发而能萌发的内在种子"。

在一定意义上，孙奭的疏，与朱熹的注，本质上都是以"种子说"解释"端"，即以一种抽象的善之精神实体来理解端，即所谓"善端"——其实质的含义是"善的种子"。

这样的理解，离孟子的性善论有很远的距离。孟子所谓"今人乍见孺子将入于井"而"皆有怵惕恻隐之心"，实质上仅仅是说在此具体情境下，有自然而然的"怵惕恻隐之道德心理意识活动"，如此道德心理意识活动即是道德之仁的"实然而已然的开始"。孟子直接用"恻隐之心"来表达"怵惕恻隐的道德心理意识活动"，只是用语的习惯和不严密。从逻辑上说，从"功能"、"活动"不能推论出一个"实体"。换句话说，从"道德心理意识活动"，并不能推论出一个"道德心理意识活动"的"精神实体作为承担者"，道德心理意识活动并不能逻辑必然地推论出一个良知或良心实体。尽管《孟子》自己说到"良知"、"良心"以及"本心"等概念，但他并不是从抽象理智的先天实体来立论的，相反，毋宁说，孟子的良知、良心、本心等，是消解先天实体化的理智抽象进路，而指向经验现实的切己践行之路。

由此，我们可以看到在《孟子》中第二段关于四心的说法，在《告子上》第六章，孟子不再说"端"，而直接说："恻隐之心，仁也；羞恶之心，义也；恭敬之心，礼也；是非之心，智也。"朱熹说："前篇言四者是仁义礼智之端，而此不言端者，彼欲其扩而充之，此直因用以著其本体，故言有不同耳。"（《四书章句集注，第 329 页》）道德存在展开为行动的自身实现，朱熹仍然瞩目于所谓本体，显然错失了性善的真意在于活动或行动自身的自为展开。实际上，《公孙丑上》之说端，与《告子上》之不说端，是哲学思考自身的逻辑进程与道德行动—实现过程的统一，即基于切实行动的初始绽放与过程中展开的统一。

端作为 sprout，可以是由种子（seed）生发出来，也可以由"整棵树（the whole tree）"生发出来。无论是种子所发之萌芽还是整棵树所发之萌芽，都与大地、天空、阳光和水分等等相联系而为一个整体。将端理解为种子，就使得"已然绽放之萌发"得以可能的"大地、天空、阳光、水分"之整体被遮蔽了。这意味着，"乍见孺子将入于井"的具体性境域作为整体，是不能在理智抽象的实体化倾向中被消解和湮没的。

心在具体境遇里的自然而犹然的显露是人之生命存在的一个基本实情。"心显露自身"为一种"怵惕恻隐的心理意识活动"，此活动具有自为肯定的道德属性，所以是善。从心之自为绽放与自为肯定理解性善，现代新儒家有所见。比如唐君毅就认为："孟子言性，乃即心言性……孟子之'即心言性'之说，乃能统摄告子及以前之'即生言性'之说。"（《中国哲学原论　原性篇》，中国社会科学出版社 2005 年版，第 13 页）徐复观《中国人性论史（先秦篇）》（上海三联书店 2009 年版）第六章就直接以"从性到心——孟子以心善言性善"为题有一个更（转下页注）

说与四端说等同，简称为四端之心），不是理解为"已有所萌发"的、已然绽放而不充分的状态，而是理解为"一无所萌发"的、毫无绽放的种子状态——阳光、大地、水分、人事与之浑然一体的状态被"简化为"某种理智抽象的"单一源初规定性"。

以恻隐而论，恻隐基本与同情内涵基本一致。恻隐之心的领悟，这对于理解孟子道德哲学，是一个具有重要性的问题。有两种常常被采用的理解进路，一种是生物主义天赋论，一种是形上学先验论。这两者各有其意义，但是，二者都不能切中"同情"的实质。同情不同于认知，"同情属于你我之间的关系形式"，"在实际的道德关系中确实存在认识，所以爱给予洞见。但是同情却是比单纯的认识条件更多的东西。"① 简言之，在归结为生物学禀赋与形上学先验本质的理智或单纯认知进路中，丰富多样的东西被湮没或丢弃了——而这些缤纷的丰富多样本身具有"本体论的性质"。

比如，将恻隐视为先天本质，就将"你我关系"简化成了一种独我主体的狭隘物（唯我论在道德哲学上的危害，在儒学中，根深蒂固，还需要更为深入的分析），而滑失了同情自身的主体间性。对于同情自身的自觉领悟而言，他者的生存本身，已然先在，并作为我生命内容的构成性因素，同情才是可以被领悟的。不是我先天具有着同情的能力，从而使得我能"现实地同情他人"，并由我的"同情"而证成他人的存在；本质上，是在他者与我浑然一体的存在中，共在的水乳交融使得彼此能"相互同情"，从而经由领悟同情进而领悟了自身的存在。换句话说，在一定意义，不是"我"作为原子式道德主体使得"同情"得以可能，而是"同情"的已然绽放及其领会，使得"我"作为道德主体得以可能。

（接上页注）清楚的表述："心在摆脱了生理欲望的裹胁时，自然呈露出了四端的活动。并且这四种基本活动形态，虽然显现于经验事实之中，但并不为经验事实所拘限，而不知其所自来，于是感到这是'天之所与'，亦即是'人之所受以生'的性。这是孟子由'心善'以言性善的实际内容。换言之，孟子在生活体验中发现了心独立而自主的活动，乃是人的道德主体之所在，这才能作为建立性善说的依据。"（《中国人性论史（先秦篇）》，第151页）这无疑是一个正确的见解，但他进而认为这个心完全摆脱了欲望裹胁、生理欲望处于完全休息状态、欲望未与物相接触而未被引起的纯粹独立的活动，以心的纯粹性与独立性来说善，实际上与性善的真意失之交臂。

综言之，作为道德哲学的性善问题，不仅仅是一个抽象思辨的理问题，而且更是一个切实践履的自觉行动问题。

① 伽达默尔：《真理与方法》（上），洪汉鼎译，上海译文出版社1999年版，第300页。

因此，对于某种道德生存的精神性规定，我们必须看到其有一个"先行之物"："在任何情况中，一个如此阐释奠基于我们先行拥有某物——奠基于一种先行拥有。"① 由此出发，我们可以在生存论的视野下，更为深入也更为准确地理解四端之心或良知良能。

同情与仁义具有一体性，所以，孟子说："恻隐之心，仁也"②；"恻隐之心，仁之端也。"③ 对于恻隐之心究竟是"仁"本身，还是"仁之端"的区别，我们可以做一个简单的分析。其中，可以有三点值得提示：其一，孟子本身并不具有概念清晰性的自觉意识，从而在使用概念上具有一定的随意性；其二，《公孙丑上》在讨论恻隐或同情的政治哲学问题（如何由不忍人之心实现不忍人之政，即由善心到仁政），在此，所谓仁是一种政治理想状态的实现，而恻隐之心只是道德之域的呈现，因此，将道德之域的恻隐推扩实现于政治之域，道德意义上的恻隐便是"端芽"；而《告子上》在讨论的是个体道德实现即善的问题（由其源初生存实情之绽现之善，而自为自觉地绵延充盈于生命展开的整个过程），只要个体在其活动中自为而自觉地实现自身，即是仁或善，因此，恻隐以其自觉自为地内在于个体自身的实现活动，它就与仁是直接同一的，而不再说为"端"；其三，如果从《孟子》本文的顺序来看，《公孙丑上》意味着"心"的开启阶段，内容相对贫乏，只是"端"；而《告子上》已经到了经由事实性展开到最终回到心自身的贞定，已经是经过诸多环节而具有内在内容的了，所以，此时具有丰富内容的心与仁、义、礼、智直接为一了。就善或仁义礼智具有展开过程与充盈内容而言，所谓性或善，不能归诸于某种先验性质或生物学禀赋，也是一目了然的了。

将四端之心理解为某种空无内容的意识或能意识者（精神主体），不再是活生生的具体生命本身，这本身就是悖于道德的。单纯的意识或理智之光，只是空乏的形式，其真正的本质在于为生命活动本身所充盈。胡塞尔的哲学在讨论意识的意向性时，强调回到"生命"本身，是讲"意识

---

① 在海德格尔看来，先行拥有与先见是源初统一在一起的，任何反思的阐释就奠基于此。Being and Time, Martin Heidegger, translated by John Macquarrie & Edward Robison, (*Harper Perennial Modern Thought*), 2008, p. 191.

② 《孟子·告子（上）》。

③ 《孟子·公孙丑（上）》。

生命"，"不仅研究个别的意识体验，而且也研究隐蔽的、匿名暗指的意识的诸意向关系，并以这种办法使一切存在的客观有效性得以理解。以后这就被叫做：阐明'有作为的生命'的作为。"① 胡塞尔的先验意向性指向"有作为生命的作为"，这是一条富于启示的"以内容为本"的生命哲学道路，而不是陷于"形式优先"的非生命之旅。这一"有作为的生命之作为"，本质上与孟子哲学"基于具体行事"的"自我实现自我完善活动"相一致。

在孟子，内蕴同情的仁义本身，被清晰地理解为现实的道德性行动。同情、觉悟与行动的统一，绽露了"富于内容的生命存在"的底蕴。孟子说："仁之实，事亲是也；义之实，从兄是也。"② 事亲与从兄，两者都不是什么单纯的抽象精神实体或理智规定性，而是具体性情境中的"浑融共在的生存活动"本身。在自我作为主体的展开中，亲和兄的存在已然是"内在性"的生命内容。亲和兄可以说有着血缘亲近性，这是生命活动源初展开的必然性决定的；但随着生命活动本身的展开，恻隐之心则超越和克服了血缘亲近性，而转为一般的相与共在作为任何一次同情心的具体绽露与自觉领悟："今人乍见孺子将入于井皆有怵惕恻隐之心"。③ 孺子之将入于井，是任一主体焕发怵惕恻隐之心的、具有本体论意义的"具体实情"，并构成同情之心的具体而真实的内容——如此情景的具体性，是孺子、井与自我道德情感的一体而在，并非孺子和井作为外在对象切合于主体自身的观念模本。

同时，我们可以深入一点地看看认知性知识与仁义礼智浑一的整体生命之间的关系。就孟子的致思逻辑而言，整体"生命和知识的关系乃是原始的所与"④。在孟子关于四心或四端的言说中，仁、义、礼、智四者本身"非由外铄我也，我固有之也"⑤ "人之有是四端也，犹其有四体

---

① 伽达默尔：《真理与方法》（上），洪汉鼎译，上海译文出版社1999年版，第317页。

② 《孟子·离娄上》。

③ 《孟子·公孙丑上》。

④ 伽达默尔：《真理与方法》（上），洪汉鼎译，上海译文出版社1999年版，第305页。伽达默尔所论的生命哲学观点之一。

⑤ 《孟子·告子上》。

也"①，也就是说，四者是作为一个整体而"在源初共同给予的"。生命本身内蕴着自身的认识，认知性知识属于生命整体，而不是生命整体从属于理智认知。当生命自身的内在认识恪守其"归属于整体生命"的本质之际，生命的这种自我认识，可以说为思或者自身内在之明。但是，如果这种生命的自我认识，跑到生命之外，虚构杜撰某种超越生命的本质或观念，并且反过来支配、制约生命本身之际，那就是理智的自私使用或者说"凿"。

孟子竭力地批评过将理智认知从生命整体中抽离出来加以抽象化的倾向，他视之为"凿"："天下之言性也，则故而已矣，故者以利为本。所恶于智者，为其凿也。如智者若禹之行水也，则无恶于智矣。禹之行水也，行其所无事也。如智者亦行其所无事，则智亦大矣。天之高也，星辰之远也，苟求其故，千岁之日至，可坐而致也。"②

智之在生命整体中的肯定性意义，为生命自身所固有的"内在之明"，它持守在"为了生命自身升华"的限度之内，跟随生命之展开自身并"随所遇而明"——出自生命本身并为了生命本身。它永远以生命本身为内容，为出发点与归宿。在此意义上，就是"智之于生命的意义"，正如大禹治水之于水的流淌的意义。大禹治水依循水自身之流淌，而不是在具体生动的浩浩荡荡的水流之外，去杜撰一个理智自身抽象出来的"水之本质"。在水流之外虚构属于理智的东西，而不是水流自身，这就是理智之"凿"而"行有其事"——好像理智有自身独立于生命行程之外的"使命之事"；让水如其自身而流，让生命如其自身的延展，思之觉悟作为内在之明，内蕴于水流或生命延展中。慨叹"逝者如斯夫"就是彻悟于斯而融身于斯，并不去"如斯"之外叠床架屋而另设一个本体或本质——这就理智之"不凿"而"行其所无事"，即理智之事就是生命本身的自我敞明，而非别有一个空无所有的明本身。

在仁、义、礼、智源初一体的关系中，智之属于生命整体，孟子有一个明确的界说："仁之实，事亲是也；义之实，从兄是也；智之实，知斯二者，弗去是也；礼之实，节文斯二者是也；乐之实，乐斯二者。乐则生

---

① 《孟子·公孙丑上》。
② 《孟子·离娄下》。

矣，生则恶可已也。恶可已，则不知足之蹈之，手之舞之。"① 仁义即是
道德生存的实情——即在切近的人伦关系中渗透了感情和规则的具体活动
本身，而智的真实的内容，就是对于此渗透情感与秩序的活动本身的自明
自觉之领悟并守而勿失——既不遗忘、遏止生命活动本身，又不凿而自私
用智另立生命的虚假本质。作为内具情感与秩序的源初道德生命，其具体
行为的准则之文（礼），就是对情与道（秩序）的教化式范导与政治式制
约；乐则是对情与道的审美性引领与顺导——让生命在自我享受与沉醉中
前行。"不知足之蹈之手之舞之"，这正表明生命存在的自身完善状态，
不是某种理智的宁静，而是活生生之在世行动的充盈饱满。

　　理智对于生命活动自身的如此内在性，孟子强调为思。理智认识容易
滑失而走向对于生命存在本身内容的疏离，而思则是对于生命自身内容之
浑融一体的领悟。孟子很重视思这个概念，尤其在《告子上》中多次强
调了"思"，使得思作为对于生命之渊博内容的领悟，成为《尽心》中
"尽心、知性、知天"说的前提和基础。富于内容的生命存在之自身领
悟，是"生命存在"的"本然绽放"。失其本心而不能领悟，是生命存在
本身的"歧出"。

　　因此，孟子在言说思之际，一方面肯定性地阐明思是人之所以为人
者："耳目之官不思而蔽于物，物交物，则引之而已矣。心之官则思，思
则得之，不思则不得也。此天之所与我者，先立乎其大者，则其小者弗能
夺也。此为大人而已矣。"耳目之官是小体，心之官是大体，小体之小即
在于其不能思，大体之大即在于其能思——而且，大体之思不单单是证成
思自身的自为性，而且是证成大体与小体统为一体的整体存在的自为性。
正因为思不单单是"返回自身的纯粹性"，而是证成小体与大体统为一体
的整体，所以，思是富于内容的生命存在本身；思作为生命活动整体的觉
悟，因其在生命整体中的能觉悟能主宰，而标志着人之作为主体性存在的
"本质性"；另一方面，孟子尤其通过诘问和破除"弗思"的否定性方式
来突出思是人之所以为人者："仁义礼智，非由外铄我也，我固有之也，
弗思耳矣。故曰：求则得之，舍则失之"；"拱把之桐梓，人苟欲生之，
皆知所以养之者，至于身，而不知所以养之者，岂爱身不若桐梓哉？弗思

---

　　① 《孟子·离娄上》。

甚也";"欲贵者,人之同心也。人人有贵于己者,弗思耳。"在生命存在活动过程中,思无处不在,但常常以自身扭曲而汩没于物的方式呈现出来——本质上是双重丧失,既是生命之大体的能动性、主宰性的丧失,也是富于内容的整体性生命本身的丧失。因此,扭曲而汩没于物的无思生存状态,就需要学问工夫,而学问工夫的本旨就是求放心,求放心就是回到心之觉悟与行动展开统一的生命中来:"仁,人心也;义,人路也。舍其路而弗由,放其心而不知求,哀哉。人有鸡犬放,则知求之,有失其本心而不知求。学问之道无他,求其放心而已矣。"① 孟子进一步将作为具体行事的仁义(事亲与从兄)理解为心与行的统一,而此统一的丧失或分裂,就是本心之失;重归心与行的统一,则是求其放心。

从失其本心而求其放心,在绵延的生命活动中的思,或者思内在于其中的生命活动,就要克服两种弊端:一是舍而不耘,一是揠苗助长:"必有事焉而勿正,心勿忘,勿助长也。"②"正",理解为"止"③,人自身的生命活动绵延不止,其展开过程中,心忘就是舍而不耘;助长就是凿,就是在生命活动过程之外去虚构物事。二者都是"失其本心",失却了生命存在活动的本然一体,克服本心之失,就是持存思对于生命活动的内在性。

"思"的如此内在性,表达着"思考自身内在于生命整体本身""主体对世界的态度的可理解性不存在于有意识的体验及其意向性里,而是存在于生命的匿名性的'作为'里。"④ 这也就是具体行事活动与思之觉悟的浑然一体,亦即一种"具体的生命"或"生命的具体性"。⑤ 在孟子哲学里,这种具体性生命内容的整体就是"诚",是一种无可逃避的"天道存在";而其展开,就是不断获得思之明觉的过程;二者的统一,就是具体而现实的能动之生命存在活动本身。所以,孟子说:"诚者,天之道

---

① 本段关于思的几处引文皆见《孟子·告子上》。

② 《孟子·公孙丑上》。

③ 焦循:《孟子正义》(上),中华书局2004年版,第230页。

④ 伽达默尔:《真理与方法》(上),洪汉鼎译,上海译文出版社1999年版,第320—321页。

⑤ 同上书,第322页。

也；思诚者，人之道也。至诚而不动者，未之有也。不诚，未有能动者也。"① 人的具体生命，就是具体真实内容与觉悟之思统一的能动活动。

三　具体行事活动是理解孟子性善论的根基

富于内容的生命存在，要破除生物学与形而上学对于人性的理智穿凿，必须有一个更为真实的立足之地来理解人自身的生存，即哲学反思与生命存在同时绽现的根基——具体行事活动。

在《孟子》本文中，"事"这个字出现了一百一十多次。事总是与人的行动相关，并由人的主体性行动加以实现。如上所述，人的行动构成着生命存在的内容，事也就是行事。可以说，"行事"是理解孟子性善论哲学的基础性概念，却长久未能得到充分注意。与哲学性善论讨论相关，"行事"概念的核心涵义，如上所说，是指不间断的具体行事活动。这里列举《孟子》中五条记载（尤其前三条），来理解"行事"概念的基本意蕴：

（1）必有事焉而勿正，心勿忘，勿助长也。（《公孙丑上》）

（2）事孰为大，事亲为大；守孰为大，守身为大。不失其身而能事其亲者，吾闻之矣。失其身而能事其亲者，吾未之闻也。孰不为事，事亲，事之本也；孰不为守，守身，守之本也。曾子养曾晳，必有酒肉。将撤，必请所与。问有余，必曰有。曾晳死，曾元养曾子，必有酒肉。将撤，不请所与。问有余，曰亡矣，将以复进也。此所谓养口体者也。若曾子，则可谓养志也。事亲若曾子者，可也。（《离娄上》）

（3）昔者尧荐舜于天而天受之，暴之于民而民受之。故曰：天不言，以行与事示之而已矣。（《万章上》）

（4）孟子为卿于齐，出吊于滕。王使盖大夫王驩为辅行，王驩朝暮见，反齐滕之路，未尝与之言行事也。公孙丑曰："齐卿之位，不为小矣，齐滕之路，不为近矣，反之而未尝与言行事，何也？"曰："夫既或治之，予何言哉。"（《公孙丑下》）

（5）滕定公薨，世子谓然友曰："昔者孟子尝与我言于宋，于心终不

① 《孟子·离娄上》。

忘也。今也不幸至于大故，吾欲使子问于孟子，然后行事。"（《滕文公上》）

"行事"概念凸显了人之在世生存的基本实情，其具体的含义可以概括为三点：其一，人的存在，无论就其自身而言，还是就相与共在的相互呈现而言，其具体形式与内容，就是行事；其二，没有任何人的存在没有不展开行事活动的——"孰不为事"①，就此而言，生命存在活动就是具体行事活动；其三，具体行事活动作为生存存在活动，本身不可间断，是一个绵延不绝的过程。"必有事焉"是正面肯定性地突出行事，"孰不为事"和"无非事者"是从反面否定性（否定之否定）而突出行事。简单而言，人的存在就是行事不止，这是理解孟子性善论的根基。

与此相关，如上已述，孟子哲学中与性和善的密切相联系的仁和义，在其根本的涵义上，也不是某种定义式的抽象理智规定，而是活生生的生存状态，亦即具体行事活动本身及其内在的情感、意志、理智、欲望等多样性因素的觉悟。在上文已经展开的阐释基础上，我们可以集中地罗列几条引文，以展示仁、义与"具体行事活动"在本质上的浑融一体：

（1）仁之实，事亲是也；义之实，从兄是也；智之实，知斯二者，弗去是也；礼之实，节文斯二者是也；乐之实，乐斯二者。乐则生矣，生则恶可已也。恶可已，则不知足之蹈之，手之舞之。（《离娄上》）

（2）孔子曰："里仁为美，择不处仁，焉得智！"夫仁，天之尊爵也，人之安宅也。（《公孙丑上》）

（3）仁，人之安宅也；义，人之正路也。（《离娄上》）

（4）仁，人心也；义人路也。（《告子上》）

（5）亲亲，仁也，敬长，义也。（《尽心上》）

以"仁"为所居或安宅，孟子把孔子的"里仁"从一般意义上的选择居所，提升为生存论上的自觉抉择，并紧扣于具体行事。刘宝楠说："观孟子所言，是'择'指行事。"② 这个解释切中了孟子道德——生存论的基本点和理解性善论的根基，亦即，具体行事作为活生生的生存活动

---

① 《梁惠王下》晏子劝诫齐景公的不要出游一段话中，还有一个"无非事者"的说法，尽管是在说君王治理国家的政治问题，但也可以宽泛地理解为人之生存状态的规定性。

② 刘宝楠：《论语正义》，中华书局2015年版，第140页。

本身，就是内蕴着丰盈内容的自觉抉择。具体行事活动作为生命存在的展开，其基本实情与具体内容，就其切近性而言，是事亲与从兄的实际活动，也就是亲亲和敬长的活动。事亲、从兄侧重指事情之行动，亲亲、敬长偏重行动之自觉，二者统一而为人之栖居之所，此一栖居之所，即是以无所止为所止，与《大学》"止于至善"之止具有一致的意蕴。孔子曾说："谁能足不出户？何莫由斯道也！"（《论语·雍也》）人由其栖居之所必然而"迈出"，迈出则必有其道，此道即是"义"。仁义作为事亲与从兄或亲亲与敬长，本身就是统一的具体行事活动。孟子以自觉之择突出仁，以行走之动突出义，也就显示具体行事活动在生存论上的意义，即安居与行动的统一。实质上，安居之仁本身也是行动，而行动之义也是安居。简言之，仁也是道路，义也是居所，仁义就是安居与行走，就是生存与秩序。对于仁为安居之宅和义为行走之道的不同表述，孟子不过是变其文而突出地加以强调而已。其根本之旨，就是显明生命存在的本质，不是单纯的观念世界或理智世界的概念规定性，而是对于其真切内容，即生命行动本身的护持。①

仁义作为居所与道路的动态统一，作为真实的道德生存活动，在某种意义上克服了康德道德哲学在纯粹形式与具体实践之间的鸿沟。在维特根斯坦哲学里，也有一个"遵循规则"难题："'我何以能够遵循一条规则？'——如果这不是一个追问［道德行动］原因的问题，那么就是一个追问我遵循规则以如此方式行动的理由问题。"② 对道德生存活动的形式主义讨论，往往陷入形式规则、道德情感、道德认知、道德选择与具体行动之间的分裂，造成相互之间的不可过渡的鸿沟。实质上，形式主义的道德哲学讨论，脱离人的真实而具体的道德生存活动，已经是"拔苗助长"而"失其本心"了。按照孟子的理解，仁义作为具体鲜活的道德生存活动、情感享受、意识觉悟、道德规则等多方面的源初统一，单纯理智的确

---

① 实质上，这也牵涉到一个对人之存在的基本理解，即"什么是人之存在的真正开启"的问题。就这里的要论而论，存在的真正开启，就是每一当下的"当机绽放"本身，人之生命的本质就是在于能不断重新开启。相关论述。可以参见拙著《古典儒学的生存论阐释》，尤其第二章、第三章，广西师范大学出版社 2014 年版。

② Ludwig Wittgenstein, *Philosophical Investigations*，§217, translated by G. E. M. Anscombe, P. M. S. Shaker and Joachim Schulte，德英对照本，Blackwell Publishing Ltd, 2009.

定性认知，便只有相对性的意义，而不能脱离源初统一的生存活动加以孤立的讨论。

因此，如果克服了认知取向的形式主义理解进路，而在富于内容的具体行事活动基础上来理解，那么，也就能克服对孟子哲学中良知或本心的两个错误理解倾向，即以之为天生本能的生物学取向和以之为先天性精神实体的理智形而上学取向。由此，孟子哲学中的四端之心或四心、良知良能与仁义的具体内蕴就能得到一个更为妥适的理解：

（1）乃若其情，则可以为善矣，乃所谓善也。若夫为不善，非才之罪也。恻隐之心，人皆有之；羞恶之心，人皆有之；恭敬之心，人皆有之；是非之心，人皆有之。恻隐之心，仁也；羞恶之心，义也；恭敬之心，礼也；是非之心，智也。仁义礼智，非由外铄我也，我固有之也，弗思耳矣。故曰：求则得之，舍则失之。（《告子上》）

（2）人之所不学而能者，其良能也，所不虑而知者，其良知也。孩提之童，无不知爱其亲者，及其长也，无不知敬其兄也。亲亲，仁也，敬长，义也。无他，达之天下也。（《尽心上》）

（3）仁，人心也；义人路也。舍其路而弗由，放其心而不知求，哀哉。人有鸡犬放，则知求之，有失其本心而不知求。学问之道无他，求其放心而已矣。①（《告子上》）

在孟子，人是就其生存实情而言能"为善"——生存实情就是觉悟与行动的浑融一体，"为善"就是如此浑融一体之不瓦解自身的展开。很多人将四心理解为善的基础，实质上，四心是生存实情如其自身展开而"为善"的"展现"。如果撇开源初统一状态的生存实情，去追问人何以能为善，那就是认知取向的形式主义做法，去究问人的某种生物性能力（才）。孟子明确排斥了对于"才"与为善关系的讨论，也就是拒斥了裂解源初统一生存实情的形式主义理解。在源初浑融的统一体中，行事先行展开，他人与我相融共在，同情就是对于具体行事中共在的情感自觉；源

---

① "失其本心"在《孟子》中还有一段比较著名的讨论，即"鱼与熊掌"章的结论，参见拙文《道德与生命之择：〈孟子〉"鱼与熊掌"章疏释》，《现代哲学》2013年第6期。

初统一整体的展开，在每一具体环节上，总已有先行作为的展开（真实而切己的道德生存活动，并没有一个一无所行的逻辑起点），羞耻就是对于先行作为的情义自觉（羞耻是对于自身既有行为与道德规则相悖的良知觉悟，相对于同情，它不仅有情感自觉、也有意志和规则的自觉）；与他人共在，在现实生存中以合理分配物质财富而体现出来，恭敬就是对于他者与自己一样占有作为财物的对象，并加以能动克制与让渡的意志自觉；行为与观念相伴随，观念相对于行为之不绝如缕的绵延展开，既根源于行为，也具有相对的独立性，是非就是观念相对独立性的理智自觉（判断观念与行为之间的是否切合以及观念自身之间的契合关系）。因此，本质上，仁、义、礼、智，就是觉悟与行动源初统一体的展开过程的具体内容的呈现（正反两面内容的交织呈现），它们既是源初统一体的展开，又使得生存活动继续更好地展开，因之而善。所谓良知良能，置于觉悟与行事二者的浑融统一来看，不外乎强调的就是孩提之童（作为生物意义上的人之起点），在其生命的现实展开中，其与亲人共在的生命活动中，本然地具有爱亲敬长之情以及对之加以自觉的能力。脱离爱亲、敬长的实情，而且孤立地说"良知良能"，是什么良知良能呢？良能就是爱亲、敬长之道德活动，良知就是爱亲、敬长活动的觉悟。所以，放心不是心丢了，而是爱亲、敬长之生存活动实情（仁义作为居所与道路）的遗忘。

　　这样以具体行事活动为基础，才是真正的"一本论"。① 一本是孟子哲学有一个很重要的说法："且天之生物也，使之一本，而夷子二本故也。"② 夷之是墨家弟子，理论上坚持"兼爱"，行动上强调"施由亲始"——其理论上"兼爱"的根据，不是从具体行事活动这个生存实情出发，而是理智自私用智的"拔苗助长"之物（抽象理智规定性）；其行动的"施由亲始"之根据，则是由每一个体的当下现实切近于亲人而出发。观念主张与行动展开，割裂为两茬，不相融合，所以是"二本"。孟子则立基于具体行事活动，在观念上的自觉爱亲和行动上的事亲之举，混而为一。

---

　　① 戴震对此作了深入的讨论，参见拙文《一本与性善：戴震对孟子道德哲学的圆融与展开》，《哲学研究》2013 年第 12 期。

　　② 《孟子·滕文公上》。

在整体性"一本论"视野下，从生存活动的具体行事出发，我们才能真正进入孟子性善论哲学，也才能真正通过孟子性善论哲学的阐释，走向我们作为阐释者的"具体行事活动"之善。如此，善作为动词的意义，其真正的本质与内容才能得以显露。善不是抽象理智认识之域的名词性质或形容词性质，善是生存活动自身经由内在否定而肯定地展开、绵延自身，是生命活动的自为目的、自觉与行事的相互充盈。在此意义上，也才能理解，后来程颢、王夫之、戴震等人结合《易传》的"一阴一阳之谓道，继之者善，成之者性"，强调孟子的性善论哲学是"以善为性"，这一诠释的深意。① 可以简约地说，基于具体行事活动之一本，性善论的生存论意蕴在于：活出本己的独特性意义（经由切己的生存活动，造就自觉自为的生命内容）。

一言以蔽之，从生存论上阐释孟子性善论哲学的入口在于：一是"说我者"进入性善论之际，自身存在的问题性情境之绽放，二是性善论的沉思，以内容的充盈而非形式的虚明为归；三是性善论的基础与实质，就是具体行事活动中行动与觉悟相融为一，并且在其绵延展开中，持存其一体统一。如此，性善论问题的思考与讨论，并非仅仅是一种思辨的兴趣与历史的情调，而是"说我者"的自我证成活动，显明为"说我者"自身哲学式的生存活动本身。

---

① 具体可以参见拙文《一本与性善：戴震对孟子道德哲学的圆融与展开》，《哲学研究》2013 年第 12 期《整体之诚与继善—成性：船山对孟子道德哲学的诠释》，《社会科学》2017 年第 3 期。

孟子"性善"之意义研究

——以仁义概念的二重结构为主

高在锡

（韩国成均馆大学儒学大学　副教授）

一　序　言

"性善"则代表孟子思想的核心概念。孟子通过经验的事例证明了人性本善这一命题。

> 今人乍见孺子将入于井，皆有怵惕恻隐之心，非所以内交于孺子之父母也，非所以要誉于乡党朋友也，非恶其声而然也。①

就如孺子坠入井中，当目击到别人处于危险之中时，我们大都会感到惊讶、惋惜。这并不是因为具有不纯的意图或者带有某种特定的目的，而是自然而然呈现的纯粹感情。

惜人如己之心已超出局限于身体上的肉体欲求，是一种指向他人的善的感情。孟子认为人生来就有"恻隐之心"，这就如同水由上向下流，毫无例外，是不变的、不言而明的事实②，他还说道："无恻隐之心，非人也；无羞恶之心，非人也；无辞让之心，非人也；无是非之心，非人也。"③

---

① 《孟子·公孙丑上》。
② 《孟子·告子上》："人性之善也，犹水之就下也，人无有不善，水无有不下。"
③ 《孟子·公孙丑上》。

当然，我们的身边有时会存在对他人之痛苦毫不关心或者不敏感的人，有时也会存在给别人施加痛苦或者以此为乐的人。如有例外，那么人性善的命题就无法成立。对此，孟子解释道，这是由于受环境的影响而产生的非正常现象①，或者是因为由于长期以来形成了习惯，从而导致自己忘记了原来的样子。②

不管是在认为基因不断进化，生来就能先验性地认识到利他行为的必要性的学术界研究，还是在主流世界观把人规定为利己性存在的现代社会，人性本善的主张似乎都难以被接受。

哲学是逻辑地推论、分析宇宙与人的人类思想。有一学者通过哲学分析，批判说孟子的性善说与理论层次无关，是缺乏凭证的主张。由于道德问题形成于实践领域，所以性善的主张不是形而上的讨论领域，而应该通过行为与实践进行例证，形而上是由道德实践而要求的，真正的人性也是通过行动最终得以成立的。孟子以水为喻，对人性本善的证明是依据类推和类比而进行的论证，所以难以确保其道德价值的普遍性，当然也就不具有正当性。③

这样看来，孟子性善说具有很大的论驳余地，论据不充分，所以看似是不妥当的论证。但性善说是以形而上为前提的。孟子说道：

> 尽其心者，知其性也，知其性则知天矣。存其心，养其性，所以事天也。④

天通过本性这一媒介与人的内心合一。恢复本心就能确认内面的本性，由此就能认识作为本性根据的天。用哲学的分析去证明天的存在的绝

---

① 孟子认为人由于环境因素而丧失本性。《孟子·告子上》：富岁，子弟多赖，凶岁，子弟多暴，非天之降才尔殊也，其所以陷溺其心者然也。他还以水作比喻，说道忘记本心是由于一时的形势所致。《孟子·告子上》：今夫水，搏而跃之，可使过颡，激而行之，可使在山，是岂水之性哉。其势则然也，人之可使为不善，其性亦犹是也。

② 《孟子·告子上》：其所以放其良心者，亦犹斧斤之于木也，旦旦而伐之，可以为美乎？其日夜之所息，平旦之气，其好恶与人相近也者几希，则其旦昼之所为有梏亡之矣，梏之反覆则其夜气不足以存，夜气不足以存则其违禽兽不远矣。

③ 金英建：《关于东洋哲学的分析性批判》，ratio2009 年版，第 29—34 页。

④ 《孟子·尽心上》。

对性与普遍性，以及通过经验得以证明的性善说的可行性是徒劳的。如果存在超越现象的形而上，那么这种形而上不是应于要求而出现的，也无法去证明。另外，由于这以相信形而上是实际存在为前提，所以也不需求盲目的信仰和崇拜。天呈现为人的纯善感情，并与人相互合一，所以需要省察与存养的态度。孟子的形而上不是因道德思考与行为的要求而出现的，也不是通过盲目的信仰而去崇拜的对象。而是超越心而实际存在，内在于心中，并可以证实为感情的形而上。

即使以作为道德根源的形而上的实际存在为前提，分析、说明其构造的努力在于成为了孟子性善说的中心之后，仍然一直延续了下来。朱子、阳明、阳明后学、退溪、高峰、栗谷、南塘、巍岩、霞谷、茶山等关于孟子性善说的理解多得不计其数。①

在此将不分析性善说的多元论证构造。因为以史料为据的哲学史性论证在国内外学术界已经取得了相当多的成果。虽然哲学论证具有多元性，但都一致认同"天"这一绝对、普遍的象征不会脱离人心而独自存在，它在人的感情中实现合一，形而上与形而下的合一是孟子性善说的出发点。

然而，在此将对以"天人合一"为前提的性善说在道德感情中具有什么特征，人的道德行为具有什么作用、以什么方式扩张等进行分析。天象征着普遍、绝对，人象征着特殊、相对。由于天与人合一，所以孟子的性善说具有普遍与特殊、绝对与相对的合一在人的感情中全部得以实现的特征。

---

① 当然，不是说因为不允许哲学论证与盲目的信仰，所以分析本身就会被否定。关于数千年以来的存在形式和认识构造，存在着很多有深度的议论。可简单分类如下：一、关于天的规定。天是超越万物的绝对性、主宰性存在，还是作为形而上的天理而实际存在。另外，如果天作为天理而实际存在，那么它是不是就是认识对象，是不是自身存有作用原理，并在天地万物中显现等。二、关于性的规定。如果本性是实现人与天合一的媒介，那么性是显现于心中的道德嗜好，还是内存于心中的道德根源。如果内在于心中，那么它受到相当于形而下的气质的影响，从一开始就出现了差异，还是在发现的过程中出现差异等。三、关于心的规定。心与性有何关系；两者在实际上是合一的，但逻辑上能否进行区分；如果本来就是合一的，那么本来是不是就无法区分；呈现于心中的感情与性有何关系等。四、关于修养的规定。如果说按照天的形态生活是人当为的，那么是不是只要毫无意图地按照本性行动就可以；为了回复本性，是不是必须努力省察；如果丧失了本来之心，是不是要依据外部事物或者经传回复本心；是不是要进行直接观察内心的努力等。

二　仁:普遍与特殊

(1)　普遍爱的仁

告子将贪恋食色看作人之本性，追求食色欲求的感情或者疼爱自己弟弟的感情都发自于我，所以仁就存在于人的本心。①

孟子一方面同意告子认为仁内在于心的观点，同时也反对说仁不单纯是追求食色欲求的感情或者仅偏爱自己家人的感情。他说道：

> 耆秦人之炙，无以异于耆吾炙，夫物则亦有然者也，然则耆炙，亦有外与!②

就像人都喜欢烤肉一样，仁不是仅局限于个人的偏爱的感情，而是毫无差别的适用于任何人的普遍的爱。当然，仁不是通过后天的经验或者学习获得的，而是禀赋于天的德目③，即人之本心④。关于先验性德目—仁，孟子说明如下：

> 仁者，爱人。⑤
> 恻隐之心，仁也。⑥

如果仅就肉体而言，人是互相没有关联性的相互独立的个体，看起来并没有应该疼爱他人的当为性；但由于人心中固有的仁的存在，应该爱他人的当为性便由此产生了。如果没有仁，即使有人的模样，也不能说是真正有人性的人。真正有人性的人，会像孕妇关注通过脐带与自己连接在一

---

①　《孟子·告子上》：告子曰：食色，性也，仁，内也，非外也。……吾弟则爱之，秦人之弟则不爱也。是以我为悦者也，故谓之内。

②　《孟子·告子上》。

③　《孟子·公孙丑上》：夫仁，天之尊爵也，人之安宅也。

④　《孟子·告子上》：仁，人心也。

⑤　《孟子·离娄下》。

⑥　《孟子·告子上》。

起的肚中的孩子一样，爱他人、视他人之痛如己痛，产生共感。爱与共感不因亲疏的区分、身份的差异而不同，而是像爱惜自己的身体一样珍惜爱护他人。

并且仁的实现范围不仅局限于人，而必须扩大到天地万物。孟子见齐宣王，宣扬仁政，说道：齐宣王现在虽不关心百姓的疾苦，但却有施行王道政治的可能性。祭祀时要在所使用的钟上涂禽兽的血，当齐宣王看到被牵上来的战战栗栗的牛时，甚感怜悯。若能推此心以施于百姓，就充分能够实现王道政治。① 爱人与爱万物是仁者风貌。②

值得注意的是，视天地万物为一体，广泛施爱虽看似与墨子所说的爱天下人，平等无差别的爱并无不同。但孟子对墨子进行了强烈的批判。

> 圣王不作，诸侯放恣，处士横议，杨朱墨翟之言，盈天下。天下之言，不归杨则归墨。杨氏为我，是无君也。墨氏兼爱，是无父也。无父无君，是禽兽也。③

杨子一心只为自己，拔一毛以利天下而不为。④ 在孟子看来，"修己"是实践仁的出发点。对自己的省察虽然像杨子那样，只集中在个人，但克服私欲、确立本心就已包括他人在内了。这与排除他人，一心为己的杨朱是不同的。

另外，墨子一心为他人，只要对天下有利，即使摩顶放踵也愿意做。⑤ 而就孟子而言，"治人"是实现仁的目标。无条件的施爱于他人看似是集中于"他人"，但恻隐之心已包括"个人"在内，以自己为基础。这与墨子一心为排除我为基础的利他是不同的。

孟子认为，我与他人虽然在肉体上是独立的个体，但"我"这一主

---

① 《孟子·梁惠王上》：齐宣王曰：若寡人者，可以保民乎哉？孟子曰"可。"曰"何由知吾，可也?"曰王坐于堂上，有牵牛而过堂下者，王见之，曰"牛何之?"对曰"将以衅钟。"王曰"舍之。吾不忍其觳觫若无罪而就死地。"对曰"然则废衅钟与?"曰"何可废也？以羊易之。"

② 《孟子·尽心上》：仁民而爱物。

③ 《孟子·滕文公下》。

④ 《孟子·尽心上》：杨子取为我，拔一毛而利天下，不为也。

⑤ 《孟子·尽心上》：墨子兼爱，摩顶放踵，利天下，为之。

体已经包括了"他"这一客体。"我"是个人的"自我",同时也是与社会联系在一起的共同体"大我",进而是与天地万物同体的"小宇宙"。①当然,孟子还认为他人也包括我,是"他者"的同时也是与"自我"联系在一起的关系性他者。

　　理查德·E. 尼斯贝特(Richard E. Nisbett)诊断说,东亚文化相互依存性(Interdependence)强,第一人称复性名词(we, our, us, ours)发达,只把自己(self)看作全体的一部分,致力于整体脉络,对于关系性的掌握十分熟悉。② 这与孟子说的"恻隐之心"(涵盖了本来一体的关系性自我以及与大体成为一体的他者的意义),即"仁",并不是没有关系的。"我"已经包括了"他人","他人"也是与"我"相连的"他人",这在人人具有的善良的本性中可以得到确认。人之善性是实现人与天地万物一体、实现和谐的基础。

(2) 差等爱的仁

　　弟子桃应问孟子,舜处天子之位时,其父瞽瞍如果杀了人,舜会如何处置。孟子回答说,舜会将其父交给皋陶,让他依法处置;但那天晚上,他会弃国如弃敝屣,背着父亲逃跑,然后一起生活。③

　　舜达到了圣人境地,爱人如爱己,施仁于天下。但孟子说,舜虽目击了父亲的不法行为,但仍违反法律,把父亲藏了起来。如果仁之扩张仅适用于他人,而自己却按个人感情而行事,那么性善说中必然也会存在例外,从而导致其无法成立。若考虑受害者的家人或者对社会造成的影响,孟子所对舜帝行动的判断实际上是难以接受的。

　　对于孟子为什么说舜帝会背着犯了杀人大罪的父亲逃跑,笔者认为这与即使是一般人也会努力试图实现仁的现实有关。孟子说道:

---

　　① 高在锡:《探析〈论语〉"直躬"故事所体现的东亚正义观念》,《中国哲学史》2015 年第 3 期,第 39 页。

　　② Richard E. Nisbett: *The Geography of Thought*,崔仁哲译,金英社,第 53—106 页。

　　③ 《孟子·尽心上》:桃应问曰"舜为天子,皋陶为士,瞽瞍杀人,则如之何?"孟子曰"执之而已矣""然则舜不禁与"曰"夫舜恶得而禁之? 夫有所受之也。""然则舜如之何?"曰"舜视弃天下,犹弃敝屣也。窃负而逃,遵海滨而处,终身欣然,乐而忘天下。"

> 仁之实，事亲是也。①
> 亲亲，仁也。②

我们无法相信一般人能够很容易地说出"爱人如爱己、无条件的关怀他人"这样的话，大部分都认为这是因为在把彼此当作外人的社会关系中，付出爱都是为了对自己有所帮助。

但父母与子女之间的爱是无条件的。侍奉父母、与父母亲密相处是把集中于"个人"的关心转向"他人"，并积极施爱的行为。父母爱子女的慈爱、子女侍奉父母的孝，即使不强求也会将其付诸实践。因为彼此之间是父母与子女的关系，所以能够发自真心地侍奉、亲密地相处。

与恻隐之心相同的仁，就如同在父母子女之间能够轻易确认的爱一样，是无条件地对他人的疼爱与关心。而所谓的爱不是仅仅贪恋他人的肉体，也不是使他人只盯着自己看。相互感受彼此的真心，通过真心去无条件地爱才是其实体。

孟子认为这样的无条件的爱是人间真情的本质与理想。但如果让每个人都必须这样实践，那么一般人很有可能会因为自己所看到的社会现实，而认为人性本善是无法实现的理想或是人为虚构的。

相反，如果说父母爱子女、子女侍奉父母与道德境界无关，不是出于某种需求而产生的行为，而是无条件的、真心的，那么任何人都会很容易的接受。

这并不是要强调爱所有人如己的最高境界，如果从父母子女之间的爱出发予以实践，就能更加坚定地把人性付诸实践。舜之所以成为圣人的典范也正是由于从家庭出发，将无条件的、作为人的本质的孝付诸了实践。

> 尧舜之道，孝弟而已矣。③
> 大孝，终身慕父母，五十而慕者，予于大舜，见之矣。④

---

① 《孟子·离娄上》。
② 《孟子·尽心上》。
③ 《孟子·离娄上》。
④ 《孟子·万章上》。

舜的父亲瞽瞍再婚后一味地偏爱新娶的妇人的儿子——象，曾两次想害死舜。① 即使这样，舜仍然侍奉父母，尽善尽孝，最终瞽瞍被感化了。孟子认为，瞽瞍被感化，使天下受到了教化；瞽瞍被感化，使天下父子关系得到了安定，并称此为"大孝"。②

小的时候侍奉父母并不难。因为我们认识到，在肉体上，我们与父母虽是独立的个体，但并不是彼此分开的，而是联系在一起的存在。但随着人的不断成长，孟子说道："人少则慕父母，知好色则慕少艾，有妻子则慕妻子，仕则慕君，不得于君则热中"。③

孝是使每个人都容易地感受到人的本质——恻隐之心，并发自内心地将其付诸实践的开始。孟子判断说舜会将杀了人的父亲藏起来，这并不是舜不把受害者或者天下人放在眼中，而是为了告诉我们无条件的爱是人之本质，这与道德境界无关，是任何人都能在家庭关系中得到确认而做出的现实选择。如果我们否定舜因父亲的不法行为将要受到惩罚而产生的恻隐之心，就会致使一般人误认为人是一心为己的独立个体。

孟子还说到，家庭成员之间的爱还要扩大到周边去。"老吾老，以及人之老；幼吾幼，以及人之幼；天下可运于掌。"④ 如果规定说圣人必须把差等的爱付诸实践，那么这相反会妨碍对仁的实践。因为如果把天地万物视为一体，并适时行动，不会有出现差别或者区分之爱。只是一般人在施加爱时，需要经历一个渐进的扩张过程。如果强调说要无差别地爱别人，就会导致过分在乎别人的眼色而无法发自真心，或者即使付诸实践也难以长久维持下去。父母爱子女，子女侍奉父母是无条件的爱，是人类本性的表现。

只有这样，才能维持我与他人本来合而为一的一体性关系，发自真心地、自然地扩张恻隐之心，并强有力地持续将其付诸实践。当然扩张的范

---

① 《孟子·万章上》：父母使舜，完廪捐阶，瞽瞍焚廪，使浚井，出，从而掩之。根据《史记》记载，使舜上涂廪，瞽瞍从下纵火焚廪，舜乃以两笠自捍而下去，得不死。后又使舜穿井，舜穿井为匿空旁出。舜既入深，瞽瞍与象共下土实井，舜从匿空中出去。

② 《孟子·离娄上》：舜尽事亲之道而瞽瞍厎豫，瞽瞍厎豫而天下化，瞽瞍厎豫而天下之为父子者定，此之谓大孝。

③ 《孟子·万章上》。

④ 《孟子·梁惠王上》。

围不仅局限在人类。尽心孝敬父母，并推及此心爱护他人，进一步推及至万物，实现万物一体。①

因此，孟子强调，为了治理国家，首先应在家中发挥模范作用。因为孝悌是确认人之本心并将其付诸实践的基础。若将此逐步扩张到周边，国家的治理就可以在道德的基础上逐步实现。

三 义:相对与绝对

（1）权道的义

孟子评价尧舜是率性生活的圣人。② 率性而生活不是因为祈求什么而行动或者勉为其难的去做一件事情，而是意味着按照天之本意思考与行动，并使一切合于礼。③ 孟子还说道："舜明于庶物，察于人伦，由仁义行，非行仁义也。"④。不是人为努力地去遵守他人制定的法度，而是自然地去实践明净之心所规定的准则，明确天地万物之自然法则与人的行为准则。

孔子作为继承尧舜之道的圣人⑤，关于其姿态，孟子记录如下：

> 孔子之去鲁，曰"迟迟，吾行也!"，去父母国之道也。去齐，接淅而行，去他国之道也。⑥
>
> 可以速则速，可以久则久，可以处则处，可以仕则仕，孔子也。⑦

---

① 《孟子·尽心上》：君子之于物也，爱之而弗仁，于民也，仁之而弗亲。亲亲而仁民，仁民而爱物。

② 《孟子·尽心上》：尧舜，性之也。

③ 《孟子·尽心下》：尧舜，性者也。动容周旋，中礼者，盛德之至也，哭死而哀非为生者也，经德不回，非以干禄也，言语必信，非以正行也。

④ 《孟子·离娄下》。

⑤ 孟子评价说孟子完整地继承了尧舜之道，《尽心下》中："由尧舜至于汤，五百有余岁，若禹皋陶则见而知之，若汤则闻而知之。……由文王至于孔子，五百有余岁，若太公望散宜生则见而知之，若孔子则闻而知之。"《公孙丑下》中，"自有生民以来，未有孔子也"。

⑥ 《孟子·尽心下》。

⑦ 《孟子·万章下》。

孔子每时每刻都根据具体情况而行动，遵守中庸之道。当然，那些行为不是事先确定好并机械地付诸实践的，而是按照本性而为。① 随心所欲而为意味着按照本性实践。率性生活不是遵循心之外的客观准则，而意味着根据每一瞬间心中所出现的新的准则，具体情况具体分析，做出适当的行动。

因此，孟子以表示音乐和谐的"金声而玉振之"做喻，评价孔子为"圣之时者"。② 所谓"金声玉振"是指演奏音乐时以金属声响起为始，以玉器声结尾，就像演奏音乐时各种乐器的声音达到和谐，以此比喻孔子根据当前的每个瞬间正确的思考与行动，达到了和谐的境地。

所谓的时中之道不等同于单纯、一律地执两端之中。孟子说道：

> 子莫执中，执中为近之，执中无权，犹执一也。所恶执一者，为其贼道也，举一而废百也。③

子莫是鲁国的贤人，他知道杨朱和墨翟都偏于一方而失中道，故度于二者之间而执中。④ 就近道而言，子莫虽低于杨朱和墨翟，但杨朱和墨翟却只知中而不知变化的准则，最终导致害于其道。

所谓权道，是指根据时间和空间的不同，对人类的行为准则——"道"做出新的规定。事先设定好的标尺或不能能动地应对变化，或强调一些陈腐的价值。所以应该依据本心，灵活地寻找符合时宜之道，坚持"随时处中"的态度。孟子说道："非其道则一箪食，不可受于人。如其道，则舜受尧之天下。不以为泰。子以为泰乎？"⑤ 虽然有时我们会得到的多，有时会得到的少，但是圣人依本性适时而为，所以即使少也不觉得少，多也不觉得多。

---

① 孔子曾在《论语·为政》中说道："从心所欲不逾矩"。

② 《孟子·万章下》：孔子，圣之时者也。孔子之谓集大成，集大成也者，金声而玉振之也。金声也者，始条理也，玉振之也者，终条理也，始条理者，智之事也，终条理者，圣之事也。

③ 《孟子·尽心上》。

④ 《孟子集注·尽心上》：子莫，鲁之贤人也。知杨墨之失中也，故度于二者之间而执其中。

⑤ 《孟子·滕文公下》。

（2）常道的义

告子也把正确的行为准则—"义"作为准则。"彼长而我长之，非有长于我，犹彼白而我白之，从其白于外也。故谓之外也"。① 他认为食色之欲求出于本性，所以不能置之不顾，应根据"义"适当地节制。另外，还认为"义"作为正确的行为准则是超越个人状况的普遍适用的客观基准。符合实际情况的行为基准无法内求于心中，而是根据外部状况而决定的。而"义"存在于心外，不是适合某种特殊情况的相对基准，而是客观的、普遍的行为准则。

相反，孟子则认为"义"不仅是作为相对准则的权道，同时也是客观准则的常道。但他还说过"义"绝不是外在于心之外的准则②，而是意味着依据本心，根据具体情况恭敬对待他人的感情。

当然，"时中之道"具有随时处中的相对性，但其并不缺乏普遍性。当时，大禹担负治水之重任，致力于救济百姓，三次经过自己家门而未能入，对此，孔子曾称禹为贤。另外，颜渊处乱世，故退而修身，对此，孔子也称为"贤"。孟子对禹与丹的治水进行了评价：

> 禹稷颜回同道。……禹稷颜子易地则皆然。③

禹治水时，根据水的性质开水道，把大海作为蓄水池。即使有时水道从自己国家中央穿过，圣人也不以此为害。因为这将视天下人为一人的本心付诸了实践。相反，白奎则违背水之性质，把邻国作为沟壑。虽不知其国人会不会因不受损害而评价他说做的很好，但他一心只想着自己国家百姓的安危而不考虑邻国的痛苦，所以无法评价他说做的很好。④

孟子认为，禹选择出世，颜渊选择隐世，虽各自选择了不同的处身方式，但他们都是视天下为一体，积极地实践自身的本性。即使交换立场，

---

① 《孟子·告子上》。

② 《孟子·告子上》：长者义乎？长之者义乎？

③ 《孟子·离娄下》。

④ 《孟子·告子下》：白圭曰"丹之治水也，愈于禹"，孟子曰"禹之治水，水之道也，是故禹以四海为壑，今吾子以邻国为壑"。

他们也将会做出同样的选择。①

　　现实中无法存在相同的时间和空间，这只能作为人的观念存在而已。即使是根据特殊的情况做出了相对的选择，但由于这都是根据象征绝对与普遍的天进行的实践，所以，如果转化立场，认为各自都处在相同的时间和空间中，那么相对的行为准则就能成为所有人都能共感的普遍性。常道与权道不是异质的。二程说道："恒非一定之谓也，一定则不能恒矣。唯随时变易，乃常道也。"②

　　不过，孟子认为，追求权道只不过是一种理想，谈论常道与以启发一般人为目的的现实性理由无关。权道是处于最高境界的圣人在率性生活的过程中，适时而动的基准。如果鼓励道德境界较低的一般人寻找心中新规定的权道并付诸实践，反而会有忽视自身的水平，不能量力而为的弊端。因为在根据所面对的情况再次自由地对行为基准进行规定的话，有时会成为将不当行为变为正当行为的手段，有时也会成为出于私心的权谋术数之基础。

　　因此，孟子认为，如果不断将客观的行动准则付诸实践并进行道德修养，就能渐渐回复本心，达到圣人般的明净之心，如此就能做到因时制宜。通常，一般人首先实践贤人规定的常道以提高道德水平，然后渐渐按照本心根据具体情况实践权道。

　　汤王和武王被称为努力复性之人。③ 他们为了能够像圣人那样率性而为，不懈怠于提高自身修养。为了回复已丧失之本心，首先要持续进行渐进的修养，即使没有人为的努力，只要是下定决心的事情就能达到圣人般一切符合时宜的境地。

　　当然，与道德境界无关，有的人坚信自己的主观性，因而就会有按照自己下定的决心行动的倾向。这是因为本性通过心得以显现，所以，与实践贤人规定的客观行为准则相比，倾听自己的心声反而更能够率性生活。相反，有的人则具有坚决遵守贤人规定的客观行为基准的倾向。因为他们认为，依赖于主观意志存在着误把私欲当作本性的可能性。

---

　　① 《孟子·离娄下》。

　　② 《周易程传》。

　　③ 《孟子·尽心下》：汤武，反之也。

人的真正完成与道德境界或者个人倾向无关，而是需要不断的努力。通过修养回复本心，率性生活，最终实现人心与天的合一，统合相对性的权道与常道，这是志于圣学者应具有的理想目标。

四　结　语

（1）对于性善的信念，关于教育的使命

教育是人类铭记过去的智慧，开拓现在的日常生活，约定未来方向的高贵行为。孟子说道：

> 君子有三乐，而王天下不与存焉。父母俱存，兄弟无故，一乐也。仰不愧于天，俯不怍于人，二乐也。得天下英才而教育之，三乐也。①

在家庭这一现实中竭尽全力实现人之本性，付诸实践，使父母兄弟安适，这就是幸福；继承人之根源——"天"，付诸实践，无所愧疚，这就是幸福。所谓的幸福就在于追求正确的价值并付诸实践，把自己和周边打造成有意义的存在和场所。

当然，人的真正实现不仅是在当前，以后也要持续不断地努力。孟子认为，即使人之本性在当前的现实中实现了，也不能断绝，而应持续不断地坚持。即使当前没有实现，未来也一定要实现。② 以得天下之英才以育之为乐，意味着把自身知识的继承，以及创造新智慧的希望寄托于后学。

因此，把儒学作为政治根基的朝鲜朝太祖，将首都迁到了汉阳，同时

---

①　《孟子·尽心上》。

②　《孟子·离娄下》中说道："予未得为孔子徒也，予私淑诸人也。"《孟子·尽心上》中"公孙丑章句上古圣人也，吾未能有行焉，乃所愿则学孔子也。"孟子平生私淑，作为学习榜样的孔子也把学习和教育作为人生的目标与全部。他说道："学而不厌，诲人不倦，何有于我哉！"（《论语·述而》）；子贡问政，子曰"足食足兵民信之矣。"子贡曰"必不得已而去，于斯三者，何先？"曰"去兵。"子贡曰"必不得已而去，于斯二者，何先？"曰"去食。自古皆有死，民无信不立。"（《论语·颜渊》）

在景福宫的两边设置了象征经济的社稷坛与教育中心成均馆。所谓的成均馆便是培养国家栋梁，教育百姓的核心机关。

孟子希望通过教育实现的是，回复实现了至善本性的人类。滕文公为太子，前来问孟子，孟子道性善，言必称尧舜。① 孟子周游列国，见到众多君主，强调人性本善。对孟子而言，人性至善的命题是绝对不变的真理，并且以此为基础，实现将道德作为常识的世界是他的使命。

孟子追求的道德教育，旨在促进社会更加温暖，更富有情感。

谨庠序之教，申之以孝悌之义，颁白者不负戴于道路。②

"庠"是周代教育机关的名称，"序"是殷代教育机关的名称，在此教人明人伦、回复本性。③ 在奠定经济基础的同时，建立"庠"、"序"这样的教育机构，教授作为无条件的爱的实体——"孝"，教授符合时宜的行为准则——"义"，这样即使不强制百姓，百姓也会视他人之痛为己痛，不忍看到老弱者处于困境，自然就会自发地将对他人的关怀付诸实践。

孟子把我与他人、我与社会、我与天地万物看作相互不分离、相互连接的一体。迷恋于个体欲求不仅不能感受到个人幸福，也无法实现和谐世界。"我"本来就是与他们为一体的"我"，"别人"本来就是与我连接在一起的"他人"。

这当然是因为象征普遍、绝对的天与意味着特殊、相对的人实现了合一。天不是超越时间、空间，与现象分离存在的，而是通过人心在此时此刻能够确认、显现的。因此，由于时间、空间的限制，作为天之显现的"仁"、"义"就具有了独特的特性。"仁"只针对在认识范围以内的对象产生感情，所以范围狭小、具有局限性。另外，"义"不会陷入极端或固定不变，总是不偏不倚，根据具体情况，从容、全新地得以确立。但是，

---

① 《孟子·滕文公上》：滕文公为世子，将之楚，过宋而见孟子。孟子道性善，言必称尧舜。

② 《孟子·梁惠王上》。

③ 《孟子·滕文公上》：设为庠序学校，以教之。庠者，养也，校者，教也，序者，射也。夏曰"校"，殷曰"序"，周曰"庠"，"学"则三代共之，皆所以明人伦也。

人在实践天道时，根据道德境地的不同，需要不同的方式，即普遍性的爱和有差别的爱，相对性的权道和绝对性的常道。

因此，人皆应该基于本性，尊重对方的存在，施加无条件的爱。只是为了实现人类的理想，首先要使道德境地较低的一般人也能回复并实践在父母之间能够容易地得到确认的无条件的爱，并将此爱逐步扩大到周围。

另外，率性的生活每一瞬间都会根据具体情况应对变化的各种状况。权道是在圣人的心中规定的是中庸之道。对于爱，有时需要无限怀有，有时也必须鞭策、引导。所谓的因时而动，只不过是跟随内面之本心。但对于道德境地较低的人来说，只强调内面之本心，就会把欲望误认为本心，反而不利于本心的回归。因此，首先要根据圣贤所规定的客观准则——"常道"铭记于心，付诸施加。最终，就会达到将自己的心作为基准，每一瞬间都能做出正确的行动的境地。

如此，人类在实践天道的时候，依据各自道德境界的不同，需求不同的实现方式，这便是普遍的爱与差等的爱，相对性的权道和绝对性的常道。

当然，天不是超越时间与空间，仅以与现象分离而独断认识的对象，如果通过人的内心就可以自动地在"此刻此时此地"得以确认并显现的话，差等的爱就会产生与道德境界无关的特征。即，因为天是仅以认识范围内的存在为对象的感情，如果认识范围狭小且有限的话，便也会呈现出差别性。

并且，如果天是随着时间与空间的不同而陷入极端或者呈现为固定的状态不偏不倚，一直会随着状况的变化而显露出新的形态的存在的话，绝对性的常道就会产生与道德境界无关的特征。即，因为个人修养的不同，有些人相信并去实践本性的显现的倾向会加重，而有些人会分清私欲和本性的区别，实践圣贤规定的客观的行为规范并为了回复本性而保持敬畏的态度。

但是，本篇论文中所述的，以道德境界的差异为前提的，对普遍与差等的爱，率性的生活和回复本性的人生的分析，都是基于在现实中实行与推广人性教育的必要性。因为依据如何规范本性和内心方式，对孟子的解释存在很大的差异。

(2) 求和存异

近年来韩国对于人性教育的注目与需求，已扩大至全社会范围内。[①] 2015 年 2 月起制订了人性教育振兴法，正式实行。规定在一线学校，必须强化人性教育，教师必须义务进行人性教育研修，教师养成机关必须改善人性教育必修科目。当然，关于把人性教育制定为法律的问题，也存在着反对舆论。认为通过法律强制进行人性教育虽是可能的，但关于其妥当性则令人担忧。但法律不仅是法律制裁的根据。当刚开始实施"使用安全带"时，人们为了不受到法律的管制与处罚而遵守法律，但随着时间的流逝，逐渐意识到这是对自身的保护与对生命的尊重，从而开始自觉的使用安全带。[②]

但是对于人性教育的曲解及不切实的教育有可能致使自觉认识人性教育重要性的社会氛围再次回到原点。因此，对于人性内容的探讨及教育基准的确立是十分重要的。

条条大路通罗马。为了达成通过人性的完成，实现天地万物和谐的社会目标，就如同首先要发掘能够顺利、安全到达山顶的条条大路一样，要筛选出数千年来东西方先贤们积累的人性观念。但对人性的完成进行了错误规定的学说，则会像攀爬悬崖绝壁一样，致使无法达成所追求的目标。

对人性的多元思维的筛选与识别能够保证更安全、方便地实现目标。因此，必须如同豁然掌握各条道路的特性一样，洞察先贤们的多元思维模式。

另外，仅明确认识了其中一条路，就把它当作唯一、绝对的，这样的偏见是十分危险的。在某一时刻、某一空间，某一条路可能是有意义的，但却无法通用于一切时间与空间。

---

① 美国为了培养具有健全人性的市民制定了人性教育的相关法律，并在财政、行政方面给与大力的支持，学校也在依据法律实施人性教育。自 2007 年起，进行了包括民间部门在内的 41 个人性教育项目。人性教育由品格教育伙伴（Character Education Partnership，CEP）与素质教育评价委员会主导。德国把人性教育规定为教育的总体性质，从制度层面与教育层进行强化与实施。2014 年起，新加坡制订了在所有小学与中学实施"人性与市民教育过程"的制度，并实施人性教育。（Doseunglee，《人性指数开发》，教育部，2014，第 61—96 页。）

② 高在锡：《大学人性教育，如何进行？以古典〈论语〉中的教科教育为中心》，韩国教养教育学会春季学术大会发表论文集，2015 年。

　　有些人可能从东边，有些人可能从西边，能够更加熟悉、轻松地爬到山顶。强制东边的人从西边走，在不同的情况下，可能会因路途遥远而干脆放弃爬上山顶的目标。我们无法说只有自己的路才是唯一的。明确了一条路所具有的特性，就能对其他路的特性采取理解与包容的姿态。

　　因此，必须准确的诊断当前的具体状况，根据自身的具体情况，选择一条合适的通往山顶的路。因为理论知识只有与实际行动相结合才有意义，才能光彩宜人。

　　孟子坚信人性至善的思维，毫无疑问能为现在的我们提供了一种回归人性的智慧。这虽然不是绝对的，但在于揭示曾多少被冷落或忽视的东亚思维的一大脉络——孟子之"路"至今仍具有重要意义。

朝鲜中期的孟子观和赵翼之《孟子浅说》

黄暎起

（韩国大真大学人文学研究所）

一 绪 言

本文旨在从经学史的角度和文化多样性论题来考察生活在一个朱子学很受欢迎的朝鲜中期的政治家和思想家浦渚赵翼的《孟子》观。赵翼的时代是已经被朝鲜巨儒退溪李滉和栗谷李珥朱子学一定程度泛化的时代，这个时代从形而上和现实的政治学的角度来看，"性理学"以朝鲜的国家理念牢牢获得力量了。

浦渚赵翼（1579—1655）① 的著作收集在《浦渚集》② 中。赵翼在20岁撰写了《持敬图》《诚意说》，到70岁（1654）撰写了《心法要语》，一直坚持著述。赵翼的著作除了"四书五经"当中的《春秋》以外，几乎在每个经学领域都有。特别是在他从35岁（1613）因朝鲜第十五代国王光海君的暴政辞官回到家乡之后，到45岁（1623）的十多年是他经学

① 赵翼：字飞卿，自号存斋，谥号文孝。学者们叫他浦渚先生。父亲是金枢公（赠领议政）莹中，祖父是仪宾都事公（赠左赞成）侃。在1579年（宣祖12）出生于首尔昌善坊，在1655年（孝宗6）死亡于广州鸥浦。（《浦渚全集》解题）1602年及第于别试文科后，经过几次办公，在1611年（光海君3）当官修撰时，因为弹劾把李滉等的文庙从祀反对的郑仁弘，被推翻于高山道察访，那后在第二年辞职了。在1623年由仁祖反正被重用了，以后经历了副护刑曹参议、吏曹礼曹的判书、大司宪、左参赞等，1649年孝宗即位后当官至右议政和左议政。他上奏而请李珥和成浑的文庙从祀，不受诺而辞职了。他积极地支持了施行金堉提出的大同法。而很精通于礼学。其后祭享于开城的崧阳书院、广州的明皋书院、新昌的道山书院。

② 《浦渚集》是在1988年以《韩国文集丛刊》第85册复制，第二年以《浦渚全集》上、下（保京文化社刊）再刊登。

的黄金时期，这期间取得了巨大成就。

赵翼与"四书"有关的著作有《大学困得》《中庸困得》《论语浅说》《孟子浅说》等。关于《孟子》，赵翼写了三本书：《学孟编》《孟子分类浅说》《孟子浅说》，可是现存的只有《孟子浅说》，但是我们可以通过《孟子浅说》中的附录上的《分类目录》推测《孟子分类浅说》体系和内容，而且在他的《文集》上还存在《学孟编序》《孟子分类浅说序》等小编，我们可以粗略猜测《学孟编》《孟子分类浅说》的体系和内容。按照《分类目录》，赵翼先把《孟子》全篇分类成十个主题而写了《学孟编》，然后按这十个主题提出自己的看法撰写了《孟子分类浅说》，然后又把这本书以朱熹的《孟子集注》的体例再编著而成的就是《孟子浅说》。就是说《孟子浅说》是基本上维持《学孟编》的体系，到末年按同一的主题项目提出自己的想法而树立了一个独特的《孟子》观。

本文以《孟子浅说》为主，从经学史的角度来把握赵翼一生一贯的《孟子》观。

二　赵翼经学的研究趋势

赵翼生活在退溪李滉（1501—1570）和栗谷李珥（1536—1584）之后不久，在李滉和李珥把朝鲜的朱子学渐升到经学的水平的时候，他以与这两人不一样的方式提出了自己对经学的意见。李滉和李珥主要集中在朱子学在理气、心性等的形而上方面，不过赵翼比较集中于现实政治和实践方面。那时朝鲜的朱子学者们开始融入到李滉和李珥的经学路线，但是赵翼在与之不同的经学路线上进行了经学工作。

他的经学与立足于朱熹形而上的理气论、四端七情论不一样，与时代气氛有一定的差距。他进行了不属于什么系列的比较自由的学问。正因如此，赵翼的经学没被编入朝鲜儒学巨大思潮中，所以大量文献的数量和内容都没有被注意到，虽然赵翼在政治和经学上取得了很多成就，也没被朝鲜儒学者们甚至最近的研究者们注意到。可是他毕生致力于对儒学的研究，写下许多著作，与韩国的一些儒家学者相比，永远不可缺乏。

　　按照李相铉的研究观点①来看，关于赵翼经学的当代研究从 1980 年代开始有几篇小论文，直到 1990 年代中期开始变得非常受欢迎。在 1979 年柳承国指出赵翼是朝鲜初期阳明学派当中之一人，到 1980 年代宋锡准开始发表了赵翼跟阳明学有连贯性的论文。在 1994 年韩国精神文化研究院（现韩国学中央研究院）在"韩国思想家的新的发现"这个主题下进行了对赵翼的研究，池教宪、黄义东、安在谆等撰写了关于赵翼的经学和性理学及心学等研究论文。而且韩瑞大学附设东洋古典研究院从 1998 年到 2000 年的两年间把这些赵翼特辑论文刊登在《东方学》杂志上。以后研究一直进行，又取得了一些成就。韩国古典翻译院在 2000 年开始翻译《浦诸集》。

　　赵翼在年轻时经历了壬辰年（1592）的朝日战争和丙子年（1636）的朝清战争，通过对此的深刻反思，他成为一位呼吁进行彻底改革并制定措施的先驱。虽然不为人知，但金堉在实施大同法（财政制度）时，赵翼的实践措施起了重要作用。

　　从这些资料看来，赵翼在 1627 年（仁祖 15）2 月份被贬到新昌（现忠南礼山），作为一个隐士生活到 1645 年（仁祖 23）11 月份，在那时整理了他此前的所有著作。② 他的第三个儿子赵复阳试图把他的文集出版，可是赵复阳没完成就死了。他第五个儿子赵显阳的俩儿子赵持恒与赵持正在 1688 年（肃宗 14）完成了出版。这是《浦渚集》初刊木版本，四年后在 1692 年（肃宗 18）包括《中庸困得》《大学困得》各 1 卷，《论语浅说》《孟子浅说》各 3 卷，《书经浅说》《易象概略》各 2 卷等总共 10 册的《浦渚遗书》出版了。按照尹拯（1629—1714）写的《浦渚遗书跋文》③，赵持恒在任职善山府使而赵持正任职大邱府通判时，两人一起出版了他们的祖父赵翼的《文集》和《遗书》。

　　本来赵复阳托付宋浚吉（1606—1672）写的《谥状》、尹宣举（1610—1669）写的《墓志铭》、尹拯写作的《年谱》和宋时烈（1607—

---

　　① 李相铉：《浦渚赵翼（1579—1655）的生平与思想》，民族文化推进会 2005 年版。/Yi Sanghyeon, *"Life and Thought of Pojeo Cho Ik"*, Minchu, Seoul 2005。

　　② 《浦渚全集（上）》（保京文化社刊 1989 年版），卷 22，《杂著》，第 388 页。"读栗谷与牛溪论心性理气书"；及 406 页。"武夷櫂歌十首解"。

　　③ 《浦渚全集（下）》（保京文化社刊 1989 年版），卷 11，《易象概略跋》，第 389—391 页。

1689）写作的《神道碑铭》等已完备了，但是不能编入到《文集》和
《遗书》，所以以后《祭文》与《挽词》一起在《浦渚年谱》里出版了，
这本《年谱》好像是1740年（英祖16）以后出版的，这是因为受到朝鲜
中后期的党争连累，以及当时对赵翼经学的批评。

从宋时烈的《神道碑铭》来看，我们可以推测墨守朱子学者宋时烈
是怎么理解赵翼经学的。

> 同春宋公浚吉，晚登公门，心悦诚服，常称颂不衰矣。世或疑公
> 所述作或异于朱子，则同春尝诵公语，曰朱子是孔子后一人，如论
> 《大学》诚意，虽与《章句》略有差互，而实用《语类》说，亦朱
> 子意也。噫！欲知公学术者，盍于此观之哉。①

按《神道碑铭》来看，宋时烈生前对赵翼经学的深刻批评已经存在
了。从宋时烈借宋浚吉的话来看，虽然赵翼在对《大学》"诚意"章的解
释上是跟朱熹的《大学章句》有差异的，但因为他的解释是借《朱子语
类》来的，所以就是复述朱熹的话。

他在没有妥协任何学派的情况下发表自己的观点。他平生坚持了这样
的经学态度。他跟张维、崔鸣吉和李时白很友好，被称为最好的四友，但
当他们观点不同时，又会坚决批评。他支持了双峰饶鲁（1193—1264）
的主张。虽然饶鲁是朱熹的私塾弟子，但他经常批评朱熹的经典解释上的
错误。其实赵翼的经典解释上的自由态度，有可能成为被宋时烈提出的
"斯文乱贼"的牺牲品。而且他对于李滉和李珥的观点有批评也有支持，
他不属于退溪学派和栗子谷学派这两大派别中。

李乙浩把朝鲜朝的反朱子学思想的类型分了四个种类：②

①看作阳明学的立场。

②立足于朱子学，但也有相异的意见的立场。

---

① 《浦渚全集（上）》（保京文化社刊1989年版），《浦诸先生年谱》卷2，《附录·神道碑
铭》，第677—678页。《宋子大全》卷162，《浦渚赵公神道碑铭》。

② 李乙浩：《反朱子学的思想抬头》，《韩国哲学研究》中卷，韩国哲学会，首尔：东明社
1978年版。/Lee Eul-ho, "*The Rise of Anti-Zhuzixue*", A Study of the Korean Philosophy, Vol. ,
2, Dongmyeongsa, Seoul, 1978。

③反对朱子学的立场。

④彻底独特的立场。

按这些类型，宋锡准和张炳汉把赵翼的经学看作为阳明学的。宋锡准把浦诸赵翼和白湖尹镌（1617—1680）和西溪朴世堂（1629—1703）等学者们看作为反朱子学者派，特别赵翼属于阳明学者。[①] 宋锡准以为因为赵翼以良知良能为人性，以连心之知觉现象也说为本然之善，赵翼经学有了与性理学不一样的特性。因为赵翼说的良知良能就是阳明学的基本概念，良知是心之本体，也是天理之灵觉处，所以具备万理。[②]

张炳汉强调了赵翼经学的阳明学特性。按他的说话，朱子学和阳明学的特征是"性即理"和"心即理"的概念。两家都是以人性为天理的，把人性的哪个层面看作为天理是两家区分的理由。看赵翼之对《大学》"诚意"章的解释，第一，他认为人的"本心"是纯善的；第二，他主张人的"知觉"是纯善的；第三他重视"诚意"；第四他重视人的主体的判断；第五他主张万物一体思想。张炳汉以为因为这五个特性都是阳明学的，所以赵翼经学具有强烈的阳明学的性格。[③]

赵翼绝对不是反朱子学的。因为他绝对重视朱熹的"四书"，把朱熹看作为孟子以后的第一儒家学者。而且他的主张并不是彻底独特的，因为他在接受朱熹后学的各种意见的层次上，只是有跟墨守朱子学者们不一样的，所以并不会独特的。

姜智恩、李相铉、李信径、韩正吉等代表第二立足于朱子学，但也有相异的意见的立场。姜智恩[④]考察过赵翼的初期著作《中庸私览》，她主

---

① 宋锡准：《朱子学批判论者们的经典解释—〈大学〉的解释为主—》，《东洋哲学研究》22，2000 年，第 112 页。/Song Sukjoon, "*Understanding for Classical Canon of Anti – Neo Confucianists*", Journal of Eastern Philosophy 22, The Society Of Eastern Philosophy, 2000, p. 112.

② 宋锡准：《浦渚赵翼经学思想之哲学的基础—以性理说和阳明学的性格为主—》，《东洋哲学研究》6，东洋哲学研究会，1985，32—37 页。/Song Sukjoon, "*Cho Ik Gyeonghak Cheolhak Gicho*", Journal of Eastern Philosophy 6, The Society Of Eastern Philosophy, 1985, pp. 32 – 37.

③ 《浦渚赵翼先生的生平和思想/所藏古文书》（京畿文化财团 2007 年版），第 24—30 页。

④ 姜智恩：《浦渚赵翼之〈中庸私览〉的经学的考察》，《韩国汉文学研究》48，韩国汉文学会 2011 年版。/Kang Ji Eun, "*A Study on the Methodology for Jingxue（经学）of Chungyong Saram by Cho Ik*", Journal of Korean Literature in Classical Chinese 48, Society for Korean Literature in Classical Chinese, 2011.

要言及了赵翼接受双峰饶鲁①的学说而提出跟朱熹一样的观点。她说：金长生在《经书辨疑》②批评饶鲁学说及赵翼在《中庸私览》接受饶鲁学说，都不是对批评朱子学的否定或者肯定，只是对经文的分析批评或接受，并不是反朱熹的。③从她的想法来看，赵翼经学是为了更加阐明朱子学，并不是离开朱子学。

李相铉强烈主张赵翼并不是阳明学者的。他觉得因为一些学者同意赵翼接受阳明学的主张，所以这样的看法会逐渐蔓延。他批评了国史编纂委员会在 1998 年出版的韩国历史系列当中都有以赵翼为初期阳明学者的主张。④

韩正吉也论证了赵翼经学并不是阳明学的事实。他说：虽然将赵翼经学与阳明学联系起来的研究是新的和原创的，说实话，赵翼经学没受到阳明学很大的影响。他准确分析和评估现有研究赵翼的原始文本之后，提出赵翼并不是墨守朱子学者，而是一位提出独特学说的人物。⑤

三　赵翼的四书观和《孟子浅说》之孟子观

（1）赵翼的四书观

《大学私览》《大学困得》《论语浅说》《孟子浅说》《中庸私览》《中庸困得》等的《四书》注释书，是赵翼一生集中的毕生的力作。他从 20 多岁开始写书，到 60 岁后期撰述不断，虽然在这期间提出了一些修改的意见，但是坚持了较为一贯的立场来进行撰述。

———————————

①　饶鲁（1193—1264）：中国北宋时的学者，绕州余干人。字伯舆或者仲元，号是双峰。他师事黄干和李燔，继承了朱熹的理学。著作有《五经讲义》《语孟纪闻》等。

②　《经书辨疑》是金长生（1548—1631）对经书当中有疑问的项目修正和辩论的书。这本书在 1618 年（光海君 10）脱稿了，1666 年（显宗 7）出版了。包括中国宋朝的注释，集成了宋翼弼和李珥、李滉、权近、郑经世、郑澈、郑弘溟、申钦、赵穆等朝鲜前期的性理学者们的讨论内容。这本书里李滉和李珥的四七论辩等被广泛讨论，所以可以说是韩国经学史上非常重要的。

③　姜智恩，前揭书，第 113—114 页。/Kang Ji Eun, op. cit., pp. 113 – 114.

④　李相铉，前揭书。/Yi Sanghyeon, op. cit.

⑤　韩正吉：《对浦渚赵翼和阳明学的关联性的妥当性考察》，《韩国实学研究》14，韩国实学学会 2007 年版，第 128—130 页。/Han Jeong Gil, "*Investigation on the validity of insistence on relations between Po – jeo Cho Ik and Yang – ming studies*", Korean Silhak Review 14, Korea Silhak Society, 2007, pp. 128 – 130.

赵翼的经学观点都融入到了这本《四书》的著作之中。他对四书的注释把朱熹的《章句》和《集注》照原样体现了，但也提出了自己独特的见解。赵翼阐明了《四书》是圣人之书，同时是纯正的书。

> 自有书以来，天下之书至众也，其中求其至正至粹而能使人善，未有如四书者也。故愚窃以为四书书之至者也。此圣人之书也。圣人，人之至者也，其书宜为书之至者也。圣人，人之至，则人而可不学圣人乎？学圣人，则可不由乎圣人之书乎？然则此书尤人之所宜务也。[1]

赵翼觉得在世界数万书籍当中，对于寻求正确纯正的理念的人来说，再也没有像《四书》这么好的书籍了。《四书》是圣人之书，圣人是人中最优秀的人，所以圣人之书是书中之书。但是此后朱熹的后辈们之间提出了几种见解，赵翼在吸收了二程和朱熹的功绩的基础上，关注了这种相异的意见。赵翼新的见解其实不是单纯的创造性想法，而是吸纳体现了他们的意见。

但是，赵翼并没有想表现出自己独特的见解，只看他的书名，这些事情很明显。他在整个完注经书的同时，还在各自的书名后面标注"私览"、"浅说"等的题目。

> 翼何敢自是也。此书乃群经之蕴奥，自世之老儒先生，咸难言之，且更千数百年诸贤解释，已尽殆无遗义。偏荒末学，识昧功浅，而乃敢论断前人得失，且发前人所未言者，其狂僭极矣。此余所以私览，而不敢传于人者也。[2]

用"私览"、"浅说"等作书名可以看出，赵翼对自己的"个人的意见"和朱熹的意见不同，虽然谦称自己的意思是不敢说对的，但是这就

---

① 《中庸困得后说上》（《浦诸全集上》，第 379 页）。

② 张炳汉：《中庸私览序》，《浦诸赵翼先生的生平和思想/所藏古文书》（京畿文化财团 2007 年版），第 41 页。

是脱离朱子学固有的轨迹，提出和朱熹不同的意见，所以这并不是一件轻松的事，但是赵翼的著作可以说在朱子学的压倒性学风中丰富了朝鲜的经学史，是一项有意义的著作。

高丽末以后到16世纪的李滉和李珥的时代，被确立为朝鲜普遍的学问的朱子学，在赵翼的时代已经占据了压倒性的支配地位。阳明学被拒绝，对朱子学不能容许一点小的意见。在这种学术氛围中，乍一看，赵翼似乎对朱子学表示拒绝，因此有了被认为是阳明学者或反朱子学者的倾向。但是，赵翼并不是先做圣贤的真理，而是先把真理的本身放在首位。

> 义理无穷，虽圣人之知，或有所不遍。而以人所同得，故虽狂夫之愚，其千虑之一得，或有见择于圣人者。若翼之愚，固不敢自是。然其狂夫之一得，或有可择，则亦安知其必无也。[①]

赵翼表示，真理是无穷的，因此圣人也有无法达到的境界，所以有自得的普通人，也有充分的价值主张真理。他将自己"私览""浅说"的有价值的经验，升华为真理的阶段。

赵翼平生都是在自己的著书中，一直在不断学习，直到去世。宋浚吉的《谥状》中非常适当地表达了一生好学的赵翼的事迹。

> 尝曰，为学工夫，正如行路。路虽远行之不已，自当至焉，若止而不行，则虽至近之地，何能至乎！好学之诚，老而弥笃。虽酬酢事务应对宾客之时，心目未尝不在于书卷上。七十之后，灯下能看书。至夜分或达曙，乐而忘忧，殁而后已。公之于学。可谓得于天矣。[②]

宋俊吉指出，赵翼年龄越高，喜欢学问的心就越强烈。处理事务，接待客人时，他的心思也总是在书中。赵翼即使过了70岁，也享受在灯下

---

① 张炳汉，前揭书，第41页。

② 《同春堂集》卷2，《大匡辅国崇禄大夫议政府左议政兼领经筵事监春秋馆事世子傅浦渚赵公谥状》。

看书，直到深夜或者凌晨学习的乐趣，从而忘却了自己的烦恼。

赵翼两次隐居和辞官，他的代表作品集中完成于老年期，他的与经学相关的著作大部分诞生于这时期。

第一次隐居是 35 岁—45 岁（1623—1623），这个时期他主要撰写了《大学困得》《中庸困得》《论语浅说》《孟子分类浅说》。第二次隐居是 59 岁—70 岁（1637—1648），这个时期主要撰写了《书经浅说》《孟子浅说》《易象概略》《家礼缋仪》。老年完成了《朱书要类》。

赵翼先做成一个个小册子，命名为《琢磨录》，每天读并把背的字词按日期记录下来，真正著书是从 37 岁开始的，但也不是一气呵成的，而是从弱冠时一边读一边有所得一边修正完成的。《大学困得》《中庸困得》《论语浅说》《孟子分类浅说》是 10 年间学习的成果。书名之所以命名为"困得"，是说努力努力非常努力才成功的，是依《中庸》"生而知之，学而知之，困而知之"得来的。说"浅说"是低水准的学说，也是对自己的谦辞，整体的体制是先写好四书经文后再加上自己的解释。

我们可以评价赵翼的《大学困得》《论语浅说》《孟子浅说》《中庸困得》是朝鲜时代最初的四书注释书。

在赵翼以前的注释书只解说了有疑心的经文的一部分，没有注释全篇经文的。在朝鲜的经学史上，在朱熹《四书章句集注》体系的基础上写作自己的注释书是由赵翼开始的。所以可以说赵翼是根据自己的学术观，为了容易的认识经文的本旨而注释《四书》全文的朝鲜最初的学者。

要理解赵翼的四书学，要先了解朱熹的《四书章句集注》对有关学说的概括。朱熹在撰述《论孟精义》时，吸收包括了程子的诸家长处，概括了完成《四书章句集注》的蓝图。《四书章句集注》在 1177 年（48 岁）初稿完成，然后 1182 年（53 岁）在婺州出版了，其后 1192 年（63 岁）加上修正在南康出版了。朱熹把孔孟的思想以义理解释而编纂成《论语集注》和《孟子集注》。《论语》和《孟子》的重要性再怎么强调也不过分，朱熹引用程子的话来表达了其重要性。

人人有贵于己者，此其所以人皆可以为尧舜。学者当以论语孟子

为本。论语孟子既治，则六经可不治而明矣。读书者，当观圣人所以
作经之意与圣人所以用心与圣人所以至圣人。而吾之所以未至者，所
以未得者，句句而求之，昼诵而味之，中夜而思之，平其心，易其
气，阙其疑，则圣人之意，见矣。①

朱熹没有指明成为圣人的标准，但是他认为《论语》是论述"操存"
和"涵养"的，《孟子》是论述"体验"和"扩充"的②。

论语之言，无所不包，而其所以示人者，莫非操存涵养之要。七
篇之指，无所不究，而其所以示人者，类多体验充扩之功。③

"存养"的意思一般可以看作是《孟子·尽心上》的"存其心，养其
性"的缩称，也可以看作是"操存"和"涵养"这两个词的缩称。不管
是哪种，整体意思是大同小异的。

以下的《朱子语类》里面有"存养"的具体内容。

论语之书，无非操存、涵养之要，七篇之书，莫非体验、扩充之
端。盖孔子大概使人优游餍饫，涵泳讽味，孟子大概是要人探索力
讨，反己自求。故伊川曰："孔子句句是自然，孟子句句是事实。"
亦此意也。如论语所言"居处恭，执事敬，与人忠""出门如见大
宾，使民如承大祭""非礼勿视听言动"之类，皆是存养底意思。孟
子言"性善，存心，养性，孺子入井之心，四端之发，若火始然，
泉始达"之类，皆是要体认得这心性下落，扩而充之。于此等类语
玩味，便自可见。④

读书的顺序也是相当重要的，读"四书"的顺序一般都是《大

---

① 《二程遗书》卷5。

② 对操存和涵养、体验和扩充，李相敦的《在朱熹的四书学体系中扩充的意味》，《泰东古典研究》26，2010年。

③ 《论孟精义》《序》。

④ 《朱子语类》卷9—100。

学》→《论语》→《孟子》→《中庸》这样的次序。"读四书法"不是只适用于读四书的时候，是在读所有的经书时都适用的次序。

> 学问须以大学为先，次论语，次孟子，次中庸。中庸工夫密，规模大。
>
> 读书，且从易晓易解处去读。如大学中庸语孟四书，道理粲然。人只是不去看。若理会得此四书，何书不可读，何理不可究，何事不可处。
>
> 先读大学，以定其规模，次读论语，以立其根本，次读孟子，以观其发越，次读中庸，以求古人之微妙处。①

读书时，要持守先读《大学》再读《论语》然后读《孟子》最后读《中庸》这样的顺序。读《大学》制定规模，读《论语》树立根本，读《孟子》观察卓越之处，最后读《中庸》体会古人的微妙境界。

但是赵翼把读书的顺序做了不一样的定位，他认为《孟子》要在《论语》之前读。但是像赵翼这样主张先读《孟子》的人少之又少。

> 尧之授舜曰允执厥中，舜之授禹曰人心惟危，道心惟微，惟精惟一，允执厥中。先儒以为尧之一言，舜已晓之。故不复更告，而舜之益以三言，惧禹之未晓也。夫语孟二书之言，其有详略，亦犹是也。论语成于门人之手，盖夫子平日训诫之微言，七篇则孟子所自著，以喻天下后世者也。…论语盖精一执中之要，七篇则并危微之理而尽发之耳。夫不告危微，而能执厥中，非舜则不可。性情之理，公私之辨，非亲炙于圣人之门者，未有不明之而可以入道，况乎以中才，当乱世之末流乎。此孟子之所以晓天下后世，必极其详且明者也。…词章科举之习，佛氏近理之说，所以陷溺人心，蔽塞正路者，又有甚于孟子之时。若不先其详且明者，有以明夫性情危微之理，义利公私之辨，而遽欲究心于浑然含蓄之微言，则亦安能知而好之，终不为外物

---

① 《朱子语类》14—1，14—2，14—3。

异说之所诱夺乎。①

《论语》是孔子的门人们完成的，所以里面有孔子一生的"微言大义"。《孟子》7编是孟子为教导后人亲手编写的，《孟子》这本书仔仔细细明明白白的阐明道理，所以要先读《孟子》了解"性情"和"危微"的本旨，分辨"义利"和"公私"的差别，然后再在这个基础上读《论语》。

(2)《孟子浅说》之经学的进展和"心法"的强调

真理（道）是天下公物，人人都有自己的真理。圣人把真理写作编成书册（经），传给一般人。因为圣人之书含着真理，所以是天下公物，怎么将它私用？书册只是阐明真理的，不是让别人服从的。这正是赵翼著书的理由，他的经学具有一定的境界。

"私觉""浅说"的命名是提出个人的意见，在朱子学具有压倒性的学风中提出自己独有的见解，这样独有的见解从青年开始一直坚持到老年，这正是赵翼坦坦荡荡的坚持自己独有见解的表现，也是他人生的时代精神。如果有连圣贤都看不见的真理的话那就预示着新的圣人出现了，不是圣人优先于真理而是真理本身是最优先的。

最近对赵翼《四书》注释的研究有点活跃，但是相对于《论语》、《大学》和《中庸》还是非常不足。对《孟子》的研究更是少之又少，整理好的集中关于《孟子》的论文只有2篇②。

咸泳大把《孟子浅说》里赵翼自己分类的10个主题整理成章数和核心内容③：

---

① 《浦渚全集》下，卷26，《学孟编序》。
② 咸泳大：《浦渚赵翼之学问观和经学——"持敬"和〈孟子浅说〉为主—》，《东方汉文学》34，东方汉文学会2008年版；文畅皓，"浦渚赵翼之《孟子浅说》的'心术'研究"，《东洋古典研究》46，东洋古典学会，2012年。
③ 咸泳大：《浦渚赵翼的学问观和经学——"持敬"和〈孟子浅说〉为主—》，《东方汉文学》34，东方汉文学会2008年版，第27页。

卷别	分类主题	章数	内容
1	性	18	阐明性善之理而论驳诸家之误谬
2	学	25	阐明孟子的学问是获得泗洙的正传
3	心术	10	辨别私欲而操存本心
4	人伦	35	阐明人道是尽五品（五常）
5	处身	25	人人都有自处善恶
6	处世	52	出处义的基准
7	治道	63	行仁政而顺民心，达成至
8	王霸	7	国家的兴亡由理欲的分辨
9	辟异端	8	辨斥异端而明正道
10	道统	17	圣人道统的意义
		260 章	

相对于《五经》，赵翼更集中研究《四书》，这中间倾注更多心血的是《孟子》，对《孟子》的研究至少从 15 岁开始的。23 岁（1601 年）的时候把《孟子》全篇按主题分类新编写了《学孟编》，如果对《孟子》全篇没有深刻理解的话是不可能这样编写的。37 岁（1615 年）时把《学孟编》补充了自己的见解撰写了《孟子分类浅说》。64 岁的时候，删除了《孟子分类浅说》中"分类"这个名称，《孟子浅说》最终完成。赵翼的《孟子浅说》撰著持续了几乎 40 年，由《学孟编》→《孟子分类浅说》→《孟子浅说》这样的阶段。

他把《孟子》按 10 个主题分类编成《学孟编》有两个理由。一是赵翼觉得朱熹的《集注》太杂乱而没有条理，二是为了准备科举考试①。

愚伏读是书，玩其文探其义，未尝不肃然若圣贤之临于前，而亲闻其指教也。而顾其书杂记散出，似无伦纪，窃不自量，乃敢汇分为十卷，以为钻仰之地。既而反复参玩，节目分明，进为有序。凡学者

---

① 文畅皓：《浦渚赵翼之〈孟子浅说〉的"心术"研究》，《东洋古典研究》46，东洋古典学会 2012 年版，第 65 页；《浦渚全集》上，卷 16，《孟子分类浅说序》，"曾于举子时以意分之，以便观览。"

所以知性懋学，存心察伦，守身处世之道与夫王政之要，圣道之传，各有条贯，粲然不紊，因命曰学孟编。①

《学孟编》开始到《孟子浅说》的 40 年里赵翼一直强调不变的是"心法"。因为《孟子浅说》第 3 卷"心术"项目里有"性即心"或者"心即性"这些命题，所以有的研究者把他的经学误会为阳明学。但是《孟子浅说》里赵翼强调的是"操存"的"心法"。

孟子的"性善说"可以通过"牛山之木"章里"操存省察"的心法来确证。"牛山之木"章就是比喻人的善心，这个善心容易被物欲腐蚀掉，所以一定要通过"操存"功夫坚持良心克服物欲。赵翼在"牛山之木"章的最后引用孔子的话"操则存，舍则亡，出入无时，莫知其乡，惟心之谓与"，这些是"心法"的核心。

"心法"的核心即"操存"功夫是能使心净下来的功夫，"操存"功夫一刻也不能怠懈是赵翼的主张。所以赵翼的"心法"功夫着重用功"操"这一个字而已，"操存"的结果是"存心"。

> 盖心不操则舍，不舍则为操，只有操与舍而已。操，用力事，舍，不用力事也，虽当散乱之时，苟操则便存，操不能久其功，毫忽不续则便为舍，此心即走去。其思虑或已往，或方来，或远或近，忽然而及，因蔓延不绝，无顷刻止息之时也。盖凡人有舍而无操，惟为心学者知操之，而能操而不舍极难也。圣贤之心常存者，其操无间断故也。学者工夫，唯心法最为急务，而心法工夫，唯于操字用力，勤勤不已而已。此工夫苟纯熟，则其至圣贤地位亦不远矣。②

按照赵翼的主张读书的人应该把"心法"作为首位，这其中"操"这个字就是集中努力读书。这样的努力"工夫"长久不懈的坚持下去就有可能成为圣贤。

赵翼觉得不应以圣贤的权威为标准，不应拘束于教条性的理念，应提

---

① 《浦渚全集（下）》，卷 26，《学孟编序》。
② 《浦渚全集（下）》，卷 19，《心法要语》。

供给任何人成为圣贤的机会，这是他追求的真正的真理。

四　结　语

赵翼生活在退溪李滉（1501—1570）和栗谷李珥（1536—1584）之后不久，在李滉和李珥把朝鲜的朱子学渐升到经学的水平的时候，他和这俩人不一样的方式提出了经学的意见。李滉和李珥主要集中在朱子学在理气、心性等的形而上方面，不过赵翼比较对准于现实政治和实践方面。那时朝鲜的朱子学者们开始融入到李滉和李珥的经学路线，但是赵翼在不一样的经学路线上进行了经学研究。

对赵翼经学的初期研究开始就阐明他与阳明学相关，所以直到最近仍被误认为赵翼是阳明学者，可是最新研究的结果论证了他与阳明学没有关联，他和朱熹的关联更多，所以把赵翼假定为阳明学者是不对的。赵翼遵循朱熹的言行非常多，当时他的周边人也没把他定为阳明学者。

赵翼评价朱熹为孔子以后最伟大的人物，非常尊重他且信服他。为了巩固朱子学，他提出不和朱熹一样的见解。

从经学史来看，赵翼经学被评价是在朱子学范围之内展开和退溪学、栗谷学不一样的学问。这是一个使韩国的经学史更丰富的重要特点而很值得研究的经学资源。把朝鲜儒学史理气论和心性论的形而上更加强化为分类论、构成论等的多样多色的学问，让我们避免教条化的圣人论而获得坚持真理论的机会。

参考文献：

赵翼：《浦渚全集（上、下）》，보경문화사 영인본，1989．／Cho Yik, Pojeo jeonjib, Bogyeong munhwasa, Seoul 1989.

赵翼：《中庸私览》（《포저 조익선생의 삶과 사상／소장 고문서》），경기문화재단，2007．／Cho Yik, Jungyong Saram, GyeongGi Cultural Foundation, Suwon – si 2007.

赵翼：《浦渚集》（韩国文集丛刊85），民族文化推进会，1988．／Cho Yik, Pojeojib, Minchu, Seoul 1988.

朱熹：《四书章句集注》，中华书局1983年版．／Zhu Xi, Sishuzhangjujizhu, zhonghuashuju, Beijing 1983.

倪士毅：《四书辑释》（续修四库全书经部160），上海古籍出版社 影印本，

1995. / Ni Shiyi, Sishujishi, Shanghaiguji Chubanshe, Shanghai 1995.

姜文植：《赵翼의〈大学〉연구와〈大学困得〉의 특징》，《조선시대사학보》49，조선시대사학회，2009. / Kang Moon – shik，"Cho Ik（赵翼）'s study of Daehak（大学）and the characteristics of Daehak Gondeuk（大学困得）"，The Choson Dynasty History Association 49，2009.

姜智恩：《浦渚 赵翼의〈中庸私览〉의 经学的 고찰》，《한국한문학연구》48，한국한문학회，2011. / Kang Ji Eun，"A Study on the Methodology for Jingxue（经学）of Chungyong Saram by Cho Ik"，Journal of Korean Literature in Classical Chinese 48，Society for Korean Literature in Classical Chinese，2011.

柳承国：《东洋哲学研究》，槿域书斋，1977. / Ryu Seung – Guk，Dongyang Cheolhak Yeongu，Keunyeok Seojae，1977.

文畅皓：《浦渚赵翼之〈孟子浅说〉的"心术"研究》，《东洋古典研究》46，东洋古典学会，2012

宋锡准：《朱子学 批判论者 들의 经典解释 —〈대학〉의 해석을 중심으로—》，《동양철학연구》22，2000. / Song Sukjoon，"Understanding for Classical Canon of Anti – Neo Confucianists"，Journal of Eastern Philosophy 22，The Society Of Eastern Philosophy，2000.

宋锡准：《浦渚 赵翼 经学思想의 哲学的 基础 —性理说과 阳明学的 性格을中心으로—》，《东洋哲学研究》6，동양철학연구회，1985. / Song Sukjoon，"Cho Ik Gyeonghak Cheolhak Gicho"，Journal of Eastern Philosophy 6，The Society Of Eastern Philosophy，1985.

李相铉：《포저（浦渚）조익（赵翼：1579—1655）의 생애와 사상》，민족문화추진회，2005. / Yi Sanghyeon，"Life and Thought of Pojeo Cho Ik"，Minchu，Seoul 2005.

이신경：《浦渚 赵翼의〈중용〉분절 —〈中庸困得〉을 중심으로—》，《한문학보》32，우리한문학회，2015. / Lee Shinkyung，"Segmentation theory of JungYong by Phojeo Jo – Ik – Based on JungYongGonDuk"，Hanmun Hakbo 32，2015.

张炳汉：《浦渚 赵翼의〈中庸私览〉에 대한 연구（1）—'中庸'과 '费隐'의 해석을 중심으로—》，《汉文教育研究》19，한국한문교육학회，2002. / Jang – Beoung Han，"The study on Po – jeo Cho Ik's Chungyongsaram（1）"，Journal of Chinese Characters Education in Korea 19，Society for Korea Classical Chinese Education，2002.

——：《浦渚 赵翼의〈中庸私览〉에 대한 연구（2）—17 세기初 性理学的 经学 思 惟 의 극복성향과 관련하여—》，《동양학》33，단국대학교 동양학연구소，2003. / Jang – Beoung Han，"The study on Po – jeo Cho Ik's Chungyongsaram（2）"，The Oriental Studies 33，Academy of Asian Studies，Dankook University，2003.

——:《浦渚 赵翼의 〈中庸〉 이해》,《한국실학연구》14,2007. / Jang－Beoung Han,"Study of Pojeo Jo Ik's trails of change in Confucian Classics Thought － Centering on the change from " JungYongSaRam" to " JungYongGonDeuk" －",Korean Silhak Review 14,Korea Silhak Society,2007.

전재동:《退溪学派의栗谷学派의 〈四书释义〉刊行과 그 의의》,《퇴계학논집》 20,영남퇴계학연구원,2017. / Jun Jaedong,"A Study of Toegye and Yulgok school of SASESUKYEI（四书释义）publishing and its meaning",Toegye－Hak－Lon－Gib 20, Yeongnam Toegye Studies Institute,2017.

조남권:《浦渚 조익선생의 생애와 경륜 （1）》,《동방학》 4,한서대학교 동양고전연구소,1998. / Namkwon Cho,"The life and statesmanship of Pojeo Cho Ik （1）",Eastern Classic Studies 4,Institute for Eastern Classic Studies,1998.

——:《浦渚 조익선생의 생애와 경륜 （2）》,《동방학》 5,한서대학교 동양고전연구소,1999. / Namkwon Cho,"The life and statesmanship of Pojeo Cho Ik （2）",Eastern Classic Studies 5,Institute for Eastern Classic Studies,1999.

周予同:《朱熹》,《周予同经学史论著选集》（朱维铮 编),上海人民出版社 1996 年版。（초판 1983）/ Zhou Yutong,"Zhu Xi",ZhouYutong Jingxueshi Lunzhuxu-anji,Shanghai Renmin Chubanshe,Shanghai 1996.

朱彝尊:《经义考》（林庆彰 外编,点校补正经义考,台北:中国文哲研究所, 1997)。/ Zhu Yizun,Jingyikao,Taibei 1997.

최석기:《 양촌 권근의 중용해석과 그 의미》,《 남명학연구 》 17,경상대 경남문화연구원,2004. / Choi Seok－Ki,"Yang－chon Gweon－geun's Interpretation on the Book of［Jung－yong］and Its Significance",The Nammyonghak Study 17,Institute of Gyeongnam Culture,2004.

——:《〈중용〉의 분절문제와 최상룡의 해석》,《한문학보》19,우리한문학회, 2008. / Choi Seok－Ki,"The Partition Issue of［Jung－yong］& Its Interpretation by Choi, Sang－ryong",Hanmun Hakbo 19,2008.

韩正吉:《浦渚 赵翼과 양명학의关联性 주장에 대한 타당성 검토》,《韩国实学研 究》14,韩国实学学会,2007. / Han Jeong Gil,"Investigation on the validity of insist-ence on relations between Po－jeo Cho Ik and Yang－ming studies",Korean Silhak Review 14,Korea Silhak Society,2007.

咸泳大:《浦渚 赵翼의 학문관과 경학—'持敬'과 〈孟子浅说〉을 중심으로 —》,《东方汉文学》34,동방한문학회,2008. / Ham Young－Dae,"Po Jeo（浦渚） Jo－ik（赵翼）'s View of Learning and the Study of Confucian Classics",Dong－Bang Ko-rean Chinese Literature Society Islands4,Dong － Bang Korean Chinese Literature

Society, 2008.

　　黄义东:《조익의　성리사상》,《한국사상가의　새로운　발견(2) 》,한국정신문화연구원, 1994. ／ Hwang Euidong, "Neo – Confucian Thought of Cho Ik", Fresh Discovery of the Korean Thinkers (2), The Academy of Korean Studies, 1994.

作为对孟子哲学曲解与误读的朱子学

洪元植

（大韩民国启明大哲学伦理学科教授）

一　绪　语

以程颢、程颐为代表的北宋儒学家们与作为其继承者的南宋朱熹开辟了新儒家之朱子学，并主张他们的学说才是真正承继了孟子以后近千年来出现断层的儒学道统，否定了包括汉唐乃至百家时期荀子学说的整个儒学史。这样的思想背后实际上潜匿着儒学正统思想之"道统论"。不仅如此，抱有这种认识的不仅有朱熹，还有与他生活在同一时代并观点相左的陆九渊及之后的阳明学创始人王阳明。就这种共性，我们应该可以把他们归类统一到"新儒学"范畴。

长期以来被忘却的孟子到了北宋中期重新被发现，并在起初阶段被推到了受批判的潮流中。但是就算在这样的趋势下，后期被誉为朱子学范畴的学者们极力崇扬孟子，并在后来被朱熹抬到了孔子正宗继承者的地位。

那么朱子学家们真如他们自己所说的那样，以正统的方式，即以孟子之本意继承了他的思想吗？其实，象山学的开创者陆九渊与阳明学的创始人王阳明都曾在很早的时期说过自己才是孟子思想的直系继承者，并对朱熹所诠释的孟子哲学表达了疑义。到了现代，牟宗三则认为朱子学不是继承了孟子而是衔承了荀子的哲学，并把其从正统中国儒学史的序列中除去归为"别宗"。但是在这里，我们只能说牟宗三试图把阳明学归为正统，并强调其作为现代版新道统论者的存在合理性，但在其他方面则没有特别重大的探讨意义。

很多学者们实际上已经注意到了孟子哲学与朱子学之间的差异，并且大多着力于在心、性、情等概念的层面比较了两者。但是在笔者看来这些差异只能说是"微观性的"差异。就是说，笔者认为孟子哲学与朱子学之间存在着"宏观性的"乃至"根本性的差异"，而且这种差异可以归咎于朱子学者们对于孟子哲学的曲解与误读的角度来解读。曲解与误读本质上可分为积极性的与消极性的，或非意图性的与意图性的，特别是如果这种曲解与误读在积极性、意图性的角度所进行的话，那么就很容易将孟子哲学导向"创造性曲解"的道路上。

二 宋代非孟、尊孟论的展开与朱子学的"孟子之重现"

北宋开国后，皇帝们为了巩固中央集权，施行了一系列皇权强化政策，其中作为重要一环就是积极推进学术文教振兴政策与推行科举制。这些政策结果使儒学拥有了绝好的复兴契机，并使得其在数百年间的三教角逐的漩涡中脱颖而出，重新回到了"独尊的地位"，并延续至近代初期。

但是在北宋中期儒学复兴的气运未到来之前，孟子已被长时间遗忘，他仅仅隶属于子部儒家类书籍中的一本，[①] 对其有兴趣的也仅仅限于后汉赵岐。[②] 到了唐代，礼部侍郎杨绾与进士皮日休曾上疏将《孟子》列为科举科目，但并没有被采纳。

这样的孟学到了 11 世纪的北宋中叶迎来了重要的转折点。1014年，宋真宗命孙奭著《孟子音译》，这实际上是《孟子》首次在国家层面上被认可。接着 1061 年，仁宗将包括《孟子》的九经[③]石刻后，将其设在国子监，至此之后《孟子》才从子书的层面上升到了经书的行列。[④] 继而到了 1084 年，神宗终于将孟子配享到了孔庙，至此之后孟子的地位自然地获得了提升，孟学也开始被重视起来了。但是在另一方面，对于孟子的疑议之声也随之渐起，"孟子的归还之路"似乎并没有

---

① 参照《汉书》〈艺文志〉与《隋书》〈经籍志〉。

② 《朱子语类》卷 19，〈论语 1〉，"语孟纲领""当孔颖达时，未尚'孟子'，只尚'论语''孝经''尔雅'其书全不似疏样，不曾解出名物制度，只绕缠赵岐之说耳。"

③ 这时的石刻九经除《孟子》外，还包括了《周易》《诗经》《书经》《周礼》《礼记》《春秋》《孝经》《论语》。

④ 《玉海》卷 40，〈艺文·宋朝石经〉，"嘉祐石经"条。

想象中的那么平坦。

当时李觏（1009—1059）与司马光（1019—1086）站在了批判孟子及孟学的前沿。李觏在其著作《常语》中批判道，孟子虽然学习了孔子的学问，但他并没有很好地将其继承下来。

> "尧传之舜，舜传之禹，禹传之汤，汤传之文武周公，文武周公传之孔子，孔子传之孟轲，轲之死不得其传焉，如何？"
>
> 曰："孔子死不得其传矣！彼孟子者，名学孔子而实倍之者也，焉得传？"
>
> "敢问何谓也？"
>
> 曰："孔子之道，君君臣臣也。孟子之道，人皆可以为君也。天下无王霸，言伪而辩者不杀，诸子得以行其意，孙吴之智，苏张之诈，孟子之仁义，其原不同，其所以乱天下，一也。"①

在这里李觏主张孔子之道的核心一以贯之的在于"君君臣臣"，而孟子则说道"人皆可以为君也"。从这一点上看来孟子不仅是没有忠实的承接孔子之道，而且还参与了"乱天下"。实际上我们可以追究李觏将孟子的"人皆可以为尧舜也"说成了"人皆可以为君也"，但是始终不难看出他把孟子看作为凌蔑并侵夺君权的始作俑者。下面一段话也有同样的意思。

> 孟子曰："五霸者，三王之罪人也。"吾以为孟子者，五霸之罪人也。五霸率诸侯事天子，孟子劝诸侯为天子。苟有人性者，必知其逆顺耳矣。孟子当周显王时，其后尚且百年而秦并之。呜呼！忍人也，其视周室如无有也。②

在这里，李觏将孟子说成"劝诸侯为天子"的人，就是在讽刺批判孟子在当时周王朝还依然存在的时候竟然将其视若无物。

---

① 李觏：《李觏集》，中华书局1981年版，附录1，佚文〈常语〉，512—514页。
② 同上。

司马光也在其著作《疑梦》中批判孟子虽然意图学习孔子的学问，但始终没有继承孔子之道。接着他又与李觏相似的揭示了孟子政治思想中所蕴含的轻视威胁君权的内容，从而还对孟子的"性善说"进行了批判。①

上述这一系列非孟论的揭示，在一方面看来是与孟子政治思想中的民本以及轻视君权的内容有关，但在另一方面则与北宋中期政治状况有着密切的联系。1071 年神宗年间，王安石激进的施行新法，并将《孟子》以及《周易》《诗经》《书经》《周礼》《论语》列为了科举科目。② 不仅如此，他还深度参与了 1084 年将孟子配享于孔庙的事件。就是说王安石不但带头尊孟，还试图将孟学演变成支撑新法的政治理论根据。在这种情形下，站在新法政策对立面的旧法党领袖司马光当然会对孟子与孟学进行批判，从而来瓦解新法的政治理论根据。

但是，当时程颢与程颐的行迹却显得非常独特。他们在政治上支持司马光的旧党派，而在对孟子的角度上却选择了尊孟的立场。众所周知二程是开辟北宋道学的朱子学先驱，而朱熹也因承袭了二程站在了强烈尊孟的立场。从这一点上看，北宋的道学与继承它的南宋朱子学都与尊孟有着密切的关系。

朱熹最重要且有代表性的尊孟行迹应属著述了《孟子集注》。就因为如此，《孟子》被提到了四书的序列成为了儒家经典之一。孟子也随即成为了孔子的正统乃至最有代表性的继承者，"孔孟"并称也被后世一般化了。③

但是，朱熹的《孟子集注》〈序说〉部分却十分引人注目。相比于在除《孟子》外的其他三书，特别是在《大学》与《中庸》的序文中朱熹花了很大篇幅很有比重的阐述了自己的意见，而在《孟子集注》的〈序说〉中他却没有发表自己的任何观点而是引用了司马迁《史记·孟荀列传》和韩愈、程子、杨时等人的文章。这到底应该怎么解释呢？撇开其他不谈，笔者认为朱熹对在序说中直接记载自己的观点是极其踌躇且有负

---

① 《宋元学案》卷 7，〈涑水学案〉〈温公疑孟 附朱子读余隐之尊孟辩〉，282。

② 《宋史》卷 155，〈选举志〉。

③ 宋代以前，孔子大多与周公并称。即使到了宋代至朱熹之前他也是与颜渊并称的。

担的。确切地说，他认为有负担的是《孟子》政治哲学中所包含的内容。
那么他将这种有着负担与危险政治思想的《孟子》提高到四书序列，又
对其加以集注的理由又是什么呢？就算不究其中的具体理由，我们也可以
很容易地发现对于朱熹吸收孟子思想是极其迫切的。

在《孟子集注》〈序说〉中，朱熹首先引用了《史记·孟荀列传》
的内容来阐述孟子的生平以《孟子》的编撰过程，接着他摘录了韩愈的
下面一段话。

> 韩子曰，"尧以是传之舜，舜以是传之禹，禹以是传之舜汤，汤
> 以是传之舜文武周公，文武周公传之孔子，孔子传之孟轲，孟轲死，
> 不得其传焉。荀与扬也，择焉而不精，语焉而不详。"

韩愈在这里主张孟子是孔子学问的正统继承者。在孟子死后，说其是
孔子之继承者的人，韩愈还是头一个。朱熹在〈序说〉中引用韩愈的文
章明确主张了孟子才是直至宋代以来孔子唯一的正统继承者。这样的观点
与先前所论述的李觏与司马光的观点背道而驰。接着，朱熹再次引用了二
程的文章。

> 孟子有功于圣门不可胜言。如仲尼只说一个仁字，孟子开口，便
> 说仁义。仲尼只说一个志，孟子便说，许多养气出来。只此二字，其
> 功甚多。
> 孟子性善养气之论，皆前圣所未发。

程颢与程颐说道，孟子对孔子哲学的核心之"仁说"继承为了"仁
义说"，并评价道他对孔子儒学发展的重要功绩无法用言语来形容，而他
所提出的"性善论"与"养气论"等，就连圣人都未曾明示过。朱熹引
用二程的话语不但确定了孟子继承了孔子道统的观点，还将孟学的核心确
立为"仁义""性善""养气"等思想。最后，朱熹又引用了二程的弟子
杨时的话。

> 杨氏曰，孟子一书，只是要正人心，教人存心养性收其放心。至

论仁义礼智，则以恻隐羞恶辞让是非之心为之端。论邪说之害，则曰生于其心，害于其政。论事君，则曰格君心之非，一正君而国定。千变万化，只说从心上来，人能正心，则事无足为者矣。

杨时将孟学的核心精简为"正人心"一语，接着他又说一切变化都起于心，所以只要能"正心"就没有什么解决不了的了。当然，这里同时包括了个人道德的问题与社会政治的问题。

通过以上几段论述，我们知道了朱熹在《孟子集注》〈序说〉中没有表达自己任何观点的情况下，将孟子确定为孔子的唯一正统继承者，并将《孟子》归结为集"仁义""性善""养气""正心"为一体的"充实伦理教科书"。同时，我们也不难发现，作为孟学另一支柱的以王道政治为本的政治哲学也在不知不觉中缩水，甚至到了被排除的境地。

孟子的政治哲学中关于民本的"民为贵，君为轻"① 以及"放伐"等问题在封建君主制社会中一直是很尴尬的话题，其中最为敏感的莫过于桀纣为一夫的论调。即齐宣王以汤王武王讨伐桀纣为例，向孟子询问身为臣下能不能弑君的问题时，孟子答道桀纣既以损害了仁义就不能算是君主，不过是一介独夫而已。② 对此朱熹注释道：

> 盖四海归之，则为天子；天下叛之，则为独夫。所以深警齐王，垂戒后世也。王勉曰，"斯言也，惟在下者，有汤武之仁，而在上者，有桀纣之暴，则可。不然，是未免于篡弑之罪也。"③

朱熹在集注中为孟子辩护并主张孟子说这样的话归根究底是为了"深警齐王，垂戒后世"，并不是说作为臣下可以做出弑君的行为。他引用王勉的话也是为了强调这一点，从而为孟子认同并合理化篡夺及弑君的主张洗脱嫌疑。

---

① 《孟子集注·尽心下》，14。
② 《孟子·梁惠王下》，9。
③ 《孟子集注·梁惠王下》，9。

三　孟子的性善说与朱子学本然之性、气质之性论

上一章我们说到，以程颐与朱熹为代表的朱子学者们在孟子身上所"发现"的只是"仁义说"与"仁义、养气"等道德伦理方面的思想，而对于他提出的易姓革命等政治学说却采取了刻意回避的态度。特别是，他们认为孟子的性善说是竭力克服佛教及道教的最理想的理论依据。就是说，主张所有人在根本上的本性为善，因而谁都可以成为尧舜的性善说可以丝毫不加修饰或理论加工就可以代替主张一切众生皆有佛性，因而谁都可以成佛的佛性论。所以，朱子学者们不加踌躇的吸收了孟子的性善说。

但是他们对于孟子性善说的提及却不那么容易被人们所接受，甚至引来了诸多异见及批判。唐末的韩愈虽然推崇孟子，但他所侧重的角度是孟子的"卫道主义"及排斥异端的态度，而并没有重视性善说。再加上从他曾提出"性三品说"的角度考虑，韩愈推崇孟子是因为孟子与他的排佛论的脉络相通。历史上，最先"发现"性善说的应该是二程与朱熹。特别是朱熹，他首先将孟子的性善说规定为儒学正统的性论，又将其纳入自己的理论体系。在这个过程中，孟子的性善说被歪曲及变形。① 而这种歪曲与变形在他们的本然之性、气质之性论中得到了集中的体现。

第一，孟子性善说的歪曲与变形体现在本然之性论中。朱熹主张人与万物都有本然之性和气质之性之分，而且他还将孟子的性善之性与本然之性联系了起来。接着他又说道，这种本然之性是人与其他事物所共同拥有且相同的性，它确保了人与人、人与其他存在之间的同质性。然后，他又把本然之性纳入到朱子学家们所创立的理气论的体系中，将本然之性与"理一"及"太极"等联系在一起。这就是他们所说的"性即理"。就是说，以人为代表的万物的本然之性与宇宙的究极原理在根源上是一致的。这样，孟子的性善说被扩展放大到了宇宙之领域。

---

① 洪元植：《朱子学의性论——人性·物性论을中心으로》，《启明哲学》第 5 集（启明大学校哲学研究所 1996 年版）。

但是这种诠释却与孟子的本意大相径庭。孟子曾主张，人与万物及禽兽是具有差别性的，只有人才具有善之本性。而人与其他禽兽只有在拥有欲望的方面是相同的。用朱子学家们的话来说就应该是人与禽兽及万物在"气"的方面相同而在"理"的方面迥异。但是朱子学显然是颠倒了孟子的意思。其结果导致由孟子性善说所保障的人与禽兽本质上的"差别性"在朱子学本然之性论与"性即理"论的诠释下沦为单纯同质的"差异性"。这种说法把"人"归入到了万物，既具有理气的所有存在之中。而这种意义上的人虽然被定义为最灵秀的存在，但也只不过是万物中的一员而已。就是说人与万物在本质上没有任何差别性，而其他万物则自然地被披上了道德的外衣。这在某种意义上可以被形容为人的"失踪"，而这正是朱子学的道德形而上所创造出的"作品"。

与上述第一点相关，孟子性善说的第二个歪曲与变形集中体现在气质之性论和气论上。朱子学家们认为人与其他万物，人与其他人之间的差异源自于与生俱来的"气"，既气质之性。这个气不但在"品等"上而且在"品性"上都是有差异的。具体地说，"品等"上的差异是指气的清、浊、秀、薄，而"品性"上的差异是指气的偏、全，既生来的五行之气是否偏于哪一方或均匀分布。① 在这里，人与万物的差异是由人生来俱有较其他万物清且均匀的气来决定的。但是人与万物更重要的差异体现在是否能改变与生俱来的气的问题上。朱子学家们认为只有人才可以改变与生俱来的气。② 而改变这种气，靠的则是不断学习，即工夫。这一点才是人与其他万物的决定性差异。就是说"工夫"的对象仅限于人，不适用于其他万物。不仅如此，人与人之间也产生了决定性差异。就是说人与人之间存在着与生俱来的气之差异的同时，也存在着能否改变这种气之差异的可能性差异。人就这样的被双重枷锁牢牢的拷住了。就个人的角度上来看，这种气的禀赋是天生的，即人生来就是有所差异的。

本然之性虽然在本质上可以确保人与人及人与万物之间的同质性，但是其在现实中却显得极其苍白无力。就是说与本然之性相关的"理"在

---

① 《朱子语类》卷4，性理1，〈人物之性气质之性〉，"人物之生，其赋形偏正，固自合下不同。然随其偏正之中，又自有清浊昏明之异。"

② 同上，"或问，'人物之性一源，何以有异？'曰：'人之性论明暗，物之性只是偏塞。暗者可使之明，而偏塞者不可使之通也。"

现实中是没有直接运动性的，只能受到与"气"联系在一起的气质之性的摆布。只有气才具有运动性，而理则在没有任何统治力的情形下被牵着走。归根究底朱子学所认为的"致圣之路"是极其艰辛遥远且因人而异的。但是孟子的想法却不是这样的。他认为所有人都是禀赋着同样的善之本性出生，并且通过努力谁都可以成为像尧舜那样的圣人。虽然可以退一步把朱子学家们的想法理解为强调致圣之路的艰辛与困难，但是其本身已经很大程度上脱离了孟子的本意。

最后，朱熹还说孟子的性善说只是在本然之性的层面不完整的解释了人的本性，而程颐却在气质之性与本然之性的两个角度完整的解释了性论。更甚的是，朱熹接着说在孟子之后被提及的一系列性论的出现，都是因为孟子没有清晰地加以诠释气质之性所导致的结果。① 这真是荒唐无稽，甚至是"不敬"的说法！

四　孟子的四端说与朱熹的性情论

孟子早在战国时期就曾提出了性善说，并把四端之心视为其根据。就是说人有恻隐、羞恶、辞让、是非之心，当把这些心适宜的"扩充"的话，就会实现仁义礼智之四德。对此赵岐也说："端者，首也。人皆有仁义礼智之首，可引用之。"实际上赵岐的注释在大体上还是与孟子的本意相吻合的。但是朱熹的诠释却显得很另类。

> 恻隐、羞恶、辞让、是非，情也。仁、义、礼、智，性也。端，绪也，因其情之发，而性之本然可得而见，犹有物在中而绪见于外也。②

朱熹依据自己的性情论将仁、义、礼、智四德直接定义为了"性"，而将孟子所说的恻隐、羞恶、辞让、是非的四端之心直接归为了与"性"

① 《朱子语类》卷4，性理1，〈人物之性气质之性〉，"孟子说性善，但说得本原处，下面却不曾说得气质之性，所以亦费分疏。诸子说性恶与善恶混。使张程之说早出，则这许多说话自不用纷争。故张程之说立，则诸子之说泯矣。"

② 朱熹《孟子集注（公孙丑上）》。

所对比的"情"。根据朱熹的解释，仁、义、礼、智四德是由天所赋予的性，而从这几种性发动出来的才是恻隐、羞恶、辞让、是非的心。而且恻隐、羞恶、辞让、是非的心也不是孟子所说的"心"，而是与性成对比的"情"的范畴。这种观点实际上是朱熹把孟子的思想平移到了自己的性情论，"性即理论"以及"心统性情论"的理论框架中的结果，其对孟子哲学的曲解与误读就是如此之甚。

韩国的实学家丁若镛曾对朱熹的这种曲解与误读进行了严苛的批判。

> 知四心者，人性之所固有也，四德者四心之所扩充也，未及扩充则仁义礼智之名，终不可立也。①
> 仁义礼智之名，成于行事之后。故爱人而后谓之仁，爱人之先，仁之名未立也。岂有仁义礼智四颗，磊磊落落，如桃仁杏仁，伏于人心之中者乎。②

丁若镛认为四端之心是人性所固有的，将其扩充就会形成所谓仁义礼智四德。这种观点可以形容为"端始说"，是对朱熹"端绪说"的一种批判。接着，他又强调应该积极地扩充四端之心。

> 仁义礼智，知可以行事而成之，则人莫不俛焉孳孳，冀成其德。仁义礼智，知以为本心之全德，则人之职业，但当向壁观心，回光反照，使此心体虚明洞澈，若见有仁义礼智四颗，依俙髣髴，受我之涵养而已，斯岂先圣之所务乎。③

丁若镛批判朱子学家们将四端的"端"视为端绪，并且只竭力于内省与涵养的做法。而他则将"端"看作是端始、端初，认为应积极扩充四端之心以致力于实现仁义礼智四德，从而达到推己及人的境界。这样的观点才可以说是充实的继承了孟子的本意。

---

① 丁若镛：《孟子要义》卷6，23。
② 丁若镛：《孟子要义》卷5，22。
③ 同上。

五　结　语

朱熹在《孟子集注》〈序说〉中引用韩愈和二程的话确定了孟子为孔子的正统继承者，并使得"孔孟"并称的观点得以普及。接着通过编撰《孟子集注》，他使得《孟子》成为四书之一，并巩固了其作为儒家重要经典地位。但是笔者在本文中揭示了朱熹通过对孟学的曲解与误读，从而阐述了他本人的朱子学。

首先，虽然朱熹在"重新发现"孟子以及使得其"归还"的角度上起了决定性的作用，但是他没有将孟子的整体面貌如实的展现，仅仅是为了"充实的伦理教科书"，从而使得孟子的民本王道思想以及其作为政治家的面貌大幅缩水或被排除。这种战略实际上在避开与皇权冲突的同时还可以对当时非孟论者们做出批判，不失为一种妙策。但是其结果却导致了孟子在千百年后，以一种变形及歪曲的形态归还到儒家的行列。

其次，朱熹特别注目于孟子的"性善说"。在他之前二程已经指出并评价道"性善说"与"养气说"是孟子在前圣未言的情形下最先提出的。但是孟子本来是聚焦于人和其他事物本性的差别性而主张性善的，而朱熹却把"性善"说成了人与其他事物共同的本性。接着他又将这种本性说成"本然之性"，并主张孟子所说的"性善之性"属于这类本性。然后他又将决定人与万物、人与其他人之间差异的本性定义为与"本然之性"所对立的"气质之性"。这种将孟子的"性善"以"本然之性"和"气质之性"的方式继承，实际上与孟子的本意是大相径庭的。甚至朱熹还批判由于孟子仅仅说了"本然之性"的"性善"而未提及到"气质之性"，所以引发了无数异端的"性说"。笔者认为这是与事实不符的天方夜谭。就是说，虽然朱熹一方面为了主张自己"人皆可以为尧舜"的"圣学"而选择性的吸收了孟子的"性善说"，但是在另一方面，他为了构建自己的道德形而上曲解误读孟子并使得其变形。

再次，朱熹依据自己的性情论，"性即理论"以及"心统性情论"将孟子所提出的"性善说"的根据，即四端说进行了曲解和误读。孟子提出"性善说"认为，人生来就有恻隐、羞恶、辞让、是非之心，只要将它们适宜的扩充就会实现仁、义、礼、智四德。但是朱熹却说人的仁、义、礼、智四德是从天所赋予的，由这些德才可以发动恻隐、羞恶、辞让、是非的心，并且将这四端之心完全归到了与性所对比的"情"的范畴。

综上所述，朱熹确实是重新发现了被遗忘千百年的孟子，并将其归还至孔子正统继承者的人。但他没有以原有的形式来继承孟子，反而是依据自己的哲学将孟子曲解变形后予以继承。由于朱熹的原因，孟子的民本王道政治论大幅缩水，并以一种忠实的道德哲学家的姿态重生，甚至付出了连道德哲学都被曲解变形的代价。归根究底朱熹确实误读了孟子，并且笔者认为这种误读的相当一部分是属于积极地有意图性的，所以可以将之形容为"创造性误读"。如果不承认或忽略这种误读，孟子与朱熹哲学的界限将变得模糊不清，导致在哲学的世界里既没有孟子也没有朱熹的结果。

近二十年来韩国的"孟子"研究情况

——以学位论文为主

金恩景

（韩国国立安东大学孔子学院研究员）

到目前为止，韩国学者对孟子一直在不断研究，并取得了许多研究成果。关于韩国的孟子研究情况，成海俊写了一篇"朝鲜的'孟子'受容和研究情况"①，主要谈到两个方面。一是朝鲜的"孟子"受容和研究情况，以"韩国经学资料集成"的"孟子"（全十四册）为主要调查范围，其中主要介绍李滉的《孟子释义》、李珥的《孟子栗谷谚解》、李瀷的《孟子疾书》与丁若镛《孟子要义》，从第四册到第十四册（17~18世纪）介绍朝鲜文人的《孟子》注释书。二是现在韩国的《孟子》有关的研究论文，说在韩国，到2014年12月23日研究孟子的资料，有关孟子研究的学位论文有694篇，学术论文有1605篇，单行本有7482本。还有，介绍博士学位论文17篇（1976—2014年）、硕士学位论文24篇（2011—2014年）、单行本12本（2010—2013年）及学术论文32篇（2009—2014年）②。笔者认为这些资料数量由于检索条件会有改动，比如在韩国国会图书馆检索，在学位论文题目上表明其研究对象是孟子的论文，其结果一共有313篇（1968~2018年）。将313篇学位论文按照发表年度来整理，如下：

---

① 《退溪学论丛》27，2016年。

② 同上书，第140—143页。

年 代	学位		共计
	硕士	博士	
1968—1970	2	0	2
1971—1980	5	1	6
1981—1990	49	4	53
1991—2000	66	9	75
2001—2010	101	9	110
2011—2018	48	19	67
总计	271	42	313

从上面的表格上能看出，研究孟子的学位论文当中 21 世纪以后的论文占有全论文的 1/2 以上，最近二十年来研究孟子的学位论文增加了。本文整理最近二十年来研究孟子的学位论文，将介绍最近韩国的孟子研究情况，这是本文的目的。自然如果能考察韩国孟子研究的整个资料会更有意义，为了分析庞大的资料，因为时间的限制，这次就窥见从 1998 年到现在（2018 年 7 月）研究孟子的学位论文。

从 1998 年到现在研究孟子的学位论文一共有 202 篇，按照发表年度来整理，如下：

年 代	学位		共计
	硕士	博士	
1998—2008	100	9	109
2009—2018	70	23	93
总计	170	32	202

首先看博士学位论文的主要研究内容。一共 32 篇的博士学位论文的主要研究内容有人性和修养、政治和行政、语法和解释方面等。其中研究最多的主题就是人性和修养研究，有 16 篇（50%），再仔细看研究的内容是分析人性论、心性论和性善说方面。还有孟子里的语法方面的研究，有否定词、代词、副词和复音节词的研究。解释研究论文有 19 世纪岭南儒学者的孟子解释研究，朱熹、伊藤仁斋和丁若镛的孟子解释比较研究，

星湖学派的"孟子"解释研究。

　　硕士学位论文比博士学位论文内容多样，大概可以分为五个方面。一是人性和修养研究，该研究论文约有 70 篇（40%），其中对于人性论、修养论、人间观和性善说研究最多。二是以教育为主题的论文，有 46 篇左右（27%），主要涉及教育思想、伦理和道德方面。三是政治和社会研究，其论文大概有 18 篇，是以王道政治、民本主义和社会福利的内容为主的论文。四是文学和语法方面，有 18 篇，其中研究语法的论文有 13 篇，分析虚词、否定词、疑问代词、副词和单音节实词等等。最后是解释和注释研究，有 7 篇的论文，象博士学位论文一样，研究草庐李惟泰、定斋柳致明和凤村崔象龙等朝鲜儒学者解释孟子的资料。整体来看，一共 202 篇的论文当中还是人性和修养方面的内容最多，孟子的政治和社会的研究也不少，特点的地方可以说是朝鲜时代儒学者的孟子解释研究。

　　还有，将 202 篇的学位论文按照毕业大学来整理，成均馆大学的孟子研究学位论文最多，有 65 篇，其次高丽大学的论文有 12 篇，韩国教员大学的论文有 6 篇，公州大学的论文有 6 篇，此外，首尔大学、釜山大学、韩国外语大学、汉阳大学和韩国学中央研究院各有 5 篇的学位论文。

　　到此，简单地查看研究孟子论文的主要研究主题，在上面说过本文的目的就是想介绍近 20 年的韩国孟子研究，希望对于人们了解韩国的孟子研究情况会有一些帮助。

近 20 年来韩国的孟子研究学位论文目录（从 1998—2018 年 7 月）：按发表年代次序排列

一、博士学位论文

金纯显：《19 世纪岭南儒学者的孟子解释研究：以崔象龙、李震相、郭钟锡为中心》，大邱韩医大学，2018 年。

安宝卿：《孟子和荀子的理想思想来看的北朝鲜的社会政治生命体的研究》，韩国学中央研究院，2018 年。

Ye Su - baik：《孟子的性善说和政治理论》，蔚山大学，2017 年。

李贞善：《孟子人性论的研究》，成均馆大学，2017 年。

郑炳铉：《孟子的人性论研究》，东国大学，2016 年。

金世宗：《孟子与荀子的心论的研究》，成均馆大学，2016 年。

金庆姬：《关于"孟子"的朱熹、伊藤仁斋、丁若镛的解释比较研究：以性、心、政为中心》，成均馆大学，2016 年。

　　金元熹：《"孟子"的道德的人间像研究》，成均馆大学，2016 年。

　　마 경：《孟子的行政思想：以王道主义为中心》，全州大学，2016 年。

　　崔兰希：《否定词意义及统辞性特点具现样相研究：以孟子为例》，汉阳大学，
2015 年。

　　成东权：《孟子的四端扩充研究》，成均馆大学，2015 年。

　　郑和顺：《关于孟子浩然章朝鲜朝儒学者的解释研究》，公州大学，2017 年。

　　高嬉先：《关于孟子心性论的心理治疗的适用试论：艺术心理治疗的理论基础形
成》，成均馆大学，2014 年。

　　安营擢：《在"中庸"和"孟子"显出的道德的人性论研究》，成均馆大学，
2014 年。

　　郑珍梅：《春秋战国时代指示代词"是""此"的语法特性比较研究：以"左传"
"论语""孟子""荀子"为中心》，成均馆大学，2014 年。

　　咸润植：《在丁若镛的"孟子"解释上显出的道德的自我研究》，成均馆大学，
2012 年。

　　Lee Seong – sun：《孟子和荀子的人性论和教育论》，仁荷大学，2012 年。

　　李泽龙：《中国先秦时代的命论研究：以孟子与庄子为中心》，成均馆大学，
2012 年。

　　李起明：《上田秋成作品的孟子思想研究》，檀国大学，2011 年。

　　咸泳大：《星湖学派的"孟子"解释研究》，成均馆大学，2009 年。

　　洪完杓：《以孟子思想来看的企业经营哲学研究》，成均馆大学，2009 年。

　　李起昊：《孟子王道思想的形成和展开：其哲学性反省》，韩南大学，2009 年。

　　金景儿：《"孟子"的副词用法研究》，汉阳大学，2009 年。

　　洪昊杓：《赵容弼之歌的孟子的特性研究》，成均馆大学，2008 年。

　　柳然皙：《栗谷李珥的人性论研究：立足于'中庸'中和论的'孟子'性善说的
再定立》，延世大学校，2005 年。

　　尹锡礼：《"孟子"复音节词研究》，全南大学，2002 年。

　　尹大植：《孟子政治思想研究：以王道主义和政治权力的正当性中心》，韩国外语
大学，2001 年。

　　金荣仁：《孟子和 J. – J. Rousseau 的人性论比较研究》，韩国精神文化研究院，
2000 年。

　　林宪圭：《儒家的人生论研究：以孟子和朱熹为中心》，韩国精神文化研究院，
1999 年。

　　崔瑛甲：《关于先秦儒家的道德哲学之研究》，成均馆大学，1999 年。

林宪圭:《儒家的心性论研究:以孟子和朱熹为中心》,韩国精神文化研究院,1999年。

杨正根:《孟子行善论的伦理学研究》,庆北大学,1998年。

二、硕士学位论文

Lim Dong-shik:《关于孟子的知言·养气的考察》,全北大学,2018年。

丁한욜:《"论语"与"孟子"假设复句研究》,成均馆大学,2018年。

Jo Yong-jin:《古代中国的微弱的心身二元论:以孟子和荀子为中心》,全南大学,2018年。

金凡石:《根据李贽的童心说的孟子浩然之气的理解》,成均馆大学,2017年。

Ko Young-hoon:《根据孟子哲学思想的奥林匹克主义考察》,釜山大学,2017年。

朴庆玉:《孟子的天命思想考察》,成均馆大学,2016年。

朴孝贞:《关于孟子的社会福祉思想的研究》,成均馆大学,2016年。

侯婷婷:《儒家人性论在现代企业人力资源管理中的应用:以孟子与丁若镛的人性论为中心》,成均馆大学,2016年。

Baek Nam-kwon:《先秦儒家的社会福利思想——以孟子为中心》,韩国放送通信大学,2016年。

Yuan Ying:《孟子的王道政治思想给校长道德的领导地位的意蕴》,韩国教员大学,2016年。

刘幸硕:《孟子的王道政治研究》,安东大学,2016年。

金光镐:《草庐李惟泰的四书答问、孟子译注》,高丽大学,2015年。

金애리:《根据于"论语"和"孟子"的仁思想考察》,仁川大学,2015年。

柳基水:《定斋柳致明的'读书琐语'译注:论语·孟子为中心》,高丽大学,2015年。

金纯显:《孟子的民本政治思想研究》,大邱韩医大学,2015年。

Kim Na-yun:《孟子道德情感论研究》,中央大学,2015年。

宋春宜:《企业教育讲师开发专门性过程研究:基础于孟子的四端之心》,汉阳大学,2015年。

홍　릴:《朱陆圣学比较研究:以孟子解释为中心》,高丽大学,2015年。

金锺伯:《孟子四端的羞恶之心研究》,成均馆大学,2015年。

Kim Gi-yeon:《显出于孟子德治思想的天的政治意义:以德、功、天的联系为中心》,高丽大学,2015年。

申旺燮:《孔子与孟子的教育思想比较研究》,江陵原州大学,2014年。

申例臻:《孟子的修养论研究》,成均馆大学,2014年。

李惠仁：《凤村崔象龙的孟子解释研究》，成均馆大学，2014 年。

元锺银：《"孟子"寓言的判别和类型研究》，国民大学校，2014 年。

Kim Jae - yeol：《在东方古典出版市场上教养图书的发展过程研究：以"论语"、"孟子"为中心》，东国大学，2014 年。

孙正民：《宋代"孟子"论辨研究》，成均馆大学，2014 年。

徐天宇：《在韩国恐怖片上显出的孟子的四端主张》，成均馆大学，2014 年。

郑和顺：《关于朝鲜朝儒学者们的孟子浩然章解释研究：与朱子注比较为中心》，公州大学，2014 年。

孙闰喜：《"以 + O + VP"和"VP + 以 + O"形式比较："论语""孟子"为中心》，成均馆大学，2014 年。

Kim Nan - hee：《孟子的道德哲学研究》，首尔大学，2014 年。

Kim Jin - hee：《孟子和荀子的性情修养方法论比较研究》，釜山大学，2014 年。

柳旻定：《存斋魏伯珪的"孟子"解释研究》，成均馆大学，2013 年。

Youn Hyang：《在孟子里道德的失败考察》庆熙大学，2013 年。

金荣一：《"论语""孟子"的虚辞"以"研究》，清州大学，2013 年。

徐善娥：《"论语""孟子"否定词的语法、语义特征研究》，成均馆大学，2013 年。

崔芝熙：《显出在"论语"和"孟子"的"以"分析：在汉文系语法教育的脉络上》，诚信女子大学，2013 年。

郑美善：《孟子的心性修养论考察》，江原大学，2013 年。

孙泰权：《孟子的修养论研究》，成均馆大学，2013 年。

Jung Chan - ung：《孟子和荀子的人性论比较》，木浦大学，2013 年。

Choi young：《孟子的人间观与道德教育观》，首尔教育大学，2012 年。

林柄洙：《孟子的素质启发教育考察》，东国大学，2012 年。

Min Kyeong - yeon：《道德性的基础和心里的扩张性：以孟子与鲁索的性善论为中心》，梨花女子大学，2012 年。

Chae Jung - ho：《活用孟子的高忠论述教育方法：以孟子的论述构造为中心》，公州大学，2012 年。

郑雨植：《孟子的王道政治思想研究》，成均馆大学，2012 年。

정지선：《儒教的道德教育论——以孔子的论语和孟子为中心》，忠南大学，2011 年。

홍한얼：《关于第七次教育过程"理论和思想"孟子叙述研究：以"孟子"和朱熹注为中心》，建国大学，2011 年。

崔壹舜：《活用讨论和论述的汉文和教育模式研究：以"孟子"原文为中心》，高丽大学，2011 年。

金诚实：《孟子的儒教共同体研究》，成均馆大学，2011 年。

Park Kum - rae：《孟子的教育思想研究》，大田大学，2011 年。

白云起：《孟子的人性教育研究》，群山大学，2011 年。

辛奉柱：《孟子的修养论研究》，成均馆大学，2011 年。

柳承权：《孟子的性善说研究》，成均馆大学，2011 年。

金源甲：《"孟子"的浩然之气研究》，东国大学，2010 年。

김병욱：《孟子的理想的人间像》，朝鲜大学，2010 年。

张美京：《适用孟子的人性论和修养论的经营企业》，汉阳大学，2010 年。

金瑛旻：《孟子的心性论研究》，江原大学，2010 年。

박현진：《孟子自然观的环境伦理的意蕴研究》，首尔教育大学，2010 年。

Kang Yong - woon：《孟子辩论的中心内容和特点研究：以人性论、修养论及政治论为中心》，顺天大学，2010 年。

金世宗：《孟子圣人观研究》，成均馆大学，2010 年。

Son Yoon - kyung：《孟子的恒心论研究》，韩国教员大学，2010 年。

李柱刚：《孟子的修养论》，成均馆大学，2010 年。

魏하라：《"论语"与"孟子"的疑问代词研究》，成均馆大学，2010 年。

Su Sung - min：《孟子和荀子的人性论和教育观比较》，昌原大学，2009 年。

金娟辰：《"孟子"的游说文研究》，韩国外语大学，2009 年。

이수진：《"孟子"的"美"教育思想研究》，釜山大学，2009 年。

Hong Sun - a：《孟子的教育思想研究：以人性论为中心》，群山大学，2009 年。

薛荣炯：《孟子性善说的体验主义的分析》，成均馆大学，2009 年。

咸圣德：《孟子修养论研究》，成均馆大学，2009 年。

尹珉香：《孟子哲学的道德实践和幸福研究》，成均馆大学，2009 年。

Jung Sun - mi：《"孟子"副词语研究：以副词的范围设定为中心》，全南大学，2008 年。

김정남：《"孟子"单音节实词同义语研究》，成均馆大学，2008 年。

김　선：《孟子性善的根据和教育思想》，仁川大学，2008 年。

李相玖：《孟子的教育思想以及在此基础上的五教的"私淑艾"和读书教育》，公州大学，2008 年。

黄哲：《孟子的社会福祉思想研究》，江原大学，2008 年。

Lee So - young：《孟子关于义人格教育的研究》，釜山大学，2008 年。

이지숙：《孟子的欲望和修养考察》，韩国教员大学，2008 年。

Park Jeong - ok：《孟子教育思想的特性：根据宇人性论》，顺天大学，2008 年。

金明华：《孟子和荀子的人间观研究》，韩国外语大学，2008 年。

崔真垠：《"论语"和"孟子"的连词研究》，成均馆大学，2008 年。

赵法俊：《孟子的教育哲学：以德育理论为中心》，建国大学，2008 年。

徐禹烈：《孔子和孟子的天思想研究》，成均馆大学，2008 年。

Chung Da - un：《孟子和荀子的教育思想比较：人性论为中心》，岭南大学，
2007 年。

康善旭：《孟子人性论的道德教育的涵义研究》，首尔教育大学，2007 年。

李　雄：《孟子的教育思想研究》，全南大学，2007 年。

심천옥：《孟子教育思想的人格教育意蕴》，京仁教育大学，2007 年。

朴媄敬：《孟子难句分析》，庆北大学，2007 年。

金秦仙：《关于孟子和荀子的心的比较研究》，济州大学，2007 年。

车殷正：《"孟子"中关于虚词"于"和"以"的研究》，江原大学，2007 年。

曹善京：《孟子的教育思想研究》，庆熙大学，2007 年。

柳俊汉：《"孟子"的介词研究》，成均馆大学，2007 年。

梁盛弼：《在理想社会论：孟子和荀子的哲学》，济州大学，2007 年。

金湘浩：《关于阳明学对孟子心学的受容和发展》，忠南大学，2007 年。

朴明淑：《孟子民本主义的现代的意义》，庆尚大学，2007 年。

Park Dong - gyoo：《关于在孟子、新儒学及东医寿世保元呈现的人间的偏僻性：
以鄙薄贪懦为中心》，庆熙大学，2006 年。

李磊：《"孟子"锺出现的说得交流策略研究：以孟子与王的对话为中心》，首尔
大学，2006 年。

Wall Barbara：《对于近代个人主义的孟子思想的意义》，成均馆大学，2006 年。

全河俊：《孟子与 Pestalozzi 的人性论比较》，岭南大学，2006 年。

Kang Su - kang：《孟子的教育思想研究》，岭南大学，2006 年。

Kim Young - kwang：《孟子的人间教育的研究》，朝鲜大学，2006 年。

李坰禧：《孟子和荀子人性论的道德教育的意味》，仁川大学，2005 年。

金庆姬：《孟子的民本思想研究》，成均馆大学，2005 年。

金善洪：《孟子的浩然之气研究》，原光大学，2005 年。

金眞喆：《孟子的六经观研究》，延世大学，2005 年。

金璟顺：《孟子的王道政治思想研究》，成均馆大学，2005 年。

禹秦雄：《朝鲜时代"孟子"类的刊行和版本》，庆北大学，2005 年。

方进爀：《孟子的经济思想研究》，成均馆大学，2005 年。

Kim Ye - yeong：《孟子的天命思想研究》，韩国教员大学，2005 年。

赵官勋：《孟子的教育思想研究：人性论以中心》，顺天大学，2005 年。

房敬勋：《孟子的性善论研究》，成均馆大学，2004 年。

金渡镒：《孟子的恻隐之心和修养论：与墨家夷之的辩论为中心》，首尔大学，2004 年。

赵荣基：《孟子的孝思想：与基督教及现代伦理有关》，韩国学中央研究院，2004 年。

Cho Young – kee：《孟子的孝伦理体系研究：与孝教育有关》，圣山孝大学，2004 年。

金才起：《孟子的教育思想研究：以人性实现和收养为中心》，京仁师范大学，2004 年。

郑殷在：《先秦儒家的教育思想有关的研究：以孔子和孟子中心》，大邱韩医大学，2004 年。

황혜신：《对于孟子人性论的德育的接近》，高丽大学，2004 年。

郑焕诚：《孟子的教育思想》，全州大学，2004 年。

金 Dan – bi：《在 Rousseau 'Emile' 里显出的理想的人物形象：以与"孟子"的比较为中心》，釜山大学，2003 年。

申智现：《孟子思想的伦理学的反思》，高丽大学，2003 年。

Chang Do – young：《孟子和荀子的人性论比较研究》，韩国外语大学，2003 年。

李幸徇：《孟子比喻法研究》，国民大学，2003 年。

金熙子：《孟子的教育论》，全北大学校，2003 年。

李大雨：《孟子的伦理思想研究》，成均馆大学，2003 年。

Kim Se – hee：《孟子心性论小考》，汉阳大学，2003 年。

金基璟：《做为孟子道德本性的自觉和扩充的修养论》，韩国教员大学，2003 年。

田政旼：《孟子的道德实践论》，安东大学，2003 年。

강지은：《霞谷郑齐斗的"孟子说"研究》，高丽大学，2003 年。

徐洪源：《孟子的教育思想研究》，全北大学，2003 年。

Kim Deok – su：《孟子的性善说研究》，建国大学，2002 年。

阴载赫：《孟子义思想的常道和权道研究》，成均馆大学，2002 年。

李贞善：《孟子的人间观》，成均馆大学，2002 年。

안용진：《孟子的经世论和租税观研究》，成均馆大学，2002 年。

尹道相：《孟子义思想研究》，成均馆大学，2002 年。

金靖雅：《"孟子"的主语研究》，成均馆大学，2002 年。

宋永建：《孟子的天人关系研究》，中央大学，2002 年。

安英淑：《茶山心性论研究：以"孟子要义"以中心》，成均馆大学，2002 年。

辛锡烋：《孟子的教育思想研究》，全州大学，2002 年。

이인구：《孟子伦理思想研究》，高丽大学，2001 年。

吴敏焕:《以性善说为基础的孟子的政治思想研究》,高丽大学,2001 年。

林明爕:《孟子王道政治思想研究》,高丽大学,2001 年。

严庆爕:《孟子养气思想研究》,圆光大学,2001 年。

李殷顺:《孟子的政治共同体意识研究》,成均馆大学,2001 年。

李政勋:《孟子思想的教育学的解释:以教育方法中心》,成均馆大学,2001 年。

咸润植:《关于孟子伦理观之普遍性成就过程》,成均馆大学,2001 年。

林锺佑:《孟子气思想研究:以浩然之气的修养论中心》,岭南大学,2001 年。

金寯:《孟子的教育思想:人性论以中心》,蔚山大学,2000 年。

안효성:《孟子的"正义观"研究》,韩国外语大学,2000 年。

沈揆夏:《孟子性善论研究》,成均馆大学,2000 年。

박인주:《孟子和保罗的孝观比较研究》,圣山孝大学,2000 年。

全在喆:《"孟子"的人性教育考察》,仁川大学,2000 年。

Zhang Young – ran:《孟子的人性教育论》,中央大学,2000 年。

李幼兰:《孟子的尧舜观研究》,成均馆大学,2000 年。

Kim Kyung – young:《孟子和荀子教育思想的现代的反思》,启明大学,2000 年。

崔玉女:《孟子义思想研究》,成均馆大学,2000 年。

朴东宪:《孟子和荀子的人间本性见解》,首尔大学,2000 年。

白宗锡:《从孟子性善论和道德的自己开发来看的修养论》,西江大学,1998 年。

赵成德:《孟子义思想研究》,成均馆大学,1998 年。

韩贤美:《孟子教育思想研究》,公州大学,1999 年。

朴喜钟:《孟子修养论与圆佛教精神修养比较研究》,圆光大学,1998 年。

金基柱:《理想的道德与道德的理想:孟子道德哲学之再构成》,私立东海大学,
1999 年。

郭珉祯:《关于茶山丁若镛的人性论的研究:以"孟子要义"为中心》,成均馆
大学,1999 年。

黄仁模:《关于孟子的人间本性考察:以性善说为中心》,成均馆大学,1999 年。

朴松吉:《"孟子"文章修辞研究》,忠南大学,1998 年。

沈衍爕:《关于孟子美学思想的研究》,成均馆大学,1998 年。

김봉식:《孟子的修养论:与天主教灵性比较》,西江大学,1998 年。

张元泰:《孟子、荀子的心论与庄子的心论对比研究》,首尔大学,1998 年。

郑炳和:《孟子教育思想研究》,关东大学,1999 年。

李锺吉:《孟子的政治思想研究》,公州大学,1998 年。

权世镇:《孔子和孟子的天人关系论研究》,大田天主教大学,1998 年。

朱奭埙:《孔子和孟子的人间观研究》,成均馆大学,1998 年。

孟子仁政学说的内涵及其价值

孔德立

(中国孟子研究院特聘专家,北京交通大学人文学院教授)

孟子是比肩孔子的儒家圣人,伟大的思想家与教育家。孟子在中国思想史上的重大贡献集中体现在孟子的仁政学说中。孟子的仁政学说从广义上来说,包括孟子的性善论、尽心说、浩然之气等多个方面的内容。

孔子的政治思想重心侧重于统治阶层的道德教育,由统治阶层带领人民。在早期的儒家文献里面,没有一种文献谈到要解决民生疾苦。主要是致力于建立礼仪,强调君子修身。但是,战国时期出现了一个紧迫的现实情况,就是老百姓的生存与温饱已经面临严重威胁。这是当时最大的民生问题,却很少有人关注。孟子站在这个历史节点上,直面民生与百姓疾苦问题,提出了他的仁政学说。

一 孟子仁政学说的内涵

孟子的仁政方案有特定内涵,就是关心人民疾苦,解决民生问题。孟子认为,这是政治的第一要务。孔子的仁学主要落实在教化上。在孔子思想中,仁是各种美德的总称。孔子的教化思想孟子也接着讲,但是孟子把论述的重点放在了解决民生疾苦的社会重大问题上。这是孟子继承孔子思想,又发展孔子思想的独特贡献。

孟子发现,伟大而又简单的政治学原理就是解决民生问题,施行仁政。孟子的浩然之气、舍我其谁的精神气概,都来源于他的这个伟大发现。孟子认为,政治就是赢得人心。他觉得这个太重要,但又很简单。他相信统治者只要能够静下心来认真领会这个原理,一定愿意去做。孟子劝齐宣王行仁政，但齐宣王有些犹豫，感觉自己做不到。在孟子与齐宣王的对话中，齐宣王说出了自己的"大欲"。孟子说："王之所大欲，可得闻与？"你的大欲望能说说吗？齐宣王不好意思讲。孟子说，你不说，我替你说：你的大欲望难道是你吃的好东西不够吗，住的房子不够大吗，身前的美女、侍从不够多吗？都不是，因为你的大臣的这些需求都可以满足，难道作为一个国君的这些愿望还无法满足吗？齐宣王说，是的，这些都不是。孟子接着说："王之所大欲可知已。欲辟土地，朝秦楚，莅中国而抚四夷也。"你的大欲望就是通过战争来开辟土地，"朝秦楚""莅中国而抚四夷"，让秦楚来朝见，统一天下。

在战国战乱的时代，战争的最终目的就是夺取天下，"莅中国而抚四夷"。孟子洞察了这一点。所以，孟子并不反对齐宣王的大欲望。但孟子认为，齐宣王以目前的方法去实现大欲望，是不可能的，甚至情况会更糟，会引来杀身之祸。孟子说："以若所为求若所欲，犹缘木而求鱼也。"以你的所为去求你的大欲，就如同"缘木求鱼"，根本不可能做到。齐宣王一听，惊讶地说："若是其甚与？"有这么可怕吗？孟子说，后果更可怕："缘木求鱼，虽不得鱼，无后灾"，捉不到鱼白忙活一场，没危险，但是齐宣王"以若所为，求若所欲，尽心力而为之，后必有灾。"不但捉不到鱼，还要有更大的危险。意思是，你以一国之力与天下为敌，这不是自取灭亡吗？

孟子敏锐地把握时代的脉搏，洞察时代的走向，回应了人民的需求，痛心地指出："王者之不作，未有疏于此时者也；民之憔悴于虐政，未有甚于此时者也。""饥者易为食，渴者易为饮。"在这样一个战乱频仍，民不聊生的社会，如果统治者能给百姓做出一点点好事，满足他们的基本生活保障，让他们活下去，老百姓都会心存感激。孟子说："当今之时，万乘之国行仁政，民之悦之，犹解倒悬也。"统治者"解民倒悬"，让百姓脱离"水深火热"，是应该行的仁政啊！

孟子对梁襄王说，七八月间禾苗快旱死了，这时候，"天油然作云，沛然下雨，则苗浡然兴之矣。其如是，孰能御之？"意思是说，当今天下大乱，人民困苦，快活不下去了，如果这时候王能行仁政，老百姓都会跟着你干。这就是"久旱逢甘霖"的道理。

孟子的话语具有说服力与穿透力。他对于直面的问题并不是立即给出答案，而是讲究策略，最终亮出自己的观点。当梁惠王问："叟不远千里而来，亦将有以利吾国乎？"梁惠王急切地希望孟子帮着自己的国家迅速强大起来。但是孟子并没有直接回答，而是对这个问题提出了批评，说这个问题本身就有问题，"何必曰利，亦有仁义而已矣！"国君带头讲利，大夫就会效仿，大夫讲利，士就会效仿，最后的结果就是以下犯上，社会秩序失衡。

梁惠王带孟子参观他的王国园林，问孟子："贤者亦乐此乎？"孟子说："贤者而后乐此，不贤者虽有此，不乐也。"贤者可以享有此乐，但是"贤者而后乐此"。宋代的范仲淹说"先天下之忧而忧，后天下之乐而乐"，其源头就在孟子这里。这里体现了以民为本的政治思想。统治者不应该先考虑到自己的享受，而是要体察民情，解决民生问题，与百姓同呼吸，共命运，如此才是长治久安之道。不然的话，你越快乐，百姓越生气。孟子说："古之人与民偕乐，故能乐也。"不能与民同乐就是"独乐"，"独乐"的结果是"时日害丧？'予及女偕亡。'"《尚书》记载，人民痛恨夏桀到了极点，恨不得与他同归于尽。人民如果这样想，统治者怎么能乐呢？

孟子卓越的演讲才能，打动了齐宣王。但是齐宣王说自己有很多毛病，"寡人好勇""寡人好货""寡人好色"。"好勇"是喜欢动用武力，"好货"是喜欢积聚财物，"好色"是喜欢美女。作为一般人来说，这些欲望的提出没有问题，但是作为国君就有问题。孟子给齐宣王讲了古代圣王是如何处理这"三好"的。好勇，可以保国安民，抵御外敌；好货，屯聚起来的东西大家一起用；好色，"昔者太王好色""内无怨女，外无旷夫。王如好色，与百姓同之，于王何有？"王好色，但是不独占。但是，如果王有"三好"，百姓却没有生命安全保障，财产的保障，甚至男的娶不到妻，这时候，王的"好勇""好货""好色"就成为社会动乱的导火索了。

二　善政是为政者的责任

孟子的仁政学说的理论基础是性善论。性善论不只是单纯的人性论，还是为政者的政治责任。《孟子》书中"见牛未见羊"的故事就说明了这个道理。有一个人牵着一头牛从堂下过，齐宣王坐在堂上，问，牵牛干什么去？牵牛的人说，将以"衅钟"。衅钟是在新钟落成的时候用动物的血来祭一下，是古代的礼仪。现在就是牵牛去杀掉，以牛的血去祭钟。齐宣王看到牛打哆嗦，就说，把牛放了吧。牵牛的人说，是不是不用衅钟之礼了？齐宣王说，不要废礼，用羊代之。于是，齐国有人说国君小气，舍不得杀牛，改用羊祭钟。齐宣王觉得自己不是吝啬，但是又不知道是什么原因。孟子给出了答案。你为什么舍不得牛，是因为你看到了牛打哆嗦，你"不忍其觳觫"，又不想废礼仪，于是换一只羊。关键问题不是牛或者羊的问题，而是"见牛未见羊"。即你看到了牛打哆嗦，没看到羊被杀的时候也打哆嗦。孟子认为，人都有同情心。激发同情心的最直接因素就是看到一种值得激发同情心的现象。

孟子还举了个例子。一个小孩将要掉到井里面去。你看到后，把孩子救了。是什么原因促使你救孩子？孟子排除了三种可能，第一种，你认识这个孩子的父母，并且想以此结交他的父母；第二种，你想当一名见义勇为的英雄；第三种，你厌恶小孩的哭声。这三种原因都是救人的原因。到底是什么使你救了他？孟子说，是恻隐之心，"不忍人之心"。你不忍心看到他掉到井里被淹死。这个例子和齐宣王"见牛未见羊"的例子是一样的，见到与没有见到不一样。

孟子讲仁义礼智，其起点就是仁，恻隐之心，用到政治上就是"不忍人之心"。孟子说，人的不忍人之心，就是同情心。人都有同情心，将心比心，看见不善的行为心会痛，这就是不忍人之心。孟子认为，这种感受是自然而然的，是良知。但是内心的良知要成长起来，变成一个支配生命的原则的过程，不是自然的，是需要努力。但保存良知，并且呵护其成长又很难，所以，孟子认为，只有少数人愿意努力，大部分人是不愿意的。这也就是为什么行"仁"这么难。

孟子说，"人之所以异于禽兽者几希，庶民去之，君子存之"。人和禽兽的差别一点点。老百姓把这一点点的差别去掉了，只有君子能保存。就此而言，儒家的善政是少部分人的责任。每个人都有天生的善，但是把善保存培养起来的人就是有德的人。你能够把这个德保存培养起来，这是一个责任。只有少数人愿意承担这个责任，那么是不是普通百姓不可能作为一种有道德的人？不是。普通老百姓也会成为有道德的人。但是，普通人一般不是自觉的坚守这种原则，容易随着环境的变化而变化。

恒产是稳定的生活，基本的物质保障。孟子特别强调为政要使百姓有恒产。有了恒产，就有了恒心，就愿意做好人。恒产没了，百姓不会有恒心。"苟无恒心，放辟邪侈，无不为已。"什么事都可能干得出来。如果百姓因为没有恒产而做出违法的事情，官府不能治罪。因为百姓犯罪的根源在于统治者执政的不负责造成的。

孟子说："焉有仁人在位，罔民而可为也？"仁人执政，怎么能罔民呢？社会秩序失衡，洪水横流，根源在哪里？根源是政治坏了。政治坏了，责任在哪里？责任在官，在领导，在统治者。善性每个人都有，但是把性善培养起来就需要努力。这是君子的责任，不是人民的责任。如果说领导与普通人有区别，区别就在于领导干部要有责任，要能负责。能负责的前提是领导要具备孟子所说的"无恒产者而有恒心者，惟士为能"，因为，当领导要做好牺牲个人利益的准备，并且要具备常人不具备的恒心与毅力。

性善论对于政治来说，更重要的是一种责任。冷酷的人掌权，权力越大，对国家的危害越大，孟子说"先王有不忍人之心，斯有不忍人之政"。"不忍"说明有仁爱之心，如果"忍"，就不能行仁政。

三　孟子仁政学说的当代价值

仁政的落脚点是让老百姓丰衣足食。老百姓的恒产最重要的是土地。今天来讲，土地对农民依然重要。党中央提出来要保护耕地，保护农村的宅基地，不侵蚀农民的土地，保护农民的恒产，农民有土地，"仰足以事父母，俯足以畜妻子，乐岁终身饱，凶年免予死亡"。

薄税敛，是儒家的重要观点。老百姓自身有生存，社会才有发展。鲁哀公问孔子的学生有若："现在国家的财政收支不相抵，怎么办？"有若说，你应该减少赋税。哀公说，现在的税率是50%，都不够开支，减少更不够了。有若说："百姓足，君孰与不足？百姓不足，君孰与足？"百姓有，你就有；百姓没有，你也没有。

社会上有四种弱势群体，《礼记·礼运》篇叫"矜寡孤独"，即"鳏寡孤独"。老而无妻叫鳏，老而无夫叫寡。少而无父叫孤，老而无子叫独。孟子说，"文王发政施仁"，先考虑到这四种人，照顾好弱势群体。今天的脱贫攻坚战特别要在弱势群体上用力。

作为政府管理者，要考虑社会财富分配的均衡问题。分配制度很重要，一旦不公平，就会造成制度性的不均衡，社会不稳定。特别是由于不是自己的不努力，也不是自己的愚钝造成的贫困，就会形成社会的动荡因素。

孟子说："人之有道，饱食、暖衣、逸居而无教，则近于禽兽"。政府财政收入提高了，百姓吃得好，穿得好，接下来就需要教化了。孟子提出五伦之教："父子有亲，君臣有义，夫妇有别，长幼有序，朋友有信。"大力倡导社会伦理道德建设，彰显优秀典范，表彰孝亲敬老榜样，可以德化民俗。

《孟子》书里出现过几次"尊贤使能，俊杰在位"，国君尊重贤能之士，并且要给予一定职位。齐国有一个辩士叫淳于髡，是稷下先生，对孟子说，你来到齐国能给齐国实惠吗？你没给齐国带来实惠，也没有扩大自己的名声，你这样离开齐国，这是仁者的做法吗？孟子说，君子只要做到仁就可以了，方式不一定一样。淳于髡又说，鲁穆公的时候，公仪子为政，子柳、子思为臣，鲁国的国力衰败。他用这些有本事的人，国力也没强大起来。可见贤者、仁者对国家没有好处。孟子说，虞国是个小国。虞国不用百里奚亡国了，秦穆公用百里奚就称霸了。如果鲁穆公不用子思，不用子柳，早就亡国了。不用贤，不仅仅是国力衰败的问题，是要亡国的。所以，国家治理一定要用仁者，用贤者。发现干部、选拔干部、监督干部、考核干部是一个重要的方面，更为重要的是，把干部放到最合适的岗位上，发挥他的才能，才是真正的"尊贤使能"。

孟子全面阐发了孔子的仁政思想，他又回到了孔子提出来的为政以德的路子，但不是简单的一个回复，而是更高层次的发展。孟子提倡性善论，推行仁政学说，又不忽视教化。孟子通过教化，特别是强调通过少数关键，社会精英的成长，有责任，有担当，然后在政治上承担责任，推行仁政。

孟子以儒家的和谐王道精神，仁政思想，修身思想，刚毅勇猛的君子人格来成就儒家的内圣外王。孟子的政治思想对后代的影响非常深远，在两千多年的历史长河中，儒家追求的政治理想就是孟子的仁政理想。直到今天，孟子的仁政思想对我们今天的治国理政仍然具有重要的借鉴意义和治理支持作用。广大党员领导干部，要讲政德，讲廉政，既要正视基于中国政治实际，又要根植于优秀传统文化，投身到新时代的政治实践中去。只有党员干部在心里树立了精英意识，有关注民众疾苦的仁爱精神，才可以想方设法地解决百姓的实际问题。

孟子思想与韩国儒学的"四七之辩"

李存山

（中国孟子研究院特聘副院长、中国社科院哲学研究所研究员）

中国的朱子学传入韩国后，在韩国儒学史上有一场著名的大辩论，即"四端"与"七情"之辩，简称"四七之辩"。这场大辩论是在韩国的朱子学范围内展开的，而其所辩论的"四端"与"七情"则根源于中国的先秦儒学。韩国儒学在"四七之辩"中之所以各执所是，都有一定之理，而难求统一，我认为其根本原因还在于中国的先秦儒学与宋代程朱理学，尤其是孟子思想与朱子学之间的异同关系。

一　孟子思想中的"性情一体"

在中国的先秦儒学中，虽然有"性"与"情"两个概念，但基本上是"性情一体"。

孔子罕言"性与天道"，他对"性"只说了一句"性相近也，习相远也"（《论语·阳货》）。因为是"性相近"，而不是说人性善，所以后来宋代的程朱理学将此归于"气质之性"。

孔子论"仁"，有仁者"爱人"（《论语·颜渊》）之说，此"爱人"就是要"泛爱"人类所有的人。孔子的学生有若说："孝弟也者，其为仁之本与！"（《论语·学而》）孝悌为"仁"之本始，故"仁"就是由此孝悌的"亲亲"之情而扩充为"老吾老以及人之老，幼吾幼以及人之幼"（《孟子·梁惠王上》），进而扩充为"泛爱众"，即泛爱所有的人。

孝悌属于"亲亲"之情，"本立而道生"，此"道"就是仁道，而"仁者爱人"就是包含着道德情感在内的道德理性。后来程朱理学对此有不同理解。

在 20 世纪 90 年代出土的郭店竹简中有《性自命出》篇，其中说："喜怒哀悲之气，性也。及其见于外，则物取之也。性自命出，命自天降。道始于情，情生于性。……好恶，性也。所好所恶，物也。善不善，性也；所善所不善，势也。"在这里有"性"与"情"之分，但说"喜怒哀悲之气，性也""好恶，性也"，这是把人的未发之"情"称为"性""及其见于外"，就是"感物而动"的已发之"情"。

相传子思所作的《中庸》说："天命之谓性，率性之谓道，修道之谓教。……喜怒哀乐之未发谓之中，发而皆中节谓之和。中也者，天下之大本也。和也者，天下之达道也。"这里的"喜怒哀乐之未发"也是把"情"之未发称为"性"，其发出来就是"情"。

孟子接续以上儒学的发展，明确地提出了性善论。他说：

> 恻隐之心，仁之端也；羞恶之心，义之端也；辞让之心，礼之端也；是非之心，智之端也。……凡有四端于我者，知皆扩而充之矣，若火之始然，泉之始达。苟能充之，足以保四海；苟不充之，不足以事父母。(《孟子·公孙丑上》)

孟子所谓"性善"，就是指人之本有"恻隐""羞恶""辞让""是非"之心的"四端"，将此"四端"加以扩充，便是仁义礼智"四德"。孟子强调"苟能充之，足以保四海；苟不充之，不足以事父母"，可见"四端"还不是充足的善，只有顺此"四端"而加以扩充，才能成为"足以保四海"的"四德"。

关于"四端"与"四德"的关系，犹如"孝悌"与"仁"的关系，孟子实即以人之天生有"四端"和"孝悌"之心为人之性善。故孟子说：

> 人之所不学而能者，其良能也；所不虑而知者，其良知也。孩提之童，无不知爱其亲也；及其长也，无不知敬其兄也。亲亲，仁也；敬长，义也。无他，达之天下也。(《孟子·尽心上》)

这里的"爱亲""敬长"就是孝悌。在孟子的思想中，"孝悌"之心和"四端"之心都可谓人所固有的"良知""良能"，亦即孟子所说的性善。此处言"亲亲，仁也；敬长，义也"，实际上应该理解为"亲亲，仁之本也；敬长，义之本也"，即孝悌是仁义的本始，只有"老吾老以及人之老，幼吾幼以及人之幼"，直到"达之天下"，才是"亲亲而仁民，仁民而爱物"的仁义。

《孟子》书中有性善论与非性善论的一段对话："今曰性善，然则彼皆非与?"孟子说："乃若其情，则可以为善矣，乃所谓善也。"（《孟子·告子上》）这里的"情"是情实的意思，而后来程朱理学将此解释为与"性"相对而言的"性之动"的"情"。

实际上，孟子以"四端"和"孝悌"为人之性善，而"四端"和"孝悌"都属于人的道德情感，故可以说是"性情一体"。

二　程朱理学的"性情之辨"与"理气动静"

因为宋代的程朱理学建构了以"理"为世界的本原，"理为气本"和"性即理也"的思想体系，所以理学家注重"性情之辨"，持"性体情用"的思想。

职此之故，程朱理学对于"孝悌为仁之本"和"仁者爱人"有了一种新的解释。在程朱理学之前，对"孝悌也者，其为仁之本与"的注疏，如何晏的《论语集解》注："本，基也。基立而后可大成也。苞氏曰：先能事父兄，然后仁道可成也。"皇侃的《论语义疏》云："此更以孝悌解本，以仁释道也。言孝是仁之本，若以孝为本则仁乃生也。"邢昺的《论语正义》亦云："君子务修孝悌以为道之基本，基本既立而后道德生焉。"此皆以孝悌是仁之本的意思。

孟子说："仁者爱人，有礼者敬人。"（《孟子·离娄下》）汉代的董仲舒说："仁者，爱人之名也。"（《春秋繁露·仁义法》）唐代的韩愈说："博爱之谓仁"（《韩昌黎集·原道》）。此亦皆以"爱人"解"仁"。

然而，程朱理学对此有新解，如程颐说：

> 爱自是情，仁自是性，岂可专以爱为仁？……退之言"博爱之谓仁"，非也。仁者固博爱，然便以博爱为仁则不可。（《程氏遗书》

卷十八）

　　盖仁是性也，孝悌是用也。性中只有仁义礼智四者，几曾有孝悌来？仁主于爱，爱孰大于爱亲，故曰"孝弟也者，其为仁之本与"。（同上）

　　"孝悌也者，其为仁之本与"，非谓孝悌即是仁之本，盖谓为仁之本当以孝悌，犹忠恕之为道也。（《程氏外书》卷七）

朱熹循此也认为：

　　仁者，爱之理，心之德也。为仁，犹曰行仁。……所谓孝悌，乃是为仁之本。……（程子曰：）为仁以孝悌为本，论性则以仁为孝悌之本。……行仁自孝悌始，孝悌是仁之一事，谓之行仁之本则可，谓是仁之本则不可。盖仁是性也，孝悌是用也。性中只有个仁义礼智四者而已，曷尝有孝悌来？（《论语集注·学而》）

　　在程朱的思想中，"仁自是性"，而"爱"和"孝悌"都是"情"。从"性体情用"来讲，不能说"博爱之谓仁"，而只能说仁是"爱之理，心之德"，即仁是性，仁本身不是爱，而是爱之所以然的根据；"盖仁是性也，孝悌是用也"，不能说"孝悌是仁之本"，而只能说"孝悌是为仁之本""为仁"是指道德主体对仁的道德实践。

　　程朱理学对"孝悌"与"仁"的解释，也涉及对孟子思想中"四端"与"四德"（仁义礼智）之关系的解释。在程朱理学之前，汉代赵岐的《孟子注》云："端者，首也。人皆有仁义礼智之首，可引用之。"宋初孙奭的《疏》云："孟子言人有恻隐之心，是仁之端，本起于此也。……此孟子所以言恻隐、羞恶、辞让、是非四者，是为仁义礼智四者之端本也。"这意味着人性中本有"四端"，其在后天的扩而充之，才成为仁义礼智"四德"。然而，到了程朱理学的解释，就如程颐所说："恻隐固是爱也，爱自是情，仁自是性，岂可专以爱为仁？……既曰'仁之端'，则不可便谓之仁。"（《程氏遗书》卷十八）朱熹的《孟子集注》亦云："恻隐、羞恶、辞让、是非，情也。仁、义、礼、智，性也。心，统性情者也。端，绪也。因其情之发，而性之本然可得而见，犹有物在中而绪见于外也。"程朱把"恻隐之心"（同情之心）等"四端"称为"情"

是对的，认为"仁之端"还不能等同于"仁"也是对的，但是他们把"四端"归于"情"，把"四德"归于"性"，认为"四端"只是"四德"发出来的"端绪"，这就改变了"四端"与"四德"的前后关系。朱熹在心、性、情的关系中持"心统性情"的观点，这是朱子学的一个重要思想，如朱熹所说："伊川'性即理也'，横渠'心统性情'，二句颠扑不破。"（《朱子语类》卷五）而涉及心、性、情三个概念，就与朱子学中的理、气关系和"理气动静"的思想相联系。

朱熹主要从"知觉"的意义上讲"心"。他说："理未知觉，气聚成形，理与气合，便能知觉。"（《语类》卷五）"心"是理与气合的产物，理在心中就是性，性为心之体，情为心之用。这意味着"性即理也"，"性"是纯善的，而"心"与"情"则必须有气的参与，故而说："性无不善，心固有不善。"又说："性无不善，心所发为情，或有不善。"（《语类》卷五）朱熹所说的"情"既是指"四端"之情，又是指人的一般情感，即《礼记·礼运》篇所说的"喜怒哀惧爱恶欲"之"七情"，所谓"情或有不善"是指"七情"而言，但对"四端"之情则不能说"或有不善"。因此，朱熹有"四端是理之发，七情是气之发"（《语类》卷第五十三）的说法，而所谓"理之发"和"气之发"就涉及朱子哲学中的"理气动静"问题。

朱熹说："盖天地之间，只有动静两端，循环不已，更无余事。此之谓易。而其动其静，则必有所以动静之理焉，是则所谓太极者也。……若谓太极便是动静，则是形而上下不分，而'易有太极'之言亦赘矣。"（《朱文公文集》卷四十五《答杨子直一》）又说："太极理也，动静气也。气行则理亦行。……太极犹人，动静犹马，马所以载人，人所以乘马。"（《语类》卷九十四）在朱子哲学中，理是气之动静的所以然之理，而理本身并无动静，理只是"搭在阴阳上，如人跨马相似"（《语类》卷九十四）。如果说理本身无动静，那么所谓"四端是理之发"，其"理之发"又是何意，这就是韩国儒学"四七之辩"所讨论的问题。

三　韩国儒学的"四七之辩"

韩国儒学的"四七之辩"是在朱子学的范围内展开的。

首先是大儒李退溪与奇高峰之间的争论。退溪说:"夫四端,情也;七情,亦情也。""性情之辩,先儒发明详矣。惟四端七情之云,但俱谓之情,而未见有以理气分说者焉。"① 退溪认为"四端"是情,"七情"也是情,但"四端"是纯善,而"七情"则或有不善,退溪的创发就是要"以理气分说"来处理"四端"与"七情"的关系。退溪说:

> 四端之发,孟子既谓之心,则心固理气之合也。②
> 天下无无理之气,无无气之理。四端,理发而气随之;七情,气发而理乘之。③

"四端"虽然是纯善,但孟子将其称之为"心",这在朱子学中就是"理气之合"了。按照朱子学的理气观,"天下无无理之气,无无气之理",据此来解释"四端"与"七情"的不同,就是"四端,理发而气随之;七情,气发而理乘之"。这种观点可称为"理气互发",即用"理发"和"气发"来区别"四端"与"七情"。相比于朱子所说"四端是理之发,七情是气之发",退溪的"四端是理发而气随,七情是气发而理乘"则更加圆融。

退溪虽然承认了"四端"和"七情"都是"情",但是用"理发"和"气发"来把二者分言之。奇高峰与退溪的争论就是针对此而提出了"四七同质"的观点。奇高峰说:

> 四端七情,固均是情也。……盖子思论性情之德,以中和言之,而曰喜怒哀乐,则情之兼理气,有善恶者,固浑沦言之,所谓道其全也。孟子发明性善之理,以仁义礼智言之,而曰恻隐、羞恶、辞让、是非,则只以情之善者言之,所谓剔拨出来也。
> 愚谓四端七情,无非出于心者。而心乃理气之合,则情固兼理气

---

① 李退溪:《答奇明彦〈论四端七情第一书〉》,参见李苏平《韩国儒学史》,人民出版社2009年版,第269、270页。
② 同上书,第271页。
③ 李退溪:《答李宏仲问目》,参见李苏平《韩国儒学史》,第275页。

也。非别有一情，但出于理而不兼乎气也。①

奇高峰把"四七之辩"的争论追溯到《中庸》与《孟子》的所言之不同。在高峰看来，《中庸》所讲的"喜怒哀乐"是"情之兼理气"，这是道"七情"之全，而孟子"发明性善之理"，提出"四端"之说，只是"以情之善者言之"，并不是在"七情"之外另有"四端"。"四端"也是"兼理气"，并不是"但出于理而不兼乎气"的另一种情。这种"四七同质"说，实际上是反对退溪的"四端是理发而气随"之说。

高峰之后，对退溪的"四七"之说进行批评的是另一位大儒——李栗谷。他指出：

退溪之病，专在于"互发"二字。

理，形而上者也；气，形而下者也。二者不能相离，既不能相离则其发用一也，不可谓互有发用也。若曰互有发用，则是理发用时，气有所不及；气发用时，理或有所不及也。如是，理气有离合，有先后，动静有端，阴阳有始矣。其错不小矣。②

栗谷更为明确地反对退溪的'理气互发'之说，而他所针对的实际上也只是以四端为"理发"，如他门下的金沙溪所说："退溪之病，专在于'理发'二字矣。"③。在栗谷看来，理、气虽然有形而上、下之分，但是理、气"不能相离"，二者并没有先后可言，而且"理无为而气有为"④，理虽然是气之主宰，但是理只是决定了气之动静的"所以然"，理本身并无动静，而只是"乘"于气，"如人跨马相似"。依此来批评退溪的四端是"理发而气随"之说，那就是"理发用时，气有所不及"，理、气有了先后，而且"理发"就是理本身有了动静，这样就违反了朱熹所肯定的程子所谓"阴阳无端，动静无始"。栗谷反对"理发"之说，他认

---

① 奇高峰：《答退溪论四端七情书》，参见李苏平《韩国儒学史》，第300、301页。
② 李栗谷：《答成浩原》，参见李苏平《韩国儒学史》，第334、335页。
③ 参见李苏平《韩国儒学史》，第411页。
④ 李栗谷：《答成浩原》，参见李苏平《韩国儒学史》，第329页。

为"盖气发理乘一途之说，推本之论也"①。也就是说，无论"四端"还是"七情"，都是"气发理乘""七情实包四端，非二情也"②"四端只是善情之别名，言七情则四端在其中矣"③。四端就在七情之内，只是七情中的"善情"。至于七情中为什么有"善情"和"不善"之情，栗谷亦如奇高峰之说，用"本然之性"与"气质之性"的关系解释之："本然之性则不兼气质而为言也，气质之性则却兼本然之性，故四端不能兼七情，七情则兼四端。"④ 栗谷又用"道心"与"人心"的关系解释之："人心道心俱是气发"⑤，当理乘本然之气而发时为"道心"，当理乘变化之气而发时为"人心"。栗谷的主要观点是，四端在七情之内，都是"气发理乘"，这样更符合朱子学的理气不离，理无动静而只是气的"所以动静之理"的思想；至于用"本然之性"和"本然之气"来解释四端的纯善，则是栗谷的一种创新性的解释。

概括言之，在"四七之辩"中，退溪的"理气互发"和栗谷的"气发理乘"在朱子学中都有一定的道理和根据。然而，这场争论的根源实在于孟子思想与朱子思想在"性""情"关系等问题的差异。孟子和朱子虽然都持性善论，但孟子是以"四端"为人之性善，以"四德"为人之性善的扩充，朱子则是以"四德"为人之性善，以"四端"为"四德"所发出的端绪。朱子有"理为气本""性即理也"和"心统性情"的思想，性为心之体，情为心之用，这样就造成了对"四端"和"七情"作出不同解释的困难。实际上，朱子所说"四端是理之发，七情是气之发"只是一种权宜的解说（这在朱子文献中似只一见），其间并不是完全逻辑贯通的。从韩国儒学的"四七之辩"看，有些重要的问题在中国儒学中没有展开讨论，而在韩国儒学中却得以深入展开。这其中除了韩国儒学受到中国儒学的思想影响外，又凸显了韩国儒学之思维缜密、追求哲理之贯通的特点。而在韩国儒学的特点中，我们反过来又可见中韩儒学在义理结构、思想发展上的根脉相通处。

---

① 李栗谷：《答成浩原》，参见李苏平《韩国儒学史》，第337页。
② 李栗谷：《圣学辑要》二，参见李苏平《韩国儒学史》，第340页。
③ 李栗谷：《答成浩原》，参见李苏平《韩国儒学史》，第341页。
④ 同上书，第340页。
⑤ 同上书，第343页。

从"不忍"到"不忍人"

——孟子的同情概念

李 巍

（中山大学哲学系教授）

什么是同情，基于不同的文化背景与思想脉络，可以有不同的回答。就中国思想来说，具有代表性的观点则首推孟子。比如从《孟子》书以"不忍"描述"恻隐之心"的例子看，[1] 此"心"正可说是某种形式的同情心；而"恻隐之心"成为汉语词汇表中意指同情概念的主要术语，也正可说是取义于"不忍"的结果。所以谈论同情概念的中国意谓，首先不能绕过孟子。但对学术研究来说，除了单纯肯定这点，更重要的是揭示孟子思考同情概念的复杂性。[2] 因为事实上，他不只将"恻隐之心"说成"不忍"，更特指"不忍人"（见《孟子·公孙丑上》），而这两者并不等同。用作单独词项的"不忍"，如下所述，主要指特定场合中因直观刺激而不自觉流露的同情；"不忍人"之"不忍"则并非如此，是不依赖场合性刺激也能自觉呈现的同情。所以，孟子的同情概念至少包括"依场合"与"依自觉"两面。而他最关心的，就是如何促成同情心从依场合到依

---

[1] 见《梁惠王上》《公孙丑上》。为求节约，下文引述《孟子》仅注篇名。

[2] 以往对孟子同情概念的探讨，主要是引入某种理论模型来做解释。这或许有一定的启发意义，但当我们回到文本，试图刻画孟子思考同情概念的复杂性时，会发现理论模型固有的偏好与适合此偏好的化简诉求，往往会构成一种框架性限定，不但使解释成为只有共享此理论模型之"特殊语言"的论者才能理解的解释，甚至会出现曲解文本以迎合理论的问题。比如德国学者耿宁对孟子和宋明儒学的研究（见氏著：《孟子、斯密与胡塞尔论同情与良知》，《世界哲学》2011年第1期；《人生第一等事：王阳明及其后学论"致良知"》，倪梁康译，商务印书馆2014年版），就是引入理论模型来作解释的典范。但不论其理论模型本身的效力如何，其所提供的解释就文本来说便有许多可商榷之处。对此，笔者将另有专文探讨。

自觉的转化。这时就能看到，人类意识在孟子那里得到突出的强调（如《告子上》所谓"凡同类者，举相似也，何独至于人而疑之"），其实就是把同情心的自觉归结于人类意识的觉醒。所以基于"人"之自觉的"不忍人"，而非单纯的"不忍"，才是孟子眼中真正意义的同情概念。

一 "不忍"与场合性刺激

但亟待指出，以"不忍人"表征真正的同情概念，这并不是说同情的对象只能是"人"；而是说，对"人"的"不忍"——就其基于人类意识的觉醒而言——最有可能被视为依自觉的同情；而只有能被自觉运用的同情心，才最有理由被视为真正的同情。不过，在具体解释这种"依自觉"的同情之前，先要知道什么是未自觉的也即上述"依场合"的同情。这种同情，如果宽泛地表述为"不忍"的话，在齐宣王以羊易牛的故事表现得最为显著：

> （孟子）曰："臣闻之胡龁曰，王坐于堂上，有牵牛而过堂下者，王见之，曰：'牛何之？'对曰：'将以衅钟。'王曰：'舍之！吾不忍其觳觫，若无罪而就死地。'对曰：'然则废衅钟与？'曰：'何可废也？以羊易之！'不识有诸？"（王）曰："有之。"（孟子）曰："是心足以王矣。百姓皆以王为爱也，臣固知王之不忍也。"王曰："然。诚有百姓者。齐国虽褊小，吾何爱一牛？即不忍其觳觫，若无罪而就死地，故以羊易之也。"（孟子）曰："王无异于百姓之以王为爱也。以小易大，彼恶知之？王若隐其无罪而就死地，则牛羊何择焉？"王笑曰："是诚何心哉？我非爱其财。而易之以羊也，宜乎百姓之谓我爱也。"（《梁惠王上》）

对话中，齐王反复强调他之所以羊易牛，不是百姓认为的吝惜牛的价值，而是见牛之将死时"不忍其觳觫"。孟子固然肯定这是真实的"不忍"（"臣固知王之不忍也"），但也要让齐王看到百姓误解他的原因，即"不忍"牛被杀，却"忍"以羊易牛，只是一种有限的同情，所以才会被人视为吝惜的表现。

　　问题是，如果齐王的"不忍"果真与牛的价值无关，只是单纯的"恻隐"（"隐其无罪而就死地"），那为什么只及于牛却不及于羊，这仍然需要解释。按孟子随后所述，应当正与特定场合中的直观刺激有关：

　　　　（孟子）曰："无伤也，是乃仁术也，见牛未见羊也。君子之于禽兽也，见其生，不忍见其死；闻其声，不忍食其肉，是以君子远庖厨也。"（同上）

　　将齐王以羊易牛的原因解释为"见牛而未见羊"，就是以其"不忍"仅是被眼前牛之将死的场景所触发的同情。因此"君子远庖厨"的告诫，讲的就是"不忍"的同情心与特定场合的直观刺激（"见其生""闻其声"）存在因果关系。而这，正是孟子主张凡人皆有"恻隐之心"的依据，即：

　　　　今人乍见孺子将入于井，皆有怵惕恻隐之心。非所以内交于孺子之父母也，非所以要誉于乡党朋友也，非恶其声而然也。（《公孙丑上》）

　　如上，孟子反复强调人见孺子入井时有"恻隐之心"，不是出于任何特定的理由（"非所以""非……而然"），就是说此同情心的呈现只是"乍见"这一场合性刺激引发的。并且，这不是某些人才有的反应，而是任何人"乍见"此景，都会触发其"恻隐之心"。

　　但只在特定场合昙花一现的同情，就其依场合的性质来说，对于人类行为的塑造有什么意义呢？因为人们固然可能将被场合性因素激发的同情应用到行动中，但在没有刺激条件的场合中可能并不这样做。那么，怎样才能使"昙花一现"的同情产生持续的影响呢？

　　　　（孟子）曰："今恩足以及禽兽，而功不至于百姓者，独何与？然则一羽之不举，为不用力焉；舆薪之不见，为不用明焉，百姓之不见保，为不用恩焉。故王之不王，不为也，非不能也。……老吾老，以及人之老；幼吾幼，以及人之幼。天下可运于掌。《诗》云：'刑

于寡妻，至于兄弟，以御于家邦。'言举斯心加诸彼而已。故推恩足
以保四海，不推恩无以保妻子。古之人所以大过人者无他焉，善推其
所为而已矣。今恩足以及禽兽，而功不至于百姓者，独何与？"

"举斯心加诸彼"，也就是将特定场合中被触发的"不忍"扩展到其
他场合的"推"，正是孟子设想的使同情心产生持续影响的方式。"推"
之必要，参照史华慈的论述，或许可以这样说，就是包括同情在内的人的
"向善冲动"除了能在少数场合直观呈现，在多数场合往往是"被有效地
埋藏在层层积累起来的麻木不仁以及邪恶行径的重压之下"。[①] 那么一切
道德行为在实施上，就必须采用从一个场合推及其他场合的方式。[②] 可
是，倘使多数场合并不具备触发同情心的刺激条件，那么只在某个场合直
观呈现的"不忍"之心，究竟怎样才能被"推"及其他场合，就仍然是
有疑问的。因为人们不可能总是遭遇无辜生命面临威胁的情况，则"推"
之可行，除了要承认有外因触发的非自觉流露的同情，也必须承认有不依
赖场合性刺激就能自觉呈现的同情，否则"举斯心加诸彼"就是不可
能的。

上引文中，孟子认为"推"的实施取决于意愿而非能力（"不为也，
非不能也"），大概就指涉自觉的同情心；他所谓"古之人善推其所为"，
更应就同情心的自觉运用来说。因为由场合性因素触发的"不忍"，既然
凡人皆有，就不存在谁比谁更擅长（"善"）的问题；则所谓"善推"，
只能是说某些人比其他人对"不忍"之心有更多自觉，所以更能摆脱场
合因素的限定而有自主地运用。正如孟子在另一处指出的，包括"恻隐
之心"在内人的"心"都一样，但只有"圣人先得我心之同然"（《告子
上》）——此所谓"先得"，正应对"心"的自觉来说——是故在"举斯
心加诸彼"这件事上，就能说"圣人"（或"古之人"）更善于"推"。
那么"善推"所反映的，表面上是圣凡之分，实际就是"恻隐之心"作
为同情心的形式之分：如上，一是依赖场合性刺激的非自觉流露的"不

---

① 本杰明·史华慈：《古代中国的思想世界》，程钢译，南京：江苏人民出版社 2008 年版，
第 366 页。

② 也就是"推类"，参见李巍：《逻辑方法还是伦理实践——先秦儒墨"推类"思想辨
析》，《文史哲》2016 年第 5 期。

忍"，一是不依赖场合的可自觉运用的"不忍"。故所谓"推"，绝不只是扩大"不忍"的对象范围，更是指"不忍"本身的形式转化，即从依场合的同情"转化"为依自觉的同情。

二　"恻隐之心"的两种形式

以上，是以孟子对"不忍"的论述为核心，讲其同情概念的两个层次。但此划分是否成立，还要从孟子谈论同情问题的其他论述中印证，尤其是关于"恻隐之心"的论述。如前所见，孟子以孺子入井例示人"皆有怵惕恻隐之心"，这主要是依场合的同情心。但如果孟子的同情概念确乎还有依自觉的一面，势必也有另一形式的"恻隐之心"。

这一点，在著名的"四端"说中已有提示，所谓：

> 恻隐之心，仁之端也；羞恶之心，义之端也；辞让之心，礼之端也；是非之心，智之端也。人之有是四端也，犹其有四体也。有是四端而自谓不能者，自贼者也；谓其君不能者，贼其君者也。凡有四端于我者，知皆扩而充之矣，若火之始然，泉之始达。苟能充之，足以保四海；苟不充之，不足以事父母。（《公孙丑上》）

理解这段论述，最先要知道的是"恻隐之心"被表述为"仁之端"的意思。按通常理解，"仁之端"就是"仁"的端绪。但"端绪"只是比喻，在具体语境中至少是：

> A1 事实上，某物尚未完成的开端状态。
> A2 理论上，某物成其所是的潜在可能。

那么相应，"仁之端"就能理解为：

> B1 尚未完成的初始之"仁"。
> B2 尚未显现的潜藏之"仁"。

由此回到文本，可知孟子在论述"仁之端"的扩充时，"若火之始然，泉之始达"比喻的就是事实上的初始之"仁"；"苟能充之，足以保四海；苟不充之，不足以事父母"所说的则是理论上的潜藏之"仁"。因之再进一步，"仁之端"的扩充就是说：

> C1 从未成之"仁"到已成之"仁"的生长
> C2 从潜藏之"仁"到现实之"仁"的显现

这时就应指出，C1 涉及的"仁之端"就是依场合的"恻隐之心"，C2 涉及的"仁之端"则为依自觉的"恻隐之心"。

要理解这一点，先要看到孟子论述"仁之端"的扩充，其实就是"推恩"之"推"的另一说法。那么，就像"推"者必有所"推"之物——如齐王被牛之颤栗触发的"不忍"——"恻隐之心"从未成之"仁"到已成之"仁"的扩充也必须有一个事实起点，那就是"乍见"孺子入井时被触发的"怵惕恻隐"。所以就能说，C1 涉及的主要是依场合的"恻隐之心"。但这种同情心要能超越场合因素的限定，也就是能从一个场合推扩到另一场合，则必须由外因触发转化为内因自觉。这时就应注意，C2 谈论"恻隐之心"从潜在之"仁"到现实之"仁"的扩充，正好与孟子对"推"之可行性的论述一致，即：

> ［1］扩充论证：苟能充之足以保四海，苟不充之不足以事父母。
> ［2］推恩论证：推恩足以保四海，不推恩无以保妻子。

由前述，论证［2］的成立必基于同情心的自觉运用，则与之一致的论证［1］当然也该针对依自觉的"恻隐之心"来说。可见在"四端"理论中，因为谈及"扩充"，其实已经涉及两个层次的同情心，只是孟子以孺子入井举例，好像只谈论了依场合的同情心。

但观察孟子的"四德"说，依自觉的"恻隐之心"则清晰可见。只是在澄清此义之前，要先解释一个看似矛盾的情况。按文本所述：

> 恻隐之心，人皆有之；羞恶之心，人皆有之；恭敬之心，人皆有

> 之；是非之心，人皆有之。恻隐之心，仁也；羞恶之心，义也；恭敬
> 之心，礼也；是非之心，智也。仁义礼智，非由外铄我也，我固有之
> 也，弗思耳矣。(《告子上》)

之前，"恻隐之心"被称为"仁之端"，这里直接等同于"仁"，似乎是有矛盾的，并因此引起很多争议。比如，有论者主张相对此处以"恻隐之心"即"仁"的说法，"仁之端"的说法才是孟子本意，这显然是就"仁之端"作为"仁"未完成的初始状态来说；① 但也有论者认为，"仁之端"不应做未完成的初始之"仁"看，而应指已然具足但仅为潜藏的"仁"，故"恻隐之心"就是"仁"才是孟子本意。② 基于前述，不难看出这两种解释的分歧就在于"仁之端"的事实义（初始的"仁"）与理论义（潜藏的"仁"），哪个才是孟子真正的主张。

但这两种解释都忽视了一个问题，就是只要承认"端"是个有意义的表达，则无论怎么解释，都必须承认"仁之端"不等于"仁"。比如取事实义来看，"仁之端"与"仁"就有未成、已成之分；而取理论义来看，"仁之端"虽能说是已然具足，故与"仁"本身并无未成、已成之分，却还有潜在、现实之分。因此孟子以"恻隐之心"既是"四端"之一，又是"四德"之一，仍然是看似矛盾的表述。也就是说，对此矛盾的解释并不取决对"仁之端"的解释。因此，与其纠结于什么是"仁之端"，倒不如直面这个矛盾本身，思考它得以成立的条件。从逻辑的观点看，矛盾指的是一事物同时既是又不是（$A \wedge \neg A$），换言之，矛盾首先必须是对同一事物来说。那么"恻隐之心"既等于又不等于"仁"的矛盾，其得以被视为矛盾，就必须假定出现在"四端"说与"四德"说中的"恻隐之心"没有差别，这才有此"心"到底是"仁之端"还是"仁"本身的冲突。但此假定并不成立，因为作为"四德"之一的"恻隐之心"已然是推扩过程中被自觉运用的同情心，而与场合因素触发的非自觉的"恻隐之心"不同，后者则正是"四端"之一。是故，属于"四

---

① 参见杨泽波《孟子性善论研究（再修订版）》，上海人民出版社 2016 年版，第 47 页。

② 参见李明辉《康德伦理学与孟子道德思考之重建》，台北：中研院文哲所 1994 年版，第113—116 页；又见氏著：《儒家与康德》，台北：联经出版社 1997 年版，第 78 页。

端"和属于"四德",就能说是"恻隐之心"依场合与依自觉的不同面向。那么只要承认分属"四端"与"四德"的"恻隐之心"名同实异,就不必把此"心"既被说成"仁"又被说成"端"视为矛盾。当然,这并不是说"四端"与"四德"中的"恻隐之心"是两个东西;而是说,属"四端"和属"四德",是同一种"心"的两种状态,也即前述依场合和依自觉之分。

只不过,依据孺子入井的例子将"四端"中的"恻隐之心"说成依场合的同情心时,还需要其他的文本依据来证明"四德"中的"恻隐之心"是依自觉的。这时,就应把上引"四德"说中"仁义礼智,非由外铄我也,我固有之也,弗思耳矣"一语视为关键。因为肯定作为"仁"的"恻隐之心"是"我固有之"的,只能是自觉此"心"时才有的判断。而此自觉,就是"弗思耳矣"的"思"。正如孟子在别处说的:

> 心之官则思,思则得之,不思则不得也。
> 欲贵者,人之同心也。人人有贵于己者,弗思耳。(《告子上》)

如上,"思"显然不仅是单纯的思考,更是向"己"之内有所找寻("得之"或"不得")的活动。找寻什么呢?倪德卫与信广来认为是"义",[①]但既然"仁义礼智,我固有之"是有待"思"来确认的,则可知"思"的对象首先是"仁"。那么等同于"仁"的"恻隐之心",自然就是在"思"的过程中被自觉到的同情心。甚至可以说,"思"就是对"恻隐之心"的自觉。经此自觉,"恻隐之心"就摆脱了对场合性刺激的依赖,而能自发地显现出来,从潜藏的"仁"变成现实的"仁"。应该说,这就是孟子主张"恻隐之心,仁也"的道理所在。

也正因此,可以再次肯定孟子的同情概念既有依场合的一面,也有依自觉的一面。只不过之前是以"不忍"为例来说此区别,上文则是以"恻隐之心"为例来谈。

---

① 参见 Nivison, D. S., The Ways of Confucianism: Investigations in Chinese Philosophy, edt. by Bryan W. Van Norden, Open Court, 1996, p. 114; K.-L. S., Mencius and Early Chinese Thought, Stanford University, 1997, p. 150。

三 "不忍人"与"人"的自觉

但正如本文最初就说的，揭示同情心的两个面向还不是孟子的主要目的，他更关心的是此心从依场合到依自觉的转化。这时，就会涉及"不忍人"的观念，如：

[1] 孟子曰："人皆有不忍人之心。先王有不忍人之心，斯有不忍人之政矣。以不忍人之心，行不忍人之政，治天下可运之掌上。"（《公孙丑上》）

单从对象来看，"不忍人"只是"不忍"的情形之一。但从概念内涵上看，正如下述，"不忍人"并不依赖场合因素的刺激，所以不单是"不忍"，更是依自觉的"不忍"。只是在阐述此义之前，先要注意上引文之后，孟子紧接着说道：

[2] 所以谓人皆有不忍人之心者，今人乍见孺子将入于井，皆有怵惕恻隐之心。

则是用依场合的同情心，即"乍见孺子将入于井"时触发的"恻隐之心"，来说明"不忍人之心"——那么在前后一贯的语脉内，"不忍人之心"又怎能说是依自觉的呢？甚至怎能说这里对同情心的论述有依场合与依自觉之分呢？

关键是要区别，引文[2]用场合因素激发的"恻隐之心"说明"不忍人之心"，这是一个例示（exemplification），还是一种解释（explanation）？二者之别仍可就孟子如下说法来看：

（a）恻隐之心，仁之端也。
（b）恻隐之心，仁也。

这虽然都是用"恻隐之心"来说明"仁"，但正如前述，（a）中的

"恻隐之心"只是潜在或未成之"仁",故不足以解释"仁"的内涵,而只能在"端"的意义上例示"仁";(b)则不然,其中的"恻隐之心"是实现或完成之"仁",所以"恻隐之心,仁也"就能看作对"仁"是什么的一种解释。由此回到上引文句[2],不难看出,孟子用"乍见"时生起的"恻隐之心"说明"不忍人之心",这和语句(a)的情形相似,只是例示,是以特定场合中激发的同情心为例,在外延上肯定"人皆有不忍人之心"。① 但对此"不忍人之心"在内涵上是依场合还是依自觉,并未给出解释。所以,就像用"仁之端"来例示"仁"的时候,不能认为等同于前者的"恻隐之心"("四端"之一)与等同于后者的"恻隐之心"("四德"之一)没有状态之别;同样不能因为语句[2]以特定场合激发的"恻隐之心"例示"人皆有不忍人之心",就认为"不忍人之心"与例示它的例子——即由"乍见"激发的"恻隐之心"——状态无别,甚至没有依场合与依自觉的区分本身。

是故,只要将孟子对"不忍人之心"的例示与解释区别开,就能看到,要理解"不忍人之心"的内涵,必须超出引文[2],在文本中找到更多依据。比如,上引文句[1]明确肯定先王的"不忍人之心"与"不忍人之政"存在因果关系。结合《公孙丑》下文,此一因果关系应该是在推扩的意义上成立,即所谓"先王有不忍人之心,斯有不忍人之政矣",这句话只能解释为"先王有不忍人之心"(前提),通过"扩而充之"(原因),达到"足以保四海"的"不忍人之政"(结果)。那么就此"不忍人之心"能被推扩来说,就像前述推恩论证与扩充论证所见,无疑是能被自觉运用("知皆扩而充之")的同情心。同时反过来说,也能肯定此依自觉的同情心就是"不忍人之心"。因为前引孟子论"推恩"时讲的"举斯心加诸彼",作为同情心的自觉运用("举……加……"),就是从禽兽处"举",于百姓处"加",这不就是针对"不忍人之心"来说的

---

① 要附带指出的是,在例证"人皆有不忍人之心"时,孟子为何要以"乍见……"时生起的"恻隐之心"为例。因为例子必须清楚明见,而由场合因素激发的同情心,作为当下直观呈现的情感,正具有这个特征。就像 Lee H. Yearley 描述孟子的行动理论时指出的,"人们以恰当的方式倾向于去行动,但必须先触及那些倾向(predisposition)。而当他们关注那些倾向明显呈现的行动时,接触就发生了"(参见 Yearly:Mencius and Aquinas:*Theory of Virtue and Conceptions of Courage.* New York:State University of New York Press,1990,p. 63)。

吗？所以，当引文［2］以依场合的"恻隐之心"例示"人皆有不忍人之心"时，虽然后一个"心"与前一个"心"在外延上是同一个"心"，但在内涵上却有依自觉与依场合的状态之分。这个区分，与之前对"恻隐之心"的状态区分是一致的，所以也可以说"不忍人之心"是作为"四德"之一的依自觉的"恻隐之心"。

不过除了以上所述之外，将"不忍人之心"解释为依自觉的同情心，还有个最重要的依据，就是下文要详细讨论的，孟子特别强调人类意识的觉醒这件事（"凡同类者，举相似也，何独至于人而疑之"）。所以"不忍人"的同情心能被说成依自觉的，首先就因为它涉及"人"的自觉。不过，如此说还不够准确；更确切地说，是唯有人类意识的觉醒才有同情心的自觉。这一点，在《荀子》中有更一般地表述，即不限于人，任何生物的同情心都是建立在其类意识自觉的基础上，即：

凡生天地之间者，有血气之属必有知，有知之属莫不爱其类。今夫大鸟兽则失亡其群匹，越月逾时，则必反铅；过故乡，则必徘徊焉，鸣号焉，踯躅焉，踟蹰焉，然后能去之也。小者是燕爵，犹有啁焦之顷焉，然后能去之。（《礼论》）

鸟兽"失亡其群匹"则徘徊悲鸣，如说是同情的表现，显然是建立在"爱其类"的前提上。而所谓"爱其类"，从"有血气之属必有知"的意义上说，首先就是对"类"的"知"。

但在孟子，他以"四端"为人禽之别所在，大概是以同情心只为人所具有。那么基于类意识自觉的同情就不仅是宽泛的"爱其类"，更是爱人类。比如孟子所谓"仁者爱人"（《离娄下》），在后来的儒者言论中就被明确表述为"爱人类"，即：

遍知万物而不知人道，不可谓智；遍爱群生而不爱人类，不可谓仁。仁者爱其类也，智者不可惑也。仁者虽在断割之中，其所不忍之色可见也。智者虽烦难之事，其不暗之效可见也。（《淮南子·主术训》）

由上，"爱人类"之"仁"被说是有"不忍之色"的表现，应与孟子基于"恻隐之心，仁也"的判断来讲"仁者爱人"的思路一致，是要将"爱"纳入同情概念的范畴，因此"爱人类"正可视为"不忍人"的同义语。并且，上引文强调"爱"只有以人类为对象时才是"仁"，作为对孟子"仁者爱人"说的强化，又尤其意味着基于人类意识自觉的同情不是一般性的"爱"。如此，同情概念才有区分于其他情感概念的独立内涵。

四　作为同情概念的"不忍人"

《淮南子》将同情之"爱"区别于"遍爱群生"的"爱"，如果就是要强调同情概念的独立内涵，正可追溯到孟子。但孟子最关心的，是同情区别于亲情的独立性。如《尽心上》中，他曾依次强调：

[1] 君子之于物也，爱之而弗仁；

[2] 于民也，仁之而弗亲；

[3] 亲亲而仁民，仁民而爱物。

参照"王之不忍"可由禽兽施及百姓的"推恩"理论，可知"仁民"之"仁"正是源自王者"不忍人"的同情心。因之，将"爱物""亲亲"皆归入"爱"的范畴，也能看到同情或"仁民"之"仁"是与之有别的特定的"爱"。

其与"爱物"不同，应当不难理解。可一旦涉及"仁民""亲亲"之别，问题就复杂了。但复杂性并不在"仁"与"亲"的对象，而是与概念内涵相关。因为孟子的确是在两种意义上说"仁"。一是"爱人"之"仁"，是以"不忍人"为核心的"爱人类"，这在前文已经谈及；另一则如：

仁之实，事亲是也。（《离娄上》）

亲亲，仁也。（《告子下》《尽心下》）

这里，"仁"被限定为对亲人的爱，那么当孟子在"亲亲"之"仁"外还承认有一个"仁之而弗亲"的"仁"时，似乎只能就同情（"仁"）与亲情（"亲"）的差别来说。

区别二者，至少在原则上是必要的。因为是否对某人报以同情，原则上只取决于某人是否遭遇不幸，而与同情者和被同情者的关系无关。所以孟子强调"乍见"孺子入井时人皆有"恻隐之心"——并不因为与其父母有交，也非为博取善名——就不仅是强调同情心的呈现有依场合的特征，更是在另一方面强调同情心的呈现并不依关系，也即人们对孺子入井感到"不忍"，这与和孺子在关系上的远近亲疏无关。亲情则不然，或许不必依场合，却一定要依关系。为此，孟子反驳墨家夷子的"爱无差等，施由亲始"说时，讲了另一个孺子入井的故事：

> 夫夷子，信以为人之亲其兄之子为若亲其邻之赤子乎？彼有取尔也。赤子匍匐将入井，非赤子之罪也。（《滕文公上》）

这个故事，在情节设计上不是任一孺子即将坠井，而是以邻人之子与亲人之子皆将坠井为例，问夷子会"亲"哪一个。孟子显然相信夷子必有选择（"彼有取尔"），则决定其选择的情感依据就只能是依关系的"亲"，而非对任一孺子无差别的"恻隐"之"仁"。是故，只要将两个版本的孺子入井做一比较，就能看到孟子在"亲亲，仁也"之外也承认"仁之而弗亲"，就包含着对同情（"仁民"之"仁"）与亲情（"亲亲"之"亲"）的分殊。而其意义，莫过于表明同情概念有亲情无法涵盖的独立性。

应该说，孟子最终将同情概念表述为"不忍人"，而非单纯的"不忍"，就有强调其独立性的用意。因为事实上，"不忍"除了能被归于同情，也能被归于亲情，正如孟子驳斥夷子的又一例证所示，"孝子仁人之掩其亲"正是出于对亲人暴尸荒野的"不忍"。但这"不忍"与其说是同情，不如说是亲情。所以单从"不忍"着眼，是划不出同情与亲情的界线的；可一旦落实到"不忍人"，人类意识的觉醒就能为"不忍"超越血缘的限定提供基础。以《墨子·小取》的说法为例：

［1］ 获之亲，人也。

［2］ 获事其亲，非事人也。

据此可以说，"亲亲"的成立在概念上并不需要"人"的自觉，亦即是否以亲情对待，不在于是"人"，只在于是"亲"。可是，要对亲人之外的其他人报以同情，非得基于"爱人类"的自觉不可。因之，亲情、同情虽都是"爱"，但后者正因为凭借"人"的自觉超越了血缘限定，就可说是一种普遍的爱。

这种爱，从"爱其类"的普遍性来看，又能说是无"差等"的爱，即对亲人的同情与对陌生人的同情，至少在概念上是一样的。只是从现实生活看，同情似乎也有"差等"。比如，人们通常会对亲人的不幸报以更多同情甚至感同身受，却会对陌生人的不幸感到冷漠甚至幸灾乐祸。然而这类情形只能表明同情心的呈现实际总是受到同情者与被同情者的亲疏关系的影响，却并不意味同情本身是依关系而有"差等"的。换句话说，同情的"差等"只是被亲情左右的结果，但概念上，同情并不等于亲情。基于这种看法，再次回到孟子对夷子"爱无差等，施由亲始"的反驳上，就能看出他那个著名的定性式表述：

天之生物也，使之一本，而夷子二本故也。

绝不是否定"无差等"的"爱"，而是指责夷子将"本"于同情的"爱"与"本"于亲情的"爱"混为一谈。也正因此，就能理解孟子为什么在"亲亲"之"仁"外又讲个"弗亲"的"仁"，其实就是承认有一种区别于亲情的，作为真正的同情的"不忍人"。

* * *

现在，就能对孟子论述同情概念的思路做一个简要的刻画：

①同情心有两种状态，一是非自觉的、依赖场合刺激才能呈现的"不忍"；另一则是超越场合限定，能被自觉推扩的"不忍"。

②这两种"不忍"也能说是"恻隐之心"依场合与依自觉的状态，前者是"四端"之一，后者则为"四德"之一。

③依自觉的"不忍",其实质是出于人类意识觉醒的"不忍人",即只有对"人"的自觉,才有同情心从依场合到依自觉的转化。

④这种基于人类意识自觉的同情,不受血缘的限定、没有程度的"差等",所以在概念上有亲情无法涵盖的独立性。

由此一言以蔽之,孟子以"不忍人"为核心的同情概念,表达的就是对"人"本身的价值认同。① 而此认同,在某种意义上就是儒家学说的信念基础。因为宏观地看,儒家学说强调的就是道义责任的重要性。但一切责任都只相对于"人"才有意义,所以承认责任的重要,首先就要认同"人"的价值。讲到这里,最好附带提及倪德卫的一个判断,就是认为儒家思考道德问题的焦点不是意志薄弱,而是冷漠②——更直白地说,就是儒家最担忧的不是人们知道对错,却出于自身的原因做不到;而是根本不关心对错,认为一切责任都与己无关。应该说,这个判断至少从早期儒学来看是恰当的。但更关键的问题,是儒家如何设想克服冷漠的方式。由上,如果对道义责任感到冷漠,本质上是缺乏"人"的认同,那么孟子对"不忍人"的强调就能描述为一种诉诸同情来克服冷漠的尝试。因之,同情概念由孟子被正式引入儒家的理论视野,就有其必要性可言。

---

① 注意到"仁者爱人"的观念在孔子就已得到揭示(见《论语·颜渊》),也能在思想脉络上将孟子对"不忍人"的论述视为对孔子"爱人"观念的继承与展开。正如笔者在他处已经阐述的,孔子所谓"爱人",作为"仁"的要求,同样不只是血缘亲亲之"爱",更是理智上无条件地认同"人"本身的价值。

② Nivison, *The Ways of Confucianism: Investigations in Chinese Philosophy*, p. 92.

励俗敦素:魏晋南北朝时期倡扬的孟子品尚

李 玉

(山东社会科学院国际儒学研究与交流中心)

儒家先贤哲人皆重"化民成俗"①。《汉书·地理志》说"凡民函五常之性,而其刚柔缓急,音声不同,系水土之风气,故谓之风;好恶取舍,动静亡常,随君上之情欲,故谓之俗。孔子曰:'移风易俗,莫善于乐,'"② 荀子则说"儒者在本朝则美政,在下位则美俗"③,在百姓中间就应教化民心,"淳美"风俗。正所谓"尧、舜、汤、武居帝王之位,垂至德以敦其风;孔、墨、荀、孟禀圣贤之资,弘正道以励其俗。"④ "弘道""励俗"或"美俗"成为儒家士人所秉承的思想传统。魏晋南北朝时期,虽然社会现实错综复杂,思想观念剧烈变化,社会风气、民风习俗皆异于前代,但士人们在个性解放的思想潮流中重塑了道德价值追求,许多士人洁身自好、清净淡泊、避世高隐,并以其高洁德行和道德感召在一定程度上改变了道德模范、选官用人的推举标准与范围,也促成了"敦素"之社会风气。时人在承扬孟子学的同时,也更加关注孟子的人格精神和品尚风操,并在倡扬"孙孟之风"的基础上,凝练出"孟轲敦素"的品格特征。南朝梁时,在重要的蒙学作品《千字文》中提出了"孟轲敦素",使孟子"敦素"形象深入民间,励俗敦素成为魏晋南北朝时期着重倡扬的孟子品行风尚。

---

① 《礼记·学记》。
② 《汉书》卷二十八《地理志下》。
③ 《荀子·儒效》。
④ 《北史》卷八十四《孝行列传》。

一　慕孟子与赞孟母

孟子"遵夫子之业而润色之，以学显于当世"①，其思想学说对后世影响甚大，其高洁正直的人格精神和悠然自得无所求的人生态度也为后人所仰慕和向往。东汉中后期的名士郭泰终身不仕，"仰慕仲尼，俯则孟轲，周流华夏，采诸幽滞"②。三国时期，吴人姚信在《士纬》中评价孟子"驱世事于仁义之域，行者步中正之途"，并将扬雄与孟子相较，认为"子云，保家养智之士；孟轲，风峙高世之英也"③。南朝宋时，著名思想家何承天则作赋《有所思》："有所思，思昔人。……邹孟轲，为齐卿。称身受禄，不贪荣。道不用，独拥楹。三徙既诤，礼义明。"

许多人思慕先贤，以孟子为名。孔子教人要"见贤思齐"④，荀子劝人"见善修然，必以自存也"⑤。汉代开始，人们纷纷以先贤为名，以表达与先贤等齐的意向。汉魏六朝期间主要的蒙学教材《急就篇》中就多以古圣先贤入名，有柳尧舜、乐禹汤、褚回池、向夷吾等名字。孟子崇德向善，六朝时人对其倾慕弥深，多有以孟子为名字的。西晋时，"武陵于荆州云多人士，闻周孟子、伍令明、潘世长诸人，并为美德，心常依依"⑥，周孟子不仅名字慕仿孟子，其德行也向孟子等齐。东晋元帝皇后，南阳王文学虞豫之女虞氏，其名讳孟母⑦。

"孟母教子"的影响也很大，赞美孟母之辞不断，曹魏毕轨作《景福殿赋》，其中有"嘉班妾之辞辇，伟孟母之择邻。"⑧ 西晋左芬作《孟轲母赞》，"邹母善导，三徙成教。邻止庠序，俎豆是效。断织激子，广以

---

① （西汉）司马迁：《史记》卷一二十一《儒林列传》。

② 《后汉书》卷五八《傅燮》。

③ （三国·吴）姚信：《士纬》，马国翰：《玉函山房辑佚书·子编·名家类》，第七帙卷七十二。

④ 《论语·里仁》。

⑤ 《荀子·修身》。

⑥ 《全晋文》卷一百三《陆云与戴季甫书》。

⑦ 《晋书》卷三十二《元敬虞皇后传》。

⑧ 《全三国文》卷三十九。

坟奥。聪达知礼，敷述圣道。"① 西晋潘岳《闲居赋》中也有"此里仁所以为美，孟母所以三徙也。"② 在这一时期的家教家训中常常举以孟母教子。西晋时，皇甫谧年少不好学，二十岁还游荡无度，抚养他的叔母任氏举以孟母教子之事训教他，"《孝经》云：'三牲之养，犹为不孝。'汝今年余二十，目不存教，心不入道，无以慰我。"因叹曰："昔孟母三徙以成仁，曾父烹豕以存教，岂我居不卜邻，教有所阙，何尔鲁钝之甚也！修身笃学，自汝得之，于我何有！"③ 皇甫谧于是浪子回头，读书勤力不怠，手不辍卷，终有所成就。南朝梁人王僧辩母魏氏，性甚安和，善于绥接，"僧辩克复旧京，功盖天下，夫人恒自谦损，不以富贵骄物。朝野咸共称之，谓为明哲妇人也"，尚书左仆射王裒为其作祭文，其中有"教贻俎豆，训及平原。楚发将兵，孟轲成德"④ 之语，"孟轲成德"赞美孟母教子，语出自《列女传》，"颂曰：孟子之母，教化列分，处子择艺，使从大伦，子学不进，断机示焉，子遂成德。为当世冠。"⑤ 北魏孝文帝时，韩兴宗上疏请议士庶分居，援举以孔父、孟母之训，"孔父云里仁之美，孟母弘三徙之训。贤圣明诲，若此之重"，如若不然，"令伎作之家习士人风礼，则百年难成；令士人儿童效伎作容态，则一朝可得。以士人同处，则礼教易兴；伎作杂居，则风俗难改"⑥。

二 "孙孟之风"与"举寒素"

早在汉代，就有对孟子精神风貌的评价。汉代察举孝廉的重要环节是考察乡论，乡党名士对乡人德行进行考论，以作为察举取士的依据，由此带动了乡里品鉴论人之风。至汉末盛行名士清议，许多大族名士"好乐人伦"⑦。东汉中后期尤其汉末，士人在与外戚宦官专权的斗争中，展现

---

① 《全晋文》卷十三。
② 《全晋文》卷九十一。
③ 《晋书》卷五十一《皇甫谧传》。
④ 《梁书》卷四十五《王僧辩传》。
⑤ （西汉）刘向《列女传》卷一《母仪传·邹孟轲母》。
⑥ 《北史》卷四十《韩麒麟传附韩兴宗》。
⑦ 《三国志》卷五十二《吴书·顾雍传附子邵传》。

出"依仁蹈义，舍命不渝，风雨如晦，鸡鸣不已"① 的精神风貌，更与孟子所倡"大丈夫"伟岸人格产生共鸣，进而尤为推重孟子人格节操。东汉初年，班固尝将孔孟并举，其《答宾戏》曰："是以仲尼抗浮云之志，孟轲养浩然之气，彼岂乐为迂阔哉？道不可以贰也"②。东汉中期，马融《长笛赋》则曰"温直扰（优）毅，孔孟之方也"③，唐代李善注曰"温和正直，柔而能毅也"④，唐代吕延济注曰："方，比也。温柔正直优游弘毅之声，则孔丘孟轲之德比也。"⑤《尚书·皋陶谟》中有"扰而毅，直而温"⑥，汉孔安国《传》曰"行正直而气温和"。对此，学者指出，"东汉中后期儒学名士们之看重孟子更多地关注其中固有的社会批判精神和刚正不阿的'大丈夫'精神"⑦。

魏晋以来，九品中正制的实行，使官吏选拔靠家世门第和人物品评，并受到玄学的影响，人物品评逐渐出现了重情性、重风神的发展趋势，对先贤哲人的品评也逐渐注重其德行风尚、节操的赞扬。东晋时，葛洪在《抱朴子》中指出，"圣人之清者，孟轲所美，亦云天爵贵于印绶。志修遗荣，孙卿所尚，道义既备，可轻王公"⑧，孟子赞美圣人之清，荀子崇尚志修遗荣。南朝梁，文学家刘勰赞扬孟荀二人在齐国、楚国所带来的"稷下清风""兰陵茂俗""唯齐、楚两国，颇有文学。齐开庄衢之第，楚广兰台之宫，孟轲宾馆，荀卿宰邑，故稷下扇其清风，兰陵郁其茂俗"⑨。

西晋始有"孙孟之风"的说法。魏晋南北朝时期一直延续着孟子荀子并称的趋势，并因荀子名谓变化而逐渐形成"荀孟""孙孟"等一时习语。王充在《论衡》中或以"荀孟"对照"孔墨"，指出："贤圣不

①　（明）顾炎武：《日知录》卷一三《两汉风俗》。

②　（南朝梁）萧统编，（唐）李善注《文选》卷四五，中华书局1977年版。

③　《文选》卷一八。

④　《六臣注文选》卷一八《长笛赋》，中华书局2012年版，第330页。

⑤　同上。

⑥　（清）孙星衍撰：《尚书今古文注疏》卷二《皋陶谟第二上·虞夏书二》，中华书局1986年版，第80页。

⑦　徐国荣：《名士精神与汉魏之际孟子地位之沉浮》，《孔子研究》2002年第5期，第73、74页。

⑧　（东晋）葛洪：《抱朴子外篇·逸民》。

⑨　（南朝梁）刘勰：《文心雕龙》卷四十五《时序》。

空生，必有以用其心。上自孔墨之党，下至荀孟之徒，教训必作垂文"①，或以"孙孟"之称指代荀子孟子，"董仲舒览孙孟之书，作情性之说……若仲舒之言，谓孟子见其阳，孙卿见其阴也。"② 西晋时，王沈与傅玄的书信中提及"孙孟"之称，"省足下所著书，言富理济，经纶政体，存重儒教，足以塞杨、墨之流遁，齐孙孟于往代"③。世人推崇荀（孙）孟，更推崇"孙孟之风"，西晋初年，李重在给晋惠帝的奏疏中以"孙孟之风""严郑之操"赞颂霍原，"（霍）原隐居求志，笃古好学，学不为利，行不要名，绝迹穷山，韫韣道艺，外无希世之容，内全遁逸之节，行成名立，搢绅慕之，委质受业者千里而应，有孙、孟之风，严、郑之操"④。"孙孟之风"应指荀子孟子以自身的精神风操所引领的社会风气。

"严郑之操"，严郑当指西汉末隐士严君平、郑子真。曹魏时嵇康作《幽愤诗》，抒写对时世的愤慨，抒发了自己"志在守朴，养素全真"的平生志向，也表达了对严郑风操的仰慕，"仰慕严郑，乐道闲居。与世无营，神气晏如"，在生活中，嵇康身体力行，隐居山阳，锻铁为业，追求一种超越"人间之委曲"的精神自由。

李重将"孙孟之风"与"严郑之操"归类并用，折射出时人对荀子孟子的推崇不仅在于"弘道"，更在于"励俗"。孟子荀子在其身后六、七百余年的魏晋时代又以何种精神风貌影响了社会风俗呢？回到李重所推崇具有"孙孟之风""严郑之操"的霍原，李重推崇他"外无希世之容，内全遁逸之节，行成名立"的人格风尚，称赞他"隐居求志，笃古好学，学不为利，行不要名，绝迹穷山，韫韣道艺"，并为此数次上奏朝廷授以霍原"寒素"之名，并以此授职二品官，最终朝廷同意。按九品中正制，士人不论通过何种途径做官，都必须经由中正品第，以取得一定的乡品。不过，一些寒门素士也可通过"举寒素"任官，晋惠帝时设置"寒素"一科特科性质的察举，举应为"寒素"者就可以"通过朝廷举贤的途径得到上品，并起家充当某些高级官职所需要的乡

---

① （东汉）王充：《论衡》卷二十九《对作篇》。

② （东汉）王充：《论衡》卷三《本性篇》。

③ 《晋书》卷四十七《傅玄传》。

④ （唐）房玄龄：《晋书》卷四十六《李重传》。

品资格，因而被称为'二品系资'"①。因此，在此次举荐霍原任官之议中，朝臣讨论的关键在于霍原是否应为"寒素"。司徒左长史荀组认为"寒素者，当谓门寒身素，无世祚之资"②，而霍原德礼无闻，不应寒素之目。针对荀组之语，李重一一反驳，"古之厉行高尚之士，或栖身岩穴，或隐迹丘园，或克己复礼，或耄期称道，出处默语，唯义所在"，因之许多古之厉行高尚之士默默无闻，对此，如若"以二品系资"，就会"失廉退之士"，所以，崇廉让黜浮竞，就需"开寒素以明尚德之举""有履谦寒素靖恭求己者，应有以先之"。从李重的申辩中，有"孙孟之风""严郑之操"的霍原应举以"寒素"，于此处，"孙孟之风"与"寒素"隔时空而相联，理解"寒素"就可以弄清"孙孟之风"的精神内涵。

寒指出身微寒，素的含义丰富。"素"，《说文》："素，白致总也。从糸，取其泽也。凡素之属皆从素。"段注："缯之白而细者也……泽者，光润也。毛润则易下，故从糸，会意。"其本义为未染色的生帛。《礼记·杂记下》："纯以素，钏以五采。"孔颖达疏："素，谓生帛。"《玉台新咏古诗〈为焦仲卿妻作〉》："十三能织素，十四学裁衣。""素"的用法繁多，在儒、佛、道思想中均频繁使用，引申为本色、白色、本质、质朴等义，根据不同引申义，又产生了素丝之志、寒素、儒素、道素、素业、素王、玄素、太素等词汇。"寒素"即门寒身素，西晋惠帝时王琨荐举范乔为"寒素"，从中可以进一步理解"素"之含义，"元康中，诏求廉让冲退屡道寒素者，不计资，以参选叙。尚书郎王琨乃荐乔曰：'乔禀德真粹，立操高洁，儒学精深，含章内奥，安贫乐道，栖志穷巷，箪瓢咏业，长而弥坚，诚当今之寒素，著厉俗之清彦。'"③ 身"素"之"素"可理解为有"实"无"名"，有德礼之行及儒学精深之"实"，"名"却鲜为人所知，而人所不知则在于其清静淡泊之人格、安贫乐道之风操、不为名利之品尚，这正是李重所说的"孙孟之风"。

---

① 张旭华：《九品中正制研究》，中华书局2015年版，第140页。
② （唐）房玄龄：《晋书》卷四十六《李重传》。
③ 《晋书》卷四十六《范粲传附范乔传》。

三　"孟轲敦素"与敦素之风

从西晋倡"孙孟之风"，到二百余年后，南朝梁周兴嗣编成《千字文》，使"孟轲敦素"随蒙学教材传扬，魏晋南北朝时期始终高扬的正是孟子"素"的风尚品格。

孟子的"素"，蕴含着清净淡泊、悠然自得的人生态度，"养浩然之气"的精神修养，"富贵不能淫，贫贱不能移，威武不能屈"的大丈夫伟岸人格和"舍生取义"的英勇献身精神。孟子在与宋勾践的对话中，表达了悠然自得的人生态度，"人知之，亦嚣嚣；人不知，亦嚣嚣"，无论别人理解与否，我都悠然自得无所求，要做到这样，"尊德乐义，则可以嚣嚣矣。故士穷不失义，达不离道。穷不失义，故士得己焉；达不离道，故民不失望焉。古之人，得志，泽加于民；不得志，修身见于世。穷则独善其身，达则兼善天下"①，为后世士人仕进退隐、立身行道所尊奉的座右铭；孟子反对"枉尺而直寻"②，赞美"志士不忘在沟壑，勇士不忘丧其元"的方正刚直行为，坚持正义，倡导"富贵不能淫，贫贱不能移，威武不能屈，此之谓大丈夫"的人格精神；孟子耻于"声闻过情"③，反对名誉声望与自身实际情况不符，强调务本求实，不要追名逐利，"舜之居深山之中，与木石居，与鹿豕游，其所以异于深山之野人者几希。及其闻一善言，见一善行，若决江河，沛然莫之能御也。"④ 孟子所倡之"素"与魏晋南北朝时期的"敦素之风"交相呼应，以至于最终凝结成"孟轲敦素"的人格风范。

"汉晋以降，莫非素范"⑤。魏晋南北朝时期倡导和盛行敦素之风，品人称人喜用"素"，选人用人开"寒素"特科。南朝宋元徽三年闰三月，后废帝下《敦素约诏》⑥，"思弘丰耗之制，以惇约素之风，庶俯蓄

① 《孟子·尽心上》。
② 《孟子·滕文公下》。
③ 《孟子·离娄下》。
④ 《孟子·尽心上》。
⑤ 《全梁文》卷五十三《陆倕为王光禄转太常让表》。
⑥ 《全宋文》卷十。

拯民，以康治道。大官珍膳，御府丽服，诸所供拟，一皆减撤，可详为其格，务从简衷"①。南朝齐明帝时，称"埽地而祭，于其质也，器用陶匏，天地之性也，故至敬无文，以素为贵。"② 北周文帝曾告诫"诸在朝之士，当念职事之艰难，负阙之招累，夙夜兢兢，如临深履薄。才堪者，则审己而当之；不堪者，则收短而避之。使天官不妄加，王爵不虚受，则淳素之风，庶几可反。"③ 南朝梁贺琛上奏时倡议"淳素"，"夫论至治者，必以淳素为先，正雕流之弊，莫有过俭朴者也。"④ 西凉凉武昭王时，氾称上书倡"俭素"，"愿殿下亲仁善邻，养威观衅，罢宫室之务，止游畋之娱租后宫嫔妃，诸夷子女，躬受分田，身劝蚕绩，以清俭素德为荣"⑤。于时，晋惠帝开"寒素"特科，南朝宋明帝下《搜括隐逸诏》遍寻隐逸高士，"夫箕、颍之操，振古所贵，冲素之风，哲王攸重。"⑥

时人也喜用"素"称赞他人。西晋时，晋武帝司马炎给大臣的诏书中，评价中多以"素"，赞王基"既著德立勋，又治身清素，不营产业，久在重任，家无私积，可谓身没行显，足用励俗者也"⑦，称侯史光"忠亮笃素，有居正执义之心"⑧，赞王祥"太保高洁清素，家无宅宇"⑨，称郑袤"履行纯正，守道冲粹。退有清和之风，进有素丝之节"⑩，称山涛"至性简静，凌虚笃素，立身行已，足以励俗"⑪，"秉德冲素，思心潜通，清虚履道，有古人之风"⑫，称许华表"清贞履素，有老成之美"⑬，王览

---

①　《宋书》卷九《后废帝纪》。

②　《南齐书·礼志》"上建武二年通直散骑常侍庾昙隆启"，又见《全梁文》卷五十四《庾昙隆郊坛不起瓦屋启》。

③　《周书·文帝纪下》。

④　《全梁文》卷四十八《贺琛条奏时务封事》。

⑤　《全晋文》卷一百五十五《氾称上疏言天变》。

⑥　《全宋文》卷八《宋明帝搜括隐逸诏（五年九月）》。

⑦　《全晋文》卷二《晋武帝赐王基家奴婢诏》，引《魏志·王基传》。

⑧　《全晋文》卷二《晋武帝以侯史光为御史中丞诏》引《晋书·侯史光传》。

⑨　《全晋文》卷二《（晋武帝）王祥致仕诏》引《晋书·王祥传》。

⑩　《全晋文》卷三《晋武帝以郑袤为司空诏》引《晋书·郑袤传》。

⑪　《全晋文》卷四《晋武帝以山涛为吏部尚书诏》。

⑫　《全晋文》卷五《晋武帝以山涛为太子少傅诏》。

⑬　《全晋文》卷四《（晋武帝）许华表致仕诏》引《晋书·华表传》。

"少笃至行，服仁履养，贞素之操"①，皇普谧"沈静履素，守学好古，与流俗异趣"②，曹志"笃行履素，达学通识，宜在儒林，阐弘胄子之教"③，卢钦"履道清正，执德贞素"④，羊祜"蹈德冲素，思心清远"⑤，张建"忠笃履素，为江表士大夫所称"⑥ 等等。东晋时，晋元帝赞谯王司马承"贞素款亮，志存忠恪"⑦，晋明帝赞薛兼"履德冲素，尽忠恪己"⑧，周抚"质性详简，义诚素著"⑨，晋安帝赞吴隐之"孝友过人，禄均九族，菲己洁素，俭愈鱼飧"⑩。西晋人陆云赞"石行文在无锡大有清绩，一州之高功长吏。此家行素道实，州间所称。"⑪ 刘坦称"太尉（刘）寔体清素之操，执不渝之洁，悬车告老，二十馀年，浩然之志，老而弥笃，可谓国之硕老，邦之宗模。"⑫ 南朝宋颜延之《吊张茂度书》称"贤弟子少履贞规，长怀理要，清风素气，得之天然"⑬，等等，枚不胜举。

在敦素之风气影响下，时人对孟子的评价多与此相关。东汉末应劭在《风俗通义·穷通》述孟子穷达之迹，称赞孟子"不屈道趣舍，枉尺以直寻"。西晋王导《上疏请修学校》，将"正人伦"视为"治化之本"，通过设"庠序"而使"五教明"，从而使父子兄弟夫妇长幼之序顺"君臣之义固"，如此"反本复始，各求诸己"，可使"敦素之业著，浮伪之道息"，从而实现"孟轲所谓'未有仁而遗其亲，义而后其君者也'"。⑭ 南朝宋，荀赤松弹劾颜延之"求田问舍""惟利是视"时，援引孟子，"臣

---

① 《全晋文》卷五《晋武帝以王览为宗正卿诏》引《晋书·王览传》。
② 《全晋文》卷五《晋武帝征皇甫谧为太子中庶子诏》引《晋书·皇甫谧传》。
③ 《全晋文》卷五《晋武帝以曹志为博士诏》引《晋书·曹志传》。
④ 《全晋文》卷五《晋武帝赠卢钦诏》引《晋书·卢钦传》。
⑤ 《全晋文》卷五《晋武帝追赠羊祜诏》引《晋书·羊祜传》。
⑥ 《全晋文》卷六《晋武帝以张建为给事中诏》。
⑦ 《全晋文》卷八《晋元帝以谯王承为湘州刺史诏》。
⑧ 《全晋文》卷九《晋明帝赠薛兼诏》。
⑨ 《全晋文》卷九《晋明帝讨钱凤诏》。
⑩ 《全晋文》卷十二《晋安帝进吴隐之前将军诏》。
⑪ 《全晋文》卷一百三《陆云与戴季甫书》。
⑫ 《晋书·刘实传》之刘坦《上言宜听刘实致仕》。
⑬ （南朝宋）颜延之《吊张茂度书》，《全宋文》卷三十七引《宋书·张敷传》。
⑭ 《宋书》卷十四《礼志一》。

闻声问过情,孟轲所耻,况声非外来,问由己出"①。南朝梁,江淹上表倡议治国"循素"为安,他说"礼奢宁俭,宣尼之高风;以义止利,孟轲之宏规。"② 南朝梁武帝时,周兴嗣编《千字文》,直接以"敦素"涵括孟子人格风范,"孟轲敦素,史鱼秉直。庶几中庸,劳谦谨敕",由此,"孟轲敦素"随着《千字文》的广泛流布而更深入人心。对孟学发展来说,"孟轲敦素"也成为"南朝孟学史的点睛之笔"③。

---

① (南朝宋)荀赤松:《奏劾颜延之》,《全宋文》卷二十九引《宋书·颜延之传》。

② (南朝梁)江淹:《萧太尉上便宜表》,《全梁文》卷三十六。

③ 杨海文:《"孟轲敦素"——南朝孟学史的点睛之笔》,《海岱学刊》2015 年第 2 辑,齐鲁书社 2015 年版,第 171 页。

先秦儒家王道理想的应然指向与现实困境

——以《孟子》为探讨中心*

李友广

（西北大学中国思想文化研究所）

王道政治是先秦时期诸子所共同面对的传统政治文化资源，很多思想家在著书立说、思想论辩的时候都或多或少会涉及这一问题，进而借此来阐述自己的价值立场和应对方案，对于儒家而言更是如此。在本文，我们在对王道与王道政治作出相应理论阐释的基础上，对于儒家视野下的王道政治是什么，儒家为何会对王道政治进行理想化处理，王道政治在现实社会中所面临的困境，以及儒家在面对这一困境时是如何处理的等问题，以孟子与《孟子》为中心进行必要的理论分析与探讨。本文不足之处，祈请方家指正。

一 王道与王道政治

政治制度、治理经验及政治文化与其时的社会历史条件密切相关，或者说政治制度、治理经验及政治文化正脱胎于特定而又具体的社会历史条件。与王道相对应的，正是以封邦建国为鲜明政治特点的王权社会。

道，其义涵固然有多种，但道路、方向是其最基本的初始之意，其他包括本根、根本；原则、法则；依据、规范、规律等则是其延伸之

* 本文系国家社科基金西部项目"先秦儒家政治哲学研究"（编号 15XZX006）的阶段性成果。

义。所谓王道，是指王权社会中君王治理天下的政治制度、方式方法及思想理念，与其后皇权社会沿承秦制的政治制度与价值理念大为不同。对于儒家而言，王道的实施者是王，其所包括的对象则更为具体，按照孔孟所言，主要包括夏商周三代之王中的禹、汤、文、武、成王、周公，而尧舜则被视为帝道的代表，《礼记·礼运》中的"大同""小康"之别，后世经学家多认为与此有关，故而在价值层面上要高于前者。不仅如此，王道的接受对象是天下，这与三代之王尤其是周天子所治理与面对的是整个天下有关（《尚书·金滕》云："乃命于帝庭，敷佑四方。"《尚书·大禹谟》屡云："文命敷于四海""皇天眷命，奄有四海为天下君。""无怠无荒，四夷来王。"《管子·君臣》亦云："王天下者，其道王之也。"），故而儒家视野中的王道具有公、正之义，自然是遍覆式的（《礼记·孔子闲居》即云："天无私覆，地无私载，日月无私照。"），这在彰显儒家政治立场的文献《尚书·洪范》中有着集中阐述："无偏无陂，遵王之义；无有作好，遵王之道；无有作恶，遵王之路。无偏无党，王道荡荡；无党无偏，王道平平；无反无侧，王道正直。会其有极，归其有极。"正因为王道"荡荡""平平""正直"，故而在其后《洪范》接着说："天子作民父母，以为天下王"。依此来看，要成为天下王，其逻辑前提是先做万民之父母，以伦理上的行为表现来成就天下政治事功。在这个意义上，《孟子·梁惠王上》（注：以下凡引《孟子》，只注篇名。）言谓"养生丧死无憾，王道之始也"，遵循的也是从伦理到政治这样的理路，这当然与过于强调求取国家富强的法家大为不同："国富而治，王之道也。故曰：王道非外，身作壹而已矣"（《商君书·农战》），"能越力于地者富，能起力于敌者强，强不塞者王。故王道在所闻，在所塞。塞其奸者为王。故王术不恃外之不乱也，恃其不可乱也。"（《韩非子·心术》）"圣人之所以为治道者三：一曰利，二曰威，三曰名。夫利者所以得民也，威者所以行令也，名者上下之所同道也。"（《韩非子·诡使》）也与强调"自然无为"、清虚自守的老庄道家不同，如老子说："天之道，利而不害；圣人之道，为而不争。"（《老子·八十一章》）庄子说："圣人者，原天地之美而达万物之理。是故至人无为，大圣不作，观于天地之谓也。"（《庄子·知北游》）"在老庄看来，君主治理天下应积极效法天道自然，让万物兴起而不据为己有，如此统治才能稳固和得到更多的好处。"①

与王道直接相关联的则是王道政治，王道政治固然在历史上曾有内容与形式上的变化，但在儒家这里，基于自己的立场与时代条件给予了较为系统的阐述。王道政治是三代之王面向天下而展开的综合性政治治理系统。在儒家这里，尤其是对于孔孟而言，他们推崇和论述最多的是西周的政治制度与礼乐文明：孔子对周公推崇备至；孟子则多言文王之治，并以此来考量和评判当世侯王的政治行为与日常表现②。孔孟之所以言多称周制，是因为西周政治制度所彰显的政治文化特质与儒家以道德的进路来推进政治治理的立场并无二致。概而言之，西周政治文化既强调对于天、天命的敬畏，这是对夏商既有宗教神学文化的一种延续与继承，也强调对于民众尤其是社会弱势群体的体恤与关照（《尚书·康诰》云："不敢侮鳏寡"，《尚书·无逸》则强调要"知稼穑之艰难""知小人之依"。），也就是《尚书》所屡言的"敬天保民"。一个方面是对上的"敬天"，一个方面是对下的"保民"，居其中的则是"王"，亦即敬天和保民的主体首先指向的都是王，只有把这两个方面都充分承担起来才算是符合儒家立场与标准的王，而要把这两个方面都很好地承担起来，在儒家看来就需要王"疾敬德"（《尚书·召诰》）——不断努力提升自己的德行，进而认真实施德政，这样的王其政治治理行为、政治理念及政治智慧便构成了王道政治的主要内容。由此来看，王道不仅要包括如下这样的政治行为与政治事实：对天下国家的构成主体——民众要爱护和体恤（《尚书·蔡仲之命》：有云"皇天无亲，惟德是辅。民心无常，惟惠之怀"。）；而且，王道的正当性还要借助天的权威力量，以顺承天意、天命的形式来寻求正当性的获得（《尚书·泰誓上》言谓："天佑下民，作之君，作之师，惟其克相上帝，宠绥四方"。）③，这固然是对夏商既有宗教神学力量的借鉴，但也正

---

① 杨汉民：《先秦诸子"王道"思想的演变与发展》，《南华大学学报（社会科学版）》2013 年第 4 期。

② 对于孔子而言，周公是礼乐制度、礼乐文明的创作者，是德位相配的政治楷模；对于孟子而言，文王则是体恤民情、关怀弱势群体，行仁政的王者。

③ 就此而言，君（天子）的合理性来自于天意所授，天子治理天下之道同样与天有关，或者说王道的正当性来自于上天、天命。不仅如此，就连人间包括君臣、父子、兄弟、夫妇、朋友之间的伦常次序也是上天安排的，故而《尚书·皋陶谟》屡言"天叙有典""天秩有礼""天命有德""天讨有罪"，以天的权威与法则性力量来论证人伦秩序、等级次序的天然合理性。

说明夏商周三代在社会结构、政治制度以及精神信仰等方面的延续性与惯性力量。

由此来看，王道与王道政治主要由上天、下民、中王德三个维度构成，缺一不可。在周人看来，上天具有无上威严，并以天命、天罚、天佑等形式影响人世间，而作为君临天下的天子务必要修德、敬德方能顺承天命、天意，如此天子的统治便被赋予了上天的威严，是上天意志的化身，是天命的主要政治载体，故而可以说，王道是天道在人世间的合理化呈现。此外，修德、敬德的天子也要承接天的遍覆性而生出"好生之德"（《尚书·大禹谟》言谓："好生之德，洽于民心。"），借以惠民、养民、保民："德惟善政，政在养民。"（《尚书·大禹谟》）这种自上而下、以王贯通上天和下民的思维方式在其时具有理论的完整性与自洽性①，以至于在很长时期内都影响了儒家在政治文化方面的致思，儒家所常言的德政、善政、仁政，并没有真正超出周人的思维框架与致思理路。

二　儒家视野下的王道政治及其理想化

如上文所言，王道政治是生成和适应于王权社会（由原始氏族公社进入国家形态的初级阶段）的政治运行机制与政治价值理念，自有其价值与合理性。这套政治运行机制与政治价值理念以礼乐制度与礼乐文明的方式有效理顺和维护了天下层级实力格局，从而使得君臣、父子、夫妇得以各安其位，各司其职，各负其责，在家国同构的基础上初步实现了伦理与政治的双向互动与一体化。但是，当历史从三代进入春秋战国，政治体制由"封藩建卫"的周制向政治权力日益向君王集中的秦制过渡，而这种政制的变化在文化典制上的集中表现便是礼坏乐崩。

虽然如此，王道政治仍然是诸子在先秦所要面对的政治传统与政治文化大背景，故而《史记·十二诸侯年表》载有"孔子明王道，干七十余

---

① 《说文解字》即云："王，天下所归往也。……三画而连其中谓之王。三者，天地人也，而参通之者，王也。"这样的致思理路并非许慎独创，实际上是对西周政治文化以及西汉董仲舒相关思想理论的积极吸收与转化。引文见（清）段玉裁：《说文解字注》上海古籍出版社1988年版，第9页。

君，莫能用"这样的话语，《汉书·艺文志》亦云："诸子十家，其可观者九家而已。皆起于王道既微，诸侯力政，时君世主，好恶殊方，是以九家之术蜂出并作，各引一端，崇其所善，以此驰说，取合诸侯。"可见，诸子的兴起，各家思想学说的蜂出，与王道政治在春秋战国时期的急剧变化有关。可以说，王道政治的变化并不仅仅是政治体系一个方面的变化，而且还关涉到了礼乐制度、诗教文化、社会规范、交往原则、价值理念诸多方面的变化。这种变化给整个社会和各阶层所带来的震撼是无与伦比的，不过对此最先觉察到的是那些既熟知古代典籍文献又深怀济世安民情怀的士人，故而他们对于王道政治存在的价值与意义，以及王道政治价值的失落对于天下政治格局与社会所带来的负面影响，天下政治制度、政治秩序向何处去等一系列问题有着各自的思考与探索。诸子的这种思考当然受制于其对现实政治所持立场与看法的影响，而这种看法又让他们对于现实政治所发生的变化难以作出客观、公允的解释、判断与估量，从而在对现实政治制度与政治文化的评价中呈现出价值立场先行的鲜明特点，这在儒家那里表现尤为明显。

从儒家文献来看，孔孟针对春秋晚期战国时期天子权威因诸侯们政治野心的膨胀而急剧下降感到愤懑不已，并以"天下有道"与"天下无道"来作出不同的评价。何以如此？从王道政治的产生来看，王道政治基于血缘宗法伦理而成，是宗法伦理与政治相结合的产物。从原始社会的氏族公社与氏族部落向三代时期国家形态转进，在这一过程中实际上逐渐呈现出天子与侯王共治天下的政治权力格局，这种政治特点在西周表现得尤为明显。共治天下的良性态势须有周天子强大权威作基础，并以宗法血缘伦理来维系。当周天子式微，而诸侯因着地缘优势与政治治理政策的灵活性而逐渐发展起来的时候，相伴随的是功利主义导向的兴盛（诸如侯王、卿大夫们的肆意僭礼，纵横家、法家人物在政治舞台上的大行其道，是其重要表现），以及血缘宗法伦理在政治权力上的约束能力一再被弱化，这也表征了政治与伦理确实有着不小的差异，并有着各自所适应的领域。虽然如此，因着西周政治文明所蕴含的宗法伦理特点，儒家对此还是表现出了浓厚的兴趣，并对这一特点屡有阐释与说明。故而，在儒家文本中我们很容易就能发现，文本中往往呈现出政治的伦理化与伦理的政治化相互杂糅的政治文化倾向①，而这种倾向正呈现出了儒家对于血缘宗法伦理的维护与眷恋，以及对于礼乐崩坏后华夏文明的发展走向表现出了深深的忧虑。

无疑，基于儒家文献的描述我们可以发现，在儒家视野中王道政治是美好的，在这种政治治理下德政富有成效，保民安康（《尚书·康诰》云："用康保民"。）、秩序和谐、天下安宁。既然如此，作为儒家眼中理想政治的王道政治何以在春秋晚期战国时期逐步失效？儒家为何对王道政治如此推崇，以至于言多称周制？

出于便于行文的需要，我们先来思考第二个问题。儒家对于王道政治的推崇，除了上文所提到的儒家崇古、厚古以至于托古的立场以外②，我们有必要首先从夏商周三代社会特点谈起。从夏商周三代社会的整体特征来看，宗教色彩浓厚与神权特点显著，政治文化上的这种氛围与特点既赋予了其时政治权力的正当性与形上价值，又对政治文化对于人本身的关注与关怀起到一定的束缚和限制作用。从反映三代社会思想文化的文献来看，夏、商时期，"天命""天罚"观念十分盛行。史载，"有夏服天命"，（《尚书·召诰》）夏启征伐有扈氏时，声称"予惟恭行天之罚"。（《尚书·甘誓》）商汤讨伐夏桀时，宣称"有夏多罪，天命殛之"。（《尚书·汤誓》）商纣在陷入穷途末路时，仍然相信"我生有命在天"。（文见《尚书·西伯戡黎》《史记·殷本纪》）那么，在夏商时期为何会存在这样的特点？根据王奇伟的研究，他认为："商代脱离氏族社会未远，尚处在中国早期国家的产生时期。有殷一代的大部分时期，专制王权尚未得以确立，神权在很大程度上凌驾于王权之上，而使商代政治表现出浓厚的神权政治的色彩。"③根据夏商所处的社会历史阶段来看，这一时期是中国古代国家形态形成的初级阶段，对应着松散方国联盟的王权并非是至高无上

---

①　相关内容可详见如下拙文，此处不赘述：《政治的伦理化：早期儒家在政治文化领域理论建构的一种向度》，《管子学刊》2012 年第 1 期；《伦理的政治化：早期儒家政治文化的理论建构向度》，《江西社会科学》2012 年第 11 期（注：此篇文章王晓洁为第二作者）。

②　至于儒家为何会持有崇古、厚古与托古的立场，笔者曾撰文进行研究，由于此问题为本文的间接性问题，故不赘述。详见拙文：《家庭伦理对早期儒家共同体形成的价值及影响》，《云南社会科学》2013 年第 6 期。

③　王奇伟：《论商代的神权政治——兼论商代的国家政体》，《殷都学刊》1998 年第 3 期。

的，这样的王权需要借助宗教神权来抬升自己，同时宗教神权也需要依凭人间王权来对人们的社会生活和精神世界产生切实影响，因而他的这一判断是平实可信的。与此相应，在宗教神权观念上，晁福林认为，"殷代的帝和土（社）、岳、河等神灵一样，既具有自然品格，又具有某种人格。帝是众神之一，而不是众神之宗。殷代尚未出现一个统一的、至高无上的神灵。""殷代政治结构是王权、方国联盟势力、族权等的联合体，与之相适应的神灵世界理所当然地呈现着多元化的状态。"① 可以说，晁福林的相关论述正从某种意义上为王奇伟的观点作了印证。

如此来看，王道政治存在的正当性在三代时期确乎有宗教神学的支撑，而且由于历史传统的影响和惯性的力量，这种形式的支撑在春秋战国时期依然存在，虽然儒家对于政治权力正当性论证的重点已经由天命神学转向了民心民意。② 当然，儒家的这种转向，既是对春秋晚期人文理性精神觉醒的一种反应，又不断推动人文理性精神在春秋战国时期的进一步发展。当社会历史由周制向秦制过渡的进程中，政治权力向君王身上的日益集中是一种历史的发展趋势，而在这一过程中出现的主要情况便是诸侯势大，天子政治权力被切割。随着周制的被破坏，实际上与周制运转密切相关的礼仪制度、礼乐文化，以及宗教神学等也遭到了破坏与质疑。如上文所言，周制在典章制度层面的被破坏集中表现便是礼坏乐崩，而我们所说的礼乐它不仅仅是一种制度，而且也是周代宗教文化精神的载体，因而礼坏乐崩不仅使周制得到破坏，而且也动摇了人们自三代以来对于宗教神学的固有认知与信仰。可以说，与周人对于人本身的关注与关怀相伴随的

---

① 详见晁福林：《论殷代神权》，《中国社会科学》1990 年第 1 期。

② 通过研究，俞荣根认为："西方关于政治统治合法性的探讨，从苏格拉底、霍布斯、洛克、卢梭、康德直到当代的哈特、罗尔斯、德沃金，一直未有终结，其核心之点就是'同意理论'。……这种理论认为，政治统治的合法性必须建立在被统治者同意并对被统治者有所交待的基础上。"（详见俞荣根：《法先王：儒家王道政治合法性伦理》，《孔子研究》2013 年第 1 期。）虽然中国传统政治思想资源中并无这方面的直接内容，但实际上孟子等思想家所提倡的"民心民意"论与西方所深为认同的"同意理论"相通。他们都已经意识到，政治统治的合法性不能靠自身来证明，必须依靠政治统治系统之外的东西来作支撑。在中国传统政治思想资源中，天命和民心是判断政治统治正当性的两大依据。随着历史的发展，至儒家产生的时代，民心对于支撑政治统治正当性的重要性已大大超过天命。这固然与宗教神学色彩逐渐淡化、人的地位不断上升有关，也与儒家仁义、王道仁政的立场密切相关。

是，宗教色彩的淡化以及神性权威的逐渐弱化与动摇。与之相对应的，便是人在某种意义上的觉醒和解放，而这种觉醒和解放又是以天命神权的弱化为前提条件的。人被松绑以后，如果不注重敬德、修德的话，往往容易出现欲望膨胀、道德滑坡的社会现象，进而导致功利主义价值理念的盛行。面对日益糟糕的社会政治现实，包括侯王的骄奢淫逸，政治的失序，社会的动荡激变，以及人们价值理念的混乱不堪，这一切让持有仁义立场的儒家甚为失望，不得不将目光投向王道政治大盛的夏商周三代，并以距离春秋最近、影响最巨的西周政治制度和政治文化为现实政治改革与完善的目标与圭臬。

既然儒家视野中的王道政治如此美好，为何会在春秋晚期战国时期逐渐失去效力呢？在此，我们以王权特征更为显著的西周为例进行探讨。如前文所言，王道政治的有效维持与延续，需要有一个很重要的前提，那就是处于天下政治权力格局中的王权必须强大有力的同时，肩负王权重任的天子还要敬德、修德，以上达天意，下化万民，合政治、伦理功能于一体。到了西周晚期，天子不再如文武周公那样的谨小慎微，注重明德慎罚、敬天保民了，因而在《诗》中经常会出现刺厉王、幽王的诗篇，这也成为"变风变雅"的主要表现之一，故而《诗·大序》云："至于王道衰，礼义废，政教失，国异政，家殊俗，而变风变雅作矣。"从《诗·大序》的叙述来看，"变风变雅"首先指向了时代之变，厉幽失德，平王东迁，时代随后进入了天子式微、王纲解纽、诸侯争霸的春秋战国时代，故而《诗》中出现了对于天、天命和王权正当性的质疑，并如同《小雅·正月》一样，诗人以"我心忧伤""忧心京京""哀我小心""忧心愈愈""忧心茕茕""心之忧矣""忧心惨惨""忧心殷殷"等语汇来表达自己对于时代变化给人内心所带来的纠结、苦闷与忧伤。诗人们因着时代的变化而在情绪和情感上所发生的这种变化，具有一定的普遍性，甚至在诸子身上也有所体现。限于文章篇幅，在此我们以孟子为代表的儒家为例来展开接下来的研究。

王道政治在春秋战国的逐渐失效，在儒家文献《孟子》中有着集中反映。面对天子式微，诸侯崛起的社会历史现实，孟子不再对周天子行王道仁政抱有期望，有时候反而会对梁惠王、齐宣王等侯王反复陈说，寄希望于他们能够行王道仁政。而且，孟子也不再以天子为唯一有资格统治天下的对象，反而认为只要"不嗜杀人者"皆有资格来统一天下（《梁惠王上》即云："今夫天下之人牧，未有不嗜杀人者也。如有不嗜杀人者，则天下之民皆引领望之矣。诚如是也，民之归之，由水之就下，沛然谁能御之？"），这就将行仁政王道的对象范围扩大到了所有侯王身上。这既是孟子对政治社会现实的清醒认识，也预示着王道政治的维持与延续愈加困难，更多的只能以理想政治的形式存在。由于当世侯王的骄奢淫逸、私欲膨胀，他们往往不敬德、修德，从而致使有资格和有能力推行王道政治的王者缺位，因而王道政治由理想变成现实的机会愈加渺茫。

从理论上讲，仁政不离仁，强调施仁的对象是天下万民，利他性从范围与程度上得到最大可能的实现。由此来看，理想的施仁者当为天子，而于《孟子》则多言诸侯王（包括梁惠王、齐宣王、滕文公等），实则体现了孟子既正视了诸侯在战国时期实力的崛起以及对现实政治影响力日益剧增的社会现实，又彰显了孟子在坚守道义原则与立场的前提下所作出的一种退而求其次、"取法乎上，仅得乎中"（《帝范》卷四）的权变行为。尤其需要指出的是，孟子在《万章上》篇曾多次陈说舜的大孝以及其对伦理亲情的维护，在孟子的立场之下，其所建构的舜的人物形象是一位既重视伦理亲情又兼顾社会公正的理想君王。那么，孟子何以强调舜对伦理亲情的维护（孟子于《万章上》言谓："人悦之、好色、富贵，无足以解忧者，惟顺于父母，可以解忧。""大孝终身慕父母。"），为什么又建构了舜既重伦理亲情又兼顾社会公正的理想帝王形象？

通过《战国策》《孟子》《史记》等传世文献我们可以发现，在孟子所处的战国时代，君王多有好乐、好货、好色的毛病，欲望的膨胀致使心之四端少有被扩充的机会，如此，则不足以事父母，更遑论保四海安天下了（《公孙丑上》云："苟能充之，足以保四海；苟不充之，不足以事父母。"）孟子在与君王对话的时候，多次强调仁义、仁政、王道、王政等方面的举措与内容，这实际上既是孟子对理想君王的一种期待，也说明了其时的君王多不行仁政，距离孟子心中所认可的标准较远。在这种现实情况下，孟子在与弟子的对话中构建出了舜这样一位公私兼顾、仁智双全的理想君王形象。当然，舜这样的君王，在孟子所处的时代不太可能出现，这既是孟子道德理想主义的集中表现，也是其对理想政治社会的积极建构，同时也是对对内骄奢淫逸对外攻城略地当世侯王的失望与批评。① 可以说，天下混乱，百姓困苦，天下国家和人们的出路与前景依然尚不完全明朗，在这种历史情境下，人们尤其需要明君圣主的出现，而孟子所构建的舜的伟大君王形象正符合人们的愿望与时代的要求。不仅如此，孟子还坚信不疑地宣称道："五百年必有王者兴，其间必有名世者。"他认为，从时势上看应该是出现圣贤君主的时候了："由周而来，七百有余岁矣。以其数则过矣，以其时考之则可矣。"而他自己就是有名望而可以辅佐君王的人。（引文见《公孙丑下》）

由以上分析可以看出，王道政治在春秋晚期战国时期的逐渐失效，是与周天子式微诸侯崛起天下实力格局发生剧烈变化分不开的，而这种剧烈变化实际上又是对封邦建国政治体制背后的宗法伦理价值的一种怀疑与动摇，礼坏乐崩是其表现形式，而霸道和功利主义的盛行则是对宗法伦理价值怀疑与动摇以后产生的结果。当然，对于功利主义在战国时期的盛行，虽然还要作具体分析，万不能绝对肯定或绝对否定之，虽然孟子在与诸侯王的谈话中常常以功利主义的效验来诱使其行王道仁政，以使其可能获得最大的利②，但就孟子的立场而言，功利主义对于世道人心、天下国家的危害委实不小。针对这种政治社会现实，孟子一方面对侯王的失德行为大加批判，对天下的失序格局深表忧虑，另一方面又在追忆文王德政仁政荣光的过程中，对于过去曾经存在过的王道政治大为赞赏，这种赞赏当然在法先王的政治历史观念基础上对于王道政治蕴涵着理想和美化的成分，就如同《礼记·中庸》对于孔子所称说得一样："祖述尧舜，宪章文武"。

三　理想化的王道政治及其现实困境

诚如上文所言，立于宗法伦理基础之上的西周政治，以伦理亲情的

---

①　在孟子所处的战国时代，诸侯们甚至将载有周王室所颁布的爵禄制度的典籍给毁掉了，因为这些典籍所呈现的礼制会妨害诸侯们的利益，以至于就连孟子对于爵禄规定的详情也不清楚了。（文见《孟子·万章下》）

②　李景林认为，王道并不完全排斥功利和事功，他认为"儒家的王道论可以概括为一种在道义原则基础上的道义——功利一体论"，也就是说"儒家的王道对事功和人的欲望要求的肯定，仍以道义为其内在的原则和价值指向。"见李景林：《论儒家的王道精神——孔孟为中心》，《道德与文明》2012 年第 4 期。

方式巩固政治权力，在历史上确实曾起到过积极意义，但绝没有后来儒家所想象得那样完美，其实有着儒家美化和理想化的成分。这固然与儒家厚古、法先王的政治历史观念相关，但更与春秋晚期战国时期糟糕的政治现实关系甚大。到了春秋晚期，尤其是进入战国时代以后，侯王们的表现越来越不符合儒家的政治价值标准，故而以孟子为代表的儒家对他们往往多有批评，其原因不外是不尊天子、不畏天命；破坏礼乐、不重文教；不顾民生，偏重军事与外战；不敬德修德①，一味骄奢淫逸，等等。

　　儒家与诸侯的这种冲突，在《梁惠王上》表现得尤为明显。孟子与梁惠王的相遇，本可在历史上成就一段良臣佐明君的佳话，但实际上却变成了义与利之间的冲突。孟子拜见梁惠王，意欲以仁义劝说他行王道仁政，而梁惠王的用心却全不在此，而是在风云际会、激变动荡的时代潮流中，希望通过积极参与对外战争的方式去追求土地、民众和财富等各种可以最大限度满足君王欲望与政治野心的资源。在和梁惠王的对话中，孟子并没有完全否定和排斥利益，而只是说在追求利益的过程中应以仁义价值为先导，只有将对利益的追求安置于仁义价值的规范当中，才有可能最终实现统一天下、安定四海这样最大的利，而这样的利其实就是合价值与功利于一体的利。② 由于时势紧迫、王纲解纽和社会失范，大权在握的侯王们欲望上的炙热往往会呈现出对道德的冷漠与无视，这不仅表现在孟子与梁惠王的对话中，在他和齐宣王的对话中也多有反映。

---

　　① 侯王们的不敬德修德在《孟子·公孙丑下》中的突出表现就是，拥有爵位的齐宣王对拥有年龄和德行的孟子表现得非常傲慢，就连其臣子景丑氏也认为孟子应该如同《礼经》上所说的"君命召不俟驾"一样，去趋奉应命。孟子则不这样看，他认为对君王的敬重，不能仅仅表现在形式上，而在于敢于直言进谏和陈说仁义上。

　　② 对此，朱承也说："如果从其目的来看，其实孟子在一定意义上来看是'效果论'者。孟子既拥有道德理想，同时也重视行为的后果"，"孟子仅是说片面地强调'利'在方法上对于'王天下'这一终极政治目的是有害的，或者说急功近利对于王者来说是无益的，他认为，只有用'仁义'才更加吻合'王天下'的终极政治目的，这就是所谓'仁者无敌'。"（朱承：《儒家的"如何是好"——以孟子为中心的考察》，《中国哲学史》2010年第4期。）所言非虚。实际上，按照孟子的立场来看，"无敌"是道德优势在政治事功领域的有效延伸与必然胜利，而"无敌"在逻辑与事实上又必然呈现为显著的效益、效果及一定的功利性。

孟子见齐宣王，在《梁惠王下》出现多次，围绕的主题包括音乐（乐教、王道）、明堂（王政）、桀纣之事（行仁义），实际上指向的都是王道仁政问题。齐宣王多次强调自己欲望太炽，喜欢世俗的流行音乐，喜欢钱财和美女，无法做到行王道仁政。对此，孟子以王道理想与仁义立场为侯王的欲望放纵设定了下限：以不过度损害他人的利益为前提。在《梁惠王下》，孟子提到周文王实行仁政的时候，首先考虑的是如何妥善安置鳏夫、寡妇、独老和孤儿这四种天下穷苦无靠的人（《梁惠王下》云："文王发政施仁，必先斯四者。"），因为他们是最迫切需要王道仁政保护和关照的对象。对此，宣王认为这样做很好，但自己却做不到，因为自己喜欢钱财，又说自己喜欢女色。对于这样的君王，孟子无疑是非常失望的，但整个天下的君王多是如此，无从选择，故而孟子苦口婆心，耐心劝说宣王要与民同乐、与百姓同之。在不否定侯王私欲利益的同时，孟子希望他们能将自己的欲望普遍化，以仁政王道的方式将欲望推广到百姓民众的身上，进而实现与民同乐的政治目的，这也是孟子所一再希望的："天下溺，援之以道"。（《离娄上》）① 可以说，在当时的历史条件下，面对君王欲望的放纵，基于对君王的政治角色伦理要求，孟子给出了自己的解决方案。他认为，化解与引导欲望的有效方法就是要扩充自己的好乐、好货和好色之心，与民同乐，这样做的结果，不仅适当满足了自己的欲望，更重要的是还成就了自己的政治责任。当然，这是在特殊的历史条件下，孟子对当世侯王所提出的变通性要求，自是与其心目中积极实施包括"耕者九一，仕者世禄，关市讥而不征，泽梁无禁，罪人不孥"（《梁惠王下》）在内王政的文王不能相比。

王道政治固然在三代依然存在，但由王道政治上升到王道理想以孔孟为代表的儒家是做了大量理论和现实工作的。可以说，王道政治经儒家立场下的重塑以后形成了王道理想，重构后的王道理想，在儒家看来具有不言自明的价值与意义，也就是我们所说的应然性指向。根据《论语》《孟

---

① "天下溺"，需要以王道来援救，而王道的实现不离行仁政。当然"嫂溺"与"天下溺"决不是截然二分的，这既是因为嫂子属于天下（百姓）的组成部分，既言天下则嫂子不能被排斥在外，又是因为王道的实施离不开君王恻隐之心的生发与培固。可以说，孟子所言之"救"始于对伦理亲情的维护，止于对社会公正以及天下安宁目标的追求，从而实现了在伦理与政治之间最大限度的贯通。

子》等儒家传世文本我们可以发现，儒家对于宗法血缘伦理亲情非常眷恋和维护，对于以之为基而确立起来的王道政治制度更是推崇备至。但是，在王道政治价值失落的战国时代，相比于王道政治本身，孟子更加呼唤伦理亲情回归现实政治，进而借助伦理亲情回归后的现实政治来彰显人的尊严与德性价值，在此过程中，孟子多次借助舜大孝的故事（诸如"窃负而逃""封象有庳"等）来一再表达自己这样的立场。不仅如此，在某种情境下，孟子甚至还强调天伦之乐具有王天下所不具有的价值与意义："君子有三乐，而王天下不与存焉。父母俱存，兄弟无故，一乐也。仰不愧于天，俯不怍于人，二乐也。得天下英才而教育之，三乐也。"（《尽心上》）在孟子看来，追求进德修业的君子会有三种快乐，而统治天下则不包括在内，在这三种快乐中，天伦之乐被置于首位，而后两种快乐包括修养之乐和传道育人之乐则是第一种快乐在个人自身和他人身上的自然延伸。这三种快乐都是发自内心的，并超越了一定的功利性和地域局限性，而统治天下的外在事功虽然面对的是整个天下，但从先秦文献语境和逻辑上看它依然有其边界和限制。尽管统治天下可以和君子的这三种乐趣相关联，但毕竟羼杂了很多"欲"的内容与成分，所以自不能完全与君子三乐相比。

与这种重伦理、厚亲情的立场相应，儒家认为，王道理想的实现要以对伦理亲情的维护与重视为起点，轻视和脱离伦理亲情的政治制度与政治行为都很可能使天下处于无道和失序的状态。故而，无论是孔子还是孟子，都一贯主张以道德的进路改良和完善现实政治，而道德进路的完善和实现又离不开个人德性在包括父母在内家环境中的长养与培固，而《礼记·大学》所讲的"修身，齐家，治国，平天下"就表达了从伦理到政治这样的一条路径。故而可以说，理想化了的王道政治，其应然指向首先就包括了对于血缘伦理亲情最大程度的肯定和维护，并以之作为王道理想实现的逻辑起点。正因为儒家如此重视伦理与政治之间的关系，所以孟子认为伦理与政治可以互相成就，并将个人道德修养与政治权力正当性两者之间视为一种必然的联系，实际上这正是他本人合价值性的政治构想，故而他说："身正而天下归之"。（《孟子·离娄上》）① "以德行仁者王。"

---

① 郭店简《唐虞之道》亦谓："必正其身，然后正世，圣道备矣。"（简3）

（《孟子·公孙丑下》）

对儒家来说，王道理想是现实政治治理的理想参照与标杆。就价值层面而言，王道要高于霸道（孟子在《告子下》中认为，"五霸者，三王之罪人也；今之诸侯，五霸之罪人也；今之大夫，今之诸侯之罪人也。"），但是霸道也可以跃升至王道，所以孔子在《论语·雍也》即云："齐一变，至于鲁；鲁一变，至于道。"就此来看，在价值层面上孔孟虽然是尊王贱霸的，但从实际语境来看，孔孟皆没有完全否定霸道的价值与意义，否则就不会分别说"今之诸侯，五霸之罪人也""齐一变"了。这就说明，儒家的王道理想并不完全排除事功和功利，或者说以王道理想引导和规范现实事功与功利，应该是符合孔孟之立场的。概因为此，宋儒程颐和朱熹都曾分别说过"君子未尝不欲利""仁义未尝不利"，[1] 顺此，朱承也说："孟子在讨论义利抉择问题时，'义'既是目的，但同时也是实现长远功利的手段"[2]，这是符合孟子的语境与立场的。从文字的诠解来看，义者，宜也。这种解释不仅强调内在德性基础，也强调外在行为及其场域的合理性，而这种合理性自然并不完全排斥事功效果。如果事功效果在"义"中完全缺位的话，那么此"义"未必可以以"宜"来界定。

当然，儒家眼中的三代政治模式并不一定就是历史史实，反而由于他们所持的仁义立场和王道理想而使其在一定程度上得到了美化，故而后人往往以"三代理想"来称之。对此，诚如韩德民所言："本是历史性概念的'王道'，就被有意无意地转化成了价值性概念，成了理想政治的代名词。"美国学者格里德尔（J. B. Grieder）也说："孔子和他早期的门徒把

---

① 分见［宋］朱熹：《四书章句集注》，中华书局 1983 年版，第 202，201 页。另外，关于儒家义利之辨的问题，梁涛从政治学的角度作出了自己的解释。对此，他认为："孔孟等儒者认为，政治权力应当首先追求'义'而不是'利'，但其所谓'义'实际又落实于民众的'利'，认为凡符合于民众的'利'才是真正的'义'；反之，若只是为了少数执政者的'利'，则是不'义'，故'义利之辨'某种意义上也就是公利与私利之辨。""义利之辨的政治学含义实际源自于执政者的私利与百姓民众的公利之间的紧张，它表达的是对制度（君主行为）之'私利'化、'专利'化趋势的否定。"言之有理。引文见梁涛：《论早期儒学的政治理念》，《哲学研究》2008 年第 10 期。

② 朱承：《儒家的"如何是好"——以孟子为中心的考察》，《中国哲学史》2010 年第 4 期。

他们熟悉的、或能够回想起来的世界理想化了。"① 不仅如此，儒家还将现实世界作了道德化的理解，基于此，他们便将心中所持的王道政治不再视为理想，反而认为是一种历史的必然，认为现实世界必能实现王道政治，从而极大地消解了理想与现实之间本有的差距，也就忽视了三代社会与现实世界之间政治土壤的不同。如此，当儒家试图将王道政治落实于春秋晚期战国时期的现实社会的时候，便遇到了重重困难，陷入了复杂的困境当中。

四　困境下的应对与期待

在上文虽然我们一再言说王道政治的理想性，但也不能否认，由于儒家具有入世、济世安民与关怀现实的品格，而其所建构的王道理想必然具有观照现实政治的指向与要求，因而可以说儒家为王道理想赋予了一定的现实品格。但是，此现实品格由于是基于王道理想精神而抽绎出来的，再加上受儒家仁义立场的影响和限定，从而致使与复杂多变、动荡不定、礼乐崩坏的社会现实有些疏离，故而梁惠王"迂远而阔于事情"（《史记·孟子荀卿列传》）的评价也非全然失当，② 这也是儒家王道理想与现实政治相遇时所产生困境的一种表现。

当然，儒家对于王道理想在现实社会所产生的困境，并非至孟子时才有所觉察，事实上早在孔子去鲁周游列国之际便已深有感触："道不行，乘桴浮于海，从我者其由与？"（《论语·公冶长》）何以如此？如上文所言，在由周制（王权社会）进入秦制（皇权社会）的历史进程中，政治制度的变化首先在礼乐文化与制度方面的变异表现出来，而这种变异实际上在孔子所处的春秋晚期即已开始（当然，如果从端倪来说的话，《诗》中出现刺厉、幽的诗篇即已预示了这种可能与危险），因而孔子忧心忡忡、四处周游，试图稳定和维护基于宗法血缘伦理而形成的王权治下的封

---

① 分见韩德民：《荀子与儒家的社会理想》，齐鲁书社 2001 年版，第 113 页；［美］格里德尔：《知识分子与现代中国》，单正平译，广西师范大学出版社 2010 年版，第 23 页。

② 任剑涛也认为，孟子的王道思想"见识悠远，但与政治疏离。一种以德性规范约束政治生活的意图是显而易见的。"任剑涛：《天道、王道与王权——王道政治的基本结构及其文明矫正功能》，《中国人民大学学报》2012 年第 2 期。

邦建国政治制度，而对于具有消解伦理道德指向的侯王不敬天子、破坏礼制的行为甚为忧虑。

王道政治价值在春秋晚期现实社会的日渐失落，让孔门弟子在面对这一困境时不仅在立场、态度上产生了分化，而且在理论学说和实际行为上也有了差异。虽然儒门产生分化的原因比较复杂，很难一言以蔽之，但是如何应对王道政治价值的失落却是其所要共同面对的时代问题，也是儒门产生分化过程中共同的理论和现实大背景。实际上，儒门产生分化的过程也是由孔子对王道政治所作的价值预设开始遭受质疑与发生动摇的过程，也是王道政治的价值理想层面和政治制度层面共同在儒家精神世界产生影响的过程。也就是说，儒门的分化，即已表征有的弟子仍与孔子一样视王道政治为指引现实政治改革与完善的价值理想，有的弟子则不再视王道政治为价值理想，反而认为其只是一种曾经存在过但已经有些不合时宜的政治制度。所以，在从事理论创建和现实政治活动的时候，有些弟子仍执守王道政治为价值理想，这样做的结果是，这部分弟子在现实政治活动中虽对当世侯王能起到一定的规劝和批判作用，但屡遭碰壁是其必然的政治命运，其后的孟子也是如此；有些弟子则将王道政治从价值理想层面还原、回落为政治制度，其立场和行为很难说完全是儒家式的，但由于或多或少地羼杂了法家、兵家式的思维方式与务实品格，反而更容易在现实政治中发挥作用，从而实现自己的政治价值，这确实是一个颇为吊诡的历史现象。

到了战国时期，王道政治价值的失落则是一个愈加显著的历史现象，崇尚霸道的侯王主导现实政治，以仁义立国的侯王则往往处于岌岌可危的境地。在这个时候，在政治舞台上发挥重大作用的是法家、兵家和纵横家一类的人物，儒家若要如他们一样能够真正影响现实政治的话，就必须将王道政治的价值理想暂时搁置起来，甚至承认王道政治的不合时宜性，进而认同现实政治世界的合理性或者部分合理性，从而发挥其本有的军事才能和论辩才干。但假如儒家真得这样做的话，就等于是为侯王们的不世霸业推波助澜，多多少少背离了儒家的仁义立场，这也是儒家自身所面临的现实政治困境。在这种情况下，固然有不少儒家人物顺应时势而积极入世、干政，但也有抽身而出坚守王道理想者。故而，在郭店儒简中我们会发现，处于战国中期的儒家学者们往往反复强调"时""侯时"和"势"

（见于《穷达以时》《唐虞之道》《性自命出》等），① 这说明他们逐渐意识到政治理想与政治价值的实现不仅需要儒者本身的德性修养和政治才干，更为重要的是，在当时的历史条件下尤其需要良好的时机与时势。

等到秦、汉中央集权政府完全确立以后，如何面对中央权力更加集中的皇权，儒家同样也产生了分化，就如同我们曾在一篇文章中所分析的②，儒家于汉初产生分化在叔孙通和鲁地那两位儒生身上表现得非常明显（事见《史记·叔孙通列传》）。而且，叔孙通这一类儒家人物的出现已完全颠覆了过去那种焦虑、徘徊、俟时的传统儒者形象。在他看来，俟时、等待的时期已经过去，一统时代的来临即已表明这是一个百废待兴、秩序重建的时代，也是儒家可以大展宏图的时代。因而，在叔孙通的眼中，一统时代便是先儒们所苦苦寻求和等待的最佳时机。于是，原来先儒们那种"俟时"的焦虑形象便演变成了叔孙通这里的"用时"和"只争朝夕"、急不可待的人物形象。当然，并不是所有的儒生都如同叔孙通这样，虽然权力的高度集中让王道理想在汉代社会那里主要呈现为隐而未显的状态，并以儒生们明经、注经的方式得以存留，但是王道理想在传统政治领域却从未完全退场和缺席过，这对于身负历史使命与人文情怀的儒者而言，更是如此。

---

① 在郭店儒简尤其是《穷达以时》中屡言："有其人，无其世，虽贤弗行矣。苟有其世，何难之有哉。"（简1~2）"遇不遇，天也。"（简11）"穷达以时，德行一也。"（简14）"穷达以时，幽明不再。故君子惇于反己。"（简15）等等。对此，王光松也说："将自身角色定位为'修身俟时'，他们在将理想实现寄于未来的同时，特别突出了'俟'（即'等待'）这一角色规定。"诚是。见王光松：《在"德""位"之间》，华东师范大学出版社2010年版，第58页。

② 详见拙文：《"俟时"与"用时"——先秦儒家与汉儒政治态度之比较》，《人文杂志》2013年第7期。

从于连的"天下之忧"中看孟子的忧患意识

李润和

（韩国安东大学教授，中国孔子研究院尼山学者）

　　法国哲学家弗兰索瓦·于连（Francois Jullien）认为应当让人们反思一个问题，即互不相同的思维体系之间的比较意味着什么，以及它是如何形成的。不同性质的思维体系的比较源于两种文化的碰撞，这两种文化在历史过程中不断形成各自独有的思想传统。于连强调，在相互关系中把握不同的文化，再渐次寻找可以比较的要素；以及探求出比较对象的内在，即中国人自身由于太过于熟悉反而没有意识到的背景，这两点是很重要的。像这样，于连欲通过中国的思维体系反观西方哲学，他的这一问题意识在"道德奠基——孟子与启蒙哲学家的对话"（1995）一书中被很好地阐发出来。于连在此书中特别将卢梭、康德、尼采等西欧的启蒙思想家与孟子的思想作比较，尤其论述了道德的基础问题。在这里，他说之所以论述"道德的基础"，是因为由于无法克服对道德合理性的怀疑，从而导致在西方哲学中至今为止都无法将道德问题当作一个认真讨论的对象，况且这种情况一直在持续。然而这本书中，于连强调的"道德的基础"并不意味着道德的原则，而是与赋予道德动机乃至合理性问题有密切关联，这一点必须了解。

　　为了澄清道德的基础何在这一问题，于连通过与孟子思想的比较，通过"不忍之心""奠基与比较（比较与奠基）""怜悯之谜""道德之端""人性之争""善乎？恶乎？""失性复求""人道、团结""天下之忧""意志之虚""不讲自由""义行于地""地与天同""此非《中国道德入门》""道义之心通不限（天）"等多种主题寻求解决线索。在这些主题中，本稿仅限于探讨于连意欲摸索自我和世界关系的第9章"天下之忧"

中所提到的圣人的登场和作用，以及他们的忧患意识所具有的特征，非宗教的特征和责任感等。①

一　圣人的登场——现实和理想的协调

关于道德基础的树立这一问题，于连首先就超越个人范畴的、普天之下的现世或现实的职责做了论述。也就是阐释了与"天下之忧"相关的圣人的登场和他们的作用与道德基础的树立有何关系，以及这种认识和西方有何不同的问题。孟子论证上古时代主张圣人创造历史，于连对此作了强调。孟子强调了圣人作为人而非神的存在及作用，他不将圣人的作用与万物的开始或终结联系起来论述，而是关注他们在文明展开过程中的努力，世上的秩序，以及对于臣服于他们的百姓来说，相互之间应该遵守的义务即教化人伦。具体来说，他认识到随着圣人尧和舜的出现，他们的仁义之心在文明展开过程中指导着人们的行为，并提出了可行的指导方向。

于连的这种认识表明，圣人的存在和作用及至孟子经历着巨大的变化。实际上在儒学中设立圣或者圣人这种存在，由他们将上天的旨意完整地在人世间具体实现，这是人类的理想目标，而这一理想目标的显现则是孔子之后的事。然而在孔子那里，圣或者圣人与帝王的角色有着密切关联，而这并不是普通人可以轻易获得的个人成就。身为帝王的圣人，因其拥有超然的智慧，故自然需肩负创造文明和制度的使命。因此儒家很早就将文明和制度的发明权赋予了圣人。以"左传"为代表，包括"荀子""周易""周礼"以及"中庸"等，都记录着圣人拥有非凡的智慧和才能，发明了人类社会的一切文明利器、礼仪以及法律制度等。

于连论述到包括尧舜在内的王朝创始者们都努力想通过德行来树立政治的合理性。他们的政治权威是通过百姓的支持由上天赋予的，而引发混乱的君主必定自取灭亡。因此君主应践行明德。君主要格外注意自己的行为，要小心慎重地处理所有事务以免出错。这是为了维持万物的秩序，让

---

① 本文中的引用主要参考了［法］弗兰索瓦·于连（Francois Jullien）：《道德奠基——孟子与启蒙哲学家的对话》，宋刚译，北京大学出版社2002年版，第82—89页，"第九章天下之忧"的内容。但是个别含义不甚清晰的地方，也参考了此书的韩文翻译版（许坰译，2004，han-ul academy，2004，pp. 133 - 142）的内容。对此不再另做标注。

事物按其原理实现和谐发展。正如于连所说，在战国时代的政治混乱这一历史要求中，孟子的圣人形象发展为包含两种性质的历史人格主体的圣人阶段，这两种性质即周期性地每 500 年产生的、被称作王者的政治理想；以及作为内在的完人、被称作圣人的普遍的人间理想。因此，他不仅将尧和舜视为王者，而且还视为人伦之至①；他还强调孔子写了"春秋"，这也是只有王者才能做到的，于是内圣外王的理想在这些圣人身上得到合并。像这样，儒家的理想就社会政治而言可以说是实现天下大同或太平盛世，就个人而言在于让人成为"圣人"。所以在儒家思想的体系结构中，太平盛世和圣人具有内在的关联性，并且是统一的。内圣外王的理想追求正在于此。儒家在设立修身目标时不免有些繁杂的条目，但结果却只是成为一种理想人格即圣人，说的正是这一点。正如之后儒家的众多观念在不断变化的历史背景下获得新的现实意义一样，圣人观念也在时空变迁中获得了各种各样的含义，这是必然的。② 因此，孟子把在神话或历史中被精心供奉着的圣人"圣王"的政治，作为时代对策的证据来积极运用，向当时的君主介绍圣王的成功事例并劝说他们，而这些君主虽期待统一战国时代以成为新时代的王，但却走上了与现实完全相反的道路。

孟子进而将圣人的相关言论正式引入儒家的道德论中。因此他把孔子的礼作为标准，将那些在自身的生活中创造性地发挥道德文明，即普遍的道德价值的人物纳入圣人的范畴。伯夷实现了道德上的纯洁，即"清"的价值；伊尹实现了社会的责任意识，即"任"的价值；柳下惠实现了谦逊及和谐，即"和"的价值，因此他们都进入了圣人行列。③ 而孔子正是这种意义上的圣人之精华。虽然孔子既不是文明的发明者，也没能登上统治者的地位，但孟子认为孔子是圣人中的圣人。④ 孟子的这种主张蕴涵着将道德文明包含在圣人发明的文明之中，同时赋予整个文明以道德性

---

① 《孟子·离娄上》；"孟子曰，规矩，方圆之至也，圣人，人伦之至也。"

② 王中江：《儒家的"圣人"观念及其变迁过程》，《退溪学论丛》第 5 辑，第 186—187 页。

③ 《孟子·万章下》；"伯夷，圣之清者……伊尹……孔子之谓集大成。"《尽心下》："圣人，百世之师也，伯夷柳下惠是也。"《公孙丑上》："非其君不事，……孔子也，皆古圣人也。"

④ 《孟子·公孙丑上》："有若曰，'岂惟民哉？麒麟之于走兽，凤凰之于飞鸟，太山之于邱垤，河海之于行潦，类也。圣人之于民，亦类也。出乎其类，拔乎其萃，自生民以来，未有盛于孔子也。'"

的意图。圣人作为德行的完人，他发明的文明即便是技术性和物质性的，但作为德的实现，又被赋予了道德的意义。德行即是一种能力，能把人类的生活全面引导成具有人情味的生活的能力。

孟子的圣人观进一步扩展，发展成"人皆可以为尧舜"① 这种主张。将以尧和舜为象征的圣人当做任何人都可以达成的人格主体来论述；以及它不再将圣人看作是被神化的人物，而是和普通人是同类的这种认识上来看，这两点是在孟子之前前所未有的、全新的宣言。孟子将这种主张从"性善说"这一哲学言论形态上予以强调，以确保其合理性。② 对此，孟子不仅将神话般的圣人作为道德人格的典型在哲学世界中进行阐释，而且又把它与本性论连接起来，以此来显示它已然发展成为普遍的人类观，这可谓是从根本上改变了儒学对人的理解模式的大事件。③ 本性作为道德生命，可以说是天然的，或者说是在自然中由上天赋予的。虽把它与生物学上的生命区分开，但并非要消除或超越它。在人类完整的生命中，生物学上的生命和道德生命形成一个有机的统一体，其中道德担任核心作用，它使人的整个生命更加丰富，不管是生物学上的、心理上的，还是人格上的。从这一点上可以说孟子标榜"扩张的自然主义"。④

像这样，孟子没有将圣人可以到达的地方设定为一般人无法抵及的彼岸。它蕴涵着"从圣人和一般人是同类这一意义上来说，圣人也是通过学习才成为圣人的"这一主张。这种立场，对儒家来说，包涵着使理想和现实得以充分统一的意义。观察儒家学说可知，它不会将脱离现实的东西塑造成思想。反过来说，能成为现实的东西正是儒家所认为的"理想"。因为儒家不会去追求从本质上缺乏现实性的理想，所以这里就蕴涵着实用的理想主义，或者信赖自我的乐观主义。⑤ 与此相关，于连认为君主的职责在于使社会的秩序符合天地的原理，因此这项职责并非止步于单纯的乐观主义，尤其是时刻要让君主怀有忧心这一点。这正是由周王朝的

---

① 《孟子·告子上》："曹交问曰：'人皆可以为尧舜，有诸？'孟子曰：'然。'"

② 《孟子·滕文公上》："孟子道性善，言必称尧舜。"

③ 韩在勋：《儒学时代对应论理圣人观》，《韩国思想与文化》第 91 辑，第 451 页。

④ 文锡允：《孟子的性、心和圣人的道德论》，《人间·环境·未来》第 5 号，仁济大学校人间环境未来研究院 2010 年版，第 129 页。

⑤ 王中江：《儒家的"圣人"观念及其变迁过程》，第 197 页。

创始人文王所展开的对于世间的"忧"心。这种"忧"心使文王成了天道之化身，而且将他塑造成了世人绝对的楷模。于连认为尤其在这一点上孟子的忧患意识具有重要的意义。

二　忧患意识——责任和道德的自觉

儒家思想特性中独具特色的当属"重视现实""重视道德"，然而这种特性源自儒家对于人类和社会的历史意识、责任意识之中。而在重视道德方面，忧患意识尤其占据重要地位。[①] 儒家的忧患意识出于对现世强烈的热爱，是从为展开理想的现实这一愿景之中生发出来的。因此想要阐发儒家的责任意识，就不得不先论述忧患意识。于连将这种忧患意识与尧舜联系起来论述，认为尧的努力全都来自于"忧"心；通过对现实世界的"忧"心来规定圣人的特征，是实际且道德的。他强调，圣人不会对现实世界漠不关心，他们不回避现实，而是毅然决然地投身其中，就是因为对世界负责。况且圣人的这种"忧"心不是为了一时的功名，而是从他内心深处油然而生的、包含了其内在需求的存在。特别是舜的"忧"心被认为是缘于无法从父母那里得到关爱这一道德层面的问题。从这里可以看出他的意图，即想将圣王和道德的问题更有深度地联系起来阐述。孟子为了阐明"忧"的本质是内在的，特将"忧"和因物质上的利害关系而源于外界的"患"区分开来。君子虽"常""忧"，却无"一时的""患"。然而发自内心的"忧"则是无穷无尽的。于连说在为孟子规定的道德特征中，虽将其最大的特征称为"忧"，但这种"忧"的意识不仅仅只体现在"孟子"中。正如徐复观、牟宗三主张的那样，"忧"的概念在中国文明初期已经出现，初期中国思想的发展是以这种"忧"的概念为基础的，中国思想的独创性也恰在于此。因为若与其他对世界思想传统有深刻影响的宗教意识相比的话，"'忧'之心"是有着根本区别的。

正如他本人所提及的，于连对于孟子忧患意识的认识，是以徐复观和牟宗三两人的见解为基础的。徐复观认为，忧患意识始于原始的宗教动

---

① 根据孟子对于"忧"和"患"的区别，于连也主要使用"忧"的概念，但在本发表中使用"忧患意识"这一用语，以扩展其含义。

机，与恐怖或绝望是不一样的。① "忧患与恐怖、绝望的最大不同之点，在于忧患心理的形成，乃是从当事人对吉凶成败的深思熟虑而来的远见；在这种远见中，主要发现了吉凶成败与当事人的密切关系，乃当事者在行为上所应负的责任。忧患正是由这种责任感而来的、要以己力突破困难而尚未突破时的心理状态。所以忧患乃人类精神开始对事物发生责任感的表现，也即是精神上开始有了人的自觉的表现。"由此可知忧患意识的属性即是"对吉凶祸福的远见""对事物发生责任感的表现"，以及"以己力突破困难而尚未突破时的心理状态"。

与此相关，徐复观将忧患意识与普通人对于天的单纯的信仰之心明确区分开来把握。他指出在以信仰为中心的宗教气氛之下的人"感到由信仰而得救；把一切问题的责任交给于神，此时不会发生忧患意识；而此时的信心，乃是对神的信心。人必须在自己承担起问题的责任时，才会产生忧患意识。"另外，他认为"在忧患意识跃动之下，人的信心的根据，渐由神而转向自己本身行为的谨慎与努力。这种谨慎与努力在周初是表现在'敬''敬德''明德'等观念里。"这一点更值得关注。他还指出周初所提出的"敬"的观念，则是主动的、反省的，因而是内发的心理状态。这正是自觉的心理状态，与被动的警戒心理有很大的分别。

牟宗三认为忧患意识植根于道德之心。他指出"中国哲学之重道德性是根源于忧患的意识，中国人的忧患意识特别强烈，由此种忧患意识可以产生道德意识。而此种忧患意识并非如患得患失之庸俗，而是君子永远坦荡荡。他所忧的不是财货权势的未足，而是德之未修与学之未讲。"②由此可见，忧患意识不是对于世俗的权势或荣华富贵的忧患，而是根源于远大的抱负以及与之相随的道德之心。牟宗三指出，"天地之大，犹有所憾，对万物的不得其所，又岂能无动于中，不生悲悯之情呢？"儒家由悲悯之情而言积极的、入世的参赞天地的化育。"致中和"就是为了使"天地位"，使"万物育"。由此可见，"致中和"即实现中和，与忧患意识依然是相互联结的。

---

①　徐复观：《中国人性论史》，台北商务印书馆 1969 年版，第 20 页。以下徐复观的主张均引自此书第 21—22 页的内容。

②　牟宗三：《中国哲学的特质》，台北学生书局 1976 年版，第 12 页。以下引用内容也出于此处。

更具体地来看孟子的忧患意识，他的"忧"与利己的私欲无关，而在于无法扩充失去的本心，成为像舜一样按照天赋的本性来经营生活的圣人，即他的"忧"是和道德的完成有关的。因此，孟子曾说君子的忧患才是"终身之忧"，而非"一朝之患"。① 而且他的"终身之忧"是无法像圣人一样按照仁、义、礼、智的本性来经营生活，听到正确的一面无法付诸实践，以及看到错误的一面无法改正。这与即使他人看不到，也要警戒谨慎；即使他人听不到，也要敬畏担忧是一脉相承的。② 所谓圣人是按照天赋的本性经营生活的人。仁、义、礼、智这些本性是所有人都共同拥有的生活的本质。因此按照性善说的思考方式来看的话，普通人虽然也会有性格上的差异，但通过符合自身的努力和修养，任何人都可以成为像尧舜一样的圣人。因此孟子曾说"然后知生于忧患，而死于安乐也。"③ 另外，孟子说"忧"不是单纯的杞人忧天，而是使人的心志更加坚韧，以在道德上更加成熟并成为完人的重要基础。④ 像这样，忧患意识始终从危机的视角来看待现实，并表现出想要克服这种危机。责任意识便产生于这种忧患意识。如果没有对于现实的问题意识，也就不会有危机意识。没有危机意识，就很难产生当负责某项难题时能够负责任地予以处理的责任意识。

对于与忧患意识有密切关联的责任意识，于连的主张如下。如果将儒家思想和基督教传统进行比较便可知，对于"责任"存在着两种不同的概念。儒家中的责任意识源于对现实世界的"忧"，与之相反，基督教里的责任意识则是建立在"原罪意识"基础之上的。前者是孟子所提倡的王朝创始人所具有的责任意识。为了抵挡住洪水，禹八年间从未回过家，期间三过其门而不入。那是因为在他看来如果国家因洪水而受灾的话，那都是他的错误。孟子所说的责任即履行自己所担当的任务，而这无论如何

---

① 《孟子·离娄下》："是故君子有终身之忧，无一朝之患也。乃若所忧则有之，舜，人也，我，亦人也。舜为法于天下，可传于后世，我由未免为乡人也，是则可忧也。忧之如何？如舜而已矣。若夫君子所患则亡矣。非仁无为也，非礼无行也。如有一朝之患，则君子不患矣。"

② 《孟子·尽心上》："君子所性，仁义礼智根于心，其生色也睟然，见于面，盎于背，施于四体，四体不言而喻。"

③ 《孟子·告子下》。

④ 《孟子·告子下》："天将降大任于斯人也，必先苦其心志，劳其筋骨，饿其体肤，空乏其身，行拂乱其所为，所以动心忍性，曾益其所不能。"

也是没有尽头的。为了省察自己的行为，必须返回到本来的自我。孟子对此反复进行强调的理由正是为了让我们反躬自省，思考对于他人是否真正尽到责任了。这就如同基督教，它并不仅停留在向人类提出原罪问题的层面，而是为了让人意识到自身的不足，从而启发自己。

从儒家的立场来看，这种由责任带来的忧患意识在孔子那里也得到强烈的体现。即孔子对于乱世进行了反省，认为出现这种乱世的原因是国家社会秩序的混乱即礼的混乱。任何时代、任何社会，礼即秩序都是必需的。孔子认为礼对于安定社会来说仍是有用的秩序。问题是由于统治阶层的堕落和社会的混乱导致秩序无法正常运作，它变成了形式化的东西。如何将被形式化之后无法行使其功能的礼，恢复成有用的、有价值的东西，这是孔子所具有的责任意识。孔子将它扩展为"仁"的观念。对于孔子来说，如果说礼是哲学问题的出发点，那么仁便是孔子哲学的基本观念，而且是最重要的核心观念。他曾说"克己复礼为仁"①，即控制自己的私欲，恢复礼或是践行礼，这就是仁。孔子在这里将礼的恢复和实践直接与仁联系起来进行了阐述。他主张人们通过学习修养达到可以控制自己，并由此来践行礼。

在孟子看来，礼是存在于人内心的原有的道德性，它同时具备具体的人际关系的秩序及其规范这双重意义。孟子明确阐述，自我修养通过人伦承认礼的社会性，并由此走向道德完成；这种自我修养绝非是脱离了与他人的关系而进行的封闭的修道过程，而是在具体生动的人际关系中实现的礼的实践。孟子所说的圣人是"人伦之至"②，正是指明了这一点。人类作为人伦的存在，人们的道德完成离开人伦即人际关系的秩序和规范是无法实现的。换言之，礼在人类生活的多重脉络中得以表现出来，而仅通过礼的具体形式和内容，人们也可以朝着道德完成走向自我修养的道路。这样就可以解释为，如果说孟子将礼规定为内心即原有的道德性是为了确立"礼的内在根据"的话，那么将礼规定为人伦即人际关系的秩序及规范就是为了确保"礼的外在脉络"。③

---

① 《论语·颜渊》。

② 《孟子·离娄上》。

③ 张瀞互：《孟子的礼概念及其教育的含意》，《教育史学研究》第 11 辑，2001 年，第 112—113 页。

于连认为儒家法则对于树立道德基础来说，在众多对策中可能是最重要的选择。因为它不是扩大人世间的苦难或是原罪意识，而是正如前文所述的，欲确立孔子的仁或孟子的礼之"内在根据"和"外在脉络"的"忧"心，并通过这种"忧"心引出人与人之间的关爱。而且，更甚的是宗教为了特定目标创造出道德，而儒家教义反而是以道德为出发点。换言之，儒家传统始于道德要求，并且只把道德的展开和实践作为目标。孟子尤其认为社会的善是以人类内在的道德为前提来实现的。于连的上述主张与孟子的这一主张是一脉相承。因此实现善的社会之关键在于积极培养人原本就具有的道德倾向。如果人认为自身内在的道德倾向是以先天及自然的形态——"性"来存在的话，那么使人实践道德行为，并以此为基础来具体实现社会的善，将会是比较容易达成的事。

三　道德的主体性

根据于连的主张，"被弃感"（derelication）即人类被逐出伊甸园来到此地避身，因此在现世中无法自我觉悟自己生命的意义。所以在西方的宗教传统之下，基督教教徒承认神的超越性，并让人为了永久得到神的关爱而走向神这一救援者，或渴望自我（soi）的解放。这样人类的道德意识从根本上来说就是以认识自身存在不足——原罪意识"罪感"——为基础的，像这样基督教向人们植入"原罪意识"，并强化人的"道德意识"。对此于连引用了尼采的话，即基督教利用人对神的渴望使人具有了道德意识，神能让人遇到"内在的""无限的"神圣，因此这种道德意识正是对神的渴望。对于这种基督教的传统，在理性主义的外衣之下，康德继续传递着"原罪"这一基督教概念，因此他只不过是"禁欲理想"的现代代表。尼采说道，教士便是以这种"禁欲理想"使信徒们恐惧，而且使信徒们厌恶现世。于连继续指出，对与道德主体性相关的神的强调，以及与此相关的基督教传统，包括牟宗三在内的中国思想家们，无须提及尼采，而纯以儒家传统为基础，便也对此特性进行分析和批判。他们指出，基督教使人从属于神，从而阻碍人形成其固有的"存在性"，完全地内化其天性，进而取得"真正的主体性"。最终基督教将人变成按照神的意愿行动的、被动的存在，且使人无法意识到对世界的责任心。

另一方面，于连分析，善和恶是基督教的传统，与之相关的"选择的自律性""原罪""洁白的追求"等，都要求无尽的自我反省和主观的道德判断能力。通过这种行为，基督教教徒发现了意识的矛盾，通过自我省察感觉到了良心的苛责，并且拥有了揭发它的力量。与此相反，于连主张"在儒家传统中只存在现实世界，人们所怀的'忧'是完全合理的。这份'忧'心不仅本身站得住脚，而且人也正是靠着它才得以进步，凭着它才得以去推展自己的'仁性'的。但这份'忧'心并无任何恐怖和软弱的本性，因此通过'忧'心便足以确立人在道德意义上的自我。从历史角度来看，儒家的创始人绝非为了使自己的主张合理化才树立了宗教的基础"。

我们再来具体看一下于连这种认识的背景。在儒学上，"仁"作为人的道德性，将它的自觉和实现阐释为内心的安定"安"和"不安"，这正是因为人在无法践行从道义上来讲应当做的事情时感受到了不安。这种不安的显露正是体现了仁的存在。这不是理论性的设定，而是在道德环境中作为人谁都会觉察到的。只要有自我反省，随时都可以对此进行确认。这正是道德的自觉，而这种道德的自觉心正是人的道德主体。道德意识的主体就是人，这一点和西方基督教认识有根本性的差别。

孔子所主张的"人能弘道，非道弘人"①"不怨天，不尤人"② 便很好地代表了此种特征。对于通过仁确立道德主体性的孔子来说，践行道德不是依附外在的、客观的道，而是通过践行内在的仁来实现的。它是源于自己内心的自律，而非外部因素或他律。换言之，道德是依附自身的自觉来实现的，而非依附外部的东西来获得的；作为这样一种存在，道德不仅是一种合理的价值，而且是事实的存在。在人存在的具体生活中，孔子明确区分了人应该做的领域，即自觉主体的领域；以及人无法做的领域，即客观限制的领域，从而确保了人的道德领域，进而通过阐明仁的自觉性、主体性、意志的自由性来明确揭示人的主体性，即道德主体性的意义。它通过孔子的仁来理解人的本性，这在孔子之前被表现为德的观念，它主要

---

① 《论语·卫灵公》。

② 《论语·宪问》。

意味着德行；相比之下，孟子的主张则显示了，它作为道德的根据转换为内在的德性的意义。这一点在哲学上是一种进步。① 可以说孟子的这种对于人的理解，以及对确保人的尊严来说，是划时代的进展。这体现了哲学史上巨大的发展。

特别是孟子生活在周朝文物制度和礼乐土崩瓦解的、极度混乱的世上，他为确保较为坚固的道德基础和人的道德主体性而不敢有丝毫懈怠。然而他的努力很难得到现实世界的响应。因此如前所述，对他来说只能怀有更强烈的忧患意识。他在为实现自己的理想而努力的艰难过程中背负着强烈的使命感。孟子充分理解了孔子所提出的仁的哲学意义，他以这种理解为基础树立了自己的哲学立场。孟子首先以孔子的仁为基础，将人的本性规定为仁义。他在对人的本性做出定义时，不是单纯以人的生物学特征为标准的，而是将人和动物的差异作为标准。人之所以成为人正是因为有仁义，除此之外人其他的任何能力都不能使人更具有人性。② 另外，虽然于连在此并未做具体论述，孟子认为人有行善的能力并将这种能力概念化，即良能概念。孟子通过良知和良能的概念，对道德心做了更深层的阐释。③ 也就是说在人的道德本性中，存在着不用思考也能明白的"良知"，以及不用学习也会有实践能力的"良能"。"良知"中的知是不经过任何思索的、直接的自觉。仁义礼智全都是良知自身的本能表现。良知如能被实现的话则成为道德行为。而实现这一道德行为的力量正是良能。良知和良能原本就合为一体。从直觉角度来讲即是良知，从其实现角度来讲即是良能。所以实际上良能可以解释为道德意志。④ 总而言之，孟子根据孔子的仁，将人的本性阐发为恻隐之心、羞恶之心、恭敬之心、是非之心这四端之心。他认为这种道德心是人与生俱来的，并且是任何人都具有的人的普遍本性。因此人依据这种道德心，不受任何外部制约自行判断道德的善恶，并且成为践行道德的自主存在。

---

① 李明汉：《儒学之道德心概念形成过程研究》，《中国学报》第 47 辑，2003 年，第 647—648 页。

② 李明汉：《儒学之道德心概念形成过程研究》，第 648 页。

③ 《孟子·尽心上》："孟子曰：人之所不学而能者，其良能也，所不虑而知者，其良知也。孩提之童无不知爱其亲者，及其长也，无不知敬其兄也。亲亲，仁也，敬长，义也，无他，达之天下也。"

④ 李明汉：《儒学之道德心概念形成过程研究》，第 651 页。

关于孟子"浩然之气"思想的朱熹与王夫之的观点比较[*]

——以《孟子集注》与《读孟子大全说》之"浩然之气"章为中心

李哲承

（韩国朝鲜大学哲学系教授）

一 绪 言

孟子的"浩然之气"思想对于追求美好生活之人产生了不容小觑的影响。尤其是北宋以后的儒学家以孟子的这一思想为主体进行了解释。作为理哲学之集大成者的南宋时期的朱熹（1130—1200）及作为气哲学之集大成者的明末清初的王夫之（1619—1692）自然也对此提出了各自的观点。

孟子主张应培养与道德性相关，即"配义与道"[①]的浩然之气，朱熹与王夫之积极地接受了孟子的这一观点。他们认为，孟子的这一思想有利于确立理想的人类形象。尤其是他们通过"养气"和"知言"，试图宣扬孟子将不动摇自我的"不动心"境界与"浩然之气"紧密联系起来的观点。

但对于培养"浩然之气"之方法和结果的理解，朱熹和王夫之存在着差异。尤其是在朱熹主张将知言作为养气的前提条件，而王夫之反之的观点上具有巨大的差异。即，朱熹将"尽其心者，知其性也"[②]的状态作为"知言"的阶段，认为只有经过知言的阶段之后才能培养"集义所生"[③]的"浩然之气"。[④]这就是说只有在了解了先天具有的道理之后才能

---

* 本文登载于《儒家思想文化研究》第 57 辑（韩国儒教学会 2014 年版）。

① 《孟子·公孙丑上》。

② 《孟子·尽心下》。

③ 《孟子·公孙丑上》。

④ 《朱子语类》52 卷第 5 条："不知衍，如何养得气"。

培养浩然之气。但王夫之则认为，义并非是本来就具有的固有状态的道德性，而将其视为心中每天生成的、处于不断运动状态的道德性，并未将追迹穷理而得知之内容与每天形成之义的行为设定为先与后的关系。在王夫之看来，知言虽有利于气的培养，但它是以养气为基础所达到的境界。① 如此，朱熹与王夫子一方面在"知行并进"上具有相同点，另一方面，在其起源问题上，分别从"知先行后"和"行先知后"的观点进行了解释。

这就体现出，他们一方面积极接受了以孔子和孟子为中心的早期儒学的内容，另一方面在以不同的视角看待世界，并将其世界观与现实相结合，对于解决知与行之关系等具体实现方法上具有差异。②

本文将探讨朱熹与王夫之对《孟子》"浩然之气"章（《公孙丑上》）核心思想之解释共同点和异同点，以期待能够到达扩张、深化本领域研究的效果。③

目前为止，已存有关于孟子"浩然之气"思想以及朱熹对此之观点的研究，④ 但仍未出现深入比较、分析朱熹与王夫之关于孟子"浩然之

---

① 王夫之：《读孟子大全说·公孙丑上篇》2："若以为学之序言之，养气以徙义为初功，知言以穷理为始事，内外、主辅虽并进，而自有别。此与《大学》格、致、诚、正之序同。知不至，固意不能皆诚，然抑非待物之尽格，知之已至，而后始有事于诚正也。"王夫之：《读孟子大全说·公孙丑上篇》18："养气则可与立，知言乃可与权。"

② 从世界观来看，朱熹虽然为寂静之理先于气，但王夫之则认为运动之气先于理，理为气之条理。另外，对于知与行的先后关系，朱子虽认为知先于性，但王夫之则认为行先于知。关于此的具体内容参照李哲承的《船山哲学中性善论的现实意义——以〈读孟子大全说〉为中心》（《船山学刊》2013 年第 1 期，中国《船山学刊》杂志社 2013 年 1 月版，第 23—25 页）与《儒家思想与中国社会主义哲学》（图书出版心山文化 2002 年版，第 135—151 页）。

③ 本文在展开讨论的过程中，以原传为中心分析比较朱熹与王夫之关于相关主题的解释。但就所取分量而言，王夫之的相关内容多于朱熹。不仅是因为王夫之关于"浩然之气"的注释比朱熹之注释庞大，另外还因为他关于核心内容的深层次分析更多。

④ 以此相关的代表性有研究如下：吕경수在《养浩然之气研究》（《退溪学与儒教文化》19 卷，庆北大退溪研究所，1991）中以养气和知言为中心探讨了"浩然之气"；이석규在《从文本语言学对孟子浩然之气章的接近》（《人文语言（国际语言人文学会）》5 卷，韩国科学技术情报研究院（KISTI），2003）中运用보그란데的文本性，반다이크的可视构造，김혜정的构成主义意义构成过程的认知模型等分析了"浩然之气"。이상호在《孟子浩然之气涵养小考》（《东洋哲学研究》41，2005）中从应对道德性弱化映射出的现代社会问题观点探讨了"浩然之气"的涵养方法和效果。이상선在《孟子身体概念与浩然之气》（《东洋哲学研究》64，2012）中从身体为心和气的有机结合之观点分析了"浩然之气"的伦理结构。박영진在《朱子的"浩然之气"诠释》（《东西哲学研究》56，2010）中从先验之理的现实化角度分析了朱熹关于孟子"浩然之气"的观点。

气"思想的论文。因此，本文将有助于通过朱熹观点理解孟子"浩然之气"思想的东洋哲学界打开新的研究局面。

二　"浩然之气"的概念

与"不动心"紧密相关的"浩然之气"概念出现于孟子与弟子公孙丑的对话中："敢问：'夫子恶乎长？'曰：'我知言，我善养吾浩然之气。'"①

但在孟子提出"浩然之气"之前，40岁时曾以保持不为私欲所惑之心为前提，就与公孙丑就真正的"勇"展开了讨论。孟子在讨论了不愿蒙受耻辱的北宫黝、无所畏惧的孟施舍、守约的曾子、先得于言后得于心的告子等的"不动心"之后，② 提出了"浩然之气"。

关于实现"不动心"的方法，孟子不宣扬应当忍受肉体上的痛苦或者蒙受耻辱时不能忍辱负重，反而加以报复的行为；当无法战胜时假装战胜，把控敌人后进军或者计算成败后展开战争时丝毫不畏惧敌军的行为以及从心外寻找正当性的行为。

孟子认为"志"为"气之帅"，充于人的身体之中，通过将我所具有之不渝之志与气的有机结合能够实现"不动心"。③ 就孟子而言，"不动心"与"浩然之气"的涵养息息相关，形成于追求对天所赋之本来面貌

---

① 《孟子·公孙丑上》。

② 《孟子·公孙丑上》：曰："不动心有道乎？"曰："有。北宫黝之养勇也，不肤挠，不目逃，思以一豪挫于人，若挞之于市朝，不受于褐宽博，亦不受于万乘之君，视刺万乘之君，若刺褐夫，无严诸侯，恶声至，必反之。孟施舍之所养勇也，曰：'视不胜犹胜也，量敌而后进，虑胜而后会，是畏三军者也。舍岂能为必胜哉？能无惧而已矣。'孟施舍似曾子，北宫黝似子夏。夫二子之勇，未知其孰贤，然而孟施舍守约也。昔者曾子谓子襄曰，'子好勇乎？吾尝闻大勇于夫子矣。自反而不缩，虽褐宽博，吾不惴焉；自反而缩，虽千万人，吾往矣。'"孟施舍之守气，又不如曾子之守约也。曰："敢问，'夫子之不动心，与告子之不动心，可得闻与？'"，告子曰："不得于言，勿求于心；不得于心，勿求于气。不得于心，勿求于气，可；不得于言，勿求于心，不可。"

③ 《孟子·公孙丑上》：夫志，气之帅也；气，体之充也。夫志至焉，气次焉。故曰："持其志，无暴其气。""既曰：'志至焉，气次焉'，又曰：'持其志无暴其气'者，何也？"曰："志一则动气，气一则动志也。今夫蹶者趋者，是气也，而反动其心。"

进行实践，即"践行"① 的过程中。

但孟子又说道："敢问：'何谓浩然之气？'曰：'难言也。其为气也，至大至刚，以直养而无害，则塞于天地之间。其为气也，配义与道，无是，馁也。'"② 在此孟子并未以一句话表达"浩然之气"。因为它所包含的深层含义是无法用一句话形容的。因此，他对"浩然之气"的样貌与属性进行了说明。孟子认为，"浩然之气"并非单纯是与道德性无关的形气之气，而是与人的价值紧密相关的。因此，孟子便把"浩然之气"与人的整体性联系了起来。

孟子认为，人的构成是生物学面向与道德面向的结合，即天理。因此，人类在生物学上属于动物。但人又具有与动物相区别的差异，即动物没有，只有人才能具有的道德性，亦即由仁义行。③ "浩然之气"是基于这样的观点而形成的概念。孟子并未二元地将充斥于天地之间的气与身体中的气区分开来，认为以天为象征的宇宙是生命的集结体，将其视为道德性存在，而将人类视作是效仿宇宙之原理而与宇宙相统一的存在。④ 而"浩然之气"作为媒介，是沟通人类与宇宙的重要手段。

因此，关于"浩然之气"，孟子说道："集义所生者，非义袭而取之也。行有不慊于心，则馁矣"⑤，认为其与道德性并非无关。也就是说，关于"浩然之气"的生成，孟子并非认为与象征道德的义无关或者是某一天袭义而形成的，而是一点一滴集义而形成的。

如此，孟子所说的"浩然之气"并非仅仅局限于物理性的内容，并

---

① 《孟子·尽心上》：形色，天性也；惟圣人，然后可以践形。

② 《孟子·公孙丑上》。

③ 《孟子·离娄下》：人之所以异于禽于兽者几希，庶民去之，君子存之。舜明于庶物，察于人伦，由仁义行，非行仁义也。《孟子·公孙丑上》：人皆有不忍人之心。先王有不忍人之心，斯有不忍人之政矣。以不忍人之心，行不忍人之政，治天下可运之掌上。所以谓人皆有不忍人之心者，今人乍见孺子将入于井，皆有怵惕恻隐之心。非所以内交于孺子之父母也，非所以要誉于乡党朋友也，非恶其声而然也。由是观之，无恻隐之心，非人也；无羞恶之心，非人也；无辞让之心，非人也；无是非之心，非人也。恻隐之心，仁之端也；羞恶之心，义之端也；辞让之心，礼之端也；是非之心，智之端也。

④ 《孟子·梁惠王下》："以大事小者，乐天者也；以小事大者，畏天者也。乐天者保天下，畏天者保其国。《孟子·离娄上》：顺天者存，逆天者亡。《孟子·离娄上》：诚者，天之道也；思诚者，人之道也。"《孟子·尽心下》：尽其心者，知其性也。知其性，则知天矣。

⑤ 《孟子·公孙丑上》。

且也与人类的整体性及象征道德性的"道"和"义"紧密相关，可谓是
至大至坚之气像。

朱熹与王夫之也视"浩然之气"为至大至坚之气像，主张必须涵养
"浩然之气"。

三　"浩然之气"的涵养

朱熹和王夫之接受孟子的观点，认为通过志与气的有机结合可以实现
不动心，因而必须涵养"浩然之气"。但朱熹与王夫之在解释《孟子·公孙
丑上》的"浩然之气"章时，对于志、气及知言等问题具有不同的观点。

1. 志与气

朱熹与王夫之在讨论孟子关于配道与义之"浩然之气"的涵养之前，
致力于揭示志与气的关系。孟子虽然一方面认为志比气更重要，[①] 另一方
面却指出志与气并非单方面的主从关系，而是相互紧密影响的关系。[②]

朱熹试图重新构建以孔孟为中心的初期儒学的价值，他批判性地继承
道家与佛家的形而上学，采取了首先建立区别于道佛的形而上学理论体系
之后再将先验的理论运用于现实的方法，而并非从变化的具体事实中推出
普遍原理的方法。其中关于可谓是存在论之核心主题的理与气问题，朱熹
认为两者虽然同时存在，但"理先气后"[③] 的观点很好地反映了这一事实。

他的这一观点也反映在了"浩然之气"章中志与气的关系中。朱熹
虽然未从存在论的观点明确设定志与气的先后关系，[④] 但在他的思维中，

---

① 《孟子·公孙丑上》：夫志，气之帅也；气，体之充也。夫志至焉，气次焉。

② 《孟子·公孙丑上》：志一则动气，气一则动志也。今夫蹶者趋者，是气也，而反动其
心。

③ 参照《朱子语类》1卷2条：未有天地之先，毕竟也只是理。有此理，便有此天地；若无
此理，便亦无天地，无人无物，都无该载了。有理，便有气流行，发育万物。1卷5条："有是理
后生是气"。1卷10条：理未尝离乎气。然理形而上者，气形而下者。自形而上下言，岂无先后？
理无形，气便粗，有渣滓。1卷11条：此本无先后之可言。然必欲推其所从来，则须说先有是理。
1卷14条：要之，也先有理。只不可说是今日有是理，明日却有是气；也须有先后。

④ 《朱子语类》52卷34条：也不是先后，也不是以大小，只是一箇缓急底意思。志虽为
至，然气亦次那志，所争亦不多。

依然认为志先于气。①

朱熹虽然也十分重视同时对志与气的涵养，但关于气，却认为其应服从志的命令。他认为志为之所向。② 另外，他不仅积极接受孟子"志为气之帅"的主张，还认为气为志的卒徒。③ 也就是说，他虽然注重志与气的相互涵养，④ 但却将志与气的问题视为内与外、根本与末端的问题，⑤ 认为志比气更为重要。

朱熹虽然主张不可不致养其气，⑥ 但因为气为志的次一阶段，⑦ 所以强调应该首先敬守其志。⑧

这一观点反映出朱熹的基本视角，即在现实中，虽然形而上的理和形而下的气不可分离，但就价值的等级关系而言，与能善能不善的气相比，不得不重视纯善之理。

但志与气依然是不能够分离的、需要精心涵养的对象。因此，关于"持其志，无暴其气"⑨，朱熹接受了"志一则动气，气一则动志也"⑩ 的观点。关于"专一"，他解释道："志之所向专一，则气固从之；然气之所在专一，则志亦反为之动。"⑪ 这指出了气虽不完全，但保持气之专一时，却能对志产生影响。因此，气的涵养是不容小觑的。

朱熹虽然认为气能够对志产生影响，但却是十分微小的。他指出："程子曰：'志动气者什九，气动志者什一'，⑫ 依然是在气和志之间突出

---

① 《朱子语类》52 卷 37 条："志至气次"，只是先后。志在此，气亦随之。公孙丑疑只就志理会，理会得志，气自随之，不必更问气也。

② 朱熹：《孟子集注·公孙丑上》："志固心之所之"。《朱子语类》52 卷 35 条：志，只是心之所向。

③ 参照朱熹《孟子集注·公孙丑上》：若论其极，则志固心之所之，而为气之将帅；然气亦人之所以充满于身，而为志之卒徒者也。

④ 参照朱熹《孟子集注·公孙丑上》：交相培养。

⑤ 参照朱熹《孟子集注·公孙丑上》：其内外本末。

⑥ 参照朱熹《孟子集注·公孙丑上》：然亦不可不致养其气。

⑦ 参照朱熹《孟子集注·公孙丑上》：志固为至极，而气即次之。

⑧ 参照朱熹《孟子集注·公孙丑上》：人固当敬守其志。

⑨ 《孟子·公孙丑上》。

⑩ 同上。

⑪ 朱熹：《孟子集注·公孙丑上》。

⑫ 朱熹：《孟子集注·公孙丑上》。

了志的重要性。

关于朱熹对于志和气之关系的观点，王夫之既接受又批判，对"浩然之气"章进行了详细的分析，提出自身关于志和气问题的独特见解。

在世界观问题上，王夫之与朱熹的观点存有不同。他认为，世界充满着运动的气，道并非存在于气之先，而是依托气而存在。①

这从根本上不同于朱熹认为象征道的理先于运动之气的观点。即，王夫之虽然认同理在指导气层面中的重要作用，但却认为理本身并非世界的存在根据，气才是世界的存在根据，理是气之条理。②

基于此，王夫之将"气"作为"浩然之气"章的核心内容。③ 他指出："气是个不恐惧的本领，除告子外，则下而北宫黝，上之曾、孟，皆以此为不动心之道。特其所以守之者有约不约之分耳"，④ 认为气是不动心的重要方法。

王夫之在"浩然之气"章中将气理解为自身身体与世界的接触。⑤ 关于朱熹认为孟施舍虽与曾子相似，但由于孟施舍所坚守的是"一身之气"，所以不能做到曾子的"反身循理"的观点，⑥ 王夫之在《孟子集注》中主张，"一身之气"与"充天地之气"只是在程度上有差异，并没有本质上的差异。即，他认为充天地之气即是"一身之气"⑦，这不同于将志和气二分之后，将气视为志之下端阶段的观点。

王夫之认为"义"存于心中，所以如欲通过集义而生成的气，守约工夫之功用大且紧要，否则守约仅为气之末流，其工夫并不紧要，其作用

---

① 《周易外传·系辞上》：天下唯器而已矣。《周易外传·系辞下》：太虚者本动者也。《张子正蒙注·太和篇》：阴阳二气，充满太虚。此外更无他物，亦无间隙。《张子正蒙注·太和篇》：太虚即气，绵缊之本体。《张子正蒙注·参两篇》：虚空即气，气即动者也。《周易外传·系辞上》：道者器之道，器者不可谓之道之气也。《周易外传·大有》：据器而道存，离器而道毁。《思问录·内篇》：尽器，则道在气中矣。

② 参照王夫之《读孟大全说·公孙丑上》5：理治夫气，为气之条理。

③ 参照王夫之《读孟大全说·公孙丑上》3：孟子吃紧工夫在气上。

④ 王夫之：《读孟大全说·公孙丑上》3。

⑤ 参照王夫之《读孟大全说·公孙丑上》5：气者，吾身之与天下相接者也。

⑥ 参照朱熹《孟子集注·公孙丑上》：言孟施舍虽似曾子，然其所守乃一身之气，又不如曾子之反身循理，所守尤得其要也。

⑦ 王夫之：《读孟大全说·公孙丑上》3：《集注》云"一身之气"，意与下言塞两间之气分大小。然后云："气，体之充也"，则塞乎两间者，又安在非一身之气耶？

反而会被歪曲。① 即，他认为重要的是所守之气，而非与气为对。②

因此，王夫之说道："气只'共'此一个气。曾、孟之气，较黝、舍百倍刚大而塞两间。非曾、孟舍气不守，而别守一自反以为约法也。不出吾心而守之，乃以塞乎两间，则曰'约。'所守在此，其气亦尽于此，则频用气而频须守，斯不约矣。若北宫黝者，日奔命于褐夫、万乘、挫事、恶声之间而不给也"③，未设定本质上不同的两种气或者将志与气二分，而是将其紧密地联系在一起。

但关于"无暴其气"④ 中的"暴"字，王夫之指出朱熹仅将其解释为"致养其气"⑤，⑥ 并对此进行了详细补充。王夫之认为，致养气的工夫虽从属于对"浩然之气"的涵养，另外虽说道"心勿忘""勿助长"⑦，但却不能以"勿正""勿助长"的观点而过于防备。

人做工夫之时有期待之心，只是因为畏惧困难而期待休息。所谓助长，就如同宋人拔苗助长，因不能承受辛劳便罢手不做。所谓"暴"是指虐而害之的意思。因此，不间苗而任杂草生长便是暴其苗，拔苗助长也是暴其苗的行为。陵压其气而使其曲而不伸是暴其气；执迷于虚假的名义便是以气求胜于人，只会招致不好的结果，最终导致因受挫而不振，这也是暴其气。⑧ 所以，我们不仅应该坚守志向，还必须坚持涵养气而不暴其气。

---

① 王夫之：《读孟大全说·公孙丑上》3：内里有个义作骨子，（义即缩也，故曰，"义以直内。"）以听气之自生，则守之功约，而其用大。若其不然，则守之气之末流，其功不约，而用反有所诎尔。

② 王夫之：《读孟大全说·公孙丑上》3：约以言其守气者，而非与气为对。

③ 王夫之：《读孟大全说·公孙丑上》3。

④ 参照《孟子·公孙丑》：持其志，无暴其气。

⑤ 参照朱熹《孟子集注·公孙丑上》：然亦不可不致养其气。

⑥ 参照王夫之《读孟大全说·公孙丑上》6：《集注》不详"暴"字之义，但云"致养其气"。

⑦ 《孟子·公孙丑》：必有事焉而勿正，心勿忘，勿助长。

⑧ 参照王夫之《读孟大全说·公孙丑上》：致养之功，虽有'有事勿忘'、'勿正勿助'两段，然其所云'勿正勿助'者，亦非以防夫太过也。凡人做工夫而有期待之心，只是畏难而望其止息。其助长者，则如宋人之揠苗，不耐得薅锄培壅，索性拼一番劳苦，便歇下也。暴者，虐而害之之谓。故不芸苗而任其草满者，暴其苗也；助之长而揠死之者，亦暴其苗也。陵压其气，教他一向屈而不伸者，暴其气也；执着一段假名理，便要使气，求胜于人，到头来却讨个没趣，向后便摧残不复振起者，亦暴其气也。

王夫之认为，志本包含于性，虚灵不昧之心发而善。① 因此，他主张内心所充之气应于事物时常胜，

一切皆天下之正气，同时也是性之阳变阴合。② 也就是说，他不把志和气分别作为贵与贱的对象，而是将其设定为相互有机的关系。

他的这种观点将理视为性，与朱熹主张行善说的观点不同。关于本性论，王夫之与朱熹一样，主张性善论，但不同的是他不主张"理善气不善"论，而主张"气善理善"论。③ 王夫之说道："性善，则不昧而宰事者善矣。其流动充满以与物相接者，亦何不善也？虚灵之宰，具夫众理，而理者原以理夫气者也，则理以治气，而固托乎气以有其理。是故舍气以言理，而不得理。则君子之有志，固以取向于理，而志之所往，欲成其始终条理之大用，则舍气言志，志亦无所得而无所成矣"④，从"气善理善"论的观点说明了治气之志与依托于气的志之间有着紧密的相互关系。

在排除气的状态下追求志的时候，未能实现志的人便会出现懒惰之情，王夫之对此进行了批判。王夫之认为，这样的人在遇到问题时会存有固定观念。他们认为本来不能胜，便隐藏其不胜，即使百战百胜也认为不如不战，废弃自身所具有的资质而与世间万物隔绝。这便是自省而不坚定，依仗不侮辱一般人而无所惧。但这与自省时立场坚定者不惧怕众人的态度是不同的。⑤

王夫之认为，内在的气由义而生，因而与义一同流行，所以世间皆不

---

① 参照王夫之《读孟大全说·公孙丑上》：吾心之虚灵不昧以有所发而善于所往者，志也，固性之所自含也。

② 参照王夫之《读孟大全说·公孙丑上》：乃吾身之流动充满以应物而贞胜者，气也，亦何莫非天地之正气而为吾性之变焉合焉者乎？

③ 关于王夫之性善论的详细内容参照李哲承的《船山哲学中性善论的现实意义——以〈读孟子大全说〉为中心》（《船山学刊》2013年第1期，中国《船山学刊》杂志社2013年版，第23—30页）。

④ 王夫之：《读孟大全说·公孙丑上》。

⑤ 参照王夫之《读孟大全说·公孙丑上》：以志之无所成，即偷安于其无成者，自谓不失其心而天下亦莫能吾胜。乃本以不能胜之故，匿其不胜，而云百战百胜不如不战，遂废己所受持天下之资，以绝天下，则是自反而不缩，而恃不侮褐夫以无惧。乃不知自反而缩者，原无惧于千万人也。

足畏。即，他不主张理外的气、心外的义。① 因此，他认为坚守至大、至
刚之气的人不管面临何事都不会畏惧，也不会内心动摇。王夫之认为此非
告子的"不动心"，而是孟子的"不动心"。②

2. 养气与知言

孟子在"浩然之气"章中说道养至大至坚的"浩然之气"③，说道：
"其为气也，配义与道，无是，馁也"④，将"浩然之气"的涵养与直、
道、义等紧密联系起来。并且他指出"非义袭而取之"⑤，在行"集义而
生"⑥ 的"浩然之气"时"行有不慊之心则馁"⑦。然后，他说道："必有
事焉而勿正，心勿忘，勿助长也，无若宋人然。宋人有闵其苗之不长而揠
之者。芒芒然归，谓其人曰，'今日病矣。予助苗长矣。'其子趋而往视
之，苗则槁矣。天下之不助苗长者寡矣，以为无益而舍之者，不耘苗者
也；助之长者，揠苗者也。非徒无益，而又害之"⑧，指出了无法正确涵
养"浩然之气"时会出现的问题。

朱熹和王夫之在接受孟子关于涵养"浩然之气"的观点上具有相同
点，同时关于一部分内容也有意见上的不同。

朱熹说道："自反而缩，则得其所养；而又无所作为以害之，则其本
体不亏而充塞无间矣"⑨，认为志坚之时可以涵养"浩然之气"。即，朱熹
所说："人固当敬守其志，然亦不可不致养其气"⑩，主张只有坚守其志才

---

① 参照王夫之《读孟大全说·公孙丑上》：气唯不以义动则馁，而岂有多所成即多所败。
有所胜即有所不胜。一盈一虚之忧？气从义生，而因与义为流行，则以我之制治天下之不足畏
者，初非以求胜于物，而自成胜物之用。又岂理外有气，心外有义，袭而取之，以揽天下，而争
一旦之胜，如告子之所讥者哉？

② 参照王夫之《读孟大全说·公孙丑上》：则即此气之大以刚者，可日与天下相接于吉凶
生死之涂而无所惧矣。此孟子所为不为告子之为，而伯王之任亦终不能动其心也。

③ 《孟子·公孙丑上》：以直养。

④ 《孟子·公孙丑上》。

⑤ 同上。

⑥ 同上。

⑦ 同上。

⑧ 同上。

⑨ 朱熹：《孟子集注·公孙丑上》。

⑩ 参照朱熹《孟子集注·公孙丑上》。

能够养气。

这就是说朱熹将知言作为养气的前提条件。① 朱熹认为"尽其心者，知其性也"②"于凡天下之言，无不有以究极其理，而识其是非得失之所以然也"③，指出"惟知言，则有以明夫道义，而于天下之事无所疑；养气，则有以配夫道义，而于天下之事无所惧，此其所以当大任而不动心也"④。可见，朱熹认为知言即是揭明以道义为象征的世上万物的道理，养气与通过知言揭明的道与义相配。所以，朱熹将孟子的善养"浩然之气"与回复本性之初紧密联系起来。⑤ 亦即朱熹将"浩然之气"的涵养作为回复先天之性的方法。

朱熹认为知言是涵养"浩然之气"的基础，具体论述了与养气密切相关的道和义。他指出，义为内心之裁断，道为天理之自然，如果能够实现养气，气便可合道义，便可勇敢行之，无所疑惧。⑥ 并且朱熹认为，由于集义犹如积善，因此欲求事事皆合于义。⑦ 配于道义之养气，自我反思时常直，因而无所愧。所行一有不合于义，自反则不直，所以不足于心而体有所不充。因此，义非在外，"浩然之气"因集义而生。⑧

朱熹将集义作为养气之基本。⑨ 并且朱熹认为舍而不耕是忘记养气的行为，拔苗助长的行为不利于"浩然之气"。⑩ 因此，他主张必须消除这

---

① 与此相关的内容具体参照박영진的《朱子的"浩然之气"诠释》(《东西哲学研究》56，2010 年，第 221 页)

② 《孟子·尽心下》。

③ 参照朱熹《孟子集注·公孙丑上》。

④ 朱熹：《孟子集注·公孙丑上》。

⑤ 同上。

⑥ 参照朱熹《孟子集注·公孙丑上》：义者，人心之裁制；道者，天理之自然；馁，饥乏而气不充体也。言人能养成此气，则其气合乎道义而为之助，使其行之勇决，无所疑惮。

⑦ 参照朱熹《孟子集注·公孙丑上》：集义，犹言积善，盖欲事事皆合于义也。

⑧ 参照朱熹《孟子集注·公孙丑上》：言气虽可以配乎道义，而其养之之始，乃由事皆合义，自反常直，是以无所愧怍，而此气自然发生于中。非由只行一事偶合于义，便可掩袭于外而得之也。慊，快也，足。言所行一有不合于义，而自反不直，则不足于心而其体有所不充矣。然则义岂在外哉？告子不知此理，乃曰仁内义外，而不复以义为事，则必不能集义以生浩然之气矣。

⑨ 朱熹：《孟子集注·公孙丑上》：集义养气之节度也。

⑩ 朱熹：《孟子集注·公孙丑上》：舍之不耘者，忘其所有事。揠而助之长者，正之不得，而妄有作为者也。然不耘则失养而已，揠则反以害之。

两种行为才能正确地涵养"浩然之气"。①

对于朱熹关于养气和知言的观点，王夫之同时表现出了相同点和不同点。他反对朱熹认为知言是养气之前提条件的观点。王夫之在《孟子集注》的小注中批判了陵阳李氏根据《孟子集注》中的"君子道明德立"②而提出的"知言养气虽二事并进，而其序必以知言为先"③。王夫之认为，如果将知言作为养气的前提，便无法入于圣人之学问；如果置集义于不顾，一味追求知言的学问，便会入于小人之学问。知言是孟子学问的最高境界。只有见义入于微，才能知言。在不能精义于内心的状态下求知天下是非，只会陷入记诵辞章或逆作不信。④

在"集义而生浩然之气"的层面，朱熹与王夫之虽然意见一致，但关于义的生成，两者却又有意见的分歧。即，朱熹认为义本具有内心，所以将其作为回归的对象，而王夫之则视义为每日生成在物。

王夫之说道："天下固有之理谓之道，吾心所以宰制乎天下者谓之义。道自在天地之间，人且合将去，义则正所以合者也。均自人而言之，则现成之理，因事物而着于心者道也；事之至前，其道隐而不可见，乃以吾心之制，裁度以求道之中者义也。故道者，所以正吾志者也。志于道而以道正其志，则志有所持也。盖志，初终一揆者也，处乎静以待物。道有一成之则而统乎大，故志可与之相守。若以义持志，则事易而义徙。守一曲之宜，将有为匹夫匹妇之谅者，而其所遗之义多矣"⑤，间接地将志与道联系起来，将合于道。

基于这样的观点，他指出："义，日生者也。日生，则一事之义，止了一事之用。必须积集，而后所行之无非义。气亦日生者也，一段气止担当得一事，无以继之则又馁。集义以养之，则义日充，而气因以无衰王之

---

①　朱熹：《孟子集注·公孙丑上》：无是二者，则气得其养而无所害矣。

②　参照朱熹《孟子集注·公孙丑上》：四十强仕，君子道明德立之时。

③　朱熹：《孟子集注·公孙丑上》，小注。

④　王夫之：《读孟子大全说·公孙丑上篇》：此种语，说得似有迳路，而于圣学之津涘，则杳未有见。今且看知言是如何用功，养气是如何用功。若人将集义事且置下不料理，且一味求为知言之学，有不流而为小人儒者哉？知言是孟子极顶处，唯灼然见义于内而精义入神，方得知言。苟不集义，如何见得义在内？既不灼然精义之在吾心，而以求知天下是非得失之论，非屑屑然但从事于记诵词章，则逆诈、亿不信，为揣摩钩距之术而已矣。

⑤　王夫之：《读孟子大全说·公孙丑上篇》12。

间隙。然后成其浩然者以无往而不浩然也"①。

王夫之主张义与气为日生的观点反映了其气哲学立场,与朱熹的理哲学观点相区分。

关于《孟子集注》小注中的"父当慈,子当孝"②,王夫之指出此非义而是道;另外,关于小注中的"道义是公共无形影底物事"③,他指出如果义是公共之物,那么义便为外在的事物,所以此为谬误之语。④

因为关于此处所用"义"字并非孔子所用的普遍、抽象的概念,而是就生死、行藏、进退、取舍等日常行为层面而言的。王夫之认为,小注的内容相当于是说"行义以达其道"⑤,即孟子所说"羞耻之心"的义。⑥王夫之接受程颐的观点,认为两者皆为一理,孔子见得大,而孟子说得精,故而"孟子言义为有功于孔子"⑦⑧。

王夫之认为,孟子从羞恶之心的层面解读义,所以视义为内在的。恰如无法欣然接受嗟来之食一般。羞恶之心人人皆有,所以彼此无法相互掩盖,如同披上外衣一样,由外部遮盖内部的意义。因此,如同《孟子集注》那样,将"袭"字解释为"齐侯袭莒之袭"⑨是错误的。因此,"浩然之气"绝对无法遮盖,一旦遮盖便会败馁⑩。

---

① 王夫之:《读孟子大全说·公孙丑上篇》12。

② 《孟子集注·公孙丑上》小注:道是举体统而言,义是就此一事所处而言。如父当慈,子当孝,君当仁,臣当敬,此义也。所以孝慈,所以仁敬则道也。故后面只说集义。

③ 《孟子集注·公孙丑上》小注:道义是公共无形影底物事,气是自家身上底。自家若无这气,则道义自道义,气自气,如何助得他?

④ 王夫之:《读孟子大全说·公孙丑上篇》12,小注:"父当慈,子当孝"云云,只是道,不是义;又云"道义是公共无形影的物事",尤谬,义亦云公共,则义外矣。

⑤ 《论语·季氏》:隐居以求其志,行义以达其道,吾闻其语矣,未见其人也。

⑥ 参照王夫之《读孟子大全说·公孙丑上篇》13:此"义"字,大段在生死、行藏、进退、取舍上说,孟子以羞恶之心言义是也。孔子说义处较不同,如云"行义以达其道",则小注所云"父当慈,子当孝,君当仁,臣当敬"者是。

⑦ 《孟子集注·公孙丑上》:程子曰:"孟子此章,扩前圣所未发,学者所宜潜心而玩索也。"

⑧ 参照王夫之《读孟子大全说·公孙丑上篇》13:亦止是此一理,孔子见得大,孟子说得精,故程子以孟子言义为有功于孔子。

⑨ 《孟子集注·公孙丑上》:如齐侯袭莒之袭。

⑩ 参照王夫之《读孟子大全说·公孙丑上篇》13:孟子唯在羞恶之心上见义,故云"义内"。嘑蹴之食,至死不屑,岂在外哉?唯此羞恶之心,人皆有而各自有,彼此不能相袭,袭如"袭裘"之袭,表蒙里也,犹今俗言"套"。《集注》引齐侯袭莒,非是。故宋、薛不受则为不恭,受齐之馈则为货取;有伊尹之志则忠,无伊尹之志则篡:唯不可袭,袭而取之必馁也。

王夫之将道与志联系起来，将义与气联系了起来。因为他贵心而践气，因此，他指出告子仁内义外观点的问题的同时，批判了理哲学中重理轻气的倾向。①

因此，关于养气，王夫之认为义非"袭"，只有当心中之义与形体之气相配时才可能实现。即他认为只有当身体的气与心中之义相配时才能集义而生成"浩然之气"，而非外部的。也就是他所主张的集义、养气非一日之功，而是矢志不渝进行的。②

王夫之认为很多人不能准确理解养气的原义在于误解了"养"字。他认为，人们误认为"养"是养育、服从、调节、抵御等意思，但此处的"养"是"生长"的意思。由于孟子将身体内部的心和气视为天理，所以提出了"养心"③和"无物不长"④。因此，集每日所生之气并努力养气，便可以盛大流行，塞乎天地之间而无所曲。⑤

王夫之认为知言形成于养气的基础之上。他认为"知言至处，是'大而化之'之境；养气至处，只得'充实而有光辉'。⑥若以为学之序言之，养气以徙义为初功，知言以穷理为始事，内外、主辅虽并进，而自有别。此与《大学》格、致、诚、正之序同。知不至，固意不能皆诚，然抑非待物之尽格，知之已至，而后始有事于诚正也。"⑦

---

① 参照王夫之《读孟子大全说·公孙丑上篇》12：告子贵心而贱气，故内仁而外义；孟子尊气以尽心，故集义以扩充其志之所持。于此辨得分明，更无混乱矣。

② 参照王夫之《读孟子大全说·公孙丑上篇》16：集义、养气，却不是拼一日之病，须终岁勤勤，方得有力田之秋。

③ 参照《孟子·尽心下》：养心莫善于寡欲。其为人也寡欲，虽有不存焉者，寡矣；其为人也多欲，虽有存焉者，寡矣。

④ 参照《孟子·告子上》：苟得其养，无物不长；苟失其养，无物不消。

⑤ 参照王夫之《读孟子大全说·公孙丑上篇》16：诸儒之失，在错看一"养"字。将作驯服调御说，故其下流遂有如黄四如伏火之诞者。孟子之所谓养，乃长养之谓也。直到北宫黝恁般劲烈，亦谓之养，岂驯服调御之谓乎？孟子于此，看得吾身之有心有气，无非天理。故后篇言养心，而曰"无物不长"，直教他萌蘖发达，依旧得牛山之木参天。此言养气，只是以义生发此不馁不慊之气，盛大流行，塞乎天地之间而无所屈。

⑥ 参照《孟子·尽心下》：可欲之谓善，有诸己之谓信，充实之谓美，充实而有光辉之谓大，大而化之之谓圣，圣而不可知之之谓神。

⑦ 参照王夫之《读孟子大全说·公孙丑上篇》2：知言至处，是"大而化之"之境；养气至处，只得"充实而有光辉"。若以为学之序言之，养气以徙义为初功，知言以穷理为始事，内外、主辅虽并进，而自有别。此与《大学》格、致、诚、正之序同。知不至，固意不能皆诚，然抑非待物之尽格，知之已至，而后始有事于诚正也。

可见，王夫之认为知言是通过养气能够达到的最高境界，这体现了下学而上达的方法论，这与朱熹视知言为养气之前提的观点不同。

四　"浩然之气"的指向

孟子在"浩然之气"章中将实现理想的人类作为培养至大至坚之气的目的。他虽认为伯夷、伊尹值得效仿，但仍认为孔子具有最理想的人格，因而意欲向孔子学习。[①]

朱熹与王夫之支持孟子的这种观点。但与王夫之在"浩然之气"中对此进行详细分析不同，朱熹只是进行了简单的提及。另外，朱熹在〈万章下〉中，而非"浩然之气"章，认为孔子作为伯夷之清廉、伊尹之责任意识及柳下惠之和谐等道德品质的集大成者，评价其是"仕、止、久、速，各当其可"的能够达到时中的圣者。[②]

王夫之评价说"所愿，则学孔子也"[③]一语是"浩然之气"章的核心内容，《孟子集注》和《朱子语录》中并未对此进行详细的论述。[④] 他认为朱熹对"浩然之气"章的理解是不充分的，综合整理了养气和知言的关系。

而王夫之具体分析了所愿学习孔子的内容。王夫之认为，能否做到

① 《孟子·公孙丑上》：非其君不事，非其民不使，治则进，乱则退，伯夷也。"何事非君，何使非民"，治亦进，乱亦进，伊尹也。可以仕则仕，可以止则止，可以久则久，可以速则速，孔子也。皆古圣人也，吾未能有行焉；乃所愿，则学孔子也。

② 参照《孟子集注·万章下》：愚谓孔子仕、止、久、速，各当其可，盖兼三子之所以圣者而时出之，非如三子之可以一德名也。……孔子之谓集大成。……此言孔子集三圣之事。……孔子之知无不尽而德无不全也。……智，譬则巧也；圣，譬则力也。由射于百步之外也，其至，尔力也；其中，非尔力也。……此复以射之巧力，发明智圣二字之义。见孔子巧力俱全，而圣智兼备，三子则力有余而巧不足，是以一节虽至于圣，而智不足以及乎时中也。……此章言三子之行，各极其一偏；孔子之道，兼全于众理。所以偏者，由其蔽于始，是以缺于终；所以全者，由其知之至，是以行之尽。三子犹春夏秋冬之各一其时，孔子则大和元气之流行于四时也。

③ 《孟子·公孙丑上》。

④ 参照王夫之《读孟子大全说·公孙丑上篇》18："愿学孔子"一段，孟子但从大架步说，却未显出示人，《集注》《语录》亦未为发明。双峰谓"《孟子》章句长，须看教前后血脉贯通。"如此"愿学孔子"一语，乃通章要领，若于前后贯通有碍，则不但文义双踬，而圣学吃紧处亦终湮晦，令学者无入手处。

仕、止、久、速的人并非起初便已确定，而是只有达到义精仁熟，至诚达几入神境界的人才实现。如果无圣人之功而只是模范其变化，百年如同王莽学周公。变化由德而显，德自学成，因而孔子重视"下学而上达"。①

王夫之认为孔子的四德（仕、止、久、速）是通过学习达到的状态。因此，他将孟子欲向孔子学习的内容视为养气和知言。②

王夫之说道："其云养气者，集义是也。夫集义而气以不馁，则至大至刚，无所贬挠，而两间之事，皆足以任之，孔子固然。而伯夷、伊尹之'行一不义，杀一不辜，得天下而不为'，'君百里之地，而足以有天下'，其气之配道义以终无馁者，夫岂有让哉？而孟子又何以略二子而独学孔子也？故养气者，圣功也，抑圣者之所同也，非孔子之所以异也"③，指出在养气方面，孔子与伯夷、伊尹具有相同的水平。

但在知言方面，王夫之则认为孔子与伯夷、伊尹具有差异，即伯夷、伊尹虽到达了养气的境界，但却未能达到知言的境界，达到知言境界的只有孔子。④

关于《孟子·万章下》中的"始条理者，智之事也；终条理者，圣之事也。智，譬则巧也；圣，譬则力也。由射于百步之外也，其至，尔力也；其中，非尔力也"⑤，王夫之解释道："力者，义无不集而气足以举其任也。巧者，尽心知性而耳顺乎天下之理，是非得失判然冰释而无纤芥之疑也。是知孔子之独至，非二子之所得同者，在知言"⑥，认为只有孔子达到了知言的境界。

王夫之认为，孔子之所以声入心通，无疑于天下之理，为万事万物之

---

① 参照王夫之《读孟子大全说·公孙丑上篇》18：仕、止、久、速之可者，初无定可，而孔子之"则仕"、"则止"、"则久"、"则速"也，自其义精仁熟，繇诚达几，繇几入神之妙。倘无其圣功，而徒髣髴其化，则亦王莽之学周公矣。夫化繇德显，德自学成。孔子曰，"下学而上达"。

② 参照王夫之《读孟子大全说·公孙丑上篇》18。

③ 同上。

④ 参照王夫之《读孟子大全说·公孙丑上篇》18：养气者，夷、尹、孔子之所同也；知言者，孔子之所以异也。

⑤ 《孟子·万章下》。

⑥ 参照王夫之《读孟子大全说·公孙丑上篇》18。

权衡始于"学而不厌，教而不倦"① 的下学之功。② 王夫之认为："乃即此以学而即此以达，则唯尽吾性之善、充吾心之义而无不达矣。故其为学，始于格物、致知，而要于明德之明。孟子曰'万物皆备于我矣'③，则物之所自格者，即吾德之本明者也。以尽吾心皆备之物，而天下之是非得失，无不待我以为权衡，此孔子所谓'可与权'者。④（养气则可与立，知言乃可与权。）乃以应夫仕、止、久、速之几，如日月之明，容光必照，而廓然其无疑矣。"⑤

可见，王夫之视学孔子为"浩然之气"的指向点，而欲学孔子的内容为通过养气实现知言。而所谓的知言就是不管何事皆能实现时中，即行权道。

王夫之的这种观点，就重视养气和知养而言与朱熹相似，但与朱熹视知言为养气之前提条件的视角却不同。

五　结　论

朱熹与王夫之积极的接受孟子关于至坚至正之"浩然之气"的观点，在对其进行解释的过程中表现出了各自的观点。就他们都强调"浩然之气"思想的重要性而言，两者具有相同点，但在对涵养"浩然之气"的方法和指向点的理解上具有不同。

尤其在志与气、养气和知言的关系上具有不同的观点。朱熹虽然主张不可不致养其气，但因为气为志的次一阶段，所以强调应该首先敬守其志。这一观点反映出朱熹的基本视角，即在现实中，虽然形而上的理和形而下的气不可分离，但就价值的等级关系而言，与能善能不善的气相比，不得不重视纯善之理。

但主张世界充满运动之气的王夫认为，与道紧密相关的志也并非存在

---

① 《论语·述而》。

② 参照王夫之《读孟子大全说·公孙丑上篇》18。

③ 《孟子·尽心上》。

④ 参照《论语·子罕》：可与共学，未可与适道；可与适道，未可与立；可与立，未可与权。

⑤ 参照王夫之《读孟子大全说·公孙丑上篇》18。

于气之前，而是依托气而存在。虽然他认为理统率气，但因为理依托于气而存在，所以无法离开气而谈理。理虽能指导志，但却无法离开气而存在。因此，脱离气而谈志便成为了无稽之谈。

并且王夫之将气与义紧密地联系了起来。他与朱熹一样，不将义作为回归的对象。他认为，不仅是义，气也是每天生成。因此，必须涵养每日生成的至大、至坚、至正之气才能无所惧、无所疑，实现孟子的"不动心"。

就集义而生，以直涵养配于道和义的"浩然之气"而言，朱熹和王夫之具有共同点，但在志与气的关系问题上具有不同点。

就强调养气和知言之重要性而言，朱熹和王夫之的见解相同。但朱熹视知言为养气的前提，王夫之视知言为通过养气达到的境界的观点不同。

朱熹认为，必须在具备"尽心尽性"境界的知言状态涵养"浩然之气"。王夫之认为知言是圣人达到的最高境界，而非不进行集义的初学者的阶段。他认为，养气是孟子所说的"充实而有光辉"的境地，是孔子所说的"同立"的境界。知言是孟子所说的"大化"境界，孔子所说的行"权道"境界。他认为知言是通过养气能够达到的最高境界的观点体现了下学而上达的方法论。

朱熹与王夫之皆将学习孔子作为"浩然之气"的指向，两者具有相同点，但对其具体内容的理解却存在着不同。即，他们皆认为孔子为圣人，能够"仕、止、久、速"，能够"时中"，就此他们具有相同点。

在"浩然之气"章中，朱熹虽未具体谈及这一部分，但王夫之却详细地论述了这一部分。王夫之认为，达到孔子的这种境界即知言的阶段。另外，王夫之虽认为伯夷、伊尹与孔子都达到了养气的阶段，但却未能达到直言的阶段。

王夫之认为孔子精通世上的道理，能够事事"时中"行权道德原因是始于"学而不厌，诲而不倦"的下学工夫。他认为，如果涵养"浩然之气"至于极致并实现世上的道理，世上的是非与得失对我而言便是权道。

王夫之认为"浩然之气"的指向在于学孔子，向孔子学习的内容是通过养气而实现知言。

朱熹和王夫之关于"浩然之气"思想出现不同见解的原因是他们对

于世界起源问题的不同观点，即朱熹从理哲学的观点出发，认为世界的起源是先验的、不变的理，试图通过理的显现解决现实问题；而王夫之则从气哲学的观点出发，认为世界的起源是不断运动变化的气，将理作为气的条理，试图从具体的经验导出抽象的原理。

探析"为己之学"

彭彦华

（中国孔子基金会学术部主任，《孔子研究》主编，研究员）

孔子在批判当时学风时说："古之学者为己，今之学者为人。"（《论语·宪问》）孔子主张，学不应是为了见知于人，学应是"为己"而学，学是成就自己、完善自己。孔子眼中的"学"是"为己之学"。对于"为己之学"，徐复观先生解释说："所谓为己之学，是追求知识的目的，乃在自我的发现、开辟、升进，以求自我的完成。"① 杜维明先生也认为，为己之学"就是学做人""学习成为一个完善的人"。其实，孔子之"学"是"下学而上达""为己之学"还是人生精神境界的提升。

"古之学者为己，今之学者为人。"这句话揭示了孔学的基本精神。在中国哲学中，本来并没有主观客观、物质精神这样的分别与对立；形上形下、义理形器并无判然分明之界限，"万物皆备于我"可谓道出了此中真谛。作为这样一个意义上的"己"，既是本体，又是性体、心体，显然蕴涵着极其丰富的内在生命与价值，"为己之学"就是要求我们不断地去开掘这生命的矿藏，以达到"参天地，赞化育"的境界。

一 "古之学者为己，今之学者为人"义解

关于"为己"、"为人"之学，历代注家多有异同。综而论之，主要有以下三种解释：

---

① 李维武编：《中国人文精神之阐扬：徐复观新儒学论著辑要》，中国广播电影出版社1996 年 12 月版，第 294 页。

一是何晏在《论语集解》中引孔安国："为己履而行之,为人徒能言之。"主要从知与行的关系来看其差异,强调实践、躬行是为学之本。

二是以孟子始,荀子接其续,认为"为己"之学以自己的内在性情为归依,学是成就自己、完善自己;而"为人"之学则把文章、学问当作取悦于人、显己于世的工具。宋代程朱理学、清人刘宝楠、近人杨树达、杨伯峻多从之。《孟子·离娄下》云:"君子深造之以道,欲其自得之也。自得之,则居之安;居之安,则资之深;资之深,则取之左右逢其源。故君子欲其自得之也。"《荀子·劝学》云:"君子之学也,入乎耳,著乎心,布乎四体,形乎动静;端而言,蠕而动,一可以为法则。小人之学也,入乎耳,出乎口。口、耳之间则四寸耳,何足以美七尺之躯哉?古之学者为己,今之学者为人。君子之学也,以美其身;小人之学也,以为禽犊。"杨倞注曰:"禽犊,馈献之物也。"郝懿行则曰:"小曰禽,大曰兽。禽犊,谓犊之小小者,人喜抚弄而玩爱之,非必己有,非必献人,直可为玩弄之物耳。"①

杨、郝尽管对"禽犊"解有不同,但无论是"馈献之物"还是"玩弄之物",都强调了与"为己"之学"以美其身"的内在性术之求不同,"为人"之学乃是取悦于人的外在功夫。朱熹《四书集注》引程子曰:"为己,欲得之于己也;为人,欲见之于人也。""古之学者为己,其终至于成物;今之学者为人,其终至于丧己。"刘宝楠《论语正义》除列举荀子的解释,还引《新序》所传墨子答齐王问:"古之学者,得一善言,以附其身;今之学者,得一善言,务以悦人。"又引范晔《后汉书·桓荣传论》谓:"为人者,凭誉以显物;为己者,因心以会道。"② 近人杨伯峻翻译此语:"古代学者的目的在修养自己的学问道德,现代学者的目的在装饰自己,给别人看。"③ 这些都是承接从荀子开始的那个解释系统而来,以"内"与"外"之不同来解释"为己"、"为人"之学的之差异。

三是近人钱穆先生的"新解",以孔子"己欲立而立人,己欲达而达人"为依据,认为"己立己达是为己,立人达人是为人",从而消解了

---

① 见王先谦撰《荀子集解》,中华书局 1988 年点校本,第 13 页。
② 参见刘宝楠《论语正义》,中华书局 1990 年点校本,第 586 页。
③ 杨伯峻:《论语译注》,中华书局 1980 年版,第 154、340 页。

"古之学者"和"今之学者"对举中所有的价值反差，更多地突出了"为己"、"为人"之学一体两面、互相依存的关系。

以上三解，窃以为以第二解为胜。其说法的精神都是一致的，即"己"是目的。在《论语》里面，这种精神也是一以贯之的。"不病人之不己知也。""人不知而不愠。""不患人之不己知。""不患莫己知。"……等典型表述无不体现了这一点。努力使自己成为君子，成为圣人，成为尧舜，成为志士仁人，这是为己之学的宏伟目标。围绕这个目的又展开两条基本路径，一是"求放心"，孟子曰："仁，人心也，义，人路也。舍其路而弗由，放其心而不知求，哀哉。人有鸡犬放，则知求之，有放心而不知求。学问之道无他，求其放心而已矣。"（《孟子·告子上》）这里告诉我们，学问之道的根本在于"求放心"，即不要放纵自己，不要扭曲自己，不要丧失自己，不要离开"己"这一目的。要时时懂得把心收回来，把心存养好，做到"我善养吾浩然之气。"这样就不会失去目标、失去方向。二是"乐"。程朱理学常常要人们寻"孔颜乐处"，孔颜乐在何处？实际上就是以"己"为目的。《论语》中有很多地方谈到"乐"，如："学而时习之不亦说乎，有朋自远方来不亦乐乎""发愤忘食，乐以忘忧，不知老之将至云尔""贤哉，回也，一箪食，一瓢饮，在陋巷，人不堪其忧，回也不改其乐也。""饭蔬食饮水，曲肱而枕之，乐亦在其中矣。""智者乐水，仁者乐山。"这些著名的语言都表达了一种生命的快乐。从哲学意义来说，这实际上是一种内在的超越性。

二 "己"概念蕴涵了深刻的道德追求，被赋予了极高的道德期望

"为仁由己""君子求诸己""我欲仁斯仁至矣""仁以为己任"……等等都体现了孔学的鲜明特征。在孔学看来，"己"这一根据是唯一的最终的根据，因而，它是人最终得以凭恃的。在孟子那里，"己"是性善论的基础，这就是著名的"四端"说，即恻隐之心，羞恶之心，辞让之心，是非之心。"人之有是四端也，犹其有四体也。""仁义礼智，非由外铄我也，我固有之也。"（《孟子·告子上》）这就给出了人性修养的根据与基础。这个"端"就是人所固有的良知良能，说到底即是超越所赖以出发

之端。总之，在人的生命中“求”的路径无非两条，一是“求在外”，即求功名，求富贵，求长生。这种“求”如果能够求到，在孔学看来也是可喜可贺的。如孔子云："富而可求也，虽执鞭之士，吾亦为之。"（《论语·述而》）但求在外是具有不确定性的，即"生死有命，富贵在天"（《论语·颜渊》）因而求在外是人自己无法牢牢把握的。对此，人只能抱有"只问耕耘，不问收获""成事在天，谋事在人"的态度。二是"求在内、求诸己"。这种"求"则是人自己可以把握并要自己负责、自己承担的。人的一生可以没有荣华富贵，但做一个堂堂正正的人则是不假借外求，靠自己的努力可以做到的。并且，人对自己负有最后的责任，自己的历史写得如何，千秋功罪任评说，都是要自己来承担的，无处可以推卸。故孟子曰："天作孽，犹可违；自作孽，不可活。"（《孟子·公孙丑上》）可见，"求在外"需要假借外力，乃至求神问卜。而这是不确定的，靠不住的。故子不云怪力乱神。而"求诸己"，靠的是自己，因而是可以把握得住的。

孔学是讲内圣外王的。"外王"的前提、根本就是"内圣"。《大学》云："物格而后知至，知至而后意诚，意诚而后心正，心正而后身修，身修而后家齐，家齐而后国治，国治而后天下平。"讲的就是这个根本、这个前提。所以"自天子以至于庶人，壹是皆以修身为本。"不论内圣是否能够开出外王，内圣总是一个前提：没有内圣一切都谈不上。所以，"其本乱而末治者否矣……未之有也。"所以，孔学对"己"这个前提，是看得很重的。孔子云"富贵可求也，虽执鞭之士，吾亦为之；如不可求，从吾所好。""不义而富且贵，于我如浮云。"（《论语·述而》）可见，在这一点上，孔学的态度是很明确的。即富贵也好，事功也好都要以堂堂正正的手段去取得，而不能心术不正，玩弄阴谋诡计，或以违法乱纪的手段去取得。孟子讲得更彻底，他说有"天爵"、"人爵"，"仁义忠信，乐善不倦，此天爵也；公卿大夫，此人爵也。""古之人修其天爵，而人爵从之；今之人修其天爵以要人爵，既得人爵而弃其天爵。则惑之甚者也，终亦必亡而已矣。"（《孟子·告子下》）即"己"这个"本"不能当资本用，不能当作投资用。所以"己"这个"本"要固，本不固，不论从政、经商，还是干其他什么，都是干不好的；相反只能添乱，只能给社会、给世界带来灾难。这就是"本乱而末治者未之有也"。

由此，又发展出来一些根本的要求：一是勇，即敢于承担，无所畏惧，如孔子云："仁者必有勇"（《论语·宪问》）"仁者不忧，智者不惑，勇者不惧"（同上）"知耻近乎勇"。二是"天行健，君子以自强不息"。既然"己"是人最后的根据，那么，我们就必须要"仁以为己任"，以"人十己百，人百己千"的努力，来开掘自己生命，来攀登人生的境界。这就表现出儒家主体性的能动精神，生发开来就是浩然之气，就是威武不能屈，富贵不能淫，贫贱不能移的大丈夫气概。三是"不怨天，不尤人"，"不贰过"。不推卸责任，不文过饰非，不自我开脱，而是从自己身上找问题、找原因。人除了自己之外没有其他的根据，因此，只有反身而诚，只有反思自己，只有严格要求自己，才能开拓出自我生命的崭新境界。

实际上可以说，在儒家那里，作为道德主体的"己"或"自我"已经成为认知主体的前提，自我一开始就获得了道德涵义，并被放置到道德境域之中，进而又通过德性的展现，挺立自我。因为惟道德修养高的人，方能做到"推己及人"。忠恕之道强调的即是"尽己——推己"，"立人、达人"既是手段也是目的，并不能分开而论。因为"己"与"人"自始便是伴生互融、相互关联的。所以在这个意义上，忠恕之道的基础便是"修己"。所谓"修己"，即道德上的自我涵养，包括两方面的内容，一是规范自己的行为，与社会的整体规则、制度相协调并促进其发展；一是培养自己的内在品性，把社会价值系统中所蕴涵的美好道德"内化"为自我德性，并通过"忠恕"的观念与个人努力，为社会整体的维护与发展提供整合力量。用儒家的话讲，内在品性的培养及其"外化"是求仁，外在行为的约束与规范及其"内化"是循礼。曾子每日坚持反省，毫无疑问，亦是在诚恳、积极地与他人的日常交往中考察、评价、检讨自己的观念、行为，希望在道德上求得完善。儒家提倡将他人包容于自我修养，其核心意义并不在于儒家是否主张利他主义，而在于这是自我发展的必需。因此，儒家的自我从来就不是被动或缺乏自主性的，而是一开始就具备了自觉的道德意识。有了自觉的道德意识为基础，"忠恕"实际上就是持续循环的"修己——尽己——推己"的过程。无疑，儒家的"性善"之说也正与此相契。因为在这一过程中，"修己"是追求道德的涵养；"尽己"所展现的"己欲立""己欲达"亦是追求道德的提升；"推己"

所强调的"立人""达人"则是更高的道德要求。

三 "己"即是本体,又是性体、心体;"己"之价值在
日常道德行动中、在道德原理的实践中得以实现

儒家的自我也是"行动的"或"实行的"。孔子讲:"能近取譬,可谓仁之方也已。"(《论语·雍也》)意即,一个人若是能够认清所处情境,通晓身边切近的事理、形势,并采取相应的行动,那么"仁"也就相并相随而来了。显然,"近取譬",必然是由"自我"出发的,并且一定要落实在具体的行动中。其理想状态是"反身而诚"。

当子贡问道:"有一言而可以终身行之者乎?"孔子的回答是:"其恕乎!己所不欲,勿施于人。"(《论语·卫灵公》)这一段对话中,子贡的兴趣是"能够终身实行"的"言",孔子的回答则是"恕"把"己"和"行"紧密地连接到一起。后儒解孔子之意为,"推己及物,其施不穷,故可以终身行之。"(朱熹《论语集注》)在此,行动的"己",是可以通过日常的活动将自身的"善"加以推广、扩充的。也正因此,孔子坚决主张,真正地为学应当理解为为己之学,也即是说,所谓学习指的是履而行之。①

春秋战国之际,孔子以继承周文化为己任,志在改变当时"礼崩乐坏"之颓势。因此对他来说,最重要的事情并不是构筑一个缜密、深刻的哲学体系,而是立足现实,思考个人与社会的生存发展状况,并力求规划、建立一个合乎周文化的理想的生活格局。因此,不少人像黑格尔那样认为孔子"只是一个实际的世间智者",他的所行所言不过是一些"老练的、道德的教训",既琐碎又无内在联系。② 但必须明确的是,孔子的兴趣并不在于逻辑、理论、思辨以及外在理性化制度的直接创设,而是着眼于人本身,从人的日用、言行、道德出发,对社会秩序加以伦理化的安排。在这一过程中,孔子所关注的是"仁"与"礼"的世间性、实用性

---

① 杜维明:《儒家思想新论——创造性转换的自我》,江苏人民出版社1996年版,第50页。

② [德]黑格尔:《哲学史讲演录》第一卷"中国哲学"部分,商务印书馆1981年版,第131页。

与可靠性，从而使其可以范导个人与社会，承担传统与变革，结合理想、信念与现实生活。因此，《论语》中所展示的与注重"行动"的"自我"相一致，孔子思想的要旨也总是在于"实行"。① 并且，这种"实行"从来都未超出世俗，而是植根于日常生活，归结于"自我"的切实经验与亲身体悟，其意义就在于要使"日常生活"与"己"或自我真正融为一体。

在儒家看来，无论是道德实践中，抑或是在德性涵养中，自我都起着主导的作用，主体是否遵循"仁"的目标来塑造自我，终究是取决于自主的选择及自身的努力，而非外部力量。孔子说："仁远乎哉。我欲仁，斯仁至矣。"（《论语·述而》）"为仁由己，而由人乎哉?"（《论语·颜渊》）"为己之学"的提出是孔子儒学的一大特色；他认为"人能弘道，非道弘人"（《论语·卫灵公》），从文化创造的意义上确认了人的自由与能动性。

儒家对"己"的重视并不是与外界无涉的，儒家的责任感是很强的，"以天下为己任"是儒家颠沛必于是，造次必于是的伟大抱负；"悠悠万事，惟此为大，克己复礼"，其目的就是要"身任天下"。那么"己"的价值是怎样体现出来的呢？主要是体现在"和"的价值追求之中。这种"和"，一是"心性之和"，也就是说能够保持内心的淡泊宁静。对内心的矛盾冲突，情感的跌宕起伏，能够保持一定的张力，任由天理流行无碍，"发乎情而止于礼"；内心是一种活泼的春明和乐的心态，此即"孔颜乐处"；二是与社会的和谐，与他人的和谐。在帮助他人、推动社会进步的同时，也实现自身的价值。这就是"己欲立而立人，己欲达而达人。""士不可不弘毅，任重而道远。"在这个过程中，也不是勉强的；而同样是天理活泼流畅的结果。所以，在"立人""达人"方面，儒家虽然有极其强烈的责任感，但也提出了"己所不欲，勿施于人"的"恕道"，目的就在于不要勉强，不要计较。在"身任天下"的抱负中，孔子也提出了"知命"的要求。他指出："不知命，无以为君子也，不知礼，无以立也；不知言，无以知人也"（《论语·尧曰》）这就说明，要"立人"，要"达

---

① ［美］赫伯特·芬格莱特：《孔子：即凡而圣》，江苏人民出版社 2002 年版，第 11—13 页。

人”，不能仅凭一腔热情，而要“知命”、“知礼”、“知言”、“知人”，其至高境界就是“从心所欲而不逾矩”，就是“极高明而道中庸”，就是“可以仕则仕，可以止则止，可以久则久，可以速则速”（《孟子·公孙丑上》）；三是与宇宙天地的和谐，也就是天人合一。如张载的“民胞物与”。这样“己”便融化在宇宙天地之间。孟子曰：“尽其心者，知其性也。知其性则知天矣。”（《孟子·尽心上》）在这里，虽然“天人一物，内外一理；流通贯彻，初无间隔”（朱熹《语类》）。但是“己”的位置凸显出来了，因为，“己”在这里是一个中心环节，他发挥了“参天地，赞化育”的功能，因而使自己的价值得到了充分地发挥与体现。

茶山丁若镛的孟子学与血气论

全圣健

（韩国国立安东大学东洋哲学系教授）

一　绪　论

以东亚的观点来看，关于《孟子》的共同争论的问题主要是"义理之辩""知言养气""井田制"。而这三个争论分别与人类对义理和利欲的辨别、知和行的修行、和对于王道政治的实现等相关。①

对茶山的孟子学的研究也要从这些角度上重新思考。因此，我们首先应当简单分析一下茶山孟子学的核心著述——《孟子要义》。

《孟子要义》的整体结构分为以下几个部分：首先，将在赵岐的《孟子题词》和朱熹的《孟子集注序说》当中所采取五个项目设定为自己的观点；然后又在《孟子》本文 260 章当中选出难以注解并存疑的 153 章来检讨和批判古今的注释，从而说明自己的见解。属于《孟子》古注的注释家有赵岐、郑玄、孙奭等；属于新注的注释家有朱熹、顾炎武、毛奇龄、阎若璩等。

通过《孟子要义》我们可以看出，茶山还是更倾向于遵循赵岐的古注而不太遵循新注，但是从总体来看，也只是遵守古注的一部分而已，更多的注解乃是茶山本人的创新。茶山摒弃了古注和新注当中的神秘主义和观念论两种倾向，开创了新的经典世界。② 这里所说的"新的经典世界"

①　Ham, Young - dae, "Qing Dynasty Scholars' Interpretation of Mencius and Tasan Cheong Yagyong's MengziYaoyi"，《茶山学》6，2010，143—144 页。

②　《定本与犹堂全书 7》，《孟子要义》解题，茶山学术文化财团 2012 年版，第 9—10 页。

一方面是指茶山反对朱熹将仁义礼智解释为"人类的纯粹本性",认为仁义礼智是行事之后才可以命名的;另一方面,茶山还加入了"拒绝'本然之性'强调'嗜好之性'"的新解释。

因此,以往关于《孟子要义》的研究大致是通过以下两个方向而进行的:

一,用相对于朱子学中"实学经学观"来读解。[①] 在相同的脉络下,还有将茶山的"《孟子》论"解释为"对于现实参与和制度改革的问题上包涵着很深、高层次的问题意识"的倾向。[②]

二,通过《孟子要义》来解释茶山的"性嗜好说"的研究方向。[③] 这是用乐善恶恶的嗜好以及自主之权的观点来阐述茶山的心性论。基于这种立场,还有更进一步的研究,即是将茶山的心性论延伸到灵知或灵体的方式来讨论。对此,学界有很多不同的观点。例如:认为来自于灵体的关于恶的论理即是强调权衡的观点;认为灵知的要素当中要注重形势的观点等。[④]

综上所述,本论文着重于茶山揭出新人间论的方式。通过上述研究可以看出,茶山的孟子学里所提到的人间论大部分是限定于关于人类本性(性嗜好说)的,或者关于心(灵知、灵明、灵体)的部分。本论文即是要通过一种身体论的血气论来探讨茶山对心与身的理解。

本论文构成如下。

第二章,探讨关于茶山孟子学的一些争论点。茶山迎接自己花甲之年

---

① Kim Jo - young, "A Study of Dasan's Views on Classical Studies through analyzing 'Mengja - yoeui (《孟子要义》)" 《汉文古典研究》35,2017。此论文介绍了"自赞墓志铭"当中茶山所解释的《孟子要义》的九个核心争论点,而且再仔细地解释其核心争论点当中的王道政治的实践要素,还要将茶山的经学观定义为实证而实用的"实学经学观"。

② Ii Kyun Jeong, "Ta - San (茶山) Jeong Yak - yong (丁若镛)'s Studies on the Works of Mencius",韩国社会学会,社会学大会论文集,1998。此论文探讨经学研究的社会学上的意义,还介绍了关于孟子的茶山著作。

③ Geun Sik Seo, "A Study on the View of XinXingLun (心性论) in Mengziyaoyi ('孟子要义') written by Dasan Jeong Yak - yong (茶山 丁若镛)",《温知论丛》29,2011。

④ 白敏祯,《丁若镛的哲学》,이학사,2007,294—295 页;Sung Kun Jeon, "The Under-standing of Wrongdoing (恶) and Moral Practice in Da - San (茶山)'s Thought",《韩国实学研究》17,2009;Sung Kun Jeon, "The Meaning of the Nature as an Appetite through Analysing the Concept of Spiritual Perception",《哲学研究》37,2009 等。

时，为了整理自己的人生经历而创作《自撰墓志铭》。茶山在这墓志铭上叙述了自己所著的关于《孟子》的文章，还提出了针对《孟子》核心意义而写的《孟子要义》的九个创新观点。在本章中，笔者将通过讨论这九个争论点来确认茶山所认为的孟子学的核心。这里所说的九个争论点，也可以再次概括为茶山的王道政治和性嗜好说的两大方向。

第三章，检讨茶山"王道政治"的核心和他的"性嗜好说"。茶山通过《孟子》的解释来揭示王道政治的核心就在于以井田制为基础的土地改革。对茶山来说，王道政治的实现就是给百姓提供"恒产"的途径。如果百姓得到"恒产"的话，就能够做到所谓君主与百姓一起享受快乐的"与民偕乐"。在此之后，茶山揭示的"性嗜好说"，是排斥朱子学所主张的决定性的议论，即，认为人类的道德实践将以气质的清浊有无来决定。茶山又用乐善恶恶的嗜好来定义人类的道德，主张人类道德实践是随着自主之权的自律判断而实践的。

第四章，尝试了解茶山所揭示的新的人间论，即对神魂与血气来构成的人类的理解。通过第四章我们能够确认茶山完全否定了朱子学对人类心身的说法，即否定了"理的观点""气的观点""理气之合的观点"。同时，我们能够确认茶山的观点是一种新的解释：将人类的心（神魂）解释为灵明、灵知，将人类的肉体（躯壳）解释为以血气为中心的生理存在。

二　茶山的孟子学与其争论点

茶山在《自撰墓志铭》中所提到的关于《孟子》的主要争论点有一下九个。

一，对"万乘之国"和"千乘之国"分田制禄的立场。① 茶山认为"万乘"和"千乘"并不是指"天子国"和"诸侯国"。在茶山看来，"万乘"指的是像燕和齐等在当代既有势力又有权力的诸侯国，而非天子；千乘指的是韩、魏、赵、田等，弑君的千乘大夫。

---

① 《自撰墓志铭》："天子之臣，得有千乘，则叁公·六卿，各得千乘，所馀止千乘。天子与九臣，各得千乘，非十卿禄，小宰·小司徒以下，又无以沾寸禄。万乘者，晋·齐之类，韩·魏·赵·田氏之等，是千乘之家，弑其君也。孟子固尝以燕、齐为万乘也。"

二，"不嗜杀人"的意思。① 关于《孟子·梁惠王》篇的"不嗜杀人"的解释，宋代的苏轼将这句解释为汉高祖、宋太祖不喜欢屠戮，但茶山却并不认同这一观点。茶山认为，"不嗜杀人"的意思是说，要像灾荒之年救济贫民一样，要以政治救人，而不是以政治杀人的意思。

三，关于"井田制"是从夏代开始还是殷代开始的考证。② 经考证，茶山认为，禹王给予民众的50亩田和殷商时期国家给予民众的70亩的土地，并非填满坑或推翻埂而改作井田的。朱熹认为井田制是从殷代开始的，但茶山认为井田制是从黄帝和神农时候已经营构划而成的。③

四，关于浩然之气与道、义的关系。④ 朱熹将《孟子》的"其为气也，配义与道无是，馁也。"这一句当中的"馁"解释为"馁，饥乏而气不充体也。"而茶山则认同大愚吕祖俭和栗谷李珥的观点，将此解释为"没有道与义，气便馁"简言之，浩然之气是通过道、义而养成的，所以如果没有积累道与义的集义过程，那么浩然之气亦是只能"馁"的。

五，关于"性嗜好说"。⑤ 朱熹接受程伊川"性即理"的命题，认为人类的本性与天理是同一的。而茶山则将人类本性解释为人类的嗜好。据茶山的说法，本性可以分成两种——形躯的嗜好和灵知的嗜好。形躯的嗜好是一种肉体的嗜好，茶山认为这形躯的嗜好尽管难以控制却又必须忍耐和节制；灵知的嗜好是一种灵魂的嗜好，他认为当人站在善恶的岔路口时，是跟着自身主体的意志来乐善恶恶的。

六，关于"本然之性"和"天命之性"的概念。⑥ 据茶山的考证，"本然之性"的说法是从佛经来的，所以不能说与儒家的天命之性是同等的。

---

① 《自撰墓志铭》："不嗜杀人"，即不杀人以政，乃凶年赈救之类，非汉高祖、宋太祖不喜屠戮之谓也。

② 《自撰墓志铭》："夏后氏五十亩，殷人七十亩，非塞堑夷塍，改作井田也。"

③ 《孟子要义》："黄帝神农之时，已有经划之制。故说卦之例，坤为布帛。布帛者，经纬也。说卦之作，必在上古，则中国开物之圣，塬有井地之制。特其制度之详密，规模之齐整。必在尧禹之际耳。"

④ 《孟子要义》："是气也，配义与道。无义与道，则气馁焉。此吕子约、李叔献之遗义也。"

⑤ 《自撰墓志铭》："性者，嗜好也。有形躯之嗜，有灵知之嗜，均谓之性。故〈召诰〉曰节性，〈王制〉曰节民性，《孟子》曰动心忍性。又以耳目口体之嗜为性，此形躯之嗜好也；天命之性，性与天道，性善，尽性之性，此灵知之嗜好也。"

⑥ 《自撰墓志铭》："本然之性，塬出佛书，与吾儒天命之性，相为冰炭，不可道也。"

七，关于万物皆备于我的解释。① 朱熹将万物解释为万物之理，在朱熹的解释里所有的理都是具备于我的，而茶山将万物解释为万事万物之情之欲。在茶山的解释里人类所具有的好色、好货、好安逸、恶贱侮的倾向已经具备于我。例如，朱熹的解释具有要说万物一体和万法归一的意图，茶山对朱熹的说法进行批判，认为人应当从推己及人的恕的论理来解释。

八，茶山批判了孟子所谓的本性只说理而不说气的解释。② 这是上述的性嗜好说的脉络运用于理气论的分析。

九，善恶是由气质决定的观点。③ 朱熹通过理气论，说明人类的善恶。人出生之后就禀受理和气。以理的层面看，人只能行善，但因气质的清浊不一而有善恶的区分。茶山认为这种说法是存在很大问题的。气质的差异仅能导致智商上的差异，不能产生善恶实践上的差异。茶山不能接受以气质为决定的善恶决定论。

以上所阐述的茶山孟子学的九个争论点，从大体上可以再分为两点，即，王道政治和性嗜好说。分田制禄、不嗜杀人、井田制与王道政治需要安排的典章制度相关。依据先秦时期万乘之国和千乘之国的考证；将不嗜杀人解释为救恤；将井田制理解为中华文明根源性的土地制度等；这些都是王道政治的核心。

还有剩下的浩然之气与道义的关系、性嗜好说、天命之性、万物皆备于我、孟子论性、气质之性与善恶的关系等六点可以概括为道德形而上的实践性。道德形而上的实践性又可以收到天命之性的性嗜好说。所以总的来说，茶山孟子学的核心可以归类为王道政治和性嗜好说。

三　王道政治和性嗜好说的意义

通过《孟子要义》的脉络，我们可以了解到茶山孟子学的核心是

---

① 《自撰墓志铭》："万物皆备于我者，强恕求仁之戒也。为人子，为人父，为人兄弟，夫妇宾主之道，经而叁百，曲而叁千，皆备于我，反身而诚，则克己以复礼，天下归仁。非万物一体，万法归一之意也。"

② 《自撰墓志铭》："孟子论性，并及耳目口体，无论理不论气之病也。"

③ 《自撰墓志铭》："王莽、曹操，气质大抵清，周勃、石奋，气质大抵浊。善恶在乎力行，不在乎气质也。"

"王道政治"和"性嗜好说",这两点便是茶山所认为的"要义"。因此,《孟子要义》可以说是茶山整理《孟子》核心内容的著作。

茶山建立"修己治人"的理论,认为经学和经世学二者之间存在着不可分割的关系。茶山的经学著述就是为他的经世学著述所画的草图。茶山通过对六经四书的著述,复原古礼的文物制度,而后在适应这一制度的前提下,完成了他的代表作——"一表二书"。① 由此可见,他的经学和经世学都是考虑到是否适用于现实社会的,是具有实用性和效率性的著作。

从这个角度来说,《经世遗表》以及茶山的所有经世学著述中,都运用到了《孟子要义》中所提到的"王道政治",而其中最重要的就是与井田制相关的部分。正如同他的经世著作是以在现实中得到现实为目的一样,他所提出的"性嗜好说"也并非是根据气质的清浊来决定人的善恶的"决定论伦理学",而是必须根据人的自主性的、自律性意志来判断善恶的"主体论伦理学"。这也可以说是一种现实主义的观点。

> 井田者,圣人之经法也。经法,可通于古今。利行于古而不便于今者,必其法有所不明而然,非天下之理有古今之殊也。今言井田不便者,其大端有二。其一曰地势不便,其一曰民数无恒,斯皆不深考乎先王之制而矗为之说者也。②

在茶山看来,作为王道政治核心的井田制,并非如同朱熹所说是从商代开始的,而是在万物伊始时便已存在,到了尧舜时代才具有详密的制度和整齐的规模。茶山主张商周时期的人,对于井田制,也只是随着各自的时宜在做变通而已。③

茶山坚信古代中国所认为的理想的土地制度——井田制是能够恢复

---

① Sung Kun Jeon, "The Structure of the Statecraft in Dasan's Thought and the Remaining Tasks",《民族文化研究》72,2016;Sung Kun Jeon, "On the Tasan's Writings of the Study of Confucian Classics and Gyeongse yupyo", Journal of TASAN Studies, No. 31, 2017 参照。

② 《经世遗表》卷5,《井田论一》。

③ 《孟子要义·滕文公问为国夏殷周皆什一章》:"镛案朱子谓井田之制,始于商人,恐不然也。……中国开物之圣,塽有井地之制。特其制度之详密,规模之齐整,必在尧禹之际耳。殷人周人,不过于成法之中,量其时宜,稍加变通而已。"

的。只是因为过去的土地所有人是天子和诸侯，而现在所有百姓都变为了土地所有者，因此先王所图谋的井田制也变得难以实现。茶山认为只有用数百年的时间坚定不移地去渐渐地恢复，并按照顺序实行井田制，才能恢复先王的古法。这里所说的"顺序"是指限田、名田、均田，茶山认为按此顺序坚持下去的话，井田制的实行便会如"泻建瓴之水，庶乎其沛然无阂矣"。①

茶山的这种见解，是在《孟子》中所提到的以"恒产"为基础的民本主义立场上产生的，他认为需要制定应有的典章制度。可以说，这就使所谓的为了构成一个耕者有田和土地均分为基础的国家体制的理论基础。因此，茶山说"孟子一生经济在于经界。大抵井田之法在王政，如规矩之于方员，六律之于宫商，田政先正，然后礼乐兵刑万绪千头，俱有条理。柳磻溪经国之书，必从田政始，可谓知本之学也。"②

以上是对《孟子要义》的核心内容，即关于王道政治的典章制度的说明，下面再来讨论茶山的另一个理论——性嗜好说。这是关于人类本性的问题，但以往很多研究都是立足于"本性"即"嗜好"这一概念而展开的。而接下来本文对于性嗜好说的讨论，需要扩大对于心和身的理解。首先简单地阐述一下茶山的性嗜好说。

> 若必欲假借一字，以为大体之专名，则心犹近之，性则不可。性之为字，当读之如雉性，鹿性，草性，木性，本以嗜好立名，不可作高远广大说也。③

众所周知，《孟子》里提到的大体和小体，即思维器官的心和感觉器官的肉体（耳目口鼻）区别，这是孟子要强调培养大体的大人和培养小体的小人之间的区别。茶山否定了"心是气"，又排斥"心统性情"的命

---

① 《经世遗表》卷5，《井田论叁》："然则井田之法，可复于今日。不可但缅邈驰心，慨唐虞之难企也。若其所忧则有一焉，古者天子诸侯为田主，今也群黎百姓为田主，斯其所难图也。必持之数百年不挠，收之有渐，行之有序而后，乃可以复先古之法。其始也，为限田，为名田，为均田，及其久也，还太阿之柄，泻建瓴之水，庶乎其沛然无阂矣。"

② 《孟子要义·离娄之明公输子之巧章》。

③ 《心经密验·心性总义》。

题。要之。茶山认为心是属于大体的，而且"性"并不是朱子学所说的"天理"，而是心所倾向的"嗜好"。①

茶山的结论是，为批判以理与气为说明心与身的朱子学理论而出发的。朱子学将心解释为气或理气之合，但茶山反对朱子学的理论而断定地主张"无形的心"是并不属于肉体的。② 通过"不属血肉者"的句子，我们可以确认茶山由有形和无形为区分肉体和心。

总之，茶山认为"五脏的心脏"可以说是气，但"灵明的心"不可说为气。③ 他还主张人出生时所赋予的是所谓的"灵明的心"而不是所谓"理"的性。茶山的这种见解是将人类看作为超越万物、能够享用万物的存在即万物之灵。④

通过"性嗜好说"，茶山试图说明的是心所倾向的嗜好，性嗜好说的核心便是如何理解其"灵明"。茶山适用传统概念"神魂"来说明"灵明"，还提出"灵知"的概念来解释。因此，我们通过对于神魂、灵明、灵知等概念的理解，能够理解茶山所谓的"心"。与此同时，为了解茶山的人间论，对茶山所提示的身体观进行讨论。茶山提出的血气论是理解他的身体观的一种方法。下面再来讨论茶山的血气论和新人间论。

四　神魂与血气的新人间论

茶山对"心"的创见是他新人间论的一个核心点。如上述所说，茶山排斥将心解释为理或气的说法，即不在理气论的脉络上理解心。之所以茶山否定由理为解释心的说法，是因为他认为理不能成为主宰的主体。⑤

---

① 《孟子要义·尽其心者知其性章》："心者，吾人大体之借名也。性者，心之所嗜好也。"

② 《大学讲义·传七章》："是无形之体，是不属血肉者，是能包括万状，妙悟万理，能爱能恶者。是我生之初，天之所以赋于我者也。"

③ 《与犹堂全书·答李汝弘》："第一五脏之心谓之气，可也，第二灵明之心，何以谓之气也？"

④ 《与犹堂全书·中庸讲义》："天下万民，各于胚胎之初，赋此灵明，超越万类，享用万物。"

⑤ 《孟子要义·尽心》："凡天下无灵之物，不能为主宰。故一家之长，昏愚不慧，则家中万事不理，一县之长，昏愚不慧，则县中万事不理，况以空荡荡之太虚一理，为天地万物主宰根本，天地间事，其有济乎？"

此外，茶山亦否定由气为理解心的说法，是因为气或气质是构成肉体的，而不是构成心的因素。茶山主张心本来是无形的，只是借名为神而已。

> 神形妙合，乃成为人。神则无形，亦尚无名。以其无形，故借名曰神。【借鬼神之神。】心为血府，为妙合之枢纽。故借名曰心。【心本五脏，字与肝肺同。】死而离形，乃名曰魂。孟子谓之大体，佛家谓之法身。其在文字，无专名也。①

人是由神、形的妙合为成的，这是茶山的创见，也是在茶山人间论当中常引用的部分。这句子里的"妙合"，是指难以用语言形容却已结合的形态。从茶山的观点来看，"神"是假借于"鬼神"概念上的词，"心"是假借于属于五脏的"心脏"这一名词的，所以从古至今没有"心"的专称。与孟子的大体和小体的说明相比，大体的神便是无形的灵明；小体的形则是有形的躯壳。②③

并且茶山还提出，"心"是蕴含在身体而向外运用的；五脏当中主管血气的。这里指"心"便意味着"心脏"。要之，神形妙合的发用处即是与血气有密切相关（相须）的，这"相须"是指神魂和形躯妙合时，不可缺少血气的意思。④

因此，现在关键是如何理解茶山所提出的心与五脏之间的关系。茶山认为，五脏是积聚血气的器官，五脏之所以站着重要的地位，是因为它会

---

① 《孟子要义·滕文公为世子孟子言必称尧舜章》。

② 《孟子要义·公都子问或从其大体或从其小体章》："大体者，无形之灵明也；小体者，有形之躯壳也。从其大体者，率性者也，从其小体者，循欲者也。"

③ Moon Suk‐Yoon，"Dasan Jeong Yag‐yong's New Theory of Moral：New Understanding of Mind"，Journal of Korean philosophical society，No. 90，2004，p. 94。这篇论文里论者说过"茶山认为这是死后的魂，以此说法明了地说明此独自的实体性，而且还接近于利玛窦的灵魂概念。"，承认了茶山收容天主学的一些内容，而且说过"只是（利玛窦）将灵魂或精神的本质说明为思维，茶山的'神'是拥有道德实践的本质，这是两者（里面大豆和查杀）之间的差异。"，还提示的两者之间的差异。

④ 《心经密验》《心性总义》："惟其含蓄在内，运用向外者，谓之心。诚以五脏之中其主管血气者，心也。神形妙合，其发用处，皆与血气相须。于是假借血气之所主，以为内衷之通称，非谓此凿七窍而悬如柿者，即吾内衷也。"

连接到眼、耳、鼻、舌、口等的感官，使人类知觉活动受影响。① 并且血气的特质便是"自爱其身"②，所以茶山曾强调过"有形的躯壳"是得受抑制的。因此，在血气的影响下，心是不能自由自在的，但人类却有意志能够克服血气的自爱其身。

> 原夫吾人之所以生养动觉，惟有血气二物，论其形质，血粗而气精，血钝而气锐。凡喜怒哀惧之发，皆心发为志，志乃驱气，气乃驱血，于是见于颜色，达于四体。志者，气之帅也，气者，血之领也。故孔子论好色好斗之理，兼言血气，而孟子论不动心之理，单言气，以气之为物，驱驾血液，其权力次于志也。故孟子自注曰："气者，体之充。"夫充于体者，何物？非他，气也。是气之在人体之中，如游气之在天地之中。故彼曰气，此亦曰气。总与理气之气不同。③

人是由神魂、血气为构成的存在，其中血气是组成形躯的主要因素，也成为形躯生养动觉的根据。"形躯"是上述的"有形躯壳"的简称。仔细分析的话，形躯可以再区分为血和气。血是等于血液，既粗又慢；气是等于除血气之外填满人体的，既精密又而敏锐。

仔细察看气的技能，气是使血活动，即成为血的领袖，"成为血的领袖"是指气能够驾驭血的意思。但还有能够驾驭气与血的，即是志。按照茶山的诂训来看，"志"这词是"心"字上加"之"字的形象为组成的。这可以解释为"心的行路"。按重要程度顺序排列的话，便是"志→气→血"，这顺序意味着血听气的令；气则听志令。若说"志"是心的行路，以传统概念上看，是神魂的活动；以茶山的概念来解释的话，即是灵明或灵知的活动。

有趣的是，茶山使用的"人体""血液"等词是相当于近代医学使用的词，这应与西方医学有密切相关。血是人体生养动觉的基盘，也是通过血管在全身循环而提供氧气和营养素；通过肾脏排泄并搬运肠内废物的

---

① 《小学珠串》《五脏》："五脏者，血气之所藏也。脏，藏也，肝通于目，心通于舌，脾通于口，肺通于鼻，肾通于耳，此之谓五脏也。五脏之名，出《黄帝》，《素问》"。
② 《钦钦新书》《彛伦之残五》："凡血气之类，莫不自爱其身。"
③ 《孟子要义·公孙丑问不动心章》。

功能。

茶山提出的血气论，在以下两点上有很重要的意义。

第一，茶山的"血气论"是与朱子学的"理气论"毫无关系的。[①]虽朱子学所说的"气"也是属于肉体的，亦有物质的层面，但朱子学解释万物的基本前提是由理气之合来说明的，所以朱子学所说的"气"是与理一同组成心。但是茶山说的"气"则是专指与心完全不同的肉体。

第二，对"气"的内涵，朱子学和茶山又有不同见解。朱子学所说的气不但是在物理层面上解释的，而且就像在《太极图说》所提到的"太极动而生阳"，朱子学的气论是通过太极的活动而发生的。即《太极图说》所提到的气论不但拥有物理方面的意思，也拥有一种形而上的脉络。与此相反，茶山的气论是彻底的生理方面的探讨。

五　结　论

通过茶山的血气论，我们可以理解的是，茶山的基本前提是将心和肉体二分为非物质的存在和物质的存在。肉体是以血、气为构成的，血和气是肉体生养动觉的根据。而且肉体是限定为自爱其身的，所以多种的行事实践上容易被淹没到私下的利益。但人类是具有非物质的心，所以能够克服物质、肉体限制。茶山将以有形和无形、躯壳和灵明等的区分为说明了。

茶山所说的心不是像朱子学所主张的"心是气"或"理气之合"的构成。在茶山的理论里，有形的"灵明"替代心。在茶山看来，从古至今没有专称心的词，而且他将"心脏"看作为成为心与肉体妙合的枢纽，所以他仍然继续使用"心（心脏）"的词。那么"灵明""灵体""灵知"是否专称心的词？不是。对茶山来说，灵明、灵体、灵知只是为了说明心而提示的次上策概念而已。

茶山以嗜好来说明人类的本性，此嗜好还可以区分为形躯的嗜好和灵

---

① 《孟子要义·公孙丑问不动心章》："铺案，志为将帅，气为卒徒，朱子之义，不可易也。【孔子曰："叁军可夺帅，匹夫不可夺志。"以志为帅，亦有所本】但志者，心之所之，此固然矣。【志字象心上有之。】气之为物，不可不核，若以后世理气之说，浑合言之，则大不可也。"

知的嗜好。① 形躯的嗜好是与食色、安逸有关；灵知的嗜好是与道义有关的。这样，人类有两种嗜好，所以总是有两种心（志）。如果追求食色、安逸的心和追求道义的心同时显现的话，追求前者（食色、安逸）的是气质的欲求，跟随后者（道义）的是道义的欲求。② 因此茶山说明人类的心时，常比喻为人心道心之间交战的战场。③

这样，茶山以神魂和血气的两轴来解释人的观点是针对朱子学所提倡的理气论、心性论的，即一个一个地批判朱子学的命题而筹措的。实际上他是继承了星湖学派的身心概念，同时受到西方的科学技术及天主学等多样理论（比如，西方医学、托马斯主义）的影响。④

茶山区分心和肉体时，明确地区分为灵知的嗜好和形躯的嗜好——在本性层次上的解释；道义的心和食色的心——在心层次的解释。这是与朱子学在理气论的层次上说明的说法完全不同的，也可以说是受到天主学灵魂论的影响。因此茶山的血气论是摆脱朱子学所提示的人间论范式（paradigm）的，亦是接近天主学灵魂说的。

参考文献

《定本与犹堂全书》。

白敏祯：《丁若镛的哲学》，이학사，2007。

Geun Sik Seo, "A Study on the View of XinXingLun（心性论）in Mengziyaoyi（'孟子要义'）written by Dasan Jeong Yak - yong（茶山 丁若镛）"，《温知论丛》29，2011。

Ham, Young - dae, "Qing Dynasty Scholars' Interpretation of Mencius and Tasan Cheong Yagyong's MengziYaoyi"，《茶山学》6，2010。

Ii Kyun Jeong, "Ta - San（茶山）Jeong Yak - yong（丁若镛）'s Studies on the

---

① 《自撰墓志铭》："性者，嗜好也。有形躯之嗜，有灵知之嗜，均谓之性。"

② 《孟子要义·告子曰生之谓性犭牛人之性章》："今论人性，人恒有二志，相反而并发者。有馁而将非义也，则欲受而兼欲不受焉，有患而将成仁也，则欲避而兼欲不避焉。夫欲受与欲避者，是气质之欲也，其欲不受而不避者，是道义之欲也。"

③ 《孟子要义·无为其所不为无欲其所不欲章》："人恒有二志相反，而一时并发者，此乃人鬼之关，善恶之几。人心道心之交战，义胜欲胜之判决，人能于是乎勐省而力克之，则近道矣。"

④ Young Sang Ahn, "A study on Chongng Yag Yong's Insimdosim（人心道心；human mind and mind of Way）Theory through compared with Thomism"，《韩国实学研究》9，2005。

Works of Mencius", 韩国社会学会, 社会学大会论文集, 1998。

Kim Jo – young, "A Study of Dasan's Views on Classical Studies through analyzing 'Mengja – yoeui ('孟子要义')", 《汉文古典研究》35, 2017。

Moon Suk – Yoon, "Dasan Jeong Yag – yong's New Theory of Moral: New Understanding of Mind", Journal of Korean philosophical society, No. 90, 2004.

Sung Kun Jeon, "The Understanding of Wrongdoing (恶) and Moral Practice in Da – San (茶山)'s Thought", 《韩国实学研究》17, 2009, "The Meaning of the Nature as an Appetite through Analysing the Concept of Spiritual Perception", 《哲学研究》37, 2009, "The Structure of the Statecraft in Dasan's Thought and the Remaining Tasks", 《民族文化研究》72, 2016, "On the Tasan's Writings of the Study of Confucian Classics and Gyeongse yupyo", Journal of TASAN Studies, No. 31, 2017。

Young Sang Ahn, "A study on Chongng Yag Yong's Insimdosim (人心道心; human mind and mind of Way) Theory through compared with Thomism", 《韩国实学研究》9, 2005。

《孟子》与李瀷的《孟子疾书》

秋制协

（韩国启明大学哲学伦理学系教授）

一 《孟子》与《孟子疾书》

李瀷（星湖，1681—1763）在 1713—1718 年，耗费了 5 年时间完成了《孟子疾书》。这里的"疾书"一词是从张载的"妙契疾书"中所引来的，意思是将即时所涌现的想法直接记录。《孟子疾书》是对于 261 章《孟子》朱熹章句作出的 197 章的整理，它的完成要早于李瀷对《大学》《小学》《论语》《中庸》等 11 部著作的疾书。用他的话来形容这部书的完成就是"余之修润如风庭扫叶，随扫随有，迄不可以断手。"① 就是说，他的思绪是经过丝缕杂乱后而整理而成的。在这样的情形下，他的喜悦之情可想而知，单从他将刚出生的儿子起名为"孟休"一点上我们也可以略知一二。但是他的疾书系列为什么会从《孟子》开始呢？

> 孔子没而《论语》成，曾子述而《大学》明，子思授而《中庸》传，孟子辩而《七篇》作。以世则后，以义则详。后则近，详则著。故曰，求圣人之旨，必自《孟子》始也。②

据李瀷所阐述，从由孔子而起的道统关系上来看，因为《孟子》是后代著作中意义最为详尽且最能体现圣人所指的著作，所以学问应该从对

① 李瀷（下略）：《星湖全书》卷 4，《孟子疾书》〈序〉。
② 《星湖全书》卷 4，《孟子疾书》〈序〉。

《孟子》的解读开始。再者，《孟子》在诸多诸子书籍中没有获得正当合理的评价，一直被人们所诟病，就算是支持他的人们也经常在说："存大体而不及于精，析微言而不白其实。"①

基于以上两点原因，李瀷主张重新解读《孟子》。他的目的在于将孟子的本意体现出来。但这里存在这两个基本前提。首先，在有了朱熹对《孟子》的注释之后，胡广等人在编撰《永乐大典》时肆意的将其取舍，这也导致了朱熹本意的歪曲。那么李瀷实际上是要顺应朱熹的注释吗？其实也不尽然。实际上他是偏重于指出朱熹注释的弊端。他说：

> 呜呼！朱子尊孟子也，后人尊朱子也。后人之尊朱子，殆有甚于朱子之尊孟子。贤希圣，士希贤，其势然也。贤者，智有能及之。故于孟子，气像未化处，曾不以尊之之笃而讳焉。士者，困在下列，故于集注，无事乎黑白，兹所谓，不自信，而信可信，此虽学者之正法，其或笃信之馀，疑有未释，露于讲贯之际，藏于笔箚之私，求有以至于发蒙，斯亦不得已也。②

据上述，李瀷首先指出了当时的学者们抬高朱熹，以朱熹的注释为标准来理解《孟子》的倾向惯例。这更加导致了学者们盲目追崇，缺乏自我思考并加以探究的习性，使学问变得空洞。作为学者，尊贤是很正常的现象，但是与依赖孟子相比较，更加信赖朱熹的做法是不可理解的。李瀷将当时的学者们比喻成申不害与商鞅也是为了强调这一点。③

当然，李瀷不是要全盘否定朱熹的注释。他是说，朱熹的注释作为学问的起点可以作为基准，且具有重要的参考价值。但是更加重要的是通过对经文的解读与校释，将其存在疑问的部分所呈现。这是说，虽然现今学者做学问的方法应当受到批判，但是朱熹则不然。

---

① 《星湖全书》卷4，《孟子疾书》〈序〉。

② 同上。

③ 《星湖全书》卷4，《孟子疾书》〈序〉，"其或笃信之馀，疑有未释，露于讲贯之际，藏于笔箚之私，求有以至于发蒙，斯亦不得已也。人辄绳之以讪上，绳之固若有意，峻法刻刑，奚为于孔子之门？余故曰，今之学者，儒家之申商也。于是唯诺之风长，考究之习熄，駸駸然底于无学，则今之学者之过也。"

　　李瀷的这种想法大体上受到了李万敷（息山，1664—1732）的影响。李万敷与李瀷的兄长李潜，李溆有着深厚的交情，与李瀷的相处时间虽然不算长，但是授业良多。特别是在"怀疑"与"自得"的问题上更加如此。李万敷曾经指出，随着对朱熹章句的尊崇，学者们在研读圣贤的经典时总是在盲目因袭接受。他说在解释经文时，就像朱熹不太相信程子的话一样，朱熹的解释也不过是理解经书的一种途径而已，我们也不应该过于拘泥于他的解释。所以在研读经书时，最重要的是时刻要持有怀疑和探究的精神，使得我们能够在学习的过程中总结提出新的意见。①

　　李瀷似乎非常同意李万敷的观点，并通过以下一段话阐述了他的想法。

　　　　如画井，建正之类，妄为一说以补馀意，皆朱子所尝置疑也。置疑，所以开言路，言之不中，罪在言者，于集注又何损？②

　　在这里，李瀷对朱熹的看法以及自己提出的新的意见显得十分小心。虽然话语极其委婉，但是其中所蕴含的李瀷本人的想法却十分牢固。实际上《孟子疾书》就是要为了通过"怀疑"与"自得"的方式来探究经文，③ 从而阐发对《孟子集注》疑问，更加明确地呈现孟子的本意而著成的。

　　实际上现今对于李瀷的研究还不算成熟，大致的研究观点可归结如下。即李瀷没有将朱熹的观点视为绝对的，而是通过实证及实用的态度方法来探究经文。④ 这种观点仿佛都是在印证或者在附和李瀷是"朱子学"

---

　　① 李万敷，《息山先生文集》卷12，〈杂著，鹤城问答〉，"曰：'虽有师友，不读书，何以为学？'曰：'读书多后，若于吾心，无总会处，记诵虽博，亦徒然读书耳。'曰：'此诚不易得矣。'"《息山先生文集》卷10，〈书，答李致和〉〈国春〉，"夫学者之功，莫过于先读经传。而今人自少无不读之，有训诂，有谚解，有反切，文理稍长，则薄解其义，不肯更加咀嚼，若姑先看程朱大训，必以为刱见。而专心致志，易得意味，既复更读经传，则所见程朱必与前不同。愚意如此，前所以劝读近思，今承已看读，至于有疑发问，深慰鄙意。…朱子之于程子，尊慕虽至，而至于解经，不用其说者亦多。"

　　② 《星湖全书》卷4，《孟子疾书》〈序〉。

　　③ 김정민（2006），p.306.

　　④ 이광호（1986），권문봉（1993），김정민（2006），함영대（2011），함영대（2013）.

与"实学"转换时期的人物，从而对《孟子》的解释也与之前的时代有不同的观点。

但是更加重要的是李瀷在读《孟子》时，自身的问题意识是什么？我们已经讲过李瀷说过《孟子》并没有受到正当合理的评价。那么他所专注的是《孟子》的哪一点呢？实际上他所说的"孟子的本意"难道不是他所认为的孟子吗？所以我们需要聚焦于理解李瀷到底想从《孟子》之中提炼出什么来。

本文正是想以这种角度来分析《孟子疾书》。即通过分析李瀷对《孟子》中所涉及到的义利、性善、井田、王霸等问题所持的观点，来阐明他想表达的观点究竟是什么

二　相对于"义"之"利"的强调

李瀷的《孟子疾书》是想通过对《孟子》经文的研读来阐明孟子的本意。但是如果说李瀷是想通过孟子的本意来抒发自身的问题意识的话，那他到底要怎样诠释孟子的本意呢？虽然"孟子以扩天理、遏人欲为要"①，但这只是一种抽象的主张。反而能将这种主张具体化的是在《梁惠王上》中出现的关于利与义见解。

梁惠王接见了孟子并向其请教了关于"利"的问题，即怎样可以做到富国强兵的对策，而孟子回答道"何必曰利，亦有仁义而已。"接着孟子又说："王曰；何以利吾国；大夫曰，何以利吾家；士庶人曰，何以利吾身。上下交征利，而国危矣。"②

这句话通过对"利"的弊端的描述，直接表现了《孟子》中所涉及的仁义思想，朱熹的解读也是如此。但是李瀷却在这里提出了疑问。他表示应该重新审视相对于"利"而更加强调"义"的孟子的态度。

　　"今日，'何必曰利，亦有仁义而已'者，亦夫子罕言之意也。如将截然断绝，则当云，'不可曰利，只有仁义而已'，可矣。今乃

① 《星湖全书》卷4，《孟子疾书·梁惠王下》。
② 《孟子·梁惠王上》。

不曰，'不可'，而曰，'何必'。不曰，'只有'，而曰，'亦有'，其旨可见。"①

在这里，李瀷主张孟子并没有全面否定"利"，而是强调将"利"作为第一乃至唯一的追求是不可以的。② 所以，李瀷说"利"是每个人所追求的，它本身并不应该被全面否定。对此，李瀷说："'孔子罕言利'，先儒谓，'苟利于己，必害于人。'夫耕稼而食，蚕绩而衣在我为利，而害不及人，谓之必害，则疑若过矣。"③

当然，这里所说的"利"不是指"公利"而是指在个人的角度所可以追求的"私利"，就是说私利也不尽然是否定性的。④ 如"耕稼而食，蚕绩而衣"等行为虽说是属于私利的范畴，但它并不一定会对他人的利益产生负面的影响。

但是根本的问题出在人们将这种私利局限化。因为在收获始终是有限的情况下，人们只想着自己的拥有的话必然会产生危害。就是说人们如果只想把利益局限为私有时，会自然的产生对他人利益的贪图之心，并且做出有害于他人的行为。这一点就算是"君子"也不免乎例外。所以针对这一点程颐说"君子未尝不欲利，但专以利为心则有害"，强调的正是就算是堂堂君子如果稍有懈怠的话也会做出有违道理的行为。

所以，李瀷认为孟子的仁与义是在这样的背景下所提出的。并且在这里他还吸收了朱熹把仁与义解释为内心的"德"与"节制"的见解。丁若镛则通过"人与人之尽其分，谓之仁，故古人谓爱人曰仁，善我曰义"⑤ 的解释将这种见解更加明确化。就是说李瀷与丁若镛都认为通过这样的仁与义可以消除由过分的求利之心而引发的危害。

但是这种李瀷对"利"的理解很难说其是孟子的本意。因为对此他还做了如下陈述：

---

① 《星湖全书》卷4，《孟子疾书·梁惠王上》。

② 이광호（1986），p.15；함영대（2007），p.187.

③ 《星湖全书》卷5，《星湖僿说》卷7，〈人事门，利害仁富〉。

④ 이광호（1986，p.15）对此则说，它只是言明了公利的重要性，而对于私利还是持否定态度的。

⑤ 丁若镛（下略），《孟子要义·梁惠王上》。

> 孟子引阳虎之语曰，"为仁不富，为富不仁。"垦土力作财货有积，优学显仕，厚禄至富，则固有之，何碍于仁哉？①

从这里可以看得出，孟子的"为仁不富，为富不仁"，可以理解成朱熹所解释的那样，而且李瀷也确实接受了朱熹的解释。但是他本人为什么会在之前做出了不同的解释呢？大概他是想对人们追求合理的"利"而予以肯定吧。就是说李瀷是想肯定人们的基本欲望，从而还原出接近于现实存在的人的模样。这一点将在下一节关于"人欲"的叙述时，得到更详细的体现。

三　相对于"性善"之"人欲"的肯定

关于性善这一主题，《孟子》在多处做了诠释，我们就以《离娄下》一段话来作以分析。

> 孟子曰，"人之所以异于禽兽者几希，庶民去之，君子存之。舜明于庶物，察于人伦，由仁义行，非行仁义也。"②

在这里可以看出，孟子将人与禽兽的区分归结于是否可以"存"仁义之心。这里的仁义之心就是指道德层面上的人类本性的"善"，只有人才拥有这种善心。但是朱熹对此的解释则是：

> 人物之生，同得天地之理以为性，同得天地之气以为形。其不同者，独人于其间，得形气之正，而能有以全，其性为少异耳。虽曰少异，然人物之所以分，实在于此，众人不知此而去之，则名虽为人，而实无以异于禽兽。君子知此而存之，是以战兢惕厉，而卒能有以全其所受之理也。③

---

① 《星湖全书》卷5，《星湖僿说》卷7，〈人事门，利害仁富〉。
② 《孟子·离娄下》。
③ 《孟子·离娄下》。

在这里朱熹说人与其他事物在"天地之理"的性上没有任何区别，而不同点则在于人所被赋予的"形气之正"。就是说孟子所主张的人与禽兽间的"性"的差异被朱熹扭曲成了同一性。朱熹以"理一分殊"的逻辑，将"性"规定为同一性的范畴，而将差异性推到了"形气"的领域，对此李瀷提出了质疑。

> 中庸章句曰："人物各循其性之自然"，即通人与物而言，则于此章之旨，疑若有不合处。孟子则曰，"仁者，人也"，此岂物之所得与乎？盖性与道字，可通人物言，惟仁字，不可下于物。然仁即性也。孟子就中庸普说中，明夫一面底道理也。更详之。①

李瀷站在孟子的角度批判了朱熹认为人与其他事物"性"相同的主张。他认为孟子所说的作为道德性的"仁"只局限于人，而将其扩展到其他事物的说法是不成立的。虽然李瀷也曾在《中庸疾书》中认可了"性既理"的观点，②但是他始终没有认可在道德的角度上将人与动物并列在同一纬度的说法。所以他通过"天人之分"的逻辑，将人理解为与"天"无关的存在。李瀷说：

> 盖天地之常，以其心普万物而无心，非有情意知觉之发如人心之为矣。如曰天与人无少异，则未知天道亦有兼善恶善一边之情乎，亦有外物触其形，而动于中者乎。岂可以混元默运之理，与人心应物而生者，强化而同之？③

在这里李瀷批判了李珥主张的"天人合一"的观点。其实，"天人合一"是朱子学的基本命题之一，认为人心与天地的和谐原理是一致的。对此，李瀷则反问"天人合一"的命题如果是合理的话，那么对"天"

---

① 《星湖全书》卷4，《孟子疾书·尽心下》16章。

② 《星湖全书》卷4，《中庸疾书》1章："理是公共之名，性是堕在形气者。然以理训性，非谓一理字，可以尽性之义也。姑举理以明此性非他，只从这理做成也。下文备言所以为性然后结之曰，所谓性也，于是尽矣。"《中庸疾书》2章，"性即理也。"

③ 《星湖全书》卷7，《四七新编》附录，《读李栗谷书记疑》。

也可以提出与人类似的善恶的问题吗?①

丁若镛则将李瀷的观点更加推进了一步。他引用荀子所说的草木、禽兽、水、火之性与人之性的不同,阐述了比起草木水火,人与动物的"性"虽然相近,但在"道心"的层面上是有差异的。接着他集中批判了理学家们所主张的"理一分殊"。

> 性理家谓本然之性之寓于形气也,如水之注器,器圆则水圆,器方则水方,是明明把人性兽性打成一物,特其毛者为牛,羽者为鷄,倮者为人而已。孟子以犬牛人之性,别其同异,与告子力战,今乃以人性兽性,浑而一之可乎? 无始自在轮回转化之说,行世既久,苏东坡于赤壁赋及潮州韩文公庙碑,阴用其说,而世莫之察,谓之奇文。宋元诸先生所言本然之性,亦无始自在之义,此系古今性道之大关,不敢不辨。②

在这里,丁若镛斩钉截铁阐述了孟子将"人性"与"兽性"明确区分的观点,并批判了理学家们捏造出"本然之性"的概念来蛊惑世人,强调这种行为与佛教欺世的行径是一样的。③ 介于这一点,他主张人性与上天无关,"性"也不是所谓的"天理之性",而是"嗜好之性"而已。④

当然,李瀷也同意人性为善的观点,特别是可以通过孟子对尧舜的描述可以证明这一点。首先,他通过"汤武反之者,犹疑夫性有未尽善"说明就算汤武也还没有达到将"性"尽善的境界,而又通过"尧舜性之,则非勉强也,不勉而善,故知其本善也"的话语来说明尧舜的善不是人为故作的,而是本然的。⑤ 所以,这样的"性善"就是舜在"危微执中"

---

① 추제협 (2012), pp. 117~118.

② 《孟子要义·离娄下》。

③ 금장태 (2005), p. 61.

④ 《孟子要义·尽心上》,"夫理者何物,理无爱憎,无喜怒,空空漠漠,无名无体。而谓吾人禀于此而受性,亦难乎其为道矣。";《论语古今注》卷9,《阳货》,"性也者,非大体之全名,乃就大体之中,执其好恶之理而别立一名。"

⑤ 《星湖全书》卷6,《星湖僿说》卷19,〈经史门,性善〉,"汤武反之者,犹疑夫性有未尽善,尧舜性之,则非勉强也,不勉而善,故知其本善也。"

中所想表达的意境，而孟子只是将它以自己的方式表现出来而已。① 但是，我们一定要留意李瀷在主张性善的同时，还对人欲给予了肯定。

> 人生而有欲堕地，便饥这饥也。是人心之合有者，不待道心之节制，而何尝有不善？②

李瀷认为，作为有血气与感觉的人是不可能没有欲望的。而且人与其他动物对于生命、饮食、性方面的渴望是大体一致的，且其中最强烈的欲望是对生命的渴望。还有就是人类对于声、色、嗅、味、安逸等先天性的欲望的执着要比动物强烈，而且对于富贵的欲望只有人才拥有。③ 更甚的是人们对权利与财物的欲望要远远强于对名誉与义理的欲望。④ 虽然人心是可以为善的，但是因为这些欲望都是人所必然拥有的基本欲望，所以李瀷认为不应该一味地否定它是不合理的。

但是李瀷还说这些欲望被认为是否定的是因为人心中有不善的萌芽，而这些萌芽的典型就是"饥寒之心"。其实饥寒之心也是人所具有的基本欲望之一，所以它本身并不能被规定于不善的范畴，但问题是它会使人心变得"炽荡"。⑤ 这种见解实际上和孟子所论述的"恒产"与"恒心"关系是类似的。在一系列可以使人心炽荡的欲望中，李瀷特别强调色欲容易使人心达到极端的炽荡并且沦为与禽兽无异的存在。也即"牛羊之属，必有怀孕之候既胎则便，人又不及也。禽兽之匹不择妍媸，人则或厌丑，

---

① 《星湖全书》卷6，《星湖僿说》卷19，〈经史门，性善〉，"人谓性善之说昉于孟子，其实舜有危微执中之论，而孟子特发挥之欤。"

② 《星湖全书》卷6，《星湖僿说》卷19，〈经史门，性善〉。

③ 《星湖全书》卷6，《星湖僿说》卷19，〈经史门，性善〉，"凡有血气心思者，莫不有欲。其生与饮食阴阳之欲，人与禽兽同有，苟可以避死趋生，则饮食阴阳可废，是生之欲尤甚也。五性之欲，声色臭味及安逸是也，此由侈心而益炽，故禽兽　而人为甚也。富贵之欲惟人有之贵尊，而富贱贵，又可兼富。故贵之欲甚于富也。"

④ 《星湖全书》卷5，《星湖僿说》卷7，〈人事门，欲〉，"名之欲，惟自好者有之，薄于待己然后名可得，故其厌富贵而取名者，千百一人矣。义理之欲，惟君子有之，故其舍生取义者，亿万一人矣。"

⑤ 《星湖全书》卷6，《星湖僿说》卷19，〈经史门，性善〉，"不善之萌始于饥寒。然有饥寒之心而已，未有计较及于免饥免寒也。又未有计较及于非理，而得饱得温也。此皆后来人心之炽荡，非其本然。"

而好姣弃老，而趋少其男悦女，女惑男窥墙刼逐竟，日穷年狂颙剧恶不知休息，秽恶不可道也。此何天理？"①

对于这些欲望的特性，李瀷强调人为了防止内心走向炽荡应保持时刻的警戒状态。李瀷所主张的学习法也是基于上述问题，其内容是源于舜帝的"危微执中"。用李瀷的话说则是"精一执中"，意思是精密探究始终如一的保持中庸之道。这样的话，人们就不会做出过分的行为。

综上所述，李瀷没有将人的道德问题与天人关系联系在一起，而是把它理解限定为人的问题，并且尝试建立比较富有现实意义的人性论。就是说在李瀷的理解范围内，善与恶都是和天理不相关的，他们都是人心层面的问题。李瀷这样的认识即使在西学传入，时代变迁的过程中也没有改变，而是被更加强调。

四　理想的土地制度—井田制

李瀷在《孟子疾书》中所涉及到的经世论聚焦在分析并实行井田制上。关于井田制的具体内容主要源于《孟子·滕文公上》。滕文公使毕战问井田，孟子回答道为了实行仁政，必须着力于公平界定土地界限，② 并详细阐述了方法。

> 夫滕，壤地褊小，将为君子焉，将为野人焉。无君子，莫治野人，无野人，莫养君子。请野九一而助，国中什一，使自赋。卿以下，必有圭田，圭田五十亩。馀夫，二十五亩。死徙无出乡，乡田同井，出入相友，守望相助，疾病相扶持，则百姓亲睦。方里而井，井九百亩，其中为公田。八家皆私百亩，同养公田，公事毕然后，敢治私事，所以别野人也。此其大略也，若夫润泽之，则在君

---

① 《星湖全书》卷5，《星湖僿说》卷13，〈人事门，色欲〉。

② 《孟子·滕文公上》，"使毕战，问井地，孟子曰，'子之君，将行仁政，选择而使子，子必勉之。夫仁政，必自经界始，经界不正，井地不均，谷禄不平。是故暴君污吏，必慢其经界，经界既正，分田制禄，可坐而定也。"

与子矣。①

首先，这里的井田制度是指将 900 亩的田地中间 100 亩设为公田，将剩余的 800 亩平均分给 8 户百姓为私田，大家通过共同耕作公田来承担税收的制度。这种制度不仅可以使百姓自我耕种私田糊口，还可以通过共同劳动保障稳定税收，是非常合理的共同体体系。

朱熹也非常认同井田制。因为如果没有这种制度门阀土豪们将会肆无忌惮的兼并土地，所以为了实施仁政就必须从井田制落实开始。接着他又对井田制做了以下说明：

> 此以下，乃言制民常产，与其取之之制也。夏时，一夫受田五十亩，而每夫计其五亩之入以为贡。商人始为井田之制，以六百三十亩之地，为九区，区七十亩，中为公田。其外八家各授一区，但借其力，以助耕公田，而不复税其私田。…其实皆什一者，贡法固以十分之一，为常数，惟助法，乃是九一。②

这句话大致阐述了随着时代变迁而发生变化的井田制。总体来说 10 分之 1 为"贡法"，9 分之 1 为"助法"。接着朱熹又说公田是"君子"的俸禄，而私田是分给一般"小人"的给予，并且说明了"先公后私"是为了明确区分君子与小人。但是朱熹似乎对孟子提出的这种制度的实施持否定态度。很可能他是鉴于极其理想化的井田制在现实实施的可能性与没有关于井田制实施相关记录而做出的判断。

但是李瀷却认为井田制不仅仅是一种理想化的制度，而且是可以实际落实的土地政策。当然他的观点是以当时社会窘迫现状为前提的。在他看来，当时社会贫富差距巨大，官吏与土豪不断剥削平民导致他们大多濒临破产。这种情形下，只有土地才能使平民重拾希望，但这一点也很难实现。所以李瀷极力主张孟子所说的有恒产才能有恒心的理论，并且将现实

---

① 《孟子·滕文公上》。

② 同上。

社会的问题归结于统治阶级的错误政策，强调应该迅速实施土地改革。①

　　在这样的现实中，李瀷认为井田制是最理想的土地改革方案，并且坚信如果能适宜的利用这种制度将会很有效地解决现实问题。② 但是由于当时土豪阶层势力庞大，很难直接落实平均分田的井田制，所以李瀷主张先从实施限田制开始。他首先提出国家的土地不是君主的所有而是百姓的所有，君主的职责是把持分配土地的界限。

　　　　有人此有土，土皆民之田也。圣王画井而授民，民非受王之田也。乃王者因民之有而经界之，禁其争夺也。于是赋以什一，非王者蠲其九而与民，乃民出其一而供君也。故曰，"天下者，天下之天下也，非一人之天下也。" 王莽欲效王政，而名天下田，曰王田，失其本矣③

　　李瀷主张土地并不是君主所有，说明他不认为君主所有是具有公共意义的。虽然他曾经也有一时认可了王莽主张的天下土地尽归属于君主的观点具有公共性，但是在这里他把土地归属权归为平民不仅是为了强调土地的公共性，还为了明确揭示以民本主义为核心进行土地改革的重要性。④ 同时只收取百姓 1/10 的税也是为了衬托国家只是秩序维持者的角色。

　　但问题是还有百姓会分不到土地，所以井田制的实施是极其困难的。于是李瀷主张实行限田制。限田是指严格限制土地买卖同时将 1 顷田设为"永业田"，供人们永久耕作糊口的政策，即"限者何也？无者不责其有，过者不责其减。各以一顷为永业，贫者一顷之内，有入而无出。则贫不得卖田，而兼并不售。富必有分除，而稍渐均平矣。"⑤ 李瀷认为如果这种制度可以实行的话，会很自然的防止地主们兼并滥用土地，从而可以实现

---

　　① 李瀷（下略），《星湖先生全集》卷 45，〈杂著，论均田〉，"富者田连阡陌，而贫无立锥之土，故富益富，而贫益贫矣。…凡官府之浚削，闾里之豪横，皆足以荡之也。可破之端九，而可保之势一，其不散而之四方者，幸免矣。家破而田存，犹或复振，破必至于无田，自非陶朱之智，何暇措其手足哉？"

　　② 권문봉（1993），pp. 141—148.

　　③ 《星湖全书》卷 4，《孟子疾书滕文公下》8 章。

　　④ 권문봉（1993），p. 151.

　　⑤ 《星湖先生全集》卷 45，〈杂著，论田制〉。

缩小贫富差距的目的。

　　但是丁若镛却指出了这种限田制的缺点。他认为就算严格限制土地买卖，也会有人借着他人的名义去购买土地，而国家很难将他们一一查处。所以他提出了以"耕者有田"为基本原则的闾田制。这是一种只分给耕田者土地的制度，[①] 30 户为 1 闾以家族为单位通过共同劳动来生产所得。设闾民与闾长将每日的劳动量做记录，等到秋收时除去政府与闾长的俸禄将生产所得分给众人。[②] 当然这种制度终究会遇到课税的问题而回归到原本的井田制，但是其中所涉及到的闾田制的核心部分还是可以维持的。

　　从以上的论述中我们可以看出，李瀷对当时的社会做了精准的判断，并得出了土地改革势在必行的结论，从而强调了孟子井田制的重要性。接着他又通过一系列具有实证性分析揭示了现实可行的解决方案。虽然作为次选他主张实施限田制，但是不难看出李瀷无愧为拥有实践精神的知识阶层，试图通过具有实质性制度改革来改善社会问题的典范。

五　王道与霸道的折中

　　随着孟子最先正式提出关于王道与霸道（以下简称"王霸"）的问题，这个主题就一直在古代政治学中成为人们议论的重点。朝鲜时代当然也不例外。关于王霸的问题，孟子在《公孙丑上》做了叙述。当孟子被公孙丑询问到如果被赋予"要路"是否能重现管仲和晏子功绩时，孟子显得非常不快并说道："管仲得君。如彼其专也。行乎国政。如彼其久

---

　　① 丁若镛（下略），《茶山先生文集》卷 11，〈论，田论二〉，"使农者得田，不为农者不得之，则斯可矣。"

　　② 《茶山先生文集》卷 11，〈论，田论三〉，"欲使农者得田，不为农者不得之，则行闾田之法，而吾志可遂也。何谓闾田？因山谿川原之势而画之为界，界之所函，名之曰闾。里五为坊。坊五为邑。闾置闾长，凡一闾之田，令一闾之人咸治厥事，无此疆尔界，唯闾长之命是听，每役一日，闾长注于册簿，秋既成，凡五谷之物，悉输之闾长之堂。分其粮，先输之公家之税，次输之闾长之禄，以其馀配之于日役之簿，假令得谷为千斛。而注役为二万日，则每一日分粮五升，有一夫焉，其夫妇子媳，注役共八百日，则其分粮为四十斛，有一夫焉，其注役十日，则其分粮四斗已矣。用力多者得粮高，用力寡者得粮廉，其有不尽力，以赌其高者乎？人莫不尽其力，而地无不尽其利，地利兴则民产富，民产富则风俗惇而孝悌立，此制田之上术也。"

也。功烈，如彼其卑也，尔何曾比予于是？"①

管仲在侍奉公子纠时，公子纠遇害而召忽也随即自杀。但是管仲不但没有殉葬反而是回到齐国侍奉起了杀害自己主子的主谋齐桓公，并帮助他完成了霸业。孟子对这样的管仲丝毫没有吝惜批判，而他的批判标准以下面一段话所包含的思想为前提。

> "孟子曰：'以力假仁者霸，霸必有大国，以德行仁者王，王不待大。汤以七十里，文王以百里。以力服人者，非心服也，力不赡也，以德服人者，中心悦而诚服也，如七十子之服孔子也。'"②

孟子认为结束乱世，使人们安居乐业不能倚仗武力的制服，而是要着力于施行仁政。在孟子看来管仲没有力行仁政，虽然他完成了霸业，但是就其所居的地位与权势角度上来看，那种程度的成就简直是微不足道。这种观点实际上和肯定霸者的孔子和荀子的观点有很大出入。孔子虽然也在义理方面对管仲进行了批判，但总体上还是对管仲的功绩非常认可的。而荀子则说道治国以"义"为先就是王者，以"信"为主就是霸者，王霸两者之间是具有相辅性的。

朱熹与陈亮之间也对这一问题进行了深入的辩讨，得出的结论实际上与孔子的评价类似。朱熹接受程颐的观点，极力辩证桓公是兄公子纠是弟，并主张在当时的情形下管仲可以选择死亦可以选择生。在这里，朱熹既赞扬了召忽殉葬是出于义理，也肯定了管仲存活并九合诸侯完成霸业也是难得的功劳。

然而，李漢则假设了公子纠是兄桓公是弟的局面，批判了朱熹的观点。

> "愚以为虽使纠兄而桓弟，其势有所不然者。当时，国无主已半岁，而小白先入，名位已定矣，纠虽兄，等是诸公子也。宗国已丧矣，半岁已迟矣。……于此，岂复可以年纪稍长之故，而辄去争国

---

① 《孟子公孙丑上》。

② 同上。

耶？……程子既曰，纠之死，实当，又曰，与之同死，可也。纠死于其罪，则同死者，独免同恶之归乎？既曰，同死，可也，而又曰，自免，可也，君子择义，将何适从？……召忽之死，终于昧也已。"①

李瀷首先认为召忽的死是非常愚昧的。然后接着说公子纠不论是兄还是弟，管仲都不应该选择死。这是因为当时齐国君主被害，应该最优先考虑的是国家的安定。就是说李瀷在反问朱熹，考虑仁义与否之前，比起生活在水深火热中的百姓，年龄有那么重要吗？接着他又说：

"王者之迹不复存，则特假列国之书，而嗟叹夫王泽之益远也。是以春秋所载，不过齐桓、晋文之事，霸于是乎盛矣。霸者虽与王道背驰，然尚能驱诸侯为衣裳之会，使夷狄詟服。故中国之人得免被发，左衽，莫非惠也。故曰，彼善于此则有之。"②

从这里可以看出，李瀷虽然肯定了王道的价值，但是基于当时的实际情况，他认为与其纠结于施行王道，不如将霸道的优点充分发挥来的有效。就是说，致力于政治的人应该时刻考虑到政策对于百姓生活的影响，不断从中采取富有弹性且现实的态度来应对一切。

六　《孟子疾书》与李瀷思想的立足点

这篇论文旨在探讨李瀷想通过其 11 篇疾书中最先著成的《孟子疾书》表达什么样的思想为目的。首先，李瀷殚精竭虑的通过《孟子疾书》表达了自己的思想。虽然他表面上是在说为了理解圣人的教诲，但是从 18 世纪朝鲜的政治、社会等方面的混乱状态，特别是由朱子学向实学转换的思想变革期的状况来看，他实际上是想通过《孟子》来找出解决时代问题的立足点。

作者本人也是想竭力的衬托这一点。也即先抛开李瀷是继承了还是批

---

① 《星湖全书》卷4，《论语疾书》，〈宪问篇〉。
② 《孟子疾书·离娄下》。

判了朱子学的问题，来着力于说明他思想的立足点到底是什么。在这种意识下，本文选择了在《孟子》中较为重要的四个范畴（义理，性善，井田，王霸）进行了论述。

　　经多个角度的论述得到的结论可归结如下。李瀷通过"怀疑"与"自得"的方法解读了《孟子》。虽然对经文的解释上他也有忠实于朱熹的一面，但是归根究底他还是基于原本的经文来理解孟子的。虽然可以说李瀷的这种尝试在某种程度上体现了孟子的本意，但其根本还是可以定性为李瀷重新解读孟子。

　　在这样的前提下，李瀷虽然将朱熹的解读视为典范，但是在实际解释经文的过程中果敢的添加了不少附和时宜及具有现实意义的诠释。虽然尝试新的解释方式不可避免的带来了些许误读，但这一点恰恰体现了李瀷本人的实际意图。在这种背景下，他不但为了彻底查出《孟子》中是否有矛盾的内容而逐字逐句的校对了全文，而且还为了理解具体脉络提供合理根据而参考了大量的文献资料。

　　在本文中所探讨过的相对于"义"之"利"的强调，相对于"性善"之"人欲"的肯定，理想的土地制度——"井田制"，王道与霸道的折中等问题都是以上述前提来进行的。综合而论，李瀷对于"利"与"人欲"的肯定是为了建立一个与天理无关且现实的"人"的理解方式，强调实际的土地改革以及将王道与霸道折中则是为了让人们重新认识政治的根本问题在于"安民"，并以此来衬托附和时宜的政策决定的重要性。

　　所以，单纯的将李瀷评价为朱熹释经的批判者乃至实学思想的传播者，是不完全合理的。因为他的释经方式并不能理解为对朱熹释经方式的积极否定。① 李瀷只不过是基于现实的问题意识，想通过《孟子》来获取解决之道。在这个过程中，虽然说有一些李瀷独特的特点，但是这也不足以将其匆忙与实学联系到一起，而是应该把他的特点视作其思想进程中的一个立足点更为合理。我们所期望的那种具有实证性及实用性的实学思维，实际上到了丁若镛所代表的实践经学时代才可以说是展现了全貌。

---

　　① 　根据김정민（2006，pp. 280 —283）的分析，可以得知李瀷对朱熹释经的内容反驳其实是很少见的。

孟子的社会管理思想

孙聚友

（山东社会科学院国际儒学研究与交流中心）

一　孟子关于社会管理的理论基础

孟子社会管理思想的理论基础，是建立在天人合一的思想理论上的。他在论证天道与人道的关系时，指出天道是人道的终极来源和本根依据，人道是天道的具体流行和现实发现，天道与人道是相通合一于诚道上的。他说：

> 居下位而不获于上，民不可得而治也。获于上有道，不信于友，弗获于上矣。信于友有道，事亲弗悦，弗信于友矣。悦亲有道，反身不诚，不悦于亲矣。诚身有道，不明乎善，不诚其身矣。是故诚者，天之道也；思诚者，人之道也。至诚而不动者，未之有也；不诚，未有能动者也。（《孟子·离娄上》）

天道表现为仁义礼智的诚德，人道则表现为体认天道以成就诚德。由此天道与人道相通合一的思想出发，孟子论证了践履天道实践人道的管理本质特点。他说："尽其心者，知其性也。知其性，则知天矣。存其心，养其性，所以事天也。"（《孟子·尽心上》）孟子从天人合一的理论出发，来解释人之所以为人存在的本质属性。天道内在于人的心性之中，人的心性是以禀受天道为其心性特征的。所以，人通过存心养性事天的省察工夫，当下即可识得源于天道的善性仁德，并在日用伦常的现实社会活动中，通过修己而安人的社会实践，遵守德礼政刑的社会规范，保证自身的社会职能的完成，达于天人合德的理想境界，实现社会和谐有序地运行发展。因此，人之所以为人就在于，人的心性中具有源于天道的仁义礼智诚德，道德属性是人的存在的本质属性。而管理作为践履天之诚道的实践过程，就是人道在现实社会的具体落实，它表现为通过尽心知性的道德修养，成就人之所以为人存在的道德属性，保证社会和谐有序运行，实现修己安人的存在价值和目的。

孟子认为，人具有相同的生理本能欲望，但这并不是人的存在的本质属性。如果把人生而具有的生理本能欲望等同于人的存在的本质属性，亦即承认"生之谓性"，那么将会导致"犬之性犹牛之性，牛之性犹人之性"（《孟子·告子上》），人与动物的本质区别也就不存在了。孟子进一步指出，人心具有相同的社会心理意识趋向特征，一是表现为富贵利达的物欲之心，二是表现为仁义礼智的道德之心。富贵利达的物欲之心，并不能展现出人的存在的本质属性；只有仁义礼智的道德之心，才能展现出人的存在的本质属性。

孟子认为，人的仁义礼智的道德之心，具体表现为恻隐、羞恶、恭敬、是非四心，这四心是仁义礼智的道德善端，修养扩充生来具有的道德善端，就能成就道德善性。所以，人性是善的。他说：

> 乃若其情，则可以为善矣，乃所谓善也。若夫为不善，非才之罪也。恻隐之心，人皆有之；羞恶之心，人皆有之；恭敬之心，人皆有之；是非之心，人皆有之。恻隐之心，仁也；羞恶之心，义也；恭敬之心，礼也；是非之心，智也。仁义礼智，非由外铄我也，我固有之也，弗思耳矣。故曰，"求则得之，舍则失之。"或相倍蓰而无算者，不能尽其才者也。（《孟子·告子上》）

仁义礼智的道德善端内在于人的心性之中，是人所不学而能、不虑而知的良知良能，故"无恻隐之心，非人也；无羞恶之心，非人也；无辞让之心，非人也；无是非之心，非人也。恻隐之心，仁之端也；羞恶之心，义之端也；辞让之心，礼之端也；是非之心，智之端也。人之有是四端也，犹其有四体也"（《孟子·公孙丑上》），仁义礼智道德之心，如同人生来即具有手足四肢一样，非由外铄我也，我固有之也。

　　人与动物的区别在于人所具有的道德善心，如果不能修养道德善心，也就不能成就道德善性。"人之所以异于禽兽者几希，庶民去之，君子存之。舜明于庶物，察于人伦，由仁义行，非行仁义也。"（《孟子·离娄下》）只有在现实的社会活动中修养道德善心，才能成就人的存在的道德属性。成就人的存在的道德属性，不仅有其自我主观的原因，而且还有外在客观的原因。因此，人性的可塑性，决定了管理在人的存在的道德属性的成就过程中，具有决定性的作用。孟子说，人"有是四端而自谓不能者，自贼者也；谓其君不能者，贼其君者也。凡有四端于我者，知皆扩而充之矣，若火之始然，泉之始达。苟能充之，足以保四海；苟不充之，不足以事父母"（《孟子·公孙丑上》）。人的内在心性中的道德善端，通过后天的教育，自我的修养，就能将善端成长为善性。而管理既表现为内在自我管理，又表现为外在社会管理，所以只有通过自我管理和社会管理，才能成就人的存在的道德属性，实现社会的有序运行。

　　社会管理就是通过管理者实施仁政德治，保证社会的和谐运行，实现人之所以为人的社会存在特征。"仁也者，人也；合而言之，道也"（《孟子·尽心下》）。孟子认为，社会管理就其本质而言，是遵循天道践履人道顺天应人的社会实践活动。天道是人道的终极来源和本根依据，人道作为人类社会和人类认识形成发展的客观历史产物，它是人类对于自身管理的实践经验的概括和总结，是对天道的认识和践履，而仁智兼备的圣人君王以其在社会管理中的独特地位，决定了其对于人道的形成发展中具有重要的历史作用。他说："人之有道也，饱食煖衣，逸居而无教，则近于禽兽。圣人有忧之，使契为司徒，教以人伦：父子有亲，君臣有义，夫妇有别，长幼有叙，朋友有信。"（《孟子·滕文公上》）圣人为了使人类免于禽兽，忧患人类的社会存在，通过具体的社会管理活动，制定了礼乐刑政纲纪制度和人伦道德规范准则，体认天道，建构人道。

　　人生存于社会之中，之所以具有其自身的社会属性，是由人道的内容和特征所决定的。

　　人道存在于人类生活的各个方面，涵盖了人的存在的一切社会关系，而其内容特征则主要表现为人类社会的特定组织结构和纲纪规范，这不仅是人类社会得以和谐有序运行发展的保证根基，也体现了人的存在的社会属性。人生存于社会之中而具有的社会属性，不仅表现为其所具有的上下有分、贵贱有等、尊卑有序、轻重有别的社会地位和社会职能，而且表现为其在社会活动中所应持守的父子有亲、君臣有义、夫妇有别、长幼有叙、朋友有信的社会规范和社会准则。故孟子说："有大人之事，有小人之事……故曰：或劳心，或劳力；劳心者治人，劳力者治于人；治于人者食人，治人者食于人，天下之通义也。"（《孟子·滕文公上》）

"仁，人之安宅也；义，人之正路也"（《孟子·离娄上》）。由此可见，人道确立了人的存在的行为方式。社会管理作为对人道的实践过程，就是通过保证人们对特定的社会纲纪规范的遵守，以及保证特定的社会组织结构的运行，规范人的社会行为，实现社会的有序发展。因此，能否保证社会纲纪规范和社会组织结构的有序实施，不仅关系到社会的兴衰存亡，而且关系到个人的生存发展。而其核心特征，则表现为在社会管理活动中，持守以仁为依归的仁政德治。故孟子说："三代之得天下也以仁，其失天下也以不仁。国之所以废兴存亡者亦然。天子不仁，不保四海；诸侯不仁，不保社稷；卿大夫不仁，不保宗庙；士庶人不仁，不保四体。今恶死亡而乐不仁，是犹恶醉而强酒。"（《孟子·离娄上》）

孟子的社会管理思想，指出了管理是人类生存发展的客观需求和客观产物，它在人之所以为人、社会之所以能够存在中发挥着现实的客观作用。实施社会管理，既要运用政令和法律进行外在强制性的约束，更要注重运用道德和礼义让人对其社会行为进行自觉性的调控。这是实现人的存在的社会属性，保证社会和谐有序运行的根基所在。

二　孟子关于社会管理的具体内容

孟子在对社会管理的认识中，指出了社会管理的具体内容，就是实施仁政德治，他说："尧舜之道，不以仁政，不能平治天下。今有仁心仁闻而民不被其泽，不可法于后世者，不行先王之道也。"（《孟子·离娄上》）仁政既包括管理者要保证社会组织结构的有序运行，而且包括管理者要保证人们对于社会纲纪规范的遵循，进而实现保民、爱民、养民、富民的仁政，满足民众的生存需求，实现社会的和谐运行。

孟子指出，社会管理要实行保民而王的仁政，这样才能得到天下士农工商的归附，保证社会组织结构的有序运行。他说：

尊贤使能，俊杰在位，则天下之士皆悦，而愿立于其朝矣。市，廛而不征，法而不廛，则天下之商皆悦，而愿藏于其市矣。关，讥而不征，则天下之旅皆悦，而愿出于其路矣。耕者，助而不税，则天下之农皆悦，而愿耕于其野矣。廛，无夫里之布，则天下之民皆悦，而愿为之氓矣。信能行此五者，则邻国之民仰之若父母矣。率其子弟，攻其父母，自有生民以来未有能济者也。如此，则无敌于天下。无敌于天下者，天吏也。然而不王者，未之有也。（《孟子·公孙丑上》）

管理者能够实行仁政，就能让天下的臣民百姓各得其所，各尽其能，贤者在位，能者在职，保证社会组织结构的有序运行，完成自身的社会职能，实现社会的和谐运行发展。"规矩，方圆之至也；圣人，人伦之至也。欲为君，尽君道；欲为臣，尽臣道。二者皆法尧舜而已矣。不以舜之所以事尧事君，不敬其君者也；不以尧之所以治民治民，贼其民者也。"（《孟子·离娄上》）管理者在治理社会过程中，必须实行以仁政为核心的尧舜之道。

针对当时残害民众的严酷现实，孟子指出，保民爱民的仁政，是为民众所盼望的。他说："行仁政而王，莫之能御也。且王者之不作，未有疏于此时者也；民之憔悴于虐政，未有甚于此时者也。饥者易为食，渴者易为饮。孔子曰：'德之流行，速于置邮而传命。'当今之时，万乘之国行仁政，民之悦之，犹解倒悬也。故事半古之人，功必倍之，惟此时为然。"（《孟子·公孙丑上》）民众渴望仁政，统治者如果能够实行仁政，就会收到事半功倍的效果。孟子指出，天下的得失，王道的行否，就在于能否实行仁政。实行仁政，就能获得民心，得到民众的支持，进而得以巩固政权，统一天下。他说：

桀纣之失天下也，失其民也；失其民也，失其心也。得天下有道，得其民，斯得天下矣；得其民有道，得其心，斯得民矣；得其心有道，所欲与之聚之，所恶勿施，尔也。民之归仁也，犹水之就下、兽之走圹也。故为渊驱鱼者，獭也；为丛驱爵者，鹯也。为汤武驱民者，桀与纣也。（《孟子·离娄上》）

失去民心，就会失去天下，而要得到天下，就要满足民众的生存需求，实行保民爱民的仁政。这是社会管理的首要内容。

孟子曾以周文王为例，指出文王之所以能够为周朝政权的创建奠定下厚实的根基，就是由于其在政治管理活动中实行了以安人为目的的保民爱民的仁政。他说：

> 昔者文王之治岐也，耕者九一，仕者世禄，关市讥而不征，泽梁无禁，罪人不孥。老而无妻曰鳏，老而无夫寡，老而无子曰独，幼而无父曰孤。此四者，天下之穷民而无告者，文王发政施仁，必先斯四者。（《孟子·梁惠王下》）

由于周文王在政治管理活动中，实行养民爱民的仁政德治，薄赋税，省刑罚，从而得到了人们的拥护和支持，故"伯夷辟纣，居北海之滨，闻文王作，兴曰：'盍归乎来？吾闻西伯善养老者。'太公辟纣，居东海之滨，闻文王作，兴曰：'盍归乎来？吾闻西伯善养老者。'天下有善养老，则仁人以为己归矣。五亩之宅，树墙下以桑，匹妇蚕之，则老者足以衣帛矣。五母鸡，二母彘，无失其时，老者足以无失肉矣。所谓西伯善养老者，制其田里，教之树畜，道其妻子使养其老。五十非帛不暖，七十非肉不饱。不暖不饱，谓之冻馁。文王之民无冻馁之老者，此之谓也。"（《孟子·尽心下》）可见，孟子的仁政学说，作为社会管理的首要内容，是以保民为其核心特征的。仁政能够"使民养生丧死无憾也。养生丧死无憾，王道之始也"，所以，"黎民不饥不寒，然而不王者，未之有也"（《孟子·梁惠王上》）。

孟子强调，实施保民养民的仁政，管理者首先要具有爱民忧民之心，乐民之乐，忧民之忧，"乐民之乐者，民亦乐其乐；忧民之忧者，民亦忧其忧。乐以天下，忧以天下，然而不王者，未之有也。"（《孟子·梁惠王上》）"以善服人者，未有能服人者也；以善养人，然后能服天下。天下不心服而王者，未之有也。"（《孟子·离娄下》）所以，孟子指出，管理者应当将自身追求富贵利达之心推之于百姓，如此得到民心，巩固政权，就不会有什么困难。周族的首领公刘好货，但却能将好货之心与百姓同之，做到了"居者有积仓，行者有裹囊"；古公亶父好色，但却能将好色之心与百姓同之，做到了"内无怨女，外无旷夫"（《孟子·梁惠王下》）。管理者所具有的富贵利达之心，并不是仁政实现的障碍，重要的是能否将此心与百姓同之。

孟子指出，管理者要做到养民，首先要"制民之产"，使民众拥有生存所需的一定私有财产。他说："无恒产而有恒心者，惟士为能。若民，则无恒产，因无恒心。苟无恒心，放辟邪侈，无不为已。及陷于罪，然后从而刑之，是罔民也。焉有仁人在位罔民而可为也？是故明君制民之产，必使仰足以事父母，俯足以畜妻子，乐岁终身饱，凶年免于死亡；然后驱而之善，故民之从之也轻。"（《孟子·梁惠王上》）没有固定的产业收入但却具有持守践履礼义道德的恒心，只有士人能够做到；至于一般民众，如果没有一定的产业收入以保证其生存的需求，他们就不可能具有持守践履礼义道德的恒心，因而在行为上就会胡作非为，无所顾忌。等到民众违法犯罪，然后去施以刑罚，这就等于陷害。如果为政"制民之产，仰不足以事父母，俯不足以畜妻子；乐岁终身苦，凶年不免于死亡，此惟救死而恐不赡，奚暇治礼义哉？"（《孟子·梁惠王上》）民众如果连生存都难以保证，也就不可能去持守践履礼义道德。

如何实行"制民之产"？孟子提出了"制民之产"的具体内容。他说："五亩之宅，树之以桑，五十者可以衣帛矣。鸡豚狗彘之畜，无失其时，七十者可以食肉矣。百亩之田，勿夺农时，数口之家可以无饥矣。谨庠序之教，申之以孝悌之义，颁白者不负戴于道路矣。七十者衣帛食肉，黎民不饥不寒，然而不王者，未之有也。"（《孟子·梁惠王上》）制民之产，就是使百姓有五亩之宅，百亩之田，这样就能以此生产出生存所需的生活用品。

保证民众的生存，不仅要制民之产，还要减轻赋税，"取于民有制"。如果赋税过重，"为民父母，使民盼盼然，将终岁勤动，不得以养其父母，又称贷而益之，使老稚转乎沟壑，恶在其为民父母也？"（《孟子·滕文公上》）孟子在分析了夏、商、周三代的赋税之制后，主张实行"野九一而助，国中什一使自赋"（《孟子·滕文公上》），强调征收赋税，不可重复征收。"有布缕之征，粟米之征，力役之征。君子用其一，缓其二，用其二而民有殍，用其三而父子离。"（《孟子·尽心下》）要实现养民富民的管理目的，就要轻赋税，否则就会导致民众饥寒交加，妻离子散。

　　制民之产，减轻赋税，保证民众的生存，实施仁政，是获得民心的基础。孟子说："易其田畴，薄其税敛，民可使富也。食之以时，用之以礼，财不可胜用也。民非水火不生活，昏暮叩人之门户求水火，无弗与者，至足矣。圣人治天下，使有菽粟如水火。菽粟如水火，而民焉有不仁者乎？"（《孟子·尽心上》）如果为政不能保证民众的生存和富裕，就是残民害民的暴政。"庖有肥肉，厩有肥马，民有饥色，野有饿莩，此率兽而食人也。兽相食，且人恶之；为民父母，行政，不免于率兽而食人，恶在其为民父母也？"（《孟子·梁惠王上》）管理者首先应当作到养民富民，这样才能为仁政的实行创立必备的条件。故他说："今王发政施仁，使天下仕者皆欲立于王之朝，耕者皆欲耕于王之野，商贾皆欲藏于王之市，行旅皆欲出于王之涂，天下之欲疾其君者皆欲赴诉于王。其若是，孰能御之？"（《孟子·梁惠王上》）做到养民富民，实施仁政，就能得到人们的信服和拥护，进而巩固自身拥有的政权。

　　孟子指出，实施保证养民的仁政，旨在满足民众的生存需求，但这并不是引导整个社会以追求私利的满足作为人们行为的准则和目的，所以，他强调管理者实施社会管理，最为根本的方针应当是先义后利，以义为原则，而不可以利为原则。他说："王何必曰利？亦有仁义而已矣。王曰：'何以利吾国？'大夫曰：'何以利吾家？'士庶人曰：'何以利吾身？'上下交征利而国危矣。万乘之国，弑其君者，必千乘之家；千乘之国，弑其君者，必百乘之家。万取千焉，千取百焉，不为不多矣。苟为后义而先利，不夺不厌。未有仁而遗其亲者也，未有义而后其君者也。王亦曰仁义而已矣，何必曰利？"（《孟子·梁惠王上》）如果管理者实行先利后义，以利为原则的政策，就会导致人们为了各自私利的满足，而相互之间争斗杀戮，整个社会就会陷入危机。只有实行先义后利，以义为原则的治国方针，社会才会和谐有序的发展，养民富民、治国安邦的管理目的，才能得以实现。故"为人臣者怀利以事其君，为人子者怀利以事其父，为人弟者怀利以事其兄，是君臣、父子、兄弟终去仁义，怀利以相接，然而不亡者，未之有也""为人臣者怀仁义以事其君，为人子者怀仁义以事其父，为人弟者怀仁义以事其兄，是君臣、父子、兄弟去利，怀仁义以相接也，然而不王者，未之有也。"（《孟子·告子下》）管理者能否持守正确的义利观，能否做到先义后利，直接关系到国家的兴衰存亡。

三　孟子关于社会管理的实施方法

孟子关于社会管理的实施方法，在继承孔子德政思想的基础上，以其仁政学说为宗旨，提出了以德法并用、重视教化为特点的思想。

孟子认为，社会管理的方法，最好是实行以德服人的管理方法，而不可采取以力服人的硬性控制管理方法。"以力服人者，非心服也，力不赡也；以德服人者，中心悦而诚服也。"（《孟子·公孙丑上》）他认为，实行以德服人的控制管理，人们就会心中悦服，社会管理就会达到一种良好的效果。故他指出，以德服人者王，得人心者得天下，"孔子曰：'道二，仁与不仁而已矣。'暴其民甚，则身弑国亡；不甚，则身危国削，名之曰'幽''厉'，虽孝子慈孙，百世不能改也。《诗》云：'殷鉴不远，在夏后之世。'此之谓也。"（《孟子·离娄上》）如果不能实行仁政德治，而只是一味地实施严酷的刑罚，就会导致国家的覆亡。

但是，孟子在揭示社会管理方法时，充分肯定了刑罚和法律在社会管理中不可缺少的作用，强调社会管理必须明其政刑。他说，"不以规矩，不成方圆""上无道揆也，下无法守也，朝不信道，工不信度，君子犯义，小人犯刑，国之所存者幸也"（《孟子·离娄上》）。社会管理的实施，必须要有明确的法律和规范，这样才能保证社会的稳定性和有序性。所以，管理者在管理过程中，应做到明其政刑，将法律公布于众，让人们的行为有法可依。对于道德和刑罚这两种社会管理方法，孟子主张二者兼施并用，缺一不可。如果单独地依靠其中的一种方法，不可能达到理想的管理效果。只有宽猛相济以宽为主，德刑并用以德为本，综合运用道德和法律的社会管理方法，取长补短，互为补充，才能达到理想的管理效果。

孟子对于社会管理中人的作用与法的作用，也进行了分析，提出了"徒善不足以为政，徒法不能以自行"的思想，认为社会管理的作用发挥，如果仅有仁爱善心之人而无良好的礼法，是不足以治理社会的，而只有良好礼法而无仁爱善心之人来实行，礼法也是不会在管理中产生作用的。他说："离娄之明、公输子之巧，不以规矩，不能成方圆；师旷之聪，不以六律，不能正五音；尧舜之道，不以仁政，不能平治天下。今有仁心仁闻而民不被其泽，不可法于后世者，不行先王之道也。故曰，徒善不足以为政，徒法不能以自行。"（《孟子·离娄上》）社会管理方法的实施，要善人与善法相互结合、统一起来，才能得以实现社会管理的作用。德治与法治的社会管理方法的相互补充，就是要做到一方面运用外在的权力、制度进行强制性的约束，另一方面也要推行德治，培养提高人们的道德意识，使人产生一种行善的内驱力，这样就是做到了以道治民，故"以佚道使民，虽劳不怨。以生道杀民，虽死示怨杀者。"（《孟子·尽心上》）如果"上无道揆，下无法守也，朝不信道，工不信度，君子犯义，小人犯刑，国之所存者幸也。故曰：城郭不完，兵甲不多，非国之灾也；田野不辟，货财不聚，非国之害也。上无礼，下无学，贼民兴，丧无日矣。"（《孟子·离娄上》）社会管理方法的实施，在于规范人们的行为和社会的秩序，它关系到国家的存亡。如果不能合理实施社会管理的方法，就会导致人们行为失范，社会混乱无序，最终国家灭亡。

在社会管理方法的实施中，孟子特别重视管理者与被管理者之间的关系和谐。他指出，管理者与被管理者的关系，只有达到了和谐，才能保证国家和政权的稳定。他举例说："三里之城，七里之郭，环而攻之而不胜。夫环而攻之，必有得天时者矣；然而不胜者，是天时不如地利也；城非不高也，池非不深也，兵革非不坚利也，米粟非不多也；委而去之，是地利不如人和也。"（《孟子·公孙丑下》）可见，人和的作用是比天时和地利都要重要的，它是决定管理活动顺利进行和管理目标最终实现的关键因素。

如何在社会管理活动中，实现管理者与被管理者达到人和的境界，孟子指出了社会管理的方法，要以实行保民养民的仁政为依归。他说："域民不以封疆之界，固国不以山溪之险。威天下不以兵革之利。得道者多助，失道者寡助。寡助之至，亲戚畔之；多助之至，天下顺之。以天下之所顺，攻亲戚之所畔；故君子有不战，战必胜矣。"（《孟子·公孙丑下》）管理者要与被管理者达到和谐的境界，实现国家的强盛和政权的巩固，那就不能依赖于国家的疆界、山川的险阻和兵器的锐利，只有实施仁政，保民养民，才能获得民心，得到民众的支持，实现上下的和谐，否则就会众叛亲离，身灭国亡。同时，孟子也指出了管理者之间和谐的重要作用，要求君主在对臣吏的管理中，要使臣以礼，这样臣才会事君以忠。"君之视臣如手足，则臣视君如腹心；君之视臣如犬马，则臣视君如国人；君之视臣如土芥，则臣视君如寇雠。"（《孟子·离娄下》）在管理的范围上，君臣各有其分工，只有分工合作，才能保证管理的有序运行。所以，注重君臣之间和谐关系，实现管理者与被管理者之间的和谐相处，才能保证管理活动和管理目标的成功实现。

在对社会管理方法的认识中，孟子特别强调管理必须重视德礼教化的方法。教化管理是为政之本、治国先务，是管理者的重要职能，而管理者自身的道德水平对整个社会的道德具有重要的引导作用，所以，"上有好者，下必有甚焉者矣。君子之德，风也；小人之德，草也。草上之风，必偃。"（《孟子·滕文公上》）。孟子指出，实施社会管理，如果对被管理者只是满足其物质生活的需求，而不加道德教化，则人与禽兽的区别就难以体现出来。所以，重视道德教化的社会管理方法，以人伦五常道德规范来教化民众，人伦明于上，小民亲于下，父子之间有血缘亲情，君臣之间有礼义之道，夫妇之间挚爱而有内外之别，长幼之间有尊卑之序，朋友之间有诚信之德，是社会管理作用实现的重要保证。由此，他提出了"善教"优于"善政"的观点。他说："仁言，不如仁声之入人深也。善政，不如善教之得民也。善政，民畏之；善教，民爱之。善政得民财，善教得民心。"（《孟子·尽心上》）善政是通过仁政的实施来规范人们的外在行为，而善教则是通过道德礼义的引导方式来端正人们的内在道德向善意识，所以善教能够得到民心。

孟子的社会管理思想，包涵着丰富的具体内容，展示了孟子对于人类社会生存发展之道的探索和揭示，其中许多优秀的思想在人类文明的进步中，发挥了重要的历史作用。对之加以弘扬光大，有利于进一步促进人类的进步发展。

我善养吾浩然之气

——以黄元吉对孟子治气养心术的解读为例

石永之

（山东社会科学院国际儒学研究与交流中心）

孟子思想在中国文化的近现代转型之中大放异彩。在清末的维新变法前后，康有为倡导大同思想，以为孟子契合西方的民主思想传孔子大同之教。新儒家的哲学皆有取于孟子，其中以牟宗三的道德形上学为最，是中国哲学最具代表性的哲学体系之一。其"道德形上学的理论框架、理论基础和终极问题（即圆善问题）皆有取于孟子。"① 孟子思想在哲学化的道路上逐步深化、精密。哲学化的好处是有益于思辨，可以义理养心。然而哲学化的孟子思想难以进入百姓日用之间。二程有言："今之学者，惟有理义以养其心。"② 另外一方面，清末黄元吉、民国后的陈撄宁、萧天石等道家人物则重点讲孟子思想中的儒家道德修养工夫，因为儒家功法易于传授、便于普及。本文以黄元吉为例，重点讨论孟子治气养心的理论是实践问题，这被陈撄宁看作是儒家的秘教。

一 儒家之道术

儒家有道理，亦有道术，因儒家特别重视讲道理的义理之学，故儒家显为人知的是其理，而道术则隐而传之。陈撄宁指出，孔子之学有显和隐

---

① 参见石永之《牟宗三与孟子》，载《中国文化的再展开》，安徽人民出版社 2012 年版，第 250—263 页。

② 程颢、程颐：《二程集》，中华书局 1981 年版，第 21 页。

之分，显学为义理之学、为世间法，隐学为道术、为出世法，隐学仅有颜回、曾参等少数弟子得其传，后来只是在山林隐逸之士相传，到宋之陈抟、邵雍尚还私相授受，清末黄元吉所传之道就是儒家中的隐学一派。陈撄宁曾作《黄元吉先生学说钩玄录》，后改名为《口诀钩玄录》，其《读者须知》说："儒家缺点就是把人事看得太重，毕世讲究做人的方法，没有了期，设若我们一旦感觉人生若梦，人寿短促，人之能力薄弱，人之范围窄狭，生不愿意做人，死不愿意做鬼，既不欲为肉体所拘，又不甘偕肉体同归于尽，是必求超人之学术，然后才能达到我们之目的，此等超人学术，求之儒家，颇不一得，当年孔子赞《易》，亦深悉此中玄妙，但是他对于门弟子不肯显言，除颜、曾而外，得传者甚少，因此后来儒家仅知世间法，而不知出世法。止有山林隐逸之士，如陈希夷、邵康节辈，尚私相授受耳，黄元吉先生所传之道，就是此一派。"①

　　陈撄宁所言并非空穴来风，史籍中确实有记载，宋李幼武《宋名臣言行录外集》有："《先天图》传自希夷，又自有所传，盖方士技术用以修炼，《参同契》所言是也。邵子'天地定位，否泰反类'一诗，正是发明先天圆图之义，此图只是精微，不起于康节，希夷以前已有，只是秘而不传。"② 这里说的是陈希夷传《先天图》、而邵康节发明之，魏伯阳的《周易参同契》号称万古丹经王，正是用此《先天图》，而此图在陈希夷之前就有，只是秘而不传，从孔子赞《易》中来，徐复观先生曾力主先秦儒家流派有三派，除思孟、荀子而外，还有《易传》一派，他说："《易传》这一派思想，形成于战国中期，因其影响于道家而其势始大，因汉人重阴阳五行而其势更张。因为两汉的思想，实以《易》与《易传》为主，以形成一代思想的特性。"③

　　陈撄宁（1880—1969），安徽怀宁人，字子修，号撄宁子，近现代中国道教的代表人物之一，曾担任道教协会会长，但他所私淑和传授的功法却是清末黄元吉的儒家功法。黄元吉，名裳，字元吉，生平不详。曾于四

---

① 陈撄宁：《口诀钩玄录》，载胡海牙、武国忠主编《仙学精要》，宗教文化出版社2008年版，第320页。

② 李幼武：《宋名臣言行录外集》，载《邵雍全集·邵雍资料汇编》，上海古籍出版社，第240页。

③ 徐复观：《中国人性论史——先秦篇》，上海三联书店2001年版，第175页。

川省富顺县授徒讲学十有余年，有《乐育堂语录》《道德经注释》《道门语要》传世，其所传之道术得到陈撄宁、萧天石等人极力推崇。《中国道教史》说："黄裳内丹学的最重要贡献，就是从宇宙论和本体论的高度分析了玄关现象对于内炼过程的意义，指出其实质在于天人之间的元气流行。"① 这一评价非同小可，玄关一窍历来众说纷纭，而且还是修炼之士的不传之秘，从理论高度讲清楚这个问题，黄元吉功莫大焉！

陈撄宁所传的正是黄元吉之道术，有学者说："当代宗师陈撄宁，大家都知道他懂得的功法很多，也懂得阴阳功法，但他所传给学生的功法就是一种，黄元吉的功法。"② 陈撄宁之所以传黄元吉的儒家道术，是因为，道家南北两派之术都难以普及，而黄元吉的儒家道术便于传授，易于普及。他说："道家南北两派各走极端，而实行皆有困难，其势不能普及，惟有陈希夷、邵康节一派，最便于学者。黄元吉先生所谓，即是此派，亦即宁所私淑，而且乐为介绍者。"③ 无论是学者的看法，还是陈撄宁自己的说法，都表明，陈撄宁所传授的是黄元吉之道术，主要原因是，儒家道术比道家更易于普及、便于传授。

关于儒家道术与道家的区别，黄元吉说："大抵道之言性命神气，与儒有异同，儒之言命，有主理言者，有主数言者，而道则专指先天之气，至言性之善，或与儒同；而道之修性，与儒之尽性，又有异，儒之尽性有实工，道之修性为静境；儒之言神，则圣而不可知之境也，而道则以养神为始基；儒之言气，集义而生，道之言气，养气而生；儒者养成之气，塞乎天地，功在一世；道者养成之气，亦塞乎天地，功在一身。其论不同，其用各异，而要旨各有至当不易之理，盖儒之道大，道之径捷；儒之理醇，道之理空，儒之道及于人，道之功成于己。此不可以强同者也。"④

黄元吉从性、命、神、气四个方面揭示了儒、道之异同。就性而言，儒道都讲性善，是其同，其不同之处则在于，儒家讲尽性，尽性有实工；

---

① 卿希泰主编：《中国道教史》第 4 卷，四川人民出版社 1996 年版，第 367 页。

② 盛克琦：《圆峤内篇·前言》，见李涵虚著、盛克琦点校《圆峤内篇——道教西派李涵虚修炼秘籍》，宗教文化出版社 2009 年版，第 21 页。

③ 陈撄宁：《覆济南财政局杨少臣君》，见郭武编《陈撄宁卷》，中国人民大学出版社 2015 年版，第 230 页。

④ 黄元吉：《乐育堂语录》，蒋门马点校，宗教文化出版社 2012 年版，第 194 页。

道家讲修性，修性为静境。就命而言，儒家有主理言者，也有主数言者；而道家则专指先天之气。就神而言，儒家以圣而不可知之境为神；道家则以养神为始基，以出神为成功。就气而言，儒道养成之气皆塞乎天地，是其同，不同之处在于，儒家讲集义而生，儒者养成之气，功在一世；道家则是养气而生；道者养成之气，亦塞乎天地，功在一身。要而言之，儒家道术的特点就是，儒之道大，儒之理醇，儒之道及于人。

从这里也可以看出，黄元吉论性、命、神、气多本孟子治气养心术而言之。就命而言，孟子曰："莫非命也，顺受其正。"孟子主要从义理上论"命"。就性来说，儒家性善出自孟子，就神而言，"圣而不可知之之谓神。"语出《孟子·尽心下》就气而言，浩然之气集义而生正是孟子所论说的重点。

黄元吉传授的儒家道术主要在《乐育堂语录》中，而"乐育堂之名，即取《孟子》'乐得英才而教育之'一语为用，其《语录》，如《论》《孟》，然要皆聚徒讲学，为门弟子记载而成。"[1] 无论何种丹道功法皆以精、气、神三者为要，通常分为炼精化气、炼气化神、炼省还虚三个阶段，黄元吉《唱道真言》中以孟子思想通贯其中，他说："以神和气，静养为功，孟子所谓'存心养性'是也，以气和神，操持为要，孟子所谓'持其志，勿暴其气'是也，以精和神，清虚为本，孟子所谓'养心莫善于寡欲'是也。"[2] 由此可见，黄元吉所传之儒家功法是以孟子思想为核心的。

诚如陈撄宁所言，儒家确实有隐而不显的秘教，所谓秘教非秘密也，只是难以广泛传播而已。康有为说："凡言内学者，其徒必聪明绝特，而后其学可传。言外学者，讲持循践履，从笃实一边去，其徒虽非极聪明，亦足守其学。故孟子多言内学而少高弟，故无传人；荀子多言外学，故汉世经生皆出其门。"[3] 这是说，孟子所传正是儒家之内学，儒家内学需要特别聪明的上等根器之人才能其悟精髓，陈撄宁说，仅仅颜回、曾子得孔子出世法之传承应该就是这个原因。今后应当加强对这所谓儒家之秘教的

---

① 黄元吉：《乐育堂语录·弁言》，蒋门马点校，宗教文化出版社 2012 年版，第 207 页。

② 黄元吉：《唱道真言》，载《乐育堂语录》，蒋门马点校，宗教文化出版社 2012 年版，第 322 页。

③ 康有为著、楼宇烈整理：《万木草堂口说》，中华书局 1988 年版，第 78 页。

研究，使之明白显豁起来。哲学化的儒家义理之学是否能够养心姑且不论，有些儒家的道理还确实需要道术才能真正讲明白，孟子养浩然之气的理论就是如此。

二 何谓浩然之气

（孟子）曰：“我知言，我善养吾浩然之气。”“敢问何谓浩然之气？”曰：“难言也。其为气也至大至刚，以直养而无害，则塞于天地之间。其为气也配义与道，无是馁也。是集义所生者，非义袭而取之也。行有不慊于心则馁矣。我故曰‘告子未尝知义’，以其外之也。”① 孟子自谓善养浩然之气，同时指出，浩然之气是很难用语言描叙。然而从里可以分析出浩然之气是：集义所生的天人合发之气。浩然之气作为气而言，肯定具有物质性，集义所生说明浩然之气具有道德性，浩然之气为天人合发，这表明其物质性和道德性需要从天人两个方面来理解。

就浩然之气的物质性来说。即天而言，“至大至刚，塞于天地之间”，这就说明浩然之气来源于天地之气，也就是黄元吉所谓的外药，《中国道教史》认为：“《乐育堂语录》直截了当地说：‘外药即太虚中之元气也。’这就解决了以前无论是清净派还是双修派都没有说清楚的关于内炼药物根本来源的问题。”② 对于人而言，浩然之气是内在于人的，因为“义”具有内在性，由人集义所生的浩然之气也就具有内在性。此浩然之气是集义之所生，可以直养而无害。儒家功法的重点就是养浩然之气，从天地之气引为人修养锻炼之用，修炼者通常称之为天元丹法。

就浩然之气的道德性来说。即天而言，养浩然之气可以体悟天道天德，与天地合其德，黄元吉说：“孟子养气，集义所生，……集而养之，扩而充之，以至于美大化神之域。”③ 就人而言，浩然之气是集义所生者，义是道德范畴，集义是人类的道德行为，由人的道德行为所生成的气则必然具有道德性。故浩然之气是道义之气，其为气也配义与道，无是馁也。

---

① 《孟子·公孙丑上》。
② 卿希泰主编：《中国道教史》第 4 卷，四川人民出版社 1996 年版，第 372 页。
③ 黄元吉：《乐育堂语录》，蒋门马点校，宗教文化出版社 2012 年版，第 238 页。

只要做了不快于心的事情就会气馁。至宋之程明道将浩然之气的道德性就讲得更明白，他说："浩然之气，乃吾气也，养而不害，则塞乎天地；一为私心所蔽，则欿然而馁，却甚小也。'思无邪''无不敬'，只此二句，循而行之，安得有差？有差者，皆由不敬不正也。"[1]

至唐崔希范时已经认识到，先天气与后天气的关系，其《崔公入药镜》有："先天气，后天气，得之者，常似醉。"[2] 黄元吉从道术修炼的角度论说了气的物质性和道德性，他说："所谓气者，即此元精所锻炼而成也，但伏阴肾中，恍惚杳冥，凝结一区，静则为气，动则为精，气存则人存，气亡则人亡，……当其静时，无形无象，只有一团温和之意，熏蒸四体，流贯一身，及有感而动，成孝弟之德，通乎神明，为忠义之举，参乎天地，浩然沛然，至大至刚，有包罗宇宙之概。孟子谓'集义生气，集义成勇，贯金石，各豚鱼'者，皆此正气为之，志以帅气，气以成善，无是气，则颓靡不振矣。"[3] 黄元吉指出，气乃元精之所化生而成，从精气转换的角度说明了先天气的物质性，此气有感而动，能成孝悌之德，说明天人合发的浩然之气具有道德性。

简言之，孟子所说的浩然之气，是天人合发之气，源于天地之气，乃集义所生，具有物质性和道德性。

三　如何养浩然之气

孟子多次论及如何养浩然之气，最重要的就是《孟子·公孙丑上》一段话，如下："我知言，我善养吾浩然之气。""敢问何谓浩然之气？"曰："难言也。其为气也至大至刚，以直养而无害，则塞于天地之间。其为气也配义与道，无是馁也。是集义所生者，非义袭而取之也。行有不慊于心则馁矣。我故曰'告子未尝知义'，以其外之也。必有事焉而勿正，心勿忘，勿助长也。无若宋人然。宋人有闵其苗之不长而揠之者，芒芒然归，谓其人曰：'今日病矣！予助苗长矣！'其子趋而往视之，苗则槁矣。

---

[1]　程颢、程颐：《二程集》，中华书局1981年版，第20页。

[2]　《入药镜》唐崔希范撰。南宋书目《宋史·艺文志》即录该书。道藏载《崔公入药镜注解》一卷，王道渊注。

[3]　黄元吉：《乐育堂语录》，蒋门马点校，宗教文化出版社2012年版，第48页。

天下之不助苗长者寡矣。以为无益而舍之者，不耘苗者也。助之长者，揠苗者也，非徒无益，而又害之。"① 由此可知，养浩然之气有几个要点，直养、集义生气、勿忘勿助。

第一，先说浩然之气应该直养。何谓直养？黄元吉说："但人自有身后，一点真灵面目，久为尘垢所污，大修行人所以必除思虑，祛尘缘，而于静中养出端倪也。此即明心见性。诸子探出这个消息，始知我生本性，无时不在，非静而后有，不过由静以养之耳。至人心一静，又如冰雪融化，于不知不觉中，忽然现出一线灵光，非但人不及知，而己亦不自觉，斯时万境澄澈，片念不生，觉得天地万物无不自我包罗，古今万年无不自我贯注，此即孟子'养浩然之气，至大至刚，以充塞乎两大之间'者是，如此见性，方为真见，如此养性，始为直养。"② 按照黄元吉的说法，直养就是先从静中养出端倪，明心见性，我之本性，非静而后有，但须静以养之。于静中现出一线灵光之际，万境澄澈，片念不生，就会有天人合一，万物皆备于我之觉。简言之，直养就是，静极生动，天人合发。

第二，集义生气。孟子明确说，浩然之气是集义所生。黄元吉解释说："如孟子养浩然气，是从集义而生，但集义之道，所赅甚广，非特静中有义，动中亦有义。如孟子乍见孺子入井，发恻隐心，此非义乎？推之敬老尊贤，济人利物，与夫排难解纷等等，非谓义耶？他如见人有善则欣羡之，见人有恶则愧耻之，无非义也。至云恻隐之心为仁，羞恶之心为义，辞让恭敬之心为礼，是非好恶之心为智也，此四端之发，其机甚微，世人忽略者多。"③ 集义之道，所涵摄的内容很广，静与动之中皆有义可以集之，黄元吉这里的重点是结合孟子的四端说讲如何动中集义，乍见孺子入井，恻隐之心发动，须动中集义，推而广之，四端之心发动时，皆须集义，因为四端发动之时，其机甚微，往往多被世人忽略，故须重点讲解。这里所讲的集义的内容多于百姓日用之间见之，如敬老尊贤，济人利物，以及排难解纷等等，都是如此。简言之，于百姓日用之间扬善积德，即可集义而生浩然正气。

---

① 《孟子·公孙丑上》。
② 黄元吉：《乐育堂语录》，蒋门马点校，宗教文化出版社 2012 年版，第 44 页。
③ 同上书，第 168—169 页。

集义养气于百姓日用之间，黄元吉说："孟子养气，集义所生，行有不慊，气即馁矣。生们日用行为之际，还要事事求其合节，有时得心应手，心安理顺，无论观山玩水，喜怒哀乐之时，皆是浩气流行，正气常伸，有睟面盎背，四体不言而喻之状，务要瞥地回光，昭然认识，集而养之，扩而充之，以至于美大化神之域，切不可参一见，加一意，只是如如自如，了了自了，拳拳持守，保而勿丧，足矣。"①

黄元吉结合中医理论，讲解了集义养气对于人之五脏的好处，他说："昔孔子告颜子，为仁之端必从视听言动下手，吾道不离这个，又岂外是乎？盖以制于外，即可以养乎中也。故目常视善则肝魂安，耳常听善则肾精固，口常言善则心神宁，鼻常嗅善则肺魄泰，手作善事，足行善地，则脾土常安而身体亦康。惟外之六门不入非礼之事，则内之五脏自有天然元气。"②

进一步黄元吉认为，只要由"一念之仁"扩充至于塞天塞地之境，则浩然正气自然流行，无需修炼丹道。他说："学人第一要著，务要由一念之仁，充而至于塞天塞地，由一事之善，积而至于恒古恒今，觉天下万古，无一事一物不在怀抱之中，如此实实见得，又何事修丹炼汞为哉？"③由仁行善，需要合于义理，戴震说："凡人行事，有当于理义，其心气必畅然自得，悖于理义，心气必沮丧自失。"（《孟子字义疏证上·理》）治气养心之术本身是用来补偏去蔽的，行事合于义理，其气必畅然自得，因此力行仁义，才是最重要的养气之道。

第三，关于孟子的"心勿忘，勿助长也。"黄元吉解释说："行乎其所不得不行，而不可或止，止乎其所不得不止，而不可或行，即孟子所谓'勿忘勿助长'也。忘则失养之道，助则挫长之机矣。世言运气则谬甚。气可养也，而不可运。养当俟其自动，如气自坎生，所谓'源头活水来。'运而迫之使行，则气从离出，无殊火牛入燕垒矣，是与揠苗之宋人何以异？知长不可助，而动静亦听其自然，则不至养人者害人矣。"④ 心

① 黄元吉：《乐育堂语录》，蒋门马点校，宗教文化出版社2012年版，第238页。
② 同上书，第150页。
③ 黄元吉：《道门语要》，见《乐育堂语录》，蒋门马点校，宗教文化出版社2012年版，第286页。
④ 黄元吉：《乐育堂语录》，蒋门马点校，宗教文化出版社2012年版，第198页。

忘则不能养气，养气之道，聚则有，忘则无，所以说，心勿忘。助则会挫败气的生长之机，养气的关键在于，等到天人合发之气自然生成，养这个字就表明待气自然生成的时候温养之。

"勿忘勿助"具体的养气之法，黄元吉做了说明，他说："生等欲复命归根，以臻神化之域，亦无他修，只是凝神令静，调息令匀，勿忘勿助，不疾不徐，使心神气息皆入于虚极静笃而已矣。但非造作之虚，乃自然之虚。"① 勿忘勿助的养气之法，就是凝神调息，不快不慢，使心神进入一种自然虚静的状态。

孟子关于养浩然之气的另外一段文字在《孟子·告子上》，具体讲了由平旦之气以存夜气的道理。孟子曰："牛山之木尝美矣。以其郊于大国也，斧斤伐之，可以为美乎？是其日夜之所息，雨露之所润，非无萌蘖之生焉，牛羊又从而牧之，是以若彼濯濯也。人见其濯濯也，以为未尝有材焉，此岂山之性也哉？虽存乎人者，岂无仁义之心哉？其所以放其良心者，亦犹斧斤之于木也。旦旦而伐之，可以为美乎？其日夜之所息，平旦之气，其好恶与人相近也者几希，则其旦昼之所为，有梏亡之矣。梏之反覆，则其夜气不足以存。夜气不足以存，则其违禽兽不远矣。人见其禽兽也，而以为未尝有才焉者，是岂人之情也哉？故苟得其养，无物不长；苟失其养，无物不消。孔子曰：'操则存，舍则亡。出入无时，莫知其乡。'惟心之谓与！"②

孟子这段话将"夜气"与良心联系起来，重点说明治气在养心。王阳明进一步将孟子的"夜气说"与"良知说"结合起来，说明之所以要存夜气的道理。他说："欲善恶不思，而心之良知清静自在，惟有寐而方醒之时耳。斯正孟子'夜气'之说。"③ 又曰："良知在夜气发的，方是本体，以其无物欲之杂也。学者要使事物纷扰之时，常如夜气一般，就是'通乎昼夜之道而知'。"（《传习录下》）王阳明这样的解释从义理层面来说，更为晓畅明白。夜深人静之时，万籁俱寂，心不外驰，心静神宁，平旦乃昼夜转换之际，平旦之气尚且留有夜气之真，人们在白天忙于事务，

---

① 黄元吉：《乐育堂语录》，蒋门马点校，宗教文化出版社 2012 年版，第 11 页。

② 《孟子·告子上》。

③ 王阳明：《传习录中·答陆元静书》。

逐于名利，于平旦之时，操存夜气可以养浩然之气。

黄元吉则从道术层面发挥，他说："孟子《养气》一章'牛山'之喻，教学者由平旦之气，操存固守，久之自有浩然之气充塞两间，若非养之深，安得气之壮乎？又要知得，此为内养之道，而外面视听言动，亦当常常持守，不是一刻流于非礼一事，近于不情。如此制外以养中，由中以达外，若古来忠臣孝子，殉节死难，只知道义所在，而道义之外，毫不计焉。虽曰道义充实，其实道义皆虚也，所以实此道义者，气为之耳。"①

平旦是指太阳初升的黎明时分，但黄元吉认为，"平旦之气"不应该仅仅局限于平旦之时，只要精神不离，就可以常操常存此平旦之气，可以直养浩然之气，关键在于不让外事牵动我心。他说："总在学者振顿精神，常将真我安止虚无窍中，不许精神偶离，即《孟子》'平旦之气'，由此常操常存，'以直养而无害，则塞乎天地之间'是。但恐事物纷投，不得不用心力，然须事了事，心了心，断不令外事之牵我心，客气之动我主。"②

要想外事不牵动我心，自然须养心，而养心在于寡欲。黄元吉说："昔孟子言养心在于寡欲，而独《牛山》与《动心》章，一由平旦以存夜气，一由集义以生浩然之气。亦何重夫气而略于心哉？盖以心乃气之灵，气为心之辅，人能气不动，则神自宁，神一宁，则心自泰，所以不曰养心，而曰养气，是以此也。"③

这说明，孟子的治气养心之术，分别在两章讲到两个方面的问题：一是集义以生养浩然之气，主要在《孟子·公孙丑上》；二是由平旦以存夜气，在《孟子·告子上》。在黄元吉看来，这两方面是可以通而为一的，就是人要能做到气不动，则神自宁，神一宁，则心自泰，简言之，养浩然之气就是要做到神宁心泰则气养。

---

① 黄元吉：《乐育堂语录》，蒋门马点校，宗教文化出版社 2012 年版，第 215 页。

② 同上书，第 55 页。

③ 同上书，第 134—135 页。

"孟母教子"故事对中国
传统家风家训的奠基与影响

王志民

（山东省政协原副主席、中国孟子研究院特聘院长）

一　"孟母教子"的文本内涵

历史文献记载，孟母教子的故事大约在孟子去世不久就已经产生。荀子文章中有"孟子恶败而出妻"①的记载。虽然只有一句话，但已说明，孟子的家事已经在战国时代传播。西汉以后，已经形成具体、生动、系统的文献记载。主要辑录于《韩诗外传》《烈女传》等典籍中。

孟母教子的故事，各种古籍文献记载略有差异，大致分类归纳来看，一共有五个，现择其主要内容，概述如下：

其一，三迁择邻。讲孟子少时，孟母为培养孩子的良好习惯与优秀品质而三次择邻而居的故事。一是"其舍近墓"，孟子模仿人们在墓地哭丧、埋人之事；二是"舍市旁"，孟子就模仿商人炫耀吆喝、讨价还价之态；三是"复徙舍学宫之旁"，孟子就学习师生礼仪进退、读书学习之事。孟子长大之后，专心学习经书，终于成为大儒。

其二，断机劝学。讲孟子少时，中途辍学回家，孟母"引刀断其织，以此戒之"②。以断机的行动，来警示中途废学的孟子，教儿子要专心、勤奋向学。

其三，买肉实言。讲"孟子少时，见东邻杀猪，问母何为？母曰：

---

① 《荀子·解蔽》。
② 刘向：《列女传·母仪》。

'将以啖汝！'母悔其诳也，买肉以啖之"①。孟母以身作则，纠正自己以谎言欺骗孩子的实际行动，教育孟子要成为诚信之人。

其四，阻子休妻。讲孟子之妻独居时裸露身体，被孟子看到，认为妻子不懂妇道之礼，要休妻。孟母训示孟子说：《礼》上说"将入门。问孰存，所以致敬也；将上堂，声必扬，所以戒人也；将入户，视必下，恐见人过也"。② 她斥责孟子不懂礼，反而以礼责备妻子。阻止了孟子休妻的错误行为。

其五，释子之忧。讲孟子在齐国因不得重用而叹气，孟母问其故，孟子说：在齐国，理想难以实现；要离开齐国远走他国，可母亲已年老，行有不便，因而忧愁。孟母从夫死从子的"女礼"，讲到男子要以事业为重的"义"等很多道理，告诉儿子"今子成人也，而我老矣，子行乎子义；吾行乎吾礼"③，鼓励孟子周游列国，实现自己的理想抱负。

"孟母教子"五个故事，形成一个内涵丰富、逻辑严密的贤母教子的美德传承系统。它一经产生，就久传不衰，越传越盛，影响了中华文明两千多年。唐宋以后，孟母形象进入了诗词、歌赋、戏曲、话本等多种文体。孟母教子的杂剧，曾在元明时代盛行一时，广为传唱；铭碑墓志，将其奉为女性楷模。现存大量的墓碑石刻文字中，以孟母作为母亲的典范加以歌颂。孟母还被后代的统治者致辞祭祀，册封表彰。元代曾封孟母为邾国宣献夫人；宋代则将孟母教子的故事以"昔孟母，择邻处。子不学，断机杼"写入影响巨大的启蒙读物《三字经》中，广为传诵，家喻户晓，妇孺皆知。

二　"孟母教子"在传统家风建设上的首创地位

中国传统的家庭教育和家风建设，实际上从战国时代才开始。春秋以前，中国社会的基本结构是世卿世禄的贵族统治。那个时期只有官学，没有私学。社会的下层是庶人和奴隶。在这样一个等级分明的社会制度下，像后代的几口之家的传统家庭还没形成。

---

① 《韩诗外传》。

② 《荀子·解蔽》。

③ 刘向：《列女传·母仪》。

春秋战国时代剧烈的社会变革，带来中国社会家庭制度的质变。随着井田制瓦解，私田地租出现，以小农经济为主的传统家庭开始出现。孔子之后，私学大兴，知识走向下层，乡间学校开始出现，才有了孟母教子故事中的迁居学宫旁。《孟子》中记载："百亩之田，勿夺其时，八口之家可以无饥矣"。说明到孟子的时代，已经有三代人组成的八口之家，中国传统的以自给自足的自然农业经济为基础的家庭出现了。在这个基础上，才形成以血缘关系为纽带的家族聚居村落和区域。概言之，中国传统家庭的出现应该是从孟子时代开始的。所以，从战国时期是中国家族形态最早形成传统家庭的时期。从这样一个文化制度的背景来看中国传统的家风建设，孟母教子故事至少两个首创。

第一，孟母是其后传统家庭家风建设的第一个奠基人。在战国以前，也是有家风建设的，但在世卿世禄贵族统治中等级森严的家族内部的所谓家风建设，与后来传承数千年的传统家庭在家族制度、家庭结构、思想理念、文化传承上是有质的差别的，并不具有后世所说的家风建设的代表性。传统家风是一个家庭（族）在世代相传中所形成的比较稳定的生活作风、传统习惯、道德规范和处事之道。它的核心是品德、情操、价值观念和精神追求。孟母教子，是传统家庭在其形成过程中，最早关注家风建设并做出典范的第一人。孟母以教子为中心所强调的家风建设的诸多要素，为后世几千年来的传统家风建设奠定了根基。

家风建设要注重文化生态环境。家风建设的文化环境是家风建设的重要因素，优良的家风要有优良的环境。孟母三迁择邻，着力创建的就是优良的家风建设环境。

以知识作为家风建设的根基。家风建设的根基是知识的建构，所谓书香之家，孟母开其端。孟母以断机教子劝学，影响至大至远，根在于此。如果一个家族没有文化，一个人没有知识，不讲道德，这个家庭、这个人是立不起来。所以优良家风的建设根基是知识建构。一个家庭要有充满希望的未来，那就要以知识做根基。所以，孟母了不起的地方就在于：她在两千年前，就认识到知识是家庭家风建设的根基。断机教子、劝学向学，为历代家风建设做出了榜样。

将道德培育、美德传承作为家风建设的重点。孟母教子的五个故事，都是以道德培养为重点的。断机劝学，讲学习不能中断，学习要有毅力，实际就是在讲德育。"买肉实言"中的诚信教育，"阻子休妻"中的夫妻之间关系的处理问题；"释子之忧"中的顾大义、干大事问题等等！都体现了德育为首。五个故事中，三个在幼年，注重了从小道德养成教育；两个在成年，一个是如何处理好夫妻关系；一个要实现修身、齐家、治国平天下的人生价值。所以，后代传统家庭家风建设的几大要素，孟母早就奠定了。孟母还突出了传统家风建设的一个重要角色：母亲。中国以往的传统是以男子为中心的父权宗法社会，女人的地位很低。汉代以后倡行的"三纲五常"之一就是"夫为妻纲"，夫唱妇随，在家从父，去嫁从夫，夫死从子。但在对待子女教育这样一个事关家庭兴旺发达的家教问题上，母亲却具有重中之重地位。说孟母是中国历史上传统家风建设的奠基人，是有其坚实历史依据的。

第二，孟母创始了中国历史上第一篇家训。传统的看法，认为真正的"家训"是在东汉才产生的。孟母教子故事中，孟母对儿子的训导，应是最早、最好的家训。家训在这之前也有，贵族教育子弟，对他的家族人的训导历史文献中都有出现。但世卿世禄的贵族训导，还很难代表从战国、秦汉后才形成发展的传统家庭的家训。第一篇家训，就是孟母对孟子的五次训导。其中有许多精言，已超越后代许多知名的家训。例如：《断机教子》中的"学以立名，问则广知""居则安宁，动则远害"。《阻子休妻》故事中的："将入门，问孰存……将上堂，声必扬……将入户，视必下"等劝学、励志、修身的话，都是因事明理、情深意长，是连后世的著名家训也相形见绌的教子与家风建设的名言。

中国传统文化的传承有两条很重要的线：一条是所谓上层传承。即通过皇帝、官僚以及附着于他们的知识分子，通过国家制度、官僚体系和教育系统来传承。文化传统在下层的传承发展，就是通过家庭，通过家风、家训、家法、家规，通过家庭训导、口耳相传、子承父志等来实现。所以，中国人历史上就重视家风这个问题，实际上这是中华文明一个非常重要的传承系统。从这一点来讲，孟母在家风建设上的这三个第一，就是她对中华文明传承的巨大贡献。

三　"孟母教子"对传统家风、家教的影响

孟母教子的故事，之所以能在后代影响巨大，究其原因，除了孟子及

其思想在中华文明传承中的地位不断提升、广受尊崇之外，与其丰富的家教内涵和在历代家风、家教、家训建设上的巨大影响有着紧密的关联。她为后代树立了家风建设的典范：

首先，身正为范。父母是孩子的第一个老师。父母先做出榜样，做出表率，带动整个家庭道德修养提升到高水准。在这方面，孟母就是榜样和表率。孟母教子，即身正为范。在"买肉实言"故事中，她戏言哄骗了孩子，马上践言落实；在"断机劝学"故事中，用"断机"之举，来教育孩子；在"阻子休妻"故事中，她以自己高远的见识和对"礼"的正确理解，纠正孟子的错误言行。要树立一个好的家风，就要从自己做起，只有率先垂范，才能蔚成风气。

在中国历史上，凡是科甲连第、人才辈出的家族。大多是必有一人或一代官员，在廉洁、勤政方面做出了表率，为整个家庭和子孙后代树立了榜样和典型，形成良好的家风传承，成就了人才辈出的文化世家。这是成功的历史经验：凡是人才辈出之家，必有一代先祖做出榜样。

其次，德育为首。故事以优秀道德培养为主线，突出的是家风建设。强调了传统家庭建设当中事关家族兴衰存亡的大问题：道德传家。有德之家，育有德之人，方能家族兴旺，传之永远。从德育的角度看，"孟母教子"五个故事，都是指的家风建设中的道德传承问题。故事给历代中国人的重要启迪就是：家庭建设，重在家风；家风之要，重在教子；教子之要，德育为首。一个家族兴旺发达，人才辈出是关键。而人才辈出，道德传家是根本。德才兼备之人，必成大才；德才兼备之家，方能人才辈出。所以，孟母教子的故事，直击中国人的心灵深处。

以古观今，以古鉴今，家风建设，道德建设是首位，是根基。两千多年以前，《管子·牧民》中说："礼义廉耻，国之四维。四维不张，国乃灭亡"。礼义廉耻的优良道德风气，是维持一个国家健康发展的四条纲常，如果不能将礼义廉耻发扬光大，国家就会灭亡。所以，道德建设是国之大事。《左传》上曾有记载："太上立德，其次立功，其次立言。虽久不废，此之谓不朽"。人生一世追求什么？我们的文化传统中叫追求"三不朽"。第一就是立德，第二是立功，第三是立言。德为首，为政以德，为人以德。

为政、为人首重德，而清正廉洁又是首要问题。什么叫廉？明代的王夫之说过：廉者，"清也，慎也，勤也。而清其本也"。"廉"有三个含义：

一是"清"，就是清正。两袖清风，不贪不沾。二是"慎"，谨慎，慎重。慎重用权，不滥用权力。这是廉洁重要的内涵之一。滥用权力和贪污受贿一样，和廉洁背道而驰。三是"勤"，就是勤奋。在其位、勤其政，奋发有为。对待工作庸、懒、散，也是与"廉"背道而驰。清、慎、勤，用通俗的话讲：远离贪腐、谨慎用权、勤奋工作，三者合一，相辅相通。这三者当中，清正是根本，是根基，清洁、干净，是第一位。廉和耻，往往结合在一起，称为"廉耻"。孟子说"羞恶之心，义之端也"，你知道哪一些事是羞耻的，则有所不为。

家风的道德建设，既事关个人前途命运，也事关家庭人才辈出。从孟母教子和历史传统当中，我们总结有两点很值得关注：首先是先祖示范，传世后人。第一代作出榜样，后世代代传承。孟母、孟子是这样，其他许多名门望族也是如此。其次是家训传导，家规惩戒。设立家训对家风建设至关重要。孟母是如此，许多名门之家，也都是由好家训一代一代传承美德的，诸葛亮的《诫子书》《颜氏家训》等都是这方面的榜样。

三是母教为先。良好家风建设，应该夫妻共育，但母教具有更重要的地位。孟母对孟子的教育及其家风的建设，主导者就是孟母，这具体而突出地反映了妻子和母亲，在家风构建中的主体作用。其次是阻子休妻故事反映出夫妻和谐相处，才能共建好家风。夫妻共同努力是家风建设的核心力量。如何处理好夫妻关系？孟母教子是要"礼敬"，就是按照礼去尊重人家，互信、尊重是关键。夫妻之间要互敬互爱，作出表率。以夫妻关系的和谐、和睦相处，起到模范表率作用。中国传统社会是一个男尊女卑的社会，两千多年以前孟母就教育儿子要尊重妻子，伟大之处，可见一斑。孟子成为伟大的思想家、政治家、教育家，与一个伟大的母亲是有直接关系的。而且孟子的妻子也是一个尊母知礼的贤妻。所以，这个家庭是以良母、贤妻、孝子和谐组成的。所谓一个伟大人物的后面大多站着一个伟大的女性，这个女性第一个是母亲，第二是妻子。孟子背后站着两个伟大的女人！

四是爱国爱家。孟子曾说："天下之本在国，国之本在家，家之本在身。"中国优秀传统文化中的家国情怀、国事为先，在孟母教子故事中的

"释子之忧"里面得到充分体现，为天下父母作出了榜样。她教育孟子，不要眷恋老母，鼓励他周游列国，以天下事为重。这是孟母教子给我们很重要的启示。《孟子》里面有"不孝有三，无后为大"之句，赵岐注有："家贫亲老，不为禄仕，二不孝也"的解说。将因家庭贫寒，在家侍奉老人，而拒绝为国家做官做事，列为对父母大不孝之一。这也是我们从孟母教子故事中吸取的丰富文化营养之一。

"孟母教子"故事突出了中华民族传统道德的核心价值。这是历代家教、家训的核心内涵。

一是孟母教子里面蕴含着中华传统文化的核心价值观念：仁、义、礼、智、信。从"三迁其邻"的故事看："其舍近墓"时，孟母看到孩子"踊跃筑埋"而选择迁居，实际上应是对孟子仁、礼思想的培养。试想，对埋葬仪式的嬉戏，既缺少对逝者的礼敬，也影响作为"仁之端"的"恻隐之心"的培育。由此可以想见，孟子以不忍人之心建构的性善论，与孟母"三迁其邻"的教育环境的选择有着密切关系。"断机劝学"是"智"的教育问题，是培养提升个人知识能力、判断行为是非的重大问题；"买肉实言"，是孩子的诚信教育问题，也是家庭美德传承的大问题；"阻子休妻"，既是礼的问题，也是义的问题，更是夫妻之间如何相处的道德问题；释子之忧，劝其远行，既有礼、义问题，也有家事、国事、天下事如何处理的家国情怀问题。所以，不难看出，仁义礼智信，中华文化的主流核心价值观都包含在了孟母教子的丰富故事内涵之中。

二是故事突出了母贤子孝的典型榜样。传统家庭教育中，推崇百行孝为先，孟子其实就是"孝子"的代表。在故事中，孟母对孟子的训示、警戒，往往使"孟子惧"，改弦更张，依照母训践行，这既展示孟母之贤，又表现孟子之孝。所以"孟母教子"故事有两条线：明写孟母之贤，暗写孟子之孝。孟母在台前，孟子在身后。母子二人组成了一个有机的形象组合和整体典范。无孟母之贤，即无孟子之孝；因孟子之孝，更显孟母之贤。我们可以说，孟子杰出思想形成的渊源，肇始于幼小时候良好的家风培育，孟母是成就孟子伟大的一块基石。

当然，孟子故事的盛传不衰，还隐含着在传统家风建设中的一个核心问题：历代父母望子成龙的期待。孟子是伟大的思想家、教育家、政治家。他有一整套政治主张、政治蓝图，而且为自己的政治理想奋斗了一生。他的形象、操守、人格、业绩，是历代父母冀望于子孙的一个典范和标本。而这一些都和孟母教子的故事连接在一起。他给人们一种启示：就是做母亲的要像孟母一样，做儿子的要像孟子一样，家庭的兴旺发达，人生价值的实现，都蕴含在言传身教的良好家风之中。

韩国儒者对孟子"四端说"的阐释

——以退溪、栗谷与茶山为中心

邢丽菊

（复旦大学韩国研究中心教授、副主任）

儒学思想作为中国的传统文化，不仅深深影响了中国社会的发展，而且更是传播至周边国家乃至世界，成为人类思想史上一个重要的里程碑。处于东亚文化圈的韩国，历史上曾深受儒学思想影响，朝鲜王朝时期（1392—1910）一直将儒学视为国家的统治理念和指导思想。而在今天的韩国，儒学已然成为人们日常生活的伦理规范。至于儒学何时传入韩国，学界一直未有确考，但可以大致推断出早在秦末汉初，中国的儒学就随着历史典籍以及汉字流入朝鲜半岛。后来在漫长的历史进程中，儒学在韩国实现了本土化，融入了韩国特色。其发展的高峰期则是李氏朝鲜时期朱子性理学的传播。韩国的儒学者们吸收了朱子的性理学，并将其确立为官方正统思想。后来随着研究的深化，其内部相继形成了许多不同的理论派系，发展成了朝鲜性理学、阳明学、实学等不同的派别。

一　朝鲜时期四端七情之争的由来

与传统的朱子学不同，朝鲜的性理学者们不是太重视自然及宇宙的问题，他们更重视的是人内在的性情与道德问题。他们在视理学为人间义理问题的同时，并视之为与善恶、正邪直接相连的人间义理问题[①]。同时，

---

① 参见柳承国《韩国儒学史》，台北商务印书馆 1989 年版，第 114、130 页。

他们将自然和人心等所有问题都用理气来解释，试图从统一性上来认识整个世界。所以纵观整个韩国儒学史，可以大致将其分为两大派别：主理派与主气派，① 而围绕理气的论争也一直贯穿其中。而直接促成主理、主气分类的契机则是退溪与高峰的"四端七情论辩"②。

四端和七情是由于心的作用而发显的两种感情的样态。"四端"出自《孟子·公孙丑》，指的是恻隐之心、羞恶之心、辞让之心、是非之心，而以恻隐之心最为根本。它们是孟子性善说的理论依据，分别是仁、义、礼、智之端。孟子认为，这四端是区分人与非人的标准，是人先验的道德心。"人之有是四端也，犹其有四体也"，但这种四端只是善的萌芽，道德的良好开端，其完善还有待后天的学习和努力、扩充和培养，他指出"凡有四端与我者，知皆扩而充之矣，若火之始然，泉之始达，苟能充之，足以保四海。苟不充之，不足以事父母"。所以孟子还十分强调人的主体能动作用和后天客观环境的影响。

"七情"，指《礼记》中的"喜、怒、哀、惧、爱、恶、欲"。《礼记·礼运》篇说："何谓人情？喜怒哀惧爱恶欲，七者，弗学而能。"可见，喜怒哀惧爱恶欲是人本能的情感，是人生而具有的七种情感。《中庸》中提到的"喜怒哀乐"也可以看作是与七情性质相同的情。

四端和七情本来是典据互不相同的两个概念，在中国性理学史上也很少被对举过。而朝鲜的性理学者们却对作为心之具体作用的情表现出了极大的关心，将其认定为讨论的主题，从而使得他们的哲学逻辑走向更加具体化、心性化。朝鲜历史上首次将四端与七情联系起来的是丽末鲜初的儒者权近（号阳村，1352—1409）。权近在《入学图说》中将四端归属于性（理之源），将其看作性的发动，将七情归属于心（气之源），认为七情的发动中节时属于性的发动，但"不中节者，不可直谓之性发"，将四端与七情两分化。而柳崇祖（号石轩，1452—1512）认为"理动气挟，四端之情；气动理随，七情之萌"③，四端中理是发动的主体，气内包于其中；

---

① 传统的观点上一直将韩国儒学的派别分为主理、主气派，但目前韩国学界对于主理、主气的提法有争议，认为应该从综合的角度来看待每个派别，而且对介于二者之间的折衷派（例：成浑牛溪、南溪朴世采、拙修斋赵圣期等人）的重视程度有所增加。

② 参见崔英辰《朝鲜王朝时期儒学思想的状况》，成均馆大学出版社 2005 年版，第 15 页。

③ 《大学箴》。

七情中气是发动的主体，理只是随之而已，可以说他是将四七分别看作主理、主气的先驱。但他们对四端、七情的定义只是停留在其个人的解释上。

但四端七情真正发展成一场论争则是始于 16 世纪中叶郑之云（号秋峦，1509—1561）在《天命图》中的注释"四端，发于理；七情，发于气"。1553 年，退溪在《天命新图》中将其改为"四端，理之发；七情，气之发"。对于退溪的这一修正，学界一片哗然。年轻学者奇大升（号高峰，1527—1572）认为其将理气严重的二分化，对退溪的修正提出了尖锐的批评。由此展开了长达八年（1559—1566）的书信往来论争。限于主题，本文中将不阐述四七论争，主要通过四七的比较来探讨四端。同时受篇幅限制，本文将主要以朝鲜性理学者代表退溪李滉（1501—1570）、栗谷李珥（1536—1584）以及实学者代表茶山丁若镛（1762—1836）为中心展开论述。

二 退溪的四端说：理发而气随之

被称为"海东朱子"的退溪是朝鲜性理学的集大成者，他是主理派的代表人物。关于四端七情，退溪说道："性情之辩，先儒发明详矣，惟四端七情之云，但俱谓之情，而未见有以理气分说者焉"①。言下之意，以理气分说四端与七情，是退溪的一大独创。他把四七论解释为传统的朱子学所没有提到的一种独特的学说。性理学的特征是把人心和社会、自然用理气论来解释，并且确立其形而上学的根据。朱子在人心的三个层面即心、性、情中，与性相关的问题用理气论来研究，平生致力于确立道德性的形而上学的基础。与此相比，退溪则主要致力于"情"的问题②。

纵观退溪的学说，可以看出他将四端用理来诠释的立场几乎没变，故我们先来考察退溪理概念的特征：

（1）实在性。在《李子粹语》中，退溪说"自其真实无妄而言，则

---

① 《退溪全书》〈答奇明彦论四端七情第二书〉。

② 参见崔英辰《朝鲜时期儒学思想的基本问题》（邢丽菊译），《哲学研究》2006 年 4 月版。

天下莫实于理。自其无声无臭而言，则天下莫虚于理"①。此句中"真实无妄"的"实"意味着生成和存在的依据，而"无声无臭"的"虚"意味着超越感性世界的形而上的层面。理虽然超越现象界，但它不是一介空虚的概念，而是所有事物存在、运行、生成的实际的根源，具有实在性。

（2）价值性。退溪说"夫舟当行水，车当行陆，此理也。舟而行陆，车而行水，非此理也。君当仁，臣当敬，父当慈，子当孝，此理也；君而不仁，臣而不敬，父而不慈，子而不孝，则非此理也"②。可见，理不仅是自然法则，而更是人当行的法则，具有实践的当为性。因为船不会自行行陆，而人却会不仁不敬。所以退溪的理不仅具有所谓"鸢飞鱼跃"之所以的自然法则性，更具有"君仁臣敬"的道德价值性。

（3）尊严性。退溪说"不可谓天命流行处，亦别有使之义也，此理极尊无对，命物而不命于物"③，把理看作主宰万物的至尊无上的立法者。这种理的特征可以从中国古代帝天神的概念中找到原型。退溪将理的这种"命物而不命于物"的理的主宰性与上帝连接起来解释说"若有主宰运用，而使其如此者，即书所谓惟皇上帝降衷于下民，程子所谓以主宰谓之帝是也"④。上帝作为人格神的存在，一直是至尊无上的崇拜的对象。这种上帝的人格性形成了理的原型。因此，这里的理已经越过了自然法则的层面，具有宗教的神圣性。退溪对真理的敬畏思想正是发端于此。⑤

明确了理的性质，我们再来看一下理与四端的关系。由于退溪是将四端与七情对举的，故我们也按此思路来分析。退溪刚开始说"四端理之发，七情气之发"，后来由于高峰的批判而改成了"四端之发纯理，故无不善；七情之发兼气，故有善恶"，最后退溪以"四则理发而气随之，七则气发而理乘之"（理气互发说）定论。

退溪对四端七情的立论，首先从"分别言之"着眼，二者均为情，之所以异名，是因为"所就以言之者不同"。"所就"意味着"立言分

① 《退溪全书》第五册。

② 同上。

③ 同上书，第一册。

④ 同上。

⑤ 参见崔英辰《朝鲜王朝时期儒学思想的状况》，成均馆大学出版社 2005 年版，第 72—75 页。

际"，也意味着"所从来"（即来源或根据）。这是以朱子的理气论为根据的。依朱子之说，天地万物的生成变化，均是由于理气的相互作用。作为形下之气的作用，必须以形上之理作为依据；而形上之理也必须依据形下之气才能发用。这种理以气为用，气以理为体，正是退溪所说的"理之于气，本相须以为体，相待以为用"之意。① 这虽显示理气不相离，但并不表示理气无别。四端七情虽是理气相合不离所表现之情，但就二者之立言分际而讲，四端发于理，七情发于气，二者是不同质的情。

退溪认为，四端之情是直接由先天定然的天地之性——仁义礼智之性而发，虽兼理气但不与气杂，"四端虽云乘气，然孟子所指，不在乘气处，只在纯理发处"②。换言之，四端之发，主于理。而四端本由仁义礼智之性而发，四性粹然至善，故四端纯理而无不善。而七情则是就理气相杂的气质之性而言，注重的是后天发生意义上的说明。退溪认为，七情之发是后起、被动的，源于外物来感而触发，七情受气的影响而被引发，就七情之所从来而言，为气之发。既然以气为主，则七情之发可能循理而表现为中节之情，也可能不循理表现为不中节之情。所谓"七情本善而易流于恶"，故七情之发，有善有恶。

退溪的理气互发说中，之所以说"理发而气随之"，是因为"理而无气之随，则做出来不成"。这里的"随"，说明了气是理决定之气，没有违背理发的可能性；之所以说"气发而理乘之"，是因为"气而无理之乘，则陷利欲而为禽兽"③，并指出这是不易之定理。这里用"乘"，除说明了理是搭在气上之意，也表示这儿的理是被动的，气是主动的。对比最初的说法，他在理发后面加上了"气随之"。对此，他自身的解释是"大抵有理发而气随之者，则可主理而言耳，非谓理外于气，四端是也。有气发而理乘之也，则可主气而言耳，非谓气外于理"④。"主理而言者"这句是以理气的共存为前提的。因为现实中理气是不可分的。故理不能遗气而独行。但如果说理先发而后气乘已发之理，则可以看出理气是分离的，而

---

① 参见林月惠《中韩儒学的情》《东亚文化圈的形成和发展》，台湾大学历史学系2003年版，第116—117页。

② 《退溪全书》〈论四端七情第二书〉。

③ 《退溪全书》〈答李宏仲问目〉。

④ 《退溪全书》〈论四端七情第二书〉。

且有先后。故退溪的立场是理气有别，且有先后。

可见退溪的理气互发说是建立在朱子理气不离不杂的基础之上的，即理气"相须"而又"互发"。退溪认为，"盖人之一身，理与气合而生，故二者互有发用，而其发又相须也。互发则各有所主可知，相须则互在其中所知"①。但他更强调的理气的分别，即"理气不相杂"。

尽管退溪用理来解释四端，但对他来讲，重要的不是理，而是四端。确立四端的纯粹善性的理论根据是当时退溪的重要课题。理发说不是为了说明理的属性，而是为了树立四端的形而上学的根据而提出的命题，是为了从质的角度区分四端与七情而把它们分属于理气。换言之，是为了将四端的纯善性的论据放在性（绝对善的理）上才把四端解释为理发。之所以将四端和七情分属于理气是因为两者的价值之性是同一的，即四端之纯粹的、绝对的善是理的绝对价值，而七情的可善可恶性是气的相对价值。正如朱子为了确立其道德的价值观，以性的绝对善性为形而上学的依据提出了"性即理"，退溪也以四端的绝对善性为依据，主张四端理之发，以强调其实现的当为性。这一主张是在理气共存的条件下，将四端归属于理的领域，是为了论证其纯粹的善性不仅是在形而上的性的层面上，而且在现实中也会发显为情。因此为了不与气的其他的东西混淆，为了区别其善的纯粹性，退溪不顾逻辑上的牵强而主张理发。② 退溪的理发说说明了人的内在的、先验性的性理会在现实情况下自发的发显，也说明了理的绝对善性不仅在性这一形而上的层面上，在四端这一现象的情的层面上也会得以具体的实现。可见退溪的理发说拥护四端的纯粹善性。这毫无疑问的是继承了孟子的性善说。性理学的代表概念"性即理"也不过是性善论的新的表达方式而已。③

孟子立足于《诗经·烝民》篇中传统的天的概念和"人人皆有不仁人之心"即"四端"这一经验性的事实来论证性善的恰当性。《中庸》中的"天命之谓性，率性之谓道"这一句也提出了天和性，以及作为人的

---

① 《退溪全书》〈论四端七情第二书〉。

② 传统的朱子学认为理无为，气有为。这与退溪主张的理的发动形成矛盾。为此退溪指出，理的无为的层面是理的体，而理的能动的层面是理的用，以体用论来解释理的能动性。

③ 参见李东熙《韩国传统思想的主体性探索和未来展望》（邢丽菊译），《国际版儒教文化研究》（第6辑），成均馆大学儒教文化研究所 2006 年 2 月版。

当行之路的道。但是这种绝对的天道（天则）要通过人的行为才能实现，① 而支配人的行为的是心。故天命、天道的实现只能依靠根植于正心之上的行为。孟子提出了先验性的、道德性的不忍人之心，并用四端之心使之具体化。从性理学的观点来看，四端之情不外乎是仁义礼智之性的发显。因此，性的发显就是天道的显现。正因为此，性理学中的天和性才被定义为理。同样，退溪所主张的"四端是理之发"这一命题才得以成立。

儒学的终极目标是所谓"平天下"的道德价值的实现。如果说孟子的性善说揭示了实现这一目标的先验性的根据，程朱的"性即理"确立了性善的形而上的根据，则退溪的理发说则将作为性之作用的情（四端）解释为理的发显，以此来强调价值的实现，可以说在儒学思想的体系中具有非常重要的意义。

三　栗谷的四端说：气发理乘一途说

与退溪并称为朝鲜性理学双璧的栗谷李珥（1536—1584），是朝鲜儒学史上主气派的先驱。他对四七论的展开也是在理气的基础上完成的。首先我们来看一下他的理气论的基本立场和特征。

他的理气说与晦斋和退溪并无大异。他认为理是形而上者，气是形而下者，故理的特性是无形无为，气则是有形有为。理气的关系上，理是气的枢纽、根柢，气是实现理的形而下的质料。理是自然法则，是善的原理，是价值的根源。栗谷也认为理有体用流行，理的体本来是无为的，但它会乘气而流行，变化为万端，这是理的用。

栗谷理气说的特征是：（1）理气之妙。即理气的关系是"一而二，二而一"。这是他吸收了朱子理气不可分开（不相离）和决是二物（不相杂）的主张，将主理和主气的主张合二为一的理论。认为理气的根源是一。从不相离的层面上看，非气则不能发，非理则无所发；从不相杂的层面上看，发之者为气，所以发者为理。在这种关系下，他的理气说还有一个特征，就是（2）理通气局说。所谓理通指的是理是无形的、超时空的存在，故没有本末和先后，是不变的存在。故即使在参差不齐的万殊的现

---

① 《书经》：天工，人其代之。

象中，也不会失去其自若性，是一体相通的。而气局指的是，气有形迹，受其所限就有本末、先后，但气的本体是湛一清虚的，怎会有粗粕、煨烬、粪壤、污秽之气呢？气是有形有为的时空存在，故有本末、先后；能够升降飞扬、引起参差不齐的万变；有时空的局限性。所有的宇宙万物依理气之妙而形象化，但无形的理是枢纽、根柢，故没有变化；而气是有形有为的，所以成为局（分殊）的原因。这样性理学的基本前提理一分殊就通过理气的无形有形得以具体化。

下面我们来看一下栗谷四七说的内容。退溪以四端之情与七情之情有质的差异为前提，将二者的关系用理气解释说"四端，理发而气随之；七情，气发而理乘之"，即理气互发说。与之形成鲜明对比的是，栗谷只认证退溪的气发理乘，提出了"气发理乘一途说"。认为不仅七情是这样，四端也是"气发而理乘之"。因为在他的理气说中"理气元不相离，似是一物而其所以异者，理无形也，气有形也，理无为也，气有为也，无形无为，而为有形有为之主者，理也；有形有为而为无为之器者，气也；理无形而气有形，故理通而气局；理无为而气有为，故气发而理乘"，①"大抵发之者，气也；所以发者，理也。非气则不能发，非理则无所发"，② 他坚持气发的意志还相当坚定，"圣人复起，不易斯言"。理是气的主宰，气是理的所乘，它们是一而二、二而一，没有先后和离合。

在此基础上，他展开了对退溪理气互发的批判。因为理气无先后、无离合，故不能谓之互发，"二者不能相离，既不能相离，则其发用一也。若曰互为发用，则是理发用时，气或有所不及，气发用时，理或有所不及也。如是则理气有离合，有先后，动静有端，阴阳有始矣。其错不小矣"。还认为，朱子之意只是说"四端专言理，七情兼言气"，而不是说"四端则理先发，七情则气先发"，"若朱子真以为理气互有发用，相对各出，则是朱子亦误也，何以为朱子乎"，认为退溪没有真正理解朱子的意思。他还指出说，若按照退溪的说法，"既以善归之四端，而又曰七者之情亦无有不善。若然，则四端之外，亦有善情也，此情从何而发哉……善

---

① 《栗谷全书》卷10，〈答成浩原〉。

② 同上。

情既有四端，而又于四端之外有善情，则是人心有二本也，其可乎"①，认为人心不能有二本，故理气不能互发。

由栗谷的"气发理乘"可以看出，他不认证四端之情与七情之情的质的差别，即认为它们是同质的。四端之情与七情之情其实是一情，四七的关系则是"七包四"，"四端只是善情之别名，言七情，则四端在其中矣"，七情是情的全体，而四端只是七情中善的部分。若将四端对应于七情，则"恻隐属爱，羞恶属恶，恭敬属惧，是非属于知其当喜怒与否之情也"。基于此，他还指出了退溪将四端七情分属理气两边的错误，"若必以七情四端分两边，则人性之本然与气质亦分为二性也"，② 道理上根本无法讲通。可见，退溪认为四端与七情是异质的，而栗谷则认为二者是同质的。

值得注意的是，栗谷所说的"气发理乘"，并不是否定理的根源性或主宰性。只是说，善的根据是理，但非气则不能发。这不是"有使之者"，而是"自然而然而"；不是说不重视理，而是根源于"理气决是二物"，即强调理的无形无为以及气的有形有为，而且具有发动能力的只有气。另外说"气发理乘"也不是说气比理先，只是因为理无为，气有为，而只能如此说而已。可见栗谷也没有违背传统的朱子学的立场，只不过他更注重的是"理气不相离"。③ 如果说退溪的立场是将理气离看，则栗谷则是追求理气合看与离看的统一。

四　实学派代表人物茶山的四端说：端内德外

与性理学者退溪和栗谷不同，实学者茶山并没有从逻辑的层面将四端、七情对举来展开自己的理论。即他没有将四七列入自己的哲学分析的主体对象。他所要究明的并不是四七本身，而是关于论四七的退栗二人的理论观点的基本立场问题。④ 他最初支持栗谷的"气发理乘"。后来由于认识到事物是自立的存在，理只是依存在其上的概念，脱离了性理学中传

① 《栗谷全书》卷10，〈答成浩原〉。

② 《栗谷全书》卷12，〈答安应休〉。

③ 参见《四端七情论》，民族和思想研究会编，曙光社1992年版，第99—100页。

④ 同上书，第230页。

统的理的概念，与退栗思想有了明显的分歧。由此对退栗的理气概念进行了重新评价，指出说退溪是从论人之性情的人性论的角度来论理气，而栗谷则是从视宇宙万物为全体的宇宙论的立场上立论，在此前提下他们二者各自展开了自己的理论，各有其正当性。因此对长期以来认为二者一方为对、另一方为错的朝鲜性理学的四七论争画上了一个休止符。

作为韩国实学思想的集大成者，茶山哲学思想的最大特色是反朱子学、脱性理学。他大胆的批判性理学的"性即理"思想，因此在论述四端说以前，我们先来明确一下茶山理的概念。茶山认为传统的朱子学将天命之性说为理是毫无根据的，理最初来源于玉石的脉理，后来又从治玉中得到假借之义——治理和法理（狱理）。对茶山而言，理不是性，也不能具有主体性，也不能乐善耻恶。

茶山对孟子四端的解释集中体现在《与犹堂全书》中。下文将通过书中茶山对《孟子》的注解来看他的四端说。

作为反性理学的代表，茶山也提出了与理学截然不同的、具有强烈实践意义的四端说。性理学主张"性即理"，这个理指的就是人从上天那儿禀赋的仁义礼智之性。而茶山则认为，仁义礼智成于人行事之后，并不是内在于人心中的本性。

为此，我们先来看一下他对四端之"端"的解释。自古以来对端的解释甚是丰富①，茶山认为"端也者，始也""物之本末，谓之两端，然犹必以始起者为端"。他还列举《中庸》《礼记》《春秋传》中的语句来证明端为始之义，引证如下：君子之道，造端于夫妇；君子问更端则起对；履端乎始，序则不愆；步历之始，以为术历之端首；主人奠爵于序端；司正升立于席端；笔端、舌端、杖端、墙端、屋端。最后说，"凡以

---

① 关于孟子"四端"之端，自古以来有各种不同的解释。赵岐认为端即首，"端者首也，人皆有仁义礼智之首，可引用之"；孙奭认为端即本，"人有恻隐之心，是仁之端本起于此也，……恻隐四者，是为仁义四者之本也"；朱子认为端即绪，"因其情而发，而性之本然，可得而见，犹有物在中而绪见于外也"；蔡季通认为"端乃是尾"，陈北溪认为"比之茧丝，外有一条绪，便知得内有一团丝"。由此看来，古注系列中通常将端解释为"端本"或"首"，认为仁义理智由此而生，故常用作开始、最初、首端之义，四端的扩充是四德成立的阶梯。但新注中，端解释为绪，是尾、尽头、结果之义，认为四德内在于其中，性发为情是四端。可见古注和新注的观点正相反。

头为端者，不可胜数，乌得云尾为端乎"，① 认为具体的事物都是以头为端，而不是以尾为端。他同时也指出，孟子自注的"若火之始然，泉之始达"中两个始字，也说明了端之为始义。

他认为四端之心虽内在于人的心性中，但必须是在实践中扩充四端之心，才能成就仁义礼智四德之名，"若其仁义礼智之名，必成于行事之后"②，即四德不是先天的存在于人性中的，也不是天命之性的实体，而是行事之后出现的结果。四德是爱（仁）、善我（义）、宾主拜揖（礼）、事物辨明（智）之后而出现的德目③，不是像桃仁、杏仁一样直接挂在人的心底深处的，是在经验基础上，行事以后才成立的。可见，茶山的经典注释不是立足于理学性的思维，而是以实践的思考为前提，这反映了他的经典注释具有很强的实践性。

关于人人皆有不忍人之心的仁，茶山认为不是传统朱子学说的"心之德"或"爱之理"，而是两者之间应该遵守的最善的道德规范。他指出说：

仁者二人也。事亲孝为仁，子与夫二人也。事君忠为仁，臣与君二人也。牧民慈为仁，牧与民二人也。人与人尽其分，乃得为仁。故曰强恕而行，求仁莫近焉，在心之理，安得为仁乎？唯德亦然，直心所行，斯谓之德。故大学以孝弟慈为明德，论语以让国为至德，实行既著，乃称为德。心体之湛然虚明者，安有德乎？心本无德，况于仁乎？④

他把仁看作是二人之间的实践。先儒以仁德为生物之德，而茶山指出，"仁非生物之理，以此求仁，比无以见仁迹矣"。他的仁是由四端出发，在实践基础上形成的，与传统的解释大不相同。

关于〈告子上〉6 章中的"仁义理智，非由外铄我也，我固有之者"，茶山解释说，"谓推我在内之四心，以成在外之四德"，认为四心是人性所固有的，而四德是四心之扩充。若不扩充四心，则四德之名无从立，突出了扩充（实践工夫）的重要性。

---

① 　此段中的引文均出自《与犹堂全书》〈孟子要义〉。

② 　同上。

③ 　《与犹堂全书》〈孟子要义〉：爱人之后谓之仁，爱人之先，仁之名未立也……岂有仁义理智四颗，磊磊落落，如桃仁杏仁，伏于人心之中者乎？

④ 　同上。

由此可以看出，茶山对四端之心与仁义礼智四德的相互关系的解释与传统的朱子性理学解释正好相反。朱子认为，四端之"端"为"端绪"，"犹有物在其中而绪见于外也"①。依照性理学的观点，仁义礼智是人性中先天固有的，四端是从四德中发显出来的。因此性理学的修养则是通过四端之心来认识内在的性，使之向内在的性来收敛，是一个内向的过程；茶山则认为四德不是先天固有的，是后天形成的。四端是开始，由此出发，经过实践后，才形成外面的四德。即由四端之心出发来扩展到行为的四德，是一个外向化的过程。并在此基础上批判性理学者通过内面的省察来实现到的性的做法如同禅家的"面壁观心"。总起来讲，茶山将自己的观点称为"端内德外"，而将性理学的观点称为"德内端外"。关于二者的区别，我们可以用以下图表来表示：

茶山：	四端	发生 → →	仪义礼智	朱子：	仁义礼智	发生 ←	四端
	（端内）	修养	（德外）		（德内）	修养	（端外）
	↑		↓		↓	↗	↑
	端：始		后天性		先天性		端：绪

五　结　论

与传统的中国儒学不同，朝鲜的儒学更重视人的内在性情与道德问题，重视道德的纯粹性，并同时追求实现这种理想的、道德的现实制度和权力，具有浓厚的实践主义色彩。如果说孟子的四端说主要从先天性的角度来论证性善的根据，则朝鲜的儒学者们则主要致力于论证四端形而上的层面在现实中的发显。

孟子的四端说是其性善论的理论依据，在整个中国儒学发展史上，儒学者们大都从心性、道德的层面来阐述这个问题，而且很少将四端与七情

①　朱熹：《孟子集注》。

对举。但朝鲜时期的性理学者则将四端七情对举，而且将它们用理气来解释。但限于篇幅，本文只探讨了在朝鲜思想史上具有代表性的人物：前期的性理学者代表人物退溪、栗谷以及后期实学派人物茶山的四端说。

退溪将理气二分，强调其不相杂性，主张四端是"理发而气随之"，七情为"气发而理乘之"，即"理气互发说"，这里理气有先后，四端与七情是异质的。而栗谷则注重理气的不相离，提出了理气之妙说，认为四端为"气发而理乘之"，这里理气无先后，四端七情是同质的，七情包四端。他反对退溪的理发立场，认为退溪曲解了朱子之意，犯了"人心有二本"的错误。退栗二人都没有违背传统朱子学的立场，而是对其进行了更加内面化、具体化的展开。关于二者思想体系的区别，韩国学者一般认为：退溪以人的心性为中心来解释理气并以此为理论依据来推理自然，而栗谷则首先洞察自然的理气，然后以此原理来贯通人类。也有人说，退溪是道德的理想主义者，栗谷是道德的现实主义者。

退栗时期的四七论争表面上看似很纯粹的哲学问题，实际上内含着许多政治问题。这与士大夫成为栋梁，建立并主导朝鲜这一新王朝前进的历史事实不无相关。退溪所生活的朝鲜中期，在熏旧派的主导下以儒学思想为主的行政、社会制度得以确立，但是他们固守既得权势，导致许多社会弊病的出现。这时士林派作为其批判势力登场了。但是遭到了熏旧派的攻击。在贪婪的权势集团熏旧派和追求义理的士林派的矛盾中，为了揭示义理的纯粹性，退溪以理气二分的理论为基础，把四端规定为理的发显，并力图确立其纯善性，可以看作是纠正当时社会颠倒的价值观，从理论上确立现实中道德性价值实现的可能性和当为性。而栗谷生活的 16 世纪中后期，士林政治已初见端倪。士大夫们积极地投身社会现实，参与政治。栗谷认为经过了太祖、太宗的创业期和世宗、成宗的守成期，当时的时代应当是更张期①，此时应该对不合时宜的先王之法进行改革。他在这种既重视理论又重视实践的思想基础之上，提出了理气之妙说，但为了强调现实变化的重要性，主张四端为"气发而理乘之"。

---

① 所谓更张，意味着改革。栗谷认为"法久弊生"，不是在任何时候都用现行之法，过了守成期，当需要改革的时机来临时就应当进行变法，即使是圣王之法也不例外。主导自然和文明以及社会历史的是人，即使是绝对的天命和圣王也无济于事。随着人的活动以及时间的推移，社会也应该随之发生变化。可见栗谷的政治改革论的关键是"知时"。

　　而实学者茶山的"四端说"则是异于退溪和栗谷，他的学说不是通过四七论争，而是通过对《孟子》的注释而展开的。茶山是反朱子性理学的代表，他认为四端虽内在于人性中，但仁义礼智四德却不是先天固有的，而是行为过后的结果。可见他的理论是以实践为前提的。没有实践的基础，则无从谈四端。就其时代背景来看，朝鲜后期壬辰倭乱和丙子胡乱后，朝鲜王朝由盛转衰。作为统治思想的性理学及其末流只是整日围绕诸如四端七情等脱离实际的空疏之论进行无谓的激烈争论，性理学成了党争的工具，陷入了权威主义的空论，根本无法解决当时的危机。① 开放的学者们认识到，前期追求"道本器末"的性理学已经充分奠定了"道"的基础，开始注重"器"的重要性。茶山生活的 18 世纪中后期，受外侵影响的社会经济已经得到恢复，韩国社会逐渐由农耕社会走向工商社会，士林政治走向下坡路，出现了强化君主政权的荡平政治。当时朱子学的理论体制已经动摇，而一系列的社会变化又需要开放的、多样的思想体系作指导。茶山在道器兼顾的立场上，汲取朝鲜前期的教训，注重实践和实利，提出了有异于朱子学的"端内德外"说。

　　因此，朝鲜时期儒学者的四端说充分体现了韩国儒学的特色，是实践和理论、现实和理想的统一体，它作为韩国的一种传统思想在漫长的历史中得以确立和发展。

---

　　① 参见葛荣晋主编《韩国实学思想史》，首都师范大学出版社 2002 年版，第 2—3 页。

孟子和庄子之心性论的特征

辛正根

（韩国成均馆大学）

一　问题提起

分类战国时代的思想家时，笔者喜欢使用"Mengzhuangxun"这一词。第一次听说"Mengzhuangxun"此词，人就会把它当作一位女性的名字。此词用汉字写出"孟庄荀"，是孟子、庄子、荀子的简称。

笔者为何把这三个人结合在一起？他们所处的时期相同，一方面对同一个问题用心苦闷，另方面激烈批评对方。读取心争论的流向，孟子在批判杨朱和墨翟，还开启心主题，庄子则批判孟子，荀子也把批判孟子的庄子批判了。他们关于"心"主题源源不绝地展开了争论。笔者认为可以把这三位放在一起进行论议。①

第一次接触"孟庄荀"这一词的人可能会感到困惑感，是因为笔者把孟子、庄子、荀子当作一整体"孟庄荀"。如何能知道此命名就是妥当？在读解庄子的内篇时，若不读孟子的《告子》与《尽心》，这只不过是读一半而已。在荀子的"解蔽"时，若不读庄子的内篇，这也不过读一半。就是说，我们把孟子的《告子》与《尽心》、庄子的"内篇"与荀子的《解蔽》互相比较阅读，从此可以了解这三者互相多么强烈意识到对方，也可以猜出每个人为了解决对方提出的问题拼命成就智的冒险。正如笔者前面提到的这种读法通过只有"Reading of cross check"方式才

---

① 辛正根：《中国古典是什么》，东亚，2012，卷末图表参照。

能得到理解的。

三位的大概的论点如下。孟子则关注心的特定的倾向性，他认为把它扩大、外化到行动，必须会完善个人的人格或者社会的共通善。庄子则认为把心分别为特定的方向性是不可能的，还会歪曲心的生动力。他认为不能规定心走到哪个方向，如能规定它，就把不可能的硬视为可能的。荀子也跟庄子的发现一样，认为心很多样复杂。但是心理现象虽然错综复杂，从客观上讲心理的再分类也不是不可能的。

其实笔者在分别阅读这三本书时根本没看出这个事实，把三本书一边分单独读一边一起读，自然会比较，渐渐连接，笔者才发现"孟庄荀"这种概念。不读了数十次那么就不可能得到这一概念。现在让我们简单地揭示一下孟庄荀对于心的认识的过程。

二 中国哲学的最初质问

汉族占13亿中国人的大部分。"汉族"一词源于秦亡之后刘邦在与项羽的对决最后建立的汉帝国。由此居住在黄河、淮水和长江流域一带的所有种族统合为汉族。如果我们把孟子和庄子称呼汉族，他们也许会目瞪口呆。是因为他们从来没听说过汉族这句话。这类似于朝鲜半岛新罗统一三国后所有的人们成为新罗人的例子。

如今中国哲学的文献包含着不是汉族而是汉族形成前的周族殷族等的故事和经验的。在传说和神话其起源回溯到皇帝、神农等。在中国初期文献《诗经》和《书经》上周族的重要点放在他们面对别的种族的挑战和反抗最终能够建立稳定的社会秩序。一般来说他们可谓探究"如何和睦相处"即柔远能迩。

因此初期文献以"德"和"力"为中心进行论议。力以武力压服他者，人培养压倒性的力量让对方不敢挑战。但是力量既可以增加，还能减少。支配势力的力量可能是强盛变到弱化，被支配势力的力量却会由虚弱变为强盛。因此力量有助于容易掌握主导权，可是不能永远保障主导权。历史上这种例子我们目睹了无数次。把势力扩展到印度的亚力山大大帝、扩展到欧洲的成吉思汗的蒙古族也未能享受永远的帝国，最后只能走上灭亡之路。

　　如此德是从力的极限出发的。力能够以物理力为基础把我的意志强加于对方，对方也无论何时都想摆脱强迫或者反过来不断试图强求我。因此世界不可避免物理力的冲突。

　　德的追求不是强制和压迫而是通过怀柔和悦得到的共同的世界。有德者不把自己的意志强迫对方。有德者认定自我与对方的意志互相相同的可能性，从而不再把对方被视为榨取的对象。有时从力的立场上看，德甚至乐得受用损失和损害，比我优先考虑对方的处境。其结果虽然自我的力量变为衰弱，对方还不把我当作打倒的对象。从此，自我和对方脱离战争与暴力的状态能够实现共存与和平的状态。

　　可是初期文献上德不是任何人都具有的一般的力量和特性。此词主要用于"王德"，所以与能够形成社会秩序的男性指导者有关的。这不是以"孩子的德""庶民的得""女性的德"的方式用作的。后来德与女性有关使用，但是这不是女性本身，而是以妻子身份的德。此妇德只停留在辅佐男性指导者的角色，不能向他挑战。

　　德比力难以理解。力不仅可以换货，而且可以观察搬动和变化事物的过程，能够确认因果关系。相反德不能交换因此也不能观察。尽管如此我们完全不能忽视德的存在。

　　今日在日常语言中特指有着不敢侵犯的一种气势的人物经常用于"光环（aura）""感召力（charisma）""氛围气""气品""气运""气势""强烈的形象"等等。例如，平时与人善处，可是我们在特定人面前往往说话磕巴、举止羞涩。我们可谓是他具有不敢无礼待遇的能量（energy）。这能量（energy）就是德。

　　这样的德不是只从支配者的位置出来的。他具有地位再加上专门性、卓越性、实力、经历、业绩、创意性、先见之明等多种多样的能力，人们都不分皂白，只能接受。中国哲学初期文献显示探究为了获得德要做些什么、能量应该怎样处理。他们终归是有德者也是圣王。因此上天赐予他们拥有世界的支配权的天命。

三　修己安人，孔子设定的新问题

　　孔子所处的时代是天子之国周国时期，但周天子当时已失去了对天下的支配权。取而代之，拥有压倒性军事力的霸者出现轮流坐位维持国际秩序。这样的情况下诸子百家面对现实的社会问题，比如说，"其时期的大动荡是一时的还是长期的"、"一片混乱可以收拾还是被别的秩序取代"、"如何在激烈的竞争社会坚持到最后吗"、"为什么出现混乱"等各种问题试图寻找解决方案。

诸子百家根据自己的时代诊断要提出自己的解决方案，其中孔子属于先驱。他从小人的登场与势力化、指导者的腐败与堕落看出时代问题。而且他以此为基础提出解决方案。其中核心就是"修己安人"。

弟子子路向孔子提问：君子具有能领引自身时代的理想人格，那么君子应该成为什么样的人？孔子本来简单地回答问题，可是子路陆续提问，孔子也认真思考。

孔子头一次回答：修养自己保持严肃恭敬的态度。子路认为此回答局限于个人，因此再次提问。孔子又回答：修养自己，使周围的人们安乐。这意味着其范围超越个人扩展到周围人们。子路反复提问。孔子最后回答：修养自己使所有百姓都安乐，尧舜还怕难于做到呢？①

通过子路和孔子的对话我们可以清楚了解这两个人要走上的方向。现实上的指导者却不"修己"，连感情也不能调节，认知应对问题的能力也没有。如果这样的人物坐在领导者的位子上，不仅是为难自己，也是为难周围所有的人。还不如就不登上领导者的地位。他们只会摆架子，实际上昏庸无能，仍不知反省。即不分公私，只为了供自己玩乐耗费国富，实际上为了解决社会共同问题未能发挥聪明才智。

"修己安人"一词从字面上来看只不过是一般的词语，可是从社会的脉络上来看此语意味着正确诊断时代的病弊提示要前进的方向。

如今想要当领导者一定要先"修己"后"安人"。此命题在当今如孔子当代一样恰当，还适用于公职者、社会各个领域的领导等所有人。如我们见到公职候选人，应该向他提出"您已修己了吗"这样的问题。他对这个问题都没能给出像样的答案，那么他自己退出或者我们不需选他。至少也可谓同意孔子的意见。

----

① 《论语·宪问》45："子路问君子。子曰：修己以敬。曰：如斯而已乎？曰：修己以安人。曰：如斯而已乎？曰：修己以安百姓。修己以安百姓，尧舜其犹病诸？"

根据对安人和安百姓的解释，目标会有所不同。"安"此语相当于生命的安全、充足的基本物质条件、地域共同体的和平、丰足的物质生活、社会纠纷的解决、最上的心理满足、世界和平等状态。连尧舜那样的圣王也都担心做不到"安百姓"，因此充足"安"条件的基准不是初步的水平而是相当高的水平。这一推论正确的话，那么"安"指的是达到最高的福祉水平的状态。由此我们可以清楚了解孔子所追求的理想方向。

四　轻物重生，杨朱的方向转换

孔子之后，墨子出现了。它基本上同意孔子的修己安人。可是他主张修己安人既然以血缘为基础就不能接近普遍爱。他判断在孔子的修己安人此词中"人"指的不是所有的人而是以血缘为纽带的人。据此修己安人能强化血缘纽带关系，可是不能调整氏族之间的纠纷。

墨子为了显示出自己与孔子的立场差异使用了"别爱"和"兼爱"这种图式。虽然在"爱人"这一点上两者都有着共通之处，但是在限制爱人的范围这一点上有很大的区别。即别爱建立血缘关系之上爱与自己关系的人，兼爱则不分亲疏厚薄，不分人我彼此爱所有的人。其实孔子的志向也不是别爱而是兼爱。是因为仁和义等这样的价值不限定于血缘。

可是孔子的仁爱的开始点就是血缘关系，所以难以超越这一关系。墨子就是提出这个问题的。平时我们说到不但爱家族而且爱人类。虽然我们跟非洲饥饿儿童毫无关系，也向他们伸出温暖的援助之手。

可是假如我们处于下面的情况。在无能的自己孩子和有能的隔壁家孩子之间应该支援谁？在这样的情况下我们容易选择自己的孩子。墨子认为孔子平时说爱人类可是现实上难以摆脱爱家族。所以墨子从一开始强调跨越家族的兼爱。

如此墨子以别爱与兼爱的图式和孔子对峙。可是两者也有共同点，他们其焦点都放在不是个人而是团体试图解决社会问题。他们都把个人当作构成团体的成员，不当做独立的个人。

杨朱则认为孔子墨子两者的方向都是颠倒的。他重视个人和其生命胜于任何价值和目的。这就是"轻物重生"的善言。即他否定名誉和物质等事物化现象，主张要鼓吹旺盛的生命力。这样的思维的转变对当时人们十分陌生。所以他们不能理解反而误会杨朱的命题。

　　"杨子取为我，拔一毛而利天下，不为也。"（《孟子尽心上》）
　　"杨朱为我，是无君也。墨氏兼爱，是无父也。无君无父，是禽
兽也。"（《孟子·滕文公下》）
　　"今有人于此，义不入危城，不处军旅，不以天下大利易其胫一
毛，世主必从而礼之，贵其志而高其行，以为轻物重生之士也。"
（《韩非子·显学》）

　　孟子根本不了解杨朱的命题甚至使用"动物"这一粗话。韩非则使
用了委婉表白的这一句子"轻物重生的学人"。杨朱认为连自己的一根毛
也属于自身的一部分，从而自己比任何利益和价值更有价值。若我们从表
面上只能接受这一事实，那么可以说"呸，是的！杨朱那东西是个坏
蛋！"说这句话，就是对他进行了人身攻击。
　　这一极端的反应是理所当然的。是因为我们没想过个人和团体的分
离。这么一来，像杨朱这人一样拥有极端的思维方式的人很少见。

五　孟子的尽心

　　孟子不得不考虑杨朱提出的"轻物重生"命题。若赞同这一命题，
道德价值将会受到威胁。因为杨朱认为，道德有害于生命。但即便孟子不
接受此命题，他也不得不澄清道德与生命如何协调的问题。
　　这么一来，孟子面临了困境。他认为，已有的天、上帝、礼等概念无
法解决这一问题。因此，孟子把"心"，虽已存在，但还不怎么受到关注
的概念带入哲学领域。
　　在那之前，人只是按照传统规范或天子的命令去行动的修行者。人们
只是按已有的答案去修行，而不是自己去思考"要做什么"。可以说在更
多情况下，人只是一种执行命令的存在，而不是去思考的存在。这导致了
人们关注通过身体表现出来的特定行为。就是说，在心与身之间，身是重
点。"身"字形呈身中又有一身，表示身体与再生产相关联。
　　孟子的主张从人的行为与心相关的观点出发。鞋匠虽不知人脚有多

大，人们穿鞋亦合脚，因天下之足相似；好厨师做的菜好吃，因天下之口相似；人们喜欢优秀的音乐家演奏，因天下之耳相似。孟子的结论是从这些事例出发的一种归纳。①

在此之前人们关注的是口、耳、目等作出相似反应这一点。同时认为他们喜欢这道菜，是因为那是优秀的厨师。对于这种惯性思考，孟子从两方面提出了反论。

（1）虽然也有厨师实力很好的原因，更重要的是人们的口味相似。因人们的口味相似，对厨师做的菜能尝出相似的味道。就是说，人们的口味并非完全主观，而带有某种客观结构。孟子以此将原本对厨师、音乐家和美人的视线转移到了人们的客观结构。

（2）孟子首先找出能让人们作出相似反应的客观结构，并将此扩展到心上。人们具有一种客观的结构，使人们在口、耳、目上作出相似的反应，那么人们的心也同样有可能具有的某种客观结构。孟子以此为基础，提出了人们对道理或道义也有相同反应的主张。

这样的主张并非很难理解。假如，看到有人辱骂我的父母、不公平对待我和他人，或把我关起来强制劳动。几乎所有人碰到这些状况都不会袖手旁观或忍气吞声。我们会去讲理抗议、要求对方道歉，或要求通过法律去惩罚对方。当我们看到新安盐田的奴役劳动，我们都会由"这是错的！"等反应，然后去付出行动要求作出改正，这就是孟子捕捉的视角。

孟子主张人们具有眼睛求美丽之人的结构，心具有向往道理与道义的结构。不过，相同的反应并不保证同样的行为。性格内向的人即便看到需要帮助的人有可能不好意思去帮忙。若政府贪污腐败，国民虽会想要参加集会示威，但有可能因为怕各种麻烦而选择不去参加。

孟子并非不懂这种现实情况。有着同样的客观结构不代表会作出同样的行动并不能成为对孟子这一主张很好的批评。

孟子认为，人类做出相同反应的客观结构为性善。但这不代表每个人活着都会顺从自己的性善。人们如何能够依照性善而行动？这并非只是被

---

① 《孟子·告子上》："口至于味也，有同耆焉。耳至于声也，有同听焉。目至于色也，有同美焉。至于心，独无所同然乎？心之所同然者，何也？谓理也，义也。圣人先得我心之所同然耳。故理义之悦我心，犹刍豢之悦我口。"

动依赖拥有性善这件事实来实现。为了让性善能够发出，人们仍有事情要做。这要从回到"心"开始。

> 尽其心者，知其性也。知其性，则知天矣。存其心，养其性，所以事天也。夭寿不贰，修身以俟之，所以立命也。（《孟子·尽心上》）

人心时而有相同反应，时而又会有不同反应。孟子并不考虑相异部分，而认为能够相同反应的倾向为本性。那么，本性只是人心数万倾向中的最普遍的倾向。人们要关注从心看出本性的契机，并努力保持不让它消失，作出符合本性的行为。孟子将此课题叫作"存心养性"。存心养性进入轨道，我们能将见到自己内心中的天，并借此与他人沟通。

那么，要让心处于满状还是空心状态？孟子认为，本性之心只有充实才不会动摇，本性能够自然付诸于行动。因此，人们要尽可能提升心的力量。这就是尽心。从书中开始部分就先说道尽心，看得出这一概念的重要性。

六　庄子的淡心

孟子想要通过极大化心之倾向，解决个人与社会的问题。众所周知的"浩然之气"即这种特性最典型的表现。浩然之气不仅是充满在人身体中的气象，更是充满全宇宙中的气息，是一种能够完全排除其他可能性的充满状态。

然而，庄子的想法与孟子不同。他将"心"用"淡"与"虚"的术语描写。淡指食物味道淡，无论对是食物或是人，没有很强的味和欲望，因此完全没有方向与目的的状态。

虚指空空的状态。把人心比作空间，心并非用特定的倾向充满，而是空心，不使任何倾向性主导。心从此并非一种特性的器官，而是无法定义的空虚空间。

孟子和庄子所提出的有关心的特征可以比作宝箱与垃圾箱。孟子认为心是需要好好利用的器官，相比之下，庄子把心看成是经常闹事，拖累他人的孩子。

淡与虚的术语可以综合为把心描述为枯木死灰的形象。[①] 枯木死灰是完全干枯，没有水分的树和火苗完全熄灭，无法取火的残灰。如果心是一种枯木死灰的状态，那么心不会有任何行为的欲望，也不会有方向。这是一种与孟子的尽心完全相反的观点。用庄子的说法，就是淡心、虚心。

可进一步查看淡心的内容，庄子通过拟人比喻等方式说明事物概念来传达自己的主张。天根偶遇无名人，遂向无名人请教了所谓的治理天下之事。面对天根如此毕恭毕敬的请教，这位"无名人"却显得是相当地不屑与蔑视。无名人说自己的心思不用在所谓治理天下，并说明了自己的道路。

> 汝游心于淡，合气于漠。顺物自然，而无容私焉，而天下治矣。（《庄子·应帝王》）

庄子对心的倾向性可以说与孟子处于对立的一面。他主张要空心，使其成为无任何志向的无之状态。我们可能反问，到达无之状态人们会不会就失去了方向舵？庄子像是考虑到了这种反论，在淡心，即无心之状态时提出了顺物自然。

足球比赛中经常会出现在对方球门前接到漂亮的传球，但没能把握这绝好机会的情况。这种情况甚至会被说成"门前处理不到位"。不过，此时，最想让球进对方球门的应该正是这位选手。但是，他为什么会错过，或踢飞只要轻轻一碰就能进门的球？

也许那是因为他的心中充满想要帅气一脚把球踢进门的想法也说不定。这就是在"公"中加入私人愿望，即容私。就是说，脚硬要球进，球才会往奇怪的方向跑偏。也许把心腾空，自然改变球的轨迹，也许球就自然进入了对方的球门。

如此一看，庄子并非关注心具有的特定倾向性，让人主导状况。人包括自身在内，进入联动在一起而运动的整体中，顺从和接受这种流动。不过接收只在当前的这一状况有效，不会持续到接下来得状况。

---

① 庄子：《齐物论》："形固可使如槁木，而心固可使如死灰乎？"

"无为名尸，无为谋府，无为事任，无为知主。体尽无穷，而游无朕。尽其所受乎天，而无见得，亦虚而已。至人之用心若镜，不将不迎，应而不藏，故能胜物而不伤。"（《庄子·应帝王》）

名、谋、事、知是心层层叠起而积满的记忆蓄积物。庄子希望我们若不是为此付出行动，首先不要试图让心记忆什么。即便如此，我们无法不与外部联络，也无法不与人接触。庄子要求即便是在接触的情况也只去反应，而不是去主导，只是呼应而不是期待。他再三强调彻底空心。我们从中也能看出，他对心的切入点与孟子不同。

七 对于心的孟子和庄子的异画，性与情

战国时期，中央集权官僚国家与百姓缔结了一种新的义务与权利关系，他们将百姓编户齐民，即户籍编入，给予同等待遇。从此百姓沦为维持和生产国家财富的资源。尤其为了农业活动与战争，国家掌握了对百姓的身体权利。隶属性强化，当然就想掌控百姓的一切活动。

孟子与庄子是战国时期诸子百家中对心最为关注思想家。这是为对抗国家隶属性而提出的选择。心并不隶属国家，是国家意志不会自动运作的地带。

他们把心设为哲学的核心议题后，已有的主题也开始与心相联系重新被探讨。例如，在心以哲学语言出现之前，天充当着一种华丽的角色。孔子也以天（上帝）作为理由回绝了不当的提议。[1] 不过，"心"出现，"天"也无法不与此做连接。孟子把心、性、天连在一起，表示出其理论深度。[2]

这种连接最典型的例子即《中庸》开始部分"天命之谓性，率性之谓道，修道之谓教。"在之前，天与诸如帝王这种特殊的人群相关。《中庸》以后，"天"通过"性"与所有人产生关联。随着时代的语言与议题设定的变化，过去的议题也需要重新诠释。

---

① 《论语·八佾》13："获罪于天，无所祷也。"
② 《孟子·尽心上》1："存其心，养其性，所以事天也。"

　　"心"在哲学中被设定为核心的议题，围绕"心"马上就出现了多种分歧。我们可以将孟子与庄子为中心继续探讨。孟子将"四端"表达为性善之苗脉。人们通常会错以为孟子只说了"四端"，其实并非如此。孟子知道人们除了四端还会生气或傲慢。孟子发现，人虽有很多不良情绪，但也有像四端一样善良的心。如果人们随这种善良的心去思想和行动，就会实现"善良的个人"与"道德社会"。

　　孟子把心善之理看作是性。如此一看，孟子并非不懂心中出现的多数感情，而是比任何人都清楚。只是孟子的理论中没去关注那些而已。诸子百家每个人对心的切入点不同。例如，商鞅与韩非关注的是人们追求私欲的心，建立了富国强兵的理论。

　　孟子发现的并非诸如生气时一激动就拿东西摔等瞬间情绪，或无法见人好的破灭性性格，而是会对自己的缺点感到羞愧并想要改变的情感，有好事能够就会开心的美丽情感滔滔不绝流在每个人的心中。这种善心之苗脉，即"性"的发现是中国哲学史中划时代的大事件。

　　心不受国家权利意志的控制，也不会受传统惯性操纵，是一个只有"我"的灵魂存在的世界。越是到后期，就越能看出心的自律性比传统的价值强的特点。不用多想，朱熹的"心"比孟子，王阳明的"心"比朱熹，李卓吾的"心"比王阳明，都更具有独立性，由"我"走向"我自己"。

　　庄子反对国家掌握百姓的身体，反对通过文明（道德）单一化扼杀人们多样性的社会现象。战国时期的富国强兵路线越强化，产业与日常生活也随之规律。身心俱疲的时代就此开始，身体劳累发展成心也无法自由。

　　可以举缘坐法为例。施行缘坐法，不仅要在意正与自己面对面交流的人，还要想着在暗中的视线。国民不仅要用身体实现国家的权力意志，还要用心去承受。逐渐的，心开始与国家一体化。不然怎么可能出现国家先唱，百姓后唱，唱出完美节拍的"同好恶"？① 无法统一的心也要编入单一队伍才会出现的事态。

　　在21世纪，当我们观看国家对抗战或奥运会，当我国选手胜利，我

---

　　① 《左传·襄公》11年："救灾患，恤祸乱，同好恶。"

们可能会与旁边的陌生人拥抱庆祝，流出感动的泪水。这也是一种同好恶现象。但走出那一现场，我们还是陌生人，各走各路，让那一时刻成为回忆。战国时期的百姓每天都被要求"同恶好"。这是一种感情编辑或情绪统一。如此，继身体，心也会成为"殖民化"的心，因外部要求运作。战国时其国家主义者试图为开拓新的殖民地，造出一种新的理论。

没有像事实情感那么难以控制的存在。当我们分手了，虽然脑子里明白不用难过，不用再纠结这件事情，但这需要时间。连我们自己也会不断说"没办法啊！"自己伤心时有人和我一起伤心也许是一件好事，但我们不会如此希望。因为我们不能要求他人的情感。要统一如此个性化的情感，就如赛场一丝不乱翻来翻去的彩色纸板，简直是一种疯狂。

庄子实在无法接收这种企图。他提出情感的纸板游戏不可能论辩。

> 喜怒哀乐，虑叹变慹，姚佚启态，乐出虚，蒸成菌，日夜相代乎前，而莫知其所萌。（《庄子·齐物论》）

庄子首先表示，人们随时体验像是昼和夜一般完全相反的情感。这种情感的产生具有偶然性，起源也无从得知。我们来到山上能听到像音乐一样神奇而美丽的大自然声音。大自然不会指挥发出什么样的声音。那些只是风经过石头缝隙、树洞等发出的声音而已。蘑菇的生长也是一样的道理。

如果无法控制自然发出的声音，那么也不可能控制人心中不知何时会产生的情感。

庄子认为所有这些企图都最终会走向失败。感情本身不知其从何而来，也无法知道其发源地。找不到发源地就无法控制行驶。通过这些，庄子主张情感的不可知性。这与孟子是截然不同的路线。

孟子努力将心指向特定的方向，即尽心养性，变成一种自律的道德世界。庄子关注心无法统制，情变化无常，想要完全切断外部介入。孟子与庄子找到的心被后代压缩成为性情之论，引起了丰富的探讨。

孟子的性与庄子的性从相互区分的心之特性出发。思想家们虽然混用术语，但各自从性与情的一个侧面建构了理论。宋代朱熹将个别展开的性与情论综合起来，提出了"心统性情"之说。这能够综合说明心的特性与功能，可以说是前所未有的工作。

然而，综合了无法综合的性情之论在之后造成了多数复杂讨论。朝鲜的"四七论争"也进行得十分火热，但起源就在于"心统性情"说。明朝王阳明试图将整合的性——情以情为中心统一起来。对于王阳明，朱熹理论中成为前提的性，即不可侵、无法接近，也无法共感的绝对性是很难接受的。

笛卡儿提出身与精神二元论，也面临了需要解决连接两者的问题。他为此将松果体看作灵魂所在处，设为连接精神与身体的地点。如今虽已确认松果体的存在，但仍未证明出它的功能是什么。笛卡儿不得不为拥有身体与精神两个特性的人提出松果体的存在。朱熹虽和笛卡儿一样拥有敏捷的思维，但没有提出像松果体一样，能够统合性情的实体。结果无法说明从性移行为情的过程。为明确这一过程，朝鲜的性理学学者们花费大量笔墨与精力开始了复杂的论证。

王阳明没有参与到这寻找松果体的游戏。他在年轻时曾试图从竹子寻找其中的理，最后到精神衰弱的地步放弃。通过这一段经验，他体会到不存在独立于情的性。在东洋哲学，围绕性与情进行的理论，还有综合性与情的朱熹尝试、在朱熹式整合寻找松果体的努力、以情为中心统一性情的王阳明的主张的竞争，这使后期哲学史更为精彩。这三种试图像是一种活火山，不断引发出余震，孕育着新的突现。

正本清源地认识"孔孟之道"

杨朝明

（孔子研究院院长）

在当前儒学与中国传统文化研究中，对"孔孟之道"的理解还存在种种偏颇乃至错误的认识。当前我们谈"文化自信"，恐怕这不仅仅是一时一地的问题，而是一个带有普遍性的大问题。

中国拥有五千多年的文明史，是世界历史长河中唯一未曾中断并延续至今的文明形态，中华民族的文化自信正是建立在这一文明传承基础之上的。在五千年的文明史上，由孔子创立、孟子发展的儒家文明，具有极为特殊的地位。在西方学者的视野中，中国文明就是"儒家文明"。"孔孟之道"实际就是"儒学"的代称，也可看成"中国文明"的代表。然而，近百年来，由于长期"积贫积弱"，人们在反思落后原因时，往往转嫁或迁怒于自己的传统文化，孔孟儒学可谓首当其冲，这导致本应深植于民族血脉中的文化自信遭到无情地消解与抛弃，形成一种文化的虚无主义和自卑自戕心态。时至今日，这种"反传统的传统"依然对人们有着相当大的影响。

当前，要真正走出迷茫，建立文化自信，就必须坚持"历史唯物主义和辩证唯物主义"的立场，真正落实"去粗取精、古为今用"的方针，开展正本清源的研究，探寻孔孟儒学的真精神。

（一）

文化可以分为不同的层级，深层的观念形态的文化决定着表层的物质文化、中层的制度文化。观念的文化是信仰与信念，是道德与价值。中国文化是有机的生命体，要对文化有正确的认知，要提升文化自信，就必须要了解"孔孟之道"内在的魂魄是什么，必须对孔孟儒学的价值内涵和现实意义进行更深入的研究。

第一，孔孟思想产生的广阔文化背景

孔子孟子所处的春秋战国时代，之所以出现思想的高峰，一个重要原因是在此之前数千年的文明积淀。近代以来的疑古思潮，由"疑古史"到"疑古书"，极力缩短中国文明史的长度，贬低中国文明史的高度。试想，如果孔子之前的中国文明不过有几百年的话，那么孔子思想之高度便可想而知。近40年来，学术研究的重要进展与考古材料的惊人发现都一再证实，尧舜以来尤其夏、商、周"三代"时期的中国文明已经有漫长的发展历程和较高的发展水准。以此为基础，20世纪80年代，李学勤先生就呼吁人们"走出疑古时代""重新估价中国古代文明"。

20世纪90年代以来，学术史研究成为学界热点。无论宏观还是微观、无论视野抑或方法，都取得了长足的进展。作为中国文化源头的先秦学术、思想自然格外受到重视，加之大量先秦、秦汉新材料的出土，使得先秦时期的学术史研究发生了根本性改观。李学勤、庞朴、杜维明诸先生都提出了"重写学术史"的主张，指出了随着考古材料的大量问世，将改变我们对传统学术的认识。

先秦学术史研究的新进展启发我们，孔子儒学研究，首先必须清醒认识到中国学术发展的特殊历史文化背景。也就是说，应该将孔子儒学的形成置于中国上古文明发展的广阔背景中，正确估价中国古代文明的发展程度，正确认识长期以来"疑古思潮"的极大偏颇，进而对孔子儒家思想的高度与深度有一个符合实际的认知。

第二，"孔孟之道"研究与孔子遗说的整理

儒家文献资料的研究是推动孔子儒学研究取得新进展的内在基础。众所周知，北宋中期以后开始形成的"疑古思潮"影响深远，在清代达到高潮，近代顾颉刚先生为代表的"《古史辨》派"的继续发展而极盛，成为引领和笼罩一个时代的学术思潮。然而，长期以来盛行的疑古辨伪思潮，将一千余部古籍被打入"伪书"行列，有学者感慨："中国文化典籍

被一网打尽。"多数典籍的成书年代被严重后置,甚至不少珍贵材料被"武断地加以剔除"。以致经过疑古学者的剥离,与孔子有关或可信资料"似乎只有《论语》一书了",更为极端者,认为《论语》也只有《里仁》篇是值得信任的篇章。

近几十年来,大批战国、秦汉时代的地下简帛文献问世,带来大量关于孔子、孔门弟子及早期儒学的新资料,也"激活"了许多久已被忽视被怀疑的传世文献。在先秦的思想家中,孔子的"言行文献"最为丰富。其中现存孔子言论的直接材料,可以用"孔子遗说"加以概括。所谓"孔子遗说",即孔子生前所留存下来的言论。例如,《论语》和《孔子家语》都是孔子与其弟子及时人的言论集。孔子"述而不作",但其长期从事教育工作,培养了大批弟子,其相关言论一直为弟子重视并辑录。这些孔子言论,以"子曰""孔子云""子言之"之类的形式,赖孔门弟子的整理得以流传下来。因此,以出土文献与传世典籍相结合,从探讨孔子与六经之关系入手,系统阐发蕴涵其中的教化学说,并深入探讨"孔子遗说"的形成及其历史价值非常有必要。

第三,孔子之谓"集大成"与孔孟思想的内在逻辑

如前所述,孔子思想不是凭空产生的,他思想的形成有一个广阔的文化背景。"孔子之谓集大成。集大成也者,金声而玉振也。"(《孟子·万章下》)孔子系统总结了他之前的中国文化,深刻反思了历史与现实,才使得其学说具有了"集大成"特征,具有了空前的深度与高度。可以说,以孔子儒家思想为主体的中国传统文化,是此前数千年历史文化的高度凝结。

孔子的"思想高峰"立于三代时期的"文化高地",其最大的学术特点是对之前数千年的中华文明进行很好的继承。孔子不是中华文明的开创者,但却是最重要的奠基者。只有认识到孔子儒学"集大成"的意义,才能更好地理解中华文化的整体性与统一性,全面准确地理解儒家文化与各区域文化、诸子文化的关系,正确处理儒学与诸子、儒学与佛学和道教的关系,统观全局,把握大体。

《史记·孟荀列传》曾言,孟子"退而与万章之徒序诗书,述仲尼之意,作《孟子》七篇。"《汉书·艺文志》在论述儒家特质时也讲到,

"祖述尧、舜,宪章文、武,宗师仲尼,以重其言,于道最为高。"不论是《孟子》七篇"述仲尼之意",还是后世儒家"宗师仲尼",我们可以看到,孔子以后历代思想家思考世道人心,都在孔子思想的基础上继续发展与弘扬。因而,孟子研究以及对后儒的研究,都不能离开对孔子的深入研究。如果能深入了解孔子、结合孔子研究,那么对于后世儒家的研究就会更加平和中正。

就孔孟思想的内在逻辑看,应当从儒家的社会理想出发,从天下为公的大同理想、德政礼治的政治思想、始于孝亲的仁爱思想、富民足食的经济思想、中正不倚的中庸思想等方面进行系统梳理,讲清楚孔孟思想的真精神。

第四,孔孟之道与中国社会关系的阶段性特征

对儒学的发展阶段进行划分是儒学研究的重要一环。有关儒学发展的分期,有钱穆的"六期"说,牟宗三的"儒学三期"说,李泽厚的"儒学四期"说,郭齐勇的"五期"说等。此外也有诸多学者对于儒学发展分期均提出过自己的看法。然而,当我们思考孔孟思想与中国社会的关系时,可以看出另外的一种阶段性。

孔子和他所创立儒家学派的思想,一开始便与中国的社会历史文化发生了不可分割的密切关系。从孔孟思想与中国历代社会的关系来看,在两千多年的发展中,中国儒学可以大致分为三个阶段:一是先秦时期,即通常所谓"原始儒学阶段";二是秦汉以来以至近代,这是"帝制中国时代",是儒学走向社会,与社会密切结合的时期,可称之为"儒学发展阶段";近代以来,尤其甲午中日战争以来,儒学进入第三个时期,可称为"儒学反思阶段"。

对中国儒学进行这样的划分,有助于对儒学价值的认识。作为思想文化,孔子儒学的影响之大可以说罕有匹敌,而对其价值认识的分歧之大竟然也无与伦比。在近代中国不断遭受外敌欺凌,在中华民族生死存亡的时期,希望中华民族走出低谷,关注民族命运的人都思考文化问题,强烈"保守"传统的人多看到了原始儒学的真精神,而对孔子儒学与传统文化持"激进"立场的人,则更多地看到了作为"专制政治灵魂"的那个"偶像的权威"。难怪"新启蒙运动时期"有学者提出要"打倒孔家店,

救出孔夫子",我们确实应该关注原始儒学,分清"真孔子"和"假孔子",澄清误解,明辨是非,正确对待儒学与中国传统文化。

历史上尤其是近代以来,对孔子、孟子等原始儒学精神产生了众多曲解和误解,对于把握儒学真精神造成了巨大的理解障碍。一方面,后世儒学在发展原始儒学所强调的"修己安人"和"仁政""德治"等核心价值观念,并使之深入人心,逐渐凝聚为中华民族的民族精神。另一方面,后世儒家对孔子思想的解读存在误读误解。应该清楚,原始儒学才是最为纯粹的儒学真精神。认识儒学,首先要更加关注原始儒学。因此,我们的研究,一方面要探究孔孟真精神;一方面要剥离后世附加的误读与曲解,分清"真孔子"和"假孔子",澄清误解、明辨是非。

第五,"孔孟之道"的高度、深度与当代价值

孔孟思想是我国宝贵的思想文化积淀,但现在大众对孔孟思想仍然存在诸多误解。面对良莠并生、瑕瑜互见的儒学,我们要"剔除其封建性的糟粕、吸收其民主性的精华",必须明确上述"文化景观"形成的复杂原因,搞清这种"文化景观"形成的历史过程。了解这些才能讲清楚"学术的中国"和"理论的中国";讲清楚"历史的中国"与"现在的中国"。

经孔子终生倡导和孟子等后世儒家的发展,儒家学说成为中华文化的主流思想逾两千余年。儒学的影响为何如此深远?这显然是由孔孟思想的特质所决定的。孔孟思想不在"一时一地",它包含了"天地之美""万物之理""古人之全",所以《庄子·天下》中说"内圣外王之道"是"道术"而不是"方术"。

孔孟之道是对中华文化道统的传承。《礼记》有言:"安其学而亲其师,乐其友而信其道。"《中庸》讲:"道前定则不穷。"孔孟思想的永恒意义源自他们对礼乐本质的把握,源自他们对人性和人的价值的思考。古人说,孔子之道犹如布帛粟菽,虽看似平常,但却是民生日用不可缺少之物。天下有此道,社会秩序乃至自然万物都会和谐有序。孔孟儒家的思考方式其实就是把人放在社会关系中,寻求人与人之间如何互相和睦、和谐地共同生活,其逻辑起点和推理过程始终未曾离开"人"。这种理念深刻影响了历代中国人,中国社会上及天子,下至庶人,"皆以修身为本"

的信念实基于此。

厘清孔孟之道与中华优秀传统文化的关系，孔子思想和儒家学说的历史影响，才能更好地认知孔孟之道、儒家思想在今天中国特色社会主义建设与中华民族复兴进程中的价值。我们看清了中国文明的绵延之路，就不会再妄自菲薄，就能理解以儒学为代表的传统思想的高度与深度。中华民族文化像一棵生生不息的文明之树，在不同的历史时期结出了不同的文明花果。也只有在这样的意义上去认识孔孟儒学，才会看到中华民族文化这棵生命之树的根，才能培根固本，正本清源，也只有如此，才会找到古老中华民族这位东方巨人的魂魄。

有一位西方学者曾说："在孔子学说的影响下，中华民族比世界上别的民族更和睦、更和平地共同生活了几千年。"直到今天，孔子所阐述和确立的很多价值观念仍然是我们的立足点，这是中华儿女的生命底色。在新的时期，价值与信仰关系到中华民族伟大复兴中国梦实现的大计。坚定文化自信，需要我们继承前人的道德智慧，重视成人之道与为政之德，推陈出新发展道德，将之变成社会主义文化建设的资源，通过坚持不懈的宣传教育和实践养成，引导人们确立正确价值坐标，自觉讲道德、尊道德、守道德，形成奋发向上、崇德向善的正能量，用传统的"四维""四端""五常""八德"滋养我们的价值观，以之作为搭建中华文化大厦的"四梁八柱"。

总之，要将儒学的"现代转换"问题梳理清楚，对儒学价值的认识必须到位；而要准确认识儒学价值，不仅要研究儒学与中国社会历史文化的密切关联，更要弄清这种关联的内在机制，而最为基础、最为迫切的工作却应该是学术上、思想上的正本清源。

刘熙与交州孟子学[*]

杨海文

（中山大学哲学系教授，中国孟子研究院泰山学者）

名垂青史，尤其是《二十五史》为之立传，是极不容易的一件事。东汉著名学者刘熙（生卒年不详）即属此类情形，《后汉书》《三国志》均无其本传，但他与交州孟子学的关联，值得我们以学术的方式予以纪念！

严可均（1762—1843）辑《全后汉文》卷86有刘熙小传（亦即"刘熙"题下注），正文部分极其简约，全文为："熙，字成国，北海人。官位未详。有《谥法注》三卷、《释名》八卷。"① 这里未提刘熙的《孟子注》，显然不妥。又，刘熙或名刘熹。北齐颜之推（531—约595）的《颜氏家训·音辞》有云："逮郑玄注《六经》，高诱解《吕览》、《淮南》，许慎造《说文》，刘熹制《释名》，始有譬况假借以证音字耳。"②

《隋书·经籍志》对刘熙的三部著作均有著录。《经籍志一（经）》："《释名》八卷。"注云："刘熙撰。"③ 又："《谥法》三卷。"注云："刘熙撰。"④《经籍志三（子）》："《孟子》七卷。"注云："刘熙注。梁有《孟子》九卷，綦母邃撰，亡。"⑤ 另外，刘熙有可能曾为《孝经》作注。

───────────

* 基金项目：国家社会科学基金重点项目《汉唐孟子思想解释史研究》（批准号18AZX011）

① （清）严可均辑：《全上古三代秦汉三国六朝文（附索引）》第1册，中华书局1958年版，第938页。

② 王利器：《颜氏家训集解（增补本）》，中华书局1993年版，第529页。

③ （唐）魏征、令狐德棻：《隋书》第4册，中华书局1973年版，第937页。

④ 同上书，第938页。

⑤ 同上书，第997页。

唐代陆德明（约550—630）的《经典释文序录·注解传述人·孝经》有刘邵一家，注云："字孔才，广平人，魏光禄勋。一云刘熙。"①

　　刘熙以经学家、训诂学家名世，其《释名》是中国古代重要的训诂学著作，影响巨大。相比之下，因《孟子注》已佚，刘熙的孟学家身份仅为历代目录学家、辑佚学者所关注。清代中后期兴起《孟子注》辑佚的高峰，叶德辉（1864—1927）《孟子刘熙注叙》云："自五季之乱，而刘注亡矣。近人辑录之本有三：一、周广业《孟子四考》本；二、马国翰《玉函山房》本；三、宋翔凤《浮溪精舍》本。三本大致相同，惟《意林》所引均失采录。"② 刘熙以及汉唐各家《孟子注》，除赵岐（？—201）外，目前人们研究极少，亟待孟子学者深入探究。

　　刘熙的《孟子注》，至唐犹存，又可以李善（630—689）注《文选》、李贤（654—684）注《后汉书》为代表。李善所引极多③，李贤仅引2条。下面抄录《后汉书》的史文以及李贤的注文，借此管窥刘熙《孟子注》之一斑。

　　其一出自《后汉书》卷52《崔骃列传》：

　　　　［史文］故英人乘斯时也，犹逸禽之赴深林，虻蚋之趣大沛。

　　　　［注文］蚋，小虫，蚊之类。蚋音芮。《说文》曰："秦谓之蚋，楚谓之蚊。"《孟子》曰："污池沛泽。"刘熙曰："沛，水草相半。"④

　　其二出自《后汉书》卷56《张王种陈列传》：

---

　　① 参见吴承仕著《经典释文序录疏证》，秦青点校，中华书局1984年版，第136页。

　　② （清）叶德辉：《孟子刘熙注》《丛书集成续编》第15册，上海书店出版社1994年版，第97页。按，刘熙《孟子注》辑本远比叶氏所言要多。

　　③ 《隋书经籍志考证》卷24《子部一·儒家》："《经义考》言李善三引刘熙注。今考《选》注，所引凡二十余条，其《琴赋》注引刘向《孟子注》云'搂，牵也'一条，证以重刊宋本，亦是刘熙注。余氏萧客《古经解钩沉》载刘向《孟子注》，亦因此一条而误。（近出唐本《玉篇》亦引此注，为马氏、宋氏所未见。）"（（清）姚振宗：《隋书经籍志考证》《续修四库全书》第915册，上海古籍出版社2002年版，第398页上栏）由此亦见各家《孟子注》有待深入研究。

　　④ （南朝宋）范晔撰、（唐）李贤等注：《后汉书》第6册，中华书局1965年版，第1709、1710页。按，"史文""注文"字样，为引者所加。

　　［史文］其利甚博，而人莫之先，岂同折枝于长者，以不为为
难乎？

　　［注文］以不为为难，言不之难也。谓进贤达士，同折枝之易，
而不为之。孟子谓齐宣王曰："今恩足以及禽兽，而不能加于百姓者
何？非力不能，是不为也。"王曰："不能不为，二者谓何也？"孟子
曰："夫挟太山以超北海，王能乎？"王曰："不能。""为长者折枝，
王能乎？"曰："不能也。"孟子曰："夫挟太山以超［北］海，是实
不能，不可强也。为长者折枝甚易，而王不为，非不能也。老吾老，
以及人之老，幼吾幼，以及人之幼，天下可运诸掌，何为不能加于百
姓乎？"刘熙注《孟子》曰："折枝，若今之案摩也。"①

　　《全后汉文》卷86为刘熙写的小传，正文（大号字）过于简约，考
释（小号字）较为详细。如《隋书·经籍志一（经）》著录："《大戴礼
记》十三卷。"注云："汉信都王太傅戴德撰。梁有《谥法》三卷，后汉
安南太守刘熙注，亡。"② 刘熙是否做过安南太守？严可均考释："唐调露
元年始改交州总管府为安南都护府，前此交趾并无安南之称。近人或云当
作南安，亦不确。南安本汉天水，东汉改为汉阳。""计熙在交州，值献
帝初年，或先士燮为太守，殆未可知，然不当称安南。其为征士，亦不见
于史，故皆不从。"③ 交州之下无安南一郡，刘熙不可能为安南太守；南
安远在西北，他也不可能为南安太守④。不过，刘熙或许先于士燮
（137—226）做交趾郡太守⑤。归结起来，严可均认为刘熙久居交州，但

　　① （南朝宋）范晔撰、（唐）李贤等注：《后汉书》第7册，第1821、1822页。
　　② （唐）魏征、令狐德棻：《隋书》第4册，第921页。
　　③ （清）严可均辑：《全上古三代秦汉三国六朝文（附索引）》第1册，第938页。
　　④ 毕沅《〈篆字释名疏证〉叙》云："检《后汉书》无《刘熙传》，又《郡国志》无安南
郡，唯汉阳郡注引《秦州记》曰：'中平五年，分置南安郡。'则'安南'或'南安'之误与？
晋李石《续博物志》云：'汉博士刘熙'，宋陈振孙《书录解题》、马端临《文献通考》并云
'汉征士北海刘熙，字成国'，不知何本。"（《〈释名〉序跋与题记》，任继昉纂：《释名汇校》，
齐鲁书社2006年版，第495页）
　　⑤ 宋翔凤《孟子刘注序》云："唐调露中始改交趾郡为安南都护府。盖刘君在汉时官交趾
郡太守，故慈在交州得事之。后之浅人以唐地名妄改其官，不可不定也。"（（清）宋翔凤：
《孟子刘注》，《丛书集成续编》第15册，上海书店出版社1994年版，第93页）

官位不详。

早在严可均之前，明代岭南学者欧大任（1516—1596）综合相关史料，也写过刘熙小传。此即《百越先贤志》卷3"刘熙"条，全文为：

> 刘熙，字成国，交州人，先北海人也。博览多识，名重一时。荐辟不就，避地交州，人谓之征士。往来苍梧、南海，客授生徒数百人。乃即名物以释义，惟揆事源，致意精微，作《释名》二十七篇，自为之序。又著《谥法》三卷。皆行于世。建安末，卒于交州，崇山下有刘熙墓云。（据《交广春秋》《文献通考》参修）①

欧大任、严可均写的小传，均以为刘熙长期居住于交州，而不提其注《孟子》事。难道刘熙与交州孟子学无关吗？学术史上，人们从未过问刘熙《孟子注》的成书年代及地点这一问题。我们不妨提问：假定《释名》成书于刘熙久居交州之际，《孟子注》是否也存在这种可能呢？

《释名》卷2《释州国》以青州、徐州、杨（扬）州、荆州、豫州、凉州、雍州、并州、幽州、冀州、兖州、司州、益州为十三州②，其中有雍州而无交州。有论者据此指出："雍州是兴平元年（194年）分凉州河西四郡置，交州是建安八年（203年）改交趾刺史部置。很明显，《释名》成书当为兴平元年至建安八年之间（194—203年），也就是刘熙讲学岭南之时。"③ 史学考释，孤证不立。但是，考虑到刘熙的生平史料严重缺乏，所谓《释名》成书于岭南或交州，可聊备一说。与此相比，要证明《孟子注》作于岭南或交州更难，盖因类似孤证都找不到。

从常识出发，刘熙《孟子注》的成书时地大致存有三种可能：一是成书于中原；二是成书于交州；三是初稿于中原，避难交州后，仍然有修订，并最终成书。虑及刘熙久居交州，欧大任甚至径称其为交州人，因而

---

① （明）欧大任撰：《百越先贤志校注》，刘汉东校注，孙顺霞、孔繁士合校，广西人民出版社1992年版，第59页。

② 参见任继昉纂《释名汇校》，第77—81页。

③ 何成轩：《儒学南传史》，北京大学出版社2000年版，第115—116页。按，宦荣卿对《释名》成书于兴平元年至建安八年（194—203）有更详细的考证（参见氏著：《〈释名〉的作者及成书年代考》，《复旦学报》（社会科学版）1985年第5期，第78—81、85页）。

第二、三种可能性十分值得重视。《孟子注》当然也可能成书于中原，但刘熙其后久居交州，又授徒数百，不讲《孟子》也是难以想象的。刘熙在交州讲《孟子》，从传播学看，其实比《孟子注》是否成书于交州更为重要。一言以蔽之，无论《孟子注》作于何时何地，刘熙与交州孟子学皆有紧密关联，刘熙乃交州孟子学的首座。《谥法》已佚，无从核实其涉孟情形；经查，《释名》并无涉孟语句①。此亦我们主要通过《孟子注》（特别是其传播）来讨论刘熙与交州孟子学的理由。

刘熙在交州授徒讲学，又是怎么回事？《全后汉文》卷86"刘熙"题下，严可均有云："刘熙久居交州，陈寿言之再四。"② 现把《三国志》的四段记载抄下：

> 许慈字仁笃，南阳人也。师事刘熙，善郑氏学，治《易》《尚书》《三礼》《毛诗》《论语》。建安中，与许靖等俱自交州入蜀。（《三国志》卷42《蜀书十二·杜周杜许孟来尹李谯郤传第十二》许慈本传）③
>
> 程秉字德枢，汝南南顿人也。逮事郑玄，后避乱交州，与刘熙考论大义，遂博通五经。士燮命为长史。（《三国志》卷53《吴书八·张严程阚薛传第八》程秉本传）④
>
> 薛综字敬文，沛郡竹邑人也。少依族人避地交州，从刘熙学。士燮既附孙权，召综为五官中郎［将］，除合浦、交趾太守。时交土始开，刺史吕岱率师讨伐，综与俱行，越海南征，及到九真。事毕还都，守谒者仆射。（《三国志》卷53《吴书八·张严程阚薛传第八》程秉本传）⑤

---

① 《释名汇校》的《〈释名〉音序索引》无"孟"字（参见任继昉纂：《释名汇校》，第546页），可知《释名》没有实名引过《孟子》。

② （清）严可均辑：《全上古三代秦汉三国六朝文（附索引）》第1册，第938页。

③ （西晋）陈寿撰、（南朝宋）裴松之注、陈乃干校点：《三国志》第4册，中华书局1982年第2版，第1022—1023页。

④ （西晋）陈寿撰、（南朝宋）裴松之注、陈乃干校点：《三国志》第5册，第1248页。

⑤ 同上书，第1250页。

又见刘熙所作《释名》，信多佳者，然物类众多，难得详究，故时有得失，而爵位之事，又有非是。（《三国志》卷65《吴书二十·王楼贺韦华传第二十》韦曜本传）①

先讨论第四段记载，此乃韦曜入狱后所言。据《吴书》本传，韦曜凤凰二年（273）入狱，华核（生卒年不详）救援韦曜的上疏有言："曜年已七十，余数无几，乞赦其一等之罪，为终身徒，使成书业，永足传示，垂之百世。"② 但是，韦曜还是马上被杀。由"曜年已七十"，可证韦曜生于204年，卒于273年。史料并无韦曜到过交州的记载，加上刘熙卒于建安（196—219）末期，因而，韦曜见《释名》，仅仅说明该书已经流传于东吴③，并不能作为它成书于交州的佐证。韦曜亦未从学于刘熙，更是显而易见。

陈寿（233—297）所言刘熙的交州经历，实则只有前面三段记载。许慈（生卒年不详）"师事刘熙"，薛综（生卒年不详）"从刘熙学"，乃严格意义上的弟子。程秉（生卒年不详）避乱交州后，"与刘熙考论大义，遂博通五经"，亦可算作从学者。前引欧大任所言刘熙"往来苍梧、南海，客授生徒数百人"，而可考者仅许慈、程秉、薛综三人。

以上三人有何著述？考诸《蜀书》本传、严可均所辑，许慈没有文字传世。程秉稍好一点：《吴书》本传记有他对太子说的一段话，但未被严可均辑录；本传又说他"著《周易摘》《尚书驳》《论语弼》，凡三万余言"④，但这些作品早已遗佚。薛综传世的作品最多，《全三国文》卷66辑文12篇，可惜均未实名涉孟⑤。这让许慈、程秉、薛综与交州孟子学的关系变得虚无起来。然而，我们还是要借助显性——匿名引用、隐

---

① （西晋）陈寿撰、（南朝宋）裴松之注、陈乃干校点：《三国志》第5册，第1463页。

② 同上书，第1464页。

③ 韦曜曾作《辩释名》已《吴书》韦曜本传："愚以官爵，今之所急，不宜乖误。囚自忘至微，又作《官职训》及《辩释名》各一卷，欲表上之。新写始毕，会以无状，幽囚待命，泯没之日，恨不上闻，谨以先死列状，乞上言秘府，于外料取，呈内以闻。"（［西晋］陈寿撰、［南朝宋］裴松之注、陈乃干校点：《三国志》第5册，第1463页）

④ 参见（西晋）陈寿撰、［南朝宋］裴松之注、陈乃干校点：《三国志》第5册，第1248页。

⑤ 参见（清）严可均辑：《全上古三代秦汉三国六朝文（附索引）》第2册，第1410—1412页。

性——匿名引用两种解读方式，对程秉、薛综的现存作品与孟子的关联略予分析。

先看程秉。《吴书》本传记黄武四年（225），太子孙登（209—241）大婚，程秉加以告诫："婚姻人伦之始，王教之基，是以圣王重之，所以率先众庶，风化天下，故《诗》美《关雎》，以为称首。愿太子尊礼教于闺房，存《周南》之所咏，则道化隆于上，颂声作于下矣。"① 其论婚姻之重要，乃对孟子的显性——匿名引用："男女居室，人之大伦也。"（9·2②）整段话劝勉未来的国君——太子重诗教、尊礼教，垂范众庶，以风化天下，则是对孟子王道政治学的隐性——匿名引用。

再看薛综。严可均从《艺文类聚》卷 99 辑出其《凤颂》，开头两句为："猗欤石磬，金声玉振。"③ 其云"金声玉振"，乃对孟子"集大成也者，金声而玉振之也"（10·1）的显性—匿名引用。严氏又从《书钞》卷 65《太子太师篇》辑出其《让太子少傅表》，全文为："先王之建立太子，必择九德之师，六行之傅。"④ 此乃对孟子的隐性—匿名引用："君仁，莫不仁；君义，莫不义；君正，莫不正。一正君而国定矣。"（7·20）太子为何要让太傅教以德行？盖因国君必须以仁义为正。

受文献所限，我们仅仅知道程秉、薛综对孟子思想有显性及隐性的匿名引用，而无实名引用。凭常识推测，他们的孟学实际水平有可能更高。前引《吴书》程秉本传云："士燮命为长史。"薛综本传云："士燮既附孙权，召综为五官中郎（将），除合浦、交址太守。"刘熙有数百学生，只有程秉、薛综受到士燮重用，发人深思。其时，传统经学研究趋于寻章摘句、皓首穷经；孟子学则不同，既追求内圣，也追求外王，学问与践行并重。程秉、薛综被士燮委以重任，即从一个侧面表明：刘熙在交州不是把《孟子》当作死的知识来讲，而是对其理论的品格、实践的力度加以双重引导。另外，士燮以官员、学者的双重身份，护法于交州孟子学，由此亦见一斑。

陈寿有关刘熙的记述，如前引《蜀书》本传说许慈"师事刘熙，善

---

① （西晋）陈寿撰、（南朝宋）裴松之注、陈乃干校点：《三国志》第 5 册，第 1248 页。

② 此种序号注释，以杨伯峻《孟子译注》（中华书局 2010 年第 3 版）为据，下同。

③ （清）严可均辑：《全上古三代秦汉三国六朝文（附索引）》第 2 册，第 1411 页。

④ 同上书，第 1410 页。

郑氏学",十分值得重视。郑玄（127—200）乃东汉著名经学大师，毕生以注释群经为己任，亦曾为《孟子》作注。《隋书·经籍志三（子）》："《孟子》七卷。"注云："郑玄注。"① 宋翔凤（1779—1860）的《孟子刘注序》指出："盖刘君之学正出于郑而以授慈，则此《注》之作，或者原本于郑氏，故其家法为最正云。"又云："读刘君所纂《释名》，其于训诂、天文与地之学，靡不综涉。则《孟子》之注，当亦博学精思而成之。"② 刘熙的《孟子注》家法正、水平高，此乃宋翔凤的卓见，也是刘熙之为交州孟子学首座的佐证。刘熙注《孟》受过郑玄的影响，因而，郑玄如同"复孟轲"的刘陶（生卒年不详）一样，亦是交州孟子学的远祖。

叶德辉又撰有《刘熙事迹考》，文末一段话类似于刘熙小传：

> 然则熙虽无传，以各书所引联比之，则刘熙，字成国，青州北海人。中平中，征为博士，寻除安南太守，后避寇交州，故程秉、薛综、许慈俱从之游。其卒当在吴赤乌年。所著《孟子》七卷，《谥法》三卷，《释名》八卷。如此，则熙之爵里姓字一皆可稽，而表章邹邑之功，亦可千古不朽矣。③

叶氏这里就提到《孟子注》，而且把它列于另两部著作之前，迥异于欧大任、严可均。更重要者，刘熙授徒数百，孟子学得以在交州广泛传播。"现存支那撰述之最早者"（汤用彤语）④ 的佛学名篇《牟子理惑论》大量引论《孟子》，即是这一风气之下的典型体现。交州在哪里？其辖境相当于今天中国广东、广西的大部及越南承天以北诸省，在中越之间也！

---

① （唐）魏征、令狐德棻：《隋书》第 4 册，第 997 页。

② （清）宋翔凤：《孟子刘注》《丛书集成续编》第 15 册，第 93 页。

③ （清）叶德辉：《孟子刘熙注》《丛书集成续编》第 15 册，第 99 页。按，叶氏以为刘熙"其卒当在吴赤乌年"，值得注意。

④ 参见汤用彤《汉魏两晋南北朝佛教史》，刘梦溪主编、孙尚扬编校：《中国现代学术经典·汤用彤卷》，河北教育出版社 1996 年版，第 60 页。

"征"字的考释与《孟子》首章的
解读（提纲）

殷延禄

（中国孟子研究院）

杨海文先生在《为〈孟子〉首章鼓与呼》（《中华读书报》2018 年 3月 28 日 15 版）开篇写道：

> 轴心时期中华元典的开篇讲什么、如何讲，总是能让后经学时代的人们津津乐道。
> 现在写这篇小文，猛然想起：谁为《孟子》首章写过长篇大论呢？登录 CNKI 中国知网——中国学术期刊网络出版总库，以篇名"孟子""首章"检索，仅有一篇；以篇名"孟子""何必曰利"检索，仅有三篇。大致就是这四篇。我研究孟子这么多年，写过《〈孟子〉末章与儒家道统论》一文，但没有写过《孟子》首章的文章，真是对不起孟老夫子！

有关《孟子》首章的文章极少，或许是有原因的：一是文字明了，无疑难可释；二是文意明了，重要却无疑可解。《孟子》开篇即推出了"义利之辩"这"儒者第一义"儒家的义利观也从此发展为无可争议的中华传统价值观的核心。

冒昧的是，对于"征"字的考释，让我觉得对《孟子》首章还有继续解读的必要。

一 "征"字的考释

朱芳圃《甲骨学文字篇》引王国维云:"正以征行为本义";罗振玉《增订殷墟书契考释》:正月字征伐字同。

徐中舒《甲骨文字典》中"正"字形结构如下:

$$\text{（甲骨文字形）}$$

延字形结构如下:

$$\text{（甲骨文字形）}$$

徐中舒释:"囗"像人居之邑,下从止,表举止往邑,会征行之义,为征之本字。□与□义同。

金祥恒释:字所从之"囗"乃城郭所从之墙围,本义当为征伐。正、延、征原为一字。(《中国文字》第七册1962年)

杨树达先生则认为:正字从"囗"而足趾向之,谓人向国邑而行,故其义为行也。出字甲骨文作□,象人在坎陷中足向上出之形;逐字作□,象豕前而人逐之之形;陟字甲骨文作□,象人足上登山阜;降字作□,象人从山阜下降:此止形向背上下皆有义之证也。正为初文,延、征、延皆加义旁之后起字(《积微居小学述林·释正韦》)。

杨树达先生还睿智地把正与韦作了比较:韦甲骨文作□、□、□,字亦从"囗",从二止,与正字作□,从"囗",从二止者组织相同。其与彼异者,韦字二止分列,其方向或左右分向,或皆左向,或皆前向,要之皆表从国邑他去之形,韦即违之初文。按形求义,足趾向国邑,其义为行,去国邑,其义为离,二字对勘而义益显矣。

杨树达先生对正韦的本义考释独具慧眼,可谓不刊之论!惜乎先生没有对延、征、延这些正字加义旁而后起的字没有加以考释。

正字加了彳旁的 徎 即是延，延即是征。《说文》以延为正体，征为或体。实际上从彳旁的征出现较早，从辵旁的延出现较晚。征字有何字义呢？

正是人面向国邑而行，自然就有了不偏、不斜的含义，用作动词即表示使正、匡正。征的字义即由此而来：征者，正也。《孟子·尽心下》："征之为言正也，各欲正己也，焉用战？"再由此义引申为"征伐"。《孟子·尽心下》："春秋无义战。彼善于此，则有之矣。征者，上伐下也，敌国不相征也。"

上伐下之征，不贵暴力，不贵掠取，而贵彰显道义。

二 《孟子》首章的解读

明白了征字如此丰富的意蕴，我们再来解读《孟子》首章"上下交征利"的"征"就不是简单的"取"（赵岐《孟子章句》），"交征"也不是简单的"上取乎下，下取乎上，故曰交征"了（朱熹《四书集注》）：

"交征"是上与下在争取私利的时候，都认为自己是拥有道义的一方，或者更为明确地说，"交征"是上与下在争取私利的时候，都把自己伪装成为拥有道义的一方！这才是造成"国危矣"的更为深层次的原因！

本人的一孔之见是否合理？我们可以从历代《孟子》注解本中对"征"字注释中找到佐证：

1. 赵岐《孟子章句》：征，取也。

2. 朱熹《四书集注》：征，取也。上取乎下，下取乎上，故曰交征。

3. 焦循《孟子正义》：《尽心篇下》"有布缕之征"，赵岐注云："征，赋也。"哀公十二年《公羊传》何休注云："赋者，敛取其财物也。"僖公二十七年《左传》"赋纳以言"，杜预注云"赋，尤取也"。荀子《富国》篇"其于货财取与"，杨倞注云："取谓赋敛"。是征、赋、取三字转注，故赵氏训征为赋，又训征为取也。

4. 杨伯峻《孟子译注》引赵岐注：征，取也。

5. 王其俊《孟子解读》：征，追逐。

6. 徐洪兴《孟子直解》：征，求取。

7. 幺峻洲《孟子说解》：征，争取。

8. 傅佩荣《傅佩荣解读孟子》：征，夺取。

9. 梁涛《孟子解读》：征，夺取。

10. 吴量恺主编《四书辞典》：征，争夺、夺取。

从上举十例中不难看出，各家对征字的注释有一个由"取"到"追逐"到"求取"到"争取"到"夺取"到"争夺"的渐变过程。这样的"渐变过程"，或是对征字的丰富意蕴、对"上下交征利"造成"国危矣"的更为深层次原因的不断深化的思考过程。在我看来，这正是本人的一孔之见正面佐证。

另，"王曰'何以利吾国？'大夫曰'何以利吾家？'士、庶人曰'何以利吾身？'"三者不是并列的展开的，其中蕴含着孟子这样的思维逻辑："王曰'何以利吾国？'是"大夫曰'何以利吾家？'士、庶人曰'何以利吾身？'"的诱因，亦即"何以利吾国？"的"王"要对"上下交征利而国危矣"的结果负责，这在孟子"王何必曰利？亦有仁义而已矣。""王亦曰仁义而已矣，何必曰利？"反复提醒、警告中也可以清晰品味出来。

《孟子》将孟子与梁惠王的"义利之辩"记录首章是有深意的。孟子与梁惠王的"义利之辩"是在"秦用商君，富国强兵；楚、魏用吴起，战胜弱敌；齐威王、宣王用孙子、田忌之徒，而诸侯东面朝齐。天下方务于合从连衡，以攻伐为贤"的、即使是"望之不似人君"的梁襄王也会有"天下恶乎定？"膨胀利欲的时代背景下展开的。故而，对"上下交征利而国危矣"结果要负责的"王"，不会仅仅是字面上的"梁惠王"，而是当时天下所有的"王"，乃至后世所有的"王"！在孟子与梁惠王"义利之辩"的言语交锋中，我们已然感受到了孟子"格君心之非"的浩然之气！

这一层的思考，杨海文先生在他的《为〈孟子〉首章鼓与呼》中已经给予了先得吾心的论述：

何谓最大的君心之非？就是不明义以为上、先义后利、义利双成的义利之辨。所以，《孟子》首章讲义利之辨，即便没有革除梁惠王的君心之非，但足以震动千百载以下所有的执牛耳者。……先义后利既是义利之辨的重中之重，又是格君心之非的不二法门。正因此故，我们要郑重其事地为《孟子》首章鼓与呼，期待它执一御众、引领全书，敞开并激活孟子文以载道的文化精神。

儒家生生伦理学对休谟伦理难题的破解[*]

杨泽波

（复旦大学哲学系教授）

自休谟提出"是"与"应该"的问题以来，哲学家无不试图以自己的方式加以解决，近年来，麦金太尔、赫斯特豪斯的努力更加引起人们的关注。自我从事儒学研究以来，一直关注这一问题①，近一段在建构儒家生生伦理学的过程中，对这个问题又进行了新的思考，从而细化了自己的方案。

一　休谟伦理难题的提出

如所周知，休谟伦理难题是在《人性论》第三卷"附论"中讲到的。在那里休谟指出：他在考察各种道德理论时发现，事实判断和道德判断具有不同性质，前者的系词为"是"与"不是"，后者的系词为"应该"与"不应该"。但人们进行道德推理时，总是不知不觉改变判断的性质。"这个变化虽是不知不觉的，却是有极其重大的关系的。因为这个应该或不应该既然表示一种新的关系或肯定，所以就必需加以论述和说明；同时对于这种似乎完全不可思议的事情，即这个新关系如何能由完全不同的另

---

*　本文为教育部哲学社会科学研究后期资助（重大）项目"儒家生生伦理学研究"（16JHQ001），国家社会科学重点项目"儒家生生伦理学引论"（18AZX013）的阶段性成果。

①　我在撰写博士论文时即已关注休谟伦理难题，其后又撰写了这方面的专文。参见杨泽波《孟子性善论研究》，中国社会科学出版社 1995 年版，（再修订版），上海人民出版社 2016 年版；《我们应该如何理解休谟伦理难题》，《中州学刊》2002 年第 4 期。

外一些关系推出来的，也应当举出理由加以说明。"①

休谟伦理难题之所以引人关注，是因为它涉及理性能否充当道德根据的问题。这只要看一看《人性论》第三卷第一章两个小节的标题（"道德的区别不是从理性得来的""道德的区别是由道德感得来的"）就可以知晓了。这两个标题明白无误地告诉读者，这里讨论的是道德根据的问题。英国道德学界当时围绕何为道德根据展开了一场争论，有人认为是理性，有人则主张是道德感。休谟很清楚这场争论的意义，写作《人性论》的目的之一，就是参与这场争论，表明自己的立场，提出自己的观点。②

在这场争论中，虽然休谟也承认理性对道德有重要影响，但否认理性是道德的根据。在他看来，道德原则不仅必须对行为有所指导，还必须包含内在动力。但理性不能担此大任，因为理性没有活动性，即所谓"理性自身在这一点上是完全无力的"③，"理性是完全不活动的，永不能成为像良心或道德感那样，一个活动原则的源泉"④。为此，休谟区分了道德标准和道德意志，强调道德标准是一回事，道德标准约束意志，产生具体德行是又一回事。要成就具体的德行，仅仅指出善恶所依据的标准完全不够，"还必须指出那种关系与意志之间的联系，并且必须证明，这种联系是那样必然的，以至在每一个有善良的心灵中它必然发生，并且必然有它的影响"⑤。由于理性没有活动性，不能证明标准和意志之间联系的必然性，所以不能成为道德根据。

在休谟看来，具有活动性，能够将标准和意志联系起来的不是理性，而是情感。在这个问题上，他接受了哈奇森的观点，认为道德不应归属于理智，而应归属于情感。决定一个行动、一种情绪、一个品格是善还是

①　休谟：《人性论》，商务印书馆1980年版，第509—510页。

②　相关情况可参阅周晓亮《休谟哲学研究》，人民出版社1999年版，第261页。孙小玲撰有《同情与道德判断——由同情概念的变化看休谟的伦理学》（《世界哲学》2015年第4期）对情感在休谟伦理学中的地位，也进行了详细分析，亦可参阅。该文不同意学界关于休谟《道德原则研究》放弃其《人性论》的立场的一般看法，而是认为，《道德原则研究》克服了《人性论》中关于同情的纯粹联想式解释所引发的困难，更详细地界说了同情在道德情感构成中的关键作用，完善了他的同情伦理学。

③　休谟：《人性论》，商务印书馆1980年版，第497页。

④　同上书，第498—499页。

⑤　同上书，第505—506页。

恶，完全取决于"人们一看见它，就发生一种特殊的快乐或不快。因此，只要说明快乐或不快的理由，我们就充分地说明了恶与德。"① 这就是说，当预料到一个对象可能产生痛苦或快乐的时候，人们就随之感到一种厌恶或爱好的情绪，由此避免不快的东西，接受愉快的东西。正因于此，休谟才说："对我们最为真实、而又使我们最为关心的，就是我们的快乐和不快的情绪"② "道德宁可以说是被人感觉到的，而不是被人判断出来的"③。理性没有活动性，不能产生道德，情感则具有活动性，能够产生道德。这就是休谟所谓"道德不是理性的一个对象"的深层含义。

二　麦金太尔与赫斯特豪斯的努力及其局限

麦金太尔将休谟伦理难题置于整个西方伦理思想的大背景之下，直言这个问题的产生，是拒斥亚里士多德哲学传统的结果。④ 在麦金太尔看来，"在亚里士多德的目的论体系中，偶然所是的人（man－as－he－happens－to－be）与实现其本质性而可能所是的人（man－as－could－be－if－he－realized－his－essenitial－nature）之间有一种根本的对比。"⑤ 伦理学就是一门使人懂得如何从前一种状态转化到后一种状态的科学。在这个对照中，有三个基本要素：一是未受教化的人性，我简称为"原朴的人性"（这个"原朴"与"食色性也"大致相当）；二是实现其目的而可能所是的人性，我简称为"教化的人性"；三是理性伦理学的训诫，我简称为"伦理的戒律"。这三个要素缺一不可，其中任何一个要素都必须参照其他要素。第二个要素更是如此，没有它第一个要素无法完成向第三要素的过渡。启蒙运动和理性主义时代之后，人们放弃了亚里士多德学说。这种做法危害极大，实际上取消了亚里士多德理论中的第二个要素，使原来的三大要素不再完整：一方面是一组光秃秃的道德律令，另一方面是未

---

① 休谟：《人性论》，商务印书馆1980年版，第511页。

② 同上书，第509页。

③ 同上书，第510页。

④ 关于麦金太尔为解决休谟伦理难题做出的努力以及评论，请参见杨泽波《麦金太尔解决休谟伦理难题的贡献与困惑》，《现代哲学》2002年第2期。

⑤ 麦金太尔：《追寻美德：道德理论研究》，宋继杰译，译林出版社2011年版，第67页。

受教化的人性，其间没有任何的"教导者"。这一变化直接的结果是导致了"是"与"应该"的分裂。人们开始相信，纯粹事实性的前提得不出任何道德的或评价性的结论。这个转化有着致命的性质，"这条原则一旦被接受，就成了他们全部筹划的墓志铭。"① 休谟伦理难题的提出，不过是这种失败的一个具体表现而已。

既然如此，要解决这一难题就必须回到亚里士多德。麦金太尔特别重视亚里士多德的功能性概念，认为要消除休谟伦理难题，必须重回这个重要概念。在一些实际情况中，某些结论中的因素尽管在前提中没有出现，但仍然有效。比如，从"他是一个大副"这一前提中，可以有效推出"他应该做大副该做的事情"的结论。"这个反例不仅表明根本不存在上述所谓的一般原则，而且它本身还证明，'一个表述是的前提能够在一定场合包含一个表达应该的结论'至少不会有语法上的谬误。"② 这种证明之所以有效，是因为功能性概念在其中发挥着作用。在亚里士多德传统中，不光有功能性概念，更有目的性概念。目的性之所以重要，就在于它是行善的直接动力。"在这种语境中，道德判断的形式既是假言的，又是定言的。就其表达了'何种行为在目的论上对一个人是恰当的'这样的判断而言，它们是假言的：'如果且因为你的目的是如此这般，所以你应该做这做那'，或者'如果你不想使你的基本欲望受到阻挠，就应该做这做那'；就其传达了神所颁布的普遍法则的内容而言，它们又是定言的：'你应该做这做那：这是神的法则所命令的'。"③ 在道德判断中，保持假言前提十分必要，只有这样才能保障行为者的目的，才能保障道德有其内在的动力。

麦金太尔为解决休谟伦理难题付出了巨大努力，但其努力还有进一步补充完善的余地。麦金太尔主要是依据亚里士多德的功能性和目的性概念解决休谟伦理难题的，而根据我的判断，单单这两个概念尚不足以从根本上解决问题。功能性是麦金太尔根据亚里士多德思想重提的一个概念。他认为，必须具有这个概念，人们才能按照好大副的标准做好一个大副，按

①　麦金太尔：《追寻美德：道德理论研究》，宋继杰译，译林出版社2011年版，第71页。

②　同上书，第72页。

③　同上书，第76页。

照好农夫的标准做好一个农夫。但这里隐含着一个问题：有人并不否认功能性概念，知道好大副应该做什么，好农夫应该做什么，但在实际生活中并不这样去做，甚至可能提出"我为什么非要那样做"一类的问题。麦金太尔也意识到了这个问题，强调除此之外，还必须有一个目的性概念。目的性在亚里士多德理论中占有枢纽位置。没有这个因素，亚里士多德就无法说明人为什么要追求幸福，追求至善。而为了保障目的性概念得以落实，亚里士多德又不得不借助形上学的生物学。麦金太尔对此有清醒的认识。他指出，在亚里士多德那里，目的性的先决条件是他的形上学的生物学。以这种形上学的生物学为基础，哲学家才可以解决人为什么必须向善而不是向恶的问题。但麦金太尔同时也看到，这方面的问题仍然很多：要解决休谟伦理难题，在亚里士多德思想系统中必须依靠功能性概念；要保障功能性概念，必须依靠目的性概念；要保障目的性概念，又必须依靠形上学的生物学。但时到今日，我们又不能完全将目的性建立在生物学基础之上。于是，如何找到替代目的性的生物学的先决条件，就成了问题的关键。这个环节不落实，"是"与"应该"的问题仍然无法得以彻底解决。

与麦金太尔站在西方伦理学整体背景下检讨休谟伦理难题并寻求解决办法不同，赫斯特豪斯旨在检讨义务论和功利论的缺失，希望建构一门美德伦理学与之抗衡。在她看来，无论是以康德为代表的义务论，还是以边沁和密尔为代表的功利论，都存在严重的问题，既无法圆满回应一些重大理论问题，也无法有效解释很多现实问题。为此，必须重新恢复亚里士多德的美德伦理学传统。她的这种新亚里士多德的立场也涉及了休谟伦理难题，并提出了自己解决问题的思路。

赫斯特豪斯的美德伦理学最明显的特征是伦理自然主义，以至于她公开承认，"美德伦理学至少是受亚里士多德启发的美德伦理学，常常视为一种伦理自然主义"①。伦理自然主义建议人们在思考道德问题的时候应该首先从植物开始。"在道德哲学中，我相信，思考一下植物的情况是非常有用的"②。在赫斯特豪斯看来，一株植物的好坏，取决于两个因素。第一是它的器官，第二是它的机能。所谓器官，特指植物的叶子、根茎、

---

① 罗莎琳德·赫斯特豪斯：《美德伦理学》，李义天译，译林出版社 2016 年版，第 215 页。
② 同上书，第 220 页。

花瓣；所谓机能，特指植物的吸水、发芽、繁衍。赫斯特豪斯分别将器官和机能规定为植物的两个目的，并以这两个目的作为评价植物好坏的标准。凡是符合这两个目的，便是好的植物，反之则是不好的或有缺陷的。

赫斯特豪斯沿着"自然之梯"上升到动物层面。与植物相比，动物最明显的特点是具有主动性。因为有此不同，所以对于具备一定智力的动物，不能再简单地像植物那样以其是否有好的器官和好的机能评判其优劣，还要考虑到动物的主动性。特别重要的是，动物的这种主动性，一定伴有一定的心理状态。"在自然之梯的某处（再说一遍，很可能是在不确定的某处）我们开始谈论痛苦，而在某处（也许是同一处，也许不是）我们开始谈论快乐。对于能够感觉痛苦、快乐或享受的动物进行评价，不仅涉及先前的两个目的，而且会涉及第三种目的，即，典型的无痛苦状态和典型的快乐或享受状态。"① 意思是说，动物有主动性，所以有痛苦和快乐的情感。如果合于目的的发展，便能够享受快乐，反之，则必须忍受痛苦。这种"典型的无痛苦状态和典型的快乐或享受状态"便成了第三个目的。

顺着第三个目的，逻辑上必然可以推出，如果动物能够保持这种无痛苦的和快乐的状态，一定有利于其社会群体的良好运转。由此便有了第四个目的：社会群体的良好运转。依据这个目的，我们便可以评价动物的好坏了。狼是成群结队捕猎的，假如一只狼不是积极参与，只是偷懒"搭便车"，不利于狼群的良好运转，那么就可以判定它不是一只好狼。象和马的群体都有自己的头领，服从头领有利于群体的良好运转。假如一头象和一匹马这样做了，就可以判定它是一头好象或一匹好马，反之就是有缺陷的，就不能说是一头好象或一匹好马。

赫斯特豪斯进而谈到了人。人虽然也属于动物的范畴，但又与一般动物不同。"理性的方式"是人最为根本的特点。美德伦理学虽然坚持伦理自然主义的立场，但并不排除理性。在伦理学意义上评价一个人的好坏，主要应该看其能否按照理性的要求去做。赫斯特豪斯特别强调，伦理学不能降低到生物学或动物学的层面，成为其一个分支，不能以生物学或动物学为标准。尽管人与植物和动物不能完全分离开来，但人类生活最重要的

---

① 罗莎琳德·赫斯特豪斯：《美德伦理学》，李义天译，译林出版社 2016 年版，第 223 页。

特征是具有理性，伦理评价必须建立在这个基础之上。以此为基础，赫斯特豪斯谈到了伦理学的实践性问题，谈到了休谟伦理难题。在她看来，伦理学说的实践性问题，通常认为应当归于休谟，但亚里士多德早就涉及了。如果重新回到亚里士多德的立场，重视美德伦理学的建设，伦理学的实践性不应成为一个问题。这就是说，如果相信忠诚是一种美德的话，那么也就等于相信那些忠诚的人正在以理性的方式行事，可以践行实践理性。在伦理自然主义看来，如果人们认为某种品德是出自实践理性的，那么它自身就具有行动的能力，可以保障其实践性。虽然不能指望一个人一旦明白了伦理自然主义的道理，第二天早上便能从床上一跃而起，改头换面，成为一个好人，但我们并不能因此怀疑伦理学说的实践性问题。赫斯特豪斯对自己的这种看法很自信，断言"我目前已经证明了自然主义谋划应当被理解为具有可行性的"①。

赫斯特豪斯的著作有较大影响力，但相关的争议也很大，而争议的焦点之一便是自然主义。② 赫斯特豪斯美德伦理学的根本特征是伦理自然主义。她从植物和动物考察出发，证明了四个目的，这个进路无疑是自然主义的。将目的性建立在自然的基础上，对于说明道德的规范性，当然有所帮助，但问题在于，自然有没有如此大的效能？道德问题能否完全依据自然特征加以解释？道德的某些内容，比如，慈爱、诚实、勇敢，确实可以从人的自然属性寻找源头。但一个明显的事实是，社会生活中的伦理规范不能完全以自然属性加以解释。比如，孝是儒家道德学说的重要内容，乃至有孝为"仁之本"③ 的说法。但在动物界，我们很难找到孝的普遍渊

---

① 罗莎琳德·赫斯特豪斯：《美德伦理学》，李义天译，译林出版社2016年版，第264页。

② 黄勇2004年即发表文章指出了美德伦理学的不足，批评这种理论是一种"非本体论美德伦理学"，而将儒学称为"本体论美德伦理学"（黄勇：《理学的本体论美德伦理学》，见杨国荣主编：《思想与文化》2004年第1期）。最近他又发表了《如何从实然推出应然——朱熹的儒家解决方案》（《道德与文明》2018年第1期）一文，详细介绍了赫斯特豪斯的新亚里士多德主义进路，以儒家道德学说为依据对其提出了批评，并试图通过对朱熹学理的诠释解决这类问题。此前在复旦大学召开的一次学术研讨会上，我与黄勇进行了简短的交谈。我提出，我很能理解并赞成他在这个方面做出的努力，但对他希望通过诠释朱熹的理论以解决这类问题的努力，持保留态度。因为按照牟宗三的一贯主张，朱熹学理"只存有不活动"，无法有效解决知行关系问题。这个问题解决得比较好的是心学，而非理学。

③ 《论语·学而》第二章。

源。即使有个别的案例，也无法从中得出普遍的结论。悌也一样。自孟子提出"及其长无不知敬其兄"①的说法之后，人们普遍将悌心作为生而即有的本能。但哪怕稍加分析也可以看出，悌心并非天生具有。这些情况足以说明，人类道德生活中的很多标准，并非直接来自人的自然性，而是来自其社会性，来自社会的影响。离开社会影响，我们不可能合理解释如此丰富的道德生活。

这个问题直接影响着赫斯特豪斯关于伦理学实践性的看法。赫斯特豪斯认为，是否具有理性，是人与动物的最大区别。有了理性，人们可以思考很多问题。可贵之处在于，动物（也包括人）有第三个目的，即无痛苦的和享受的状态，可以自觉按照理性原则而行，并在其中享受到快乐。为此，她还辛辣讽刺了那些不明白这个道理的人："我们没有必要告诉他我们正在他所无法把握的隐秘意义上享受着我们的生活——而只有当他充分理解了，他才能发现和认识到我们的享受状态"②。我能够理解赫斯特豪斯所说的这种快乐的内涵，因为它其实就是儒家讲的道德之乐。因为道德可以给人带来内心的满足，形成一种特殊的快乐，所以人有行善的动力。但我关心的是，这种快乐难道完全出于自然原因，而没有社会影响的因素吗？与道德根据相关既有自然因素，又有社会因素。自然因素可以在植物和动物中寻找，社会因素则必须在人类社会中确认。但赫斯特豪斯的思考过于狭隘了，她心目中的人仅仅是生物性的。虽然她依此成功证明了四个目的，但她并不明白，人最重要的不是自然属性，而是社会属性。道德本质只有从人的社会属性的角度才能得到真正说明，自然属性的杠杆无法撬动道德动力的整个大厦。

三　儒家生生伦理学提交的方案

我最初关注休谟伦理难题是在 20 世纪 80 年代。那个时候读书比较宽泛，不够深入，只知道休谟提出过这个问题，未及深想，不了解麦金太尔

---

① 《孟子·尽心下》第十五章。

② 罗莎琳德·赫斯特豪斯：《美德伦理学》，李义天译，译林出版社 2016 年版，第 208—209 页。

为此做的努力，更不要说之后的赫斯特豪斯了。不过，那时我在研读《论语》的时候已经注意到，孔子身上并不存在这种"是"与"应该"截然两分的情况。《论语·宪问》一段材料可以为证：

> 陈成子弑简公。孔子沐浴而朝，告于哀公曰："陈恒弑其君，请讨之。"公曰："告夫三子！"孔子曰："以吾从大夫之后，不敢不告也。君曰'告夫三子'者。"之三子告，不可。孔子曰："以吾从大夫之后，不敢不告也。"①

孔子告老还乡后，陈恒杀了齐简公。孔子斋戒沐浴朝见鲁哀公，要求讨伐。鲁哀公推托，让去报告季孙、仲孙、孟孙。孔子报告了，但他们不愿出兵。陈恒杀齐简公，孔子知道这件事后便有了"是"，这个"是"自然引出了"应该"，有了"沐浴而朝，告于哀公"的行动。这里事实与价值，"是"与"应该"紧密相连，没有脱节。为什么会有这种情况？为什么孔子思想中没有出现休谟伦理难题？这引起了我极大的兴趣，成了诱发我从事儒家道德哲学研究那个"掉下来的苹果"。经过一段时间的研究，我找到了答案，并将它写入自己的博士论文之中。② 后来，我对这个问题的思考一直没有停止，在建构儒家生生伦理学过程中对这一问题进行了更为深入的探究。

照我现在的理解，孔子没有提出休谟伦理难题可作两种解释：一是孔子思想不够精细，提不出如此高深的问题；二是孔子思想有其独特的合理性，休谟伦理难题没有立身之所。我认为，答案应该是后者。孔子思想有如此神奇之功，关键在于思想方式有其特点。在西方道德学说中，虽然也有不同意见，但一般遵循以理性制约、引导感性的思维模式。按照这种模式，理性是道德的根据，感性是向恶的源头，只有以理性制约、引导感性，才能成德成善。但孔子思想与此不同。孔子对于道德根据并不持单一的看法，而是既讲智性，又讲仁性。③ 智性大致相当于西方道德哲学的理

---

① 事见《论语·宪问》第二十一章。

② 参见杨泽波《孟子性善论研究》（再修订版），上海人民出版社 2016 年版，第 20—24 页。

③ 此外再加以欲性，便构成智性、仁性、欲性的三分格局，而这也是我多年来孜孜以求的三分法，也就是说，把传统所说的理性打开来，分为智性和仁性两个部分。

性（道德理性）。这方面的内容在孔子那里还较为简单，只是学礼学乐学诗，但很有潜质，经荀子过渡，到朱子发展为以认知为代表的一整套理学系统。当然，孔子思想的特点不在智性，而在仁性。仁性简单说就是孔子仁的思想。这一思想后经孟子、象山、阳明的努力，发展为以良心为代表的一整套心学系统。在儒家学理中，仁性又称为仁体，是作为道德本体存在的。在具体道德境遇中，仁体必然发用，不仅告知何者为是，何者为非，而且提供动能，迫使人们必须按其要求去做。有了仁性，道德学说就有了动力。在孔子学说中，仁性是连接"是"与"应该"的桥梁，有了这个桥梁，"是"与"应该"就有了内在的关联，不会产生所谓的休谟伦理难题。

有了这个基础，再来分析前面的例子。知道陈恒杀齐简公有了是非判断的"是"之后，如何引出孔子沐浴朝见哀公，要求出兵讨伐这个"应该"呢？孔子自己讲得明白："以吾从大夫之后，不敢不告也。"这里的"不敢"有大讲究。它不是迫于外部压力的"不敢"，因为孔子此时已经告老还乡，不再担任官职，而是迫于内心的"不敢"。这个内心就是仁，就是仁性。仁性告诉孔子，他曾经身为大夫，遇到这种情况，正确的做法是站出来加以制止，而仁性本身又内含动能，于是便有了沐浴朝见之事。由此可知，把"陈恒弑君"这个"是"的判断与孔子"沐浴而朝，告于哀公"这个"应该"的行为连接起来的，正是仁性。有了仁性，就有了鞭策的力量，促使人们必须按它的要求去做。

问题在于，仁性为什么能够提供动能？要回答这个问题必须对仁性进行理论的探析。仁性虽然是儒学的重要内容，但历史上人们并没有对其进行具体的说明。在我看来，仁性即是孔子之仁与孟子之良心，二者用词有异，但无本质之别。要说明仁性为何物，最好的办法是对良心进行解说，因为孟子关于良心的说法，较孔子关于仁的说法，要详尽得多，而一旦对良心进行了解说，也就破解了性善论之谜。"性善论由两个不同的要件组成，一是人性中的自然生长倾向，一是作为伦理心境的良心本心。……人性中的自然生长倾向来自天生，是人的自然属性；伦理心境来自社会生活和智性思维，来自后天养成，是人的社会属性。人性中的自然生长倾向是性善论研究不可缺少的部分，没有它，我们没有办法对人最初的向善动因以及伦理心境的附着之地等问题给出合理的说明，无助于将成就道德视为一个自然的过程；伦理心境是性善论研究最为重要的部分，是整个研究的枢纽，没有它，我们也没有办法说明人的良心本心是如何形成的，良心本心何以能够成为道德根据的问题。"① 按照这种理解，仁性有两个来源。首先来源于人性中的自然生长倾向，简称"生长倾向"。这种倾向是先天的，自然也就是先在的，我称之为"先天而先在"。生长倾向的先在性告诉我们，人生下来并不是一块白板，原本就蕴涵着发展的方向，顺着这个方向，就可以成为其自身，就有利于其类的延续。其次来自社会生活和智性思维对内心的影响，即所谓"伦理心境"。与生长倾向不同，伦理心境是后天的，但它同样具有先在性，因为在处理伦理道德问题之前它已经存在了，这种情况我称为"后天而先在"。一个是生长倾向的"先天而先在"，一个是伦理心境的"后天而先在"，这两个"先在"确保仁性可以成为儒家意义的道德本体。

顺此思路，我进一步提出"人是一个先在的道德存在"的说法。生长倾向是"先天而先在"，伦理心境是"后天而先在"，尽管有此不同，但都是"先在"的。"先在"这一说法本身就意味着它包含有道德的内容，由此我们才可以说"人是道德存在"。既然人是道德存在，那么自然就有道德的要求。承认人有道德的要求，是一个重要话题。世间任何一种有生命的物，都有自己的要求，并希望这种要求得到满足。植物要求有土壤，有阳光，动物要求有食物，有水分。人也一样，除了有物欲的要求，还有道德的要求。因为这种要求是自己提出来的，所以不需要外在的刺激，自己就对道德有兴趣。孟子"理义之悦我心，犹刍豢之悦我口"② 的名言，形象地阐明了这个道理：人喜欢理义，恰如口舌喜欢美食一样，都是自身的要求，而非迫于外在的压力。因为道德源于自身的要求，所以满足这种要求，是一种非常快乐的事情。"万物皆备于我矣，反身而诚，乐

---

① 以伦理心境解说孔子之仁和孟子之良心，是我从事儒学研究以来一直坚持的做法。最早表现在《孟子性善论研究》（中国社会科学出版社 1995 年版）之中。随着研究的深入，认识的加深，后来又出了修订版（中国人民大学出版社 2010 年版），对具体提法做了修改。这种修订工作一直没有停止，直到出再修订版（上海人民出版社 2016 年版）的时候，相关提法才基本固定了下来。以上引文见该书（再修订版）第 97 页。

② 《孟子·告子上》第七章。

莫大焉。"① 人原本即有道德的根据，遇事逆觉反求，得到这个根据，不欺骗于它，听从它的命令，就可以得到快乐。正因如此，遇事不需要外在力量的鼓励，内心就有动力，要求自己成德成善。综合而言，因为有先在性，而先在性中有道德的含义，所以人是一个先在的道德存在；因为人是一个先在的道德存在，所以原本就有道德的要求；因为人原本就有道德的要求，所以本身即对道德感兴趣；因为人对道德感兴趣，所以本身就有行善的动力，顺此而行，就能体会到道德之乐。这样，我们就解释了仁性何以能够提供动能的问题。

儒家既讲智性又讲仁性，仁性提供动能连接"是"与"应该"，可以有两种不同的运行方式。一是就仁性自身而说，这是单以仁性作为道德根据的一种情况。仁性不仅是是非的标准，而且自身就有道德的要求，可以提供行动的动力。就一般情况而言，不需要智性出马，仁性自会显现自身，提供动能，由"是"直接推出"应该"。以仁性为基础的心学系统知行关系解决得比较好，原因即在于此。二是就智性与仁性的关系而说，这是同时以智性和仁性作为道德根据的一种情况。在儒家学理系统中，智性的功能是认知。虽然这一功能十分重要，不可缺少，但智性本身是一个"懒汉"，不是动力之源。这个动力需要由仁性来提供。仁性有先在性，遇事必然发用，提出道德要求，同时提供动能，只要不受物欲所累，就可以满足这种要求，完成具体的善行。有了仁性的保障，智性才有活动性，能够动起来，由此完成由"是"到"应该"的转变。这种情况既涉及智性，又涉及仁性。与智性相应的是理学系统，与仁性相应的是心学系统。如果对仁性体悟不透，将思想重点全部集中在认知之上，理学系统很容易出现知而不行的问题。在历史上，理学系统知行关系解决不好，这是重要原因。

通过上面的分析，已经看得很清楚了，休谟伦理难题在儒学没有立身之地，关键在于其学理多了一个仁性。仁性既可以提供是非标准，又可以提供强大动能，从而将事实与价值连接起来，由"是"直接推出"应该"。这是儒家学理最为特殊，最有价值的地方。

不言而喻，儒家生生伦理学解决休谟伦理难题的方案与麦金太尔不

---

① 《孟子·尽心上》第四章。

同。麦金太尔认为，要解决这一难题，必须回到亚里士多德，回到目的论的传统。但他对亚里士多德以生物学讲目的性的做法又不以为然，强调目的性不能建立在生物学基础之上。麦金太尔这一做法有很强的合理性。因为一旦以生物学为基础讲目的性，将哲学建基于生物学上，哲学必将失去自己的根基。但如果不讲生物学，目的性的概念如何建立，又是一个头痛不已的问题。儒家生生伦理学清楚看到这个问题的严重性，坚决排除了以生物学作为学理基础的任何可能。生长倾向是仁性的重要内容，但儒家生生伦理学讲生长倾向并不建立在生物学基础之上，而是通过内识反思推论出来的。在儒家生生伦理学系统中，内识反思是与内觉反思完全不同的一种反思。内觉反思是通过内觉的方法对于道德本体的直觉和把握，内识反思则是运用逻辑的方法，对于作为道德根据的仁性的再认识。借助内识反思足以证明，人作为有生命的物来到世间不可能固定不变，一定是发展的；既然如此，这种发展就一定有其方向，按照这种方向发展，人就可以成为自己。另外，人不是作为单个物，而是作为类的一个成员存在的，因此人的这种生长倾向一定有利于其类的延续。我提出生长倾向这个概念之后，有人提出质疑，认为这种做法不如亚里士多德讲目的因简单明了。我没有接受这种批评，因为在我看来，单讲一个目的因尚不是究竟之法。如果只讲目的因，我们仍然需要回答人的这种目的因是从何而来的问题。反之，如果以生长倾向来讲就比较好办了。这样我们就可以明白，人作为有生命的物来到世间的那一瞬间就有方向性，这种方向性就是它的目的，顺此方向发展，人不仅可以成为自己，而且可以保障其类的有效发展。这种证明表面看比较单薄，不够有力，但又是任何人都无法否认的。这就是哲学的力量。这样儒家生生伦理学就以自己的方式克服了麦金太尔的困难，通过生长倾向肯定了目的性因素，避免了将自己的基础建立在生物学之上的尴尬。

儒家生生伦理学的方案与赫斯特豪斯同样有异。赫斯特豪斯的目标是重回亚里士多德，建构一种美德伦理学，以克服义务论、功利论的不足。为此，她从伦理自然主义出发，通过详细分析，证明了无论是植物，还是动物，包括人在内，都含有四个目的。这些目的对人的行为具有规范性，与之相符为好，与之相背为恶。赫斯特豪斯的这种努力代表了一个很有价值的方向。儒家生生伦理学证明人天生即有生长倾向，与其确有一定的相通之处。但再往下就有分歧了。儒家生生伦理学认为，要说明人何以有仁性，应该从两个方面着手，既要承认人天生就有生长倾向，更要看到社会生活和智性思维对内心的影响，必须再讲一个伦理心境。孟子关于"孩提之童无不知受其亲也，及其长也无不知敬其兄"① 的说法，特别有利于证明这个问题。"爱其亲"是天生的，可以归为生长倾向，在动物界中普遍存在。但"敬其兄"就没有这么简单了。单纯借助动物的特性，依靠伦理自然主义，无法充分证明人为什么会有悌心。而在儒家生生伦理学系统中，这个问题可以得到合理的解释。孟子之所以重视悌，是因为他生活在邹鲁文化之中，而邹鲁文化历来以重孝悌讲仁爱闻名于诸侯各国。如果脱离这种文化背景，将人完全置于自然环境之中，到一定年龄后，能否有一个敬兄之悌心，很难得到有效的证明。在如何解决休谟伦理难题问题上，赫斯特豪斯的缺陷更为明显。在她看来，与植物相比，动物多了两个目的，一是典型的无痛苦和享受状态，二是社会群体的良好运转。前者对于解决休谟伦理难题尤为重要。虽然人有理性，与动物不同，但同样受这个目的支配。因为人有这种无痛苦的享受状态，所以凡是理性认为好的就自愿而行，凡是理性认为不好的就自愿而止。而在我看来，人自愿行善，虽然不能说和自身的动物性无关，但更应从人的社会性，从道德教化等方面考虑。在日常生活中不随地吐痰，不乱穿马路这些具体的道德，主要还应归于社会教化的影响。

　　需要着重指出的是，儒家生生伦理学是以人文的方式避开休谟伦理难题的，这一点很重要。上面说过，麦金太尔在解决休谟伦理难题的过程中，从亚里士多德伦理学中分析出了三个因素，一是"原朴的人性"，二是"教化的人性"，三是"伦理的戒律"。麦金太尔特别强调第二个因素的重要，认为它是保障人有功能性、目的性的根本原因。这个因素在中世纪仍然得到了保留，不过变换了形式，不再是以哲学的方式，而是以宗教的方式存在着。在中世纪人们应该做什么是由神来决定的。当人认识到伦理戒律之后，以神性方式存在的"教化的人性"呈现出来，告知人们必须按照它的要求去做，而这样做也就遵从了神的旨意。这种情况当从两个方面来看：一方面，由于这个因素的存在，中世纪并没有出现休谟伦理难

---

① 《孟子·尽心上》第十五章。

题；另一方面，这个因素的存在不再是哲学的方式，而是换成了神性的方式，哲学变成了神学。

儒家的情况与此不同。先秦时期，儒家为了确立道德的形上基础，将仁的根源归到了天上。宋代之后，儒家更是提出了"天理"的概念，以保障其道德学说的形上性和超越性。正因为如此，儒家道德学说有着很强的神圣性和力量感。但儒家将仁性的根源归到天上只是"借天为说"而已，只能在"认其为真"的意义上来理解，这个意义的天并不是宗教性的人格神。自儒家创始以来，仁性始终是以人文的方式，而不是以神学或宗教的方式存在的。认清这一点，可以帮助我们明白这样一个道理：在完整的道德学说中，"教化的人性"（亚里士多德）和仁性（儒学）是不可缺少的一环，但这个环节既可以人文的方式，也可以神学的、宗教的方式出现。中世纪西方哲学"教化的人性"通过神性的方式发挥着作用，中国两千年来仁性发挥作用的方式则始终是人文。宗教的方式当然也有意义，但如梁漱溟所说，是"信他"而不是"自信"①。比较而言，儒家这种人文方式的价值就表现出来了。它既可以颁布命令，提供动力，将"是"与"应该"连接起来，又没有走宗教的道路，是"自信"而非"信他"，所以没有太强的盲目性。

这一义理有很强的现实性。在道德领域中，仁性为智性提供动能，既可以以宗教的方式，也可以以人文的方式，但宗教和人文毕竟不同。宗教是对那些缺乏智性思考的人以一个直接的指引，人文则是告诉人们自己去思考，自己去选择。宗教只是"信他"；人文则是"自信"。再高明的宗教也是"信他"，再不成熟的人文走的也是"自信"的道路。长久以来，中国人没有走宗教的道路，同样可以活得很好，很有意义，为什么现在非要以宗教的方式拯救自己，好像不通过这种方式，人生就完全找不到意义，生命就完全没有支撑似的。更为严峻的是，这种情况在学界同样存在。一些学者的专业是儒学，但真正相信的却是基督教或佛教，其生活方

---

① 中国文化是自信，宗教文化是信他，这是梁漱溟的重要观点。他这样写道："请问：这是什么？这是道德，不是宗教。道德为理性之事，存于个人之自觉自律。宗教为信仰之事，寄于教徒之恪守教诫。中国自有孔子以来，便受其影响，走上以道德代宗教之路。这恰恰与宗教之教人舍其自信而信他，弃其自力而靠他力者相反。"梁漱溟：《梁漱溟全集》第 3 卷，山东人民出版社 2005 年版，第 108 页。

式也是基督教或佛教的。如果是受到文化和家庭的影响，从小如此，那自当别论，但如果是学习儒学之后再皈依佛门，改信基督的，在我看来，至少说明其儒学没有学好。这真应了阳明的那句诗："抛却自家无尽藏，沿街持钵效贫儿"。在讨论儒家以人文方式避开了休谟伦理难题的时候，这种现象需要引起特别的关注。

在朱子形而上体系中孟子性善论的地位

朱光镐

（韩国同德女子大学）

一　绪论：朱子继承孟子了吗

孟子与孔子被称为儒家的开创人，孟子所提倡的性善说乃是儒家的基本宗旨。宋明儒者主张他们继承孟子以来千年不传的道学传统，因此我们可知他们心目中的孟子乃是道统之重要人物。尤其是，他们认为圣人并不是绝对不能达到的超越人物，而是此时此地学而可成的对象，正因为如此，我们可说他们全面继承而发展了孟子的性善论。

身为新儒学的集大成者，朱子也尊崇孟子以来对善良本性的信仰。①不过，仔细分析朱子学术体系，却不能简单地承认朱子纯然继承孟子性善说。朱子认可平凡老百姓的道德可能性，他却同时没有忘记警告对非道德的倾向性，这就是气质干涉。因此，他和陆象山的功夫论争中既肯定尊德性而不忽略道问学。

当然，孟子性善说并不意味着所有人是任何时刻都是善良的，孟子也是认定个人道德训练的必要，因而不能说朱子完全脱离了孟子的思路。虽然如此，和其他宋明儒者相比，朱子的思路是比较特殊，因此牟宗三先生以朱子判定为儒家的别宗主。

本文首先略说北宋儒者继承孟子性善说的过程，接着探讨朱子性善说

---

① 《朱子语类》53—13：问："天地以生物为心，而所生之物，因各得夫天地之心以为心，所以'人皆有不忍人之心'。"曰："天地生物，自是温暖和煦，这个便是仁。所以人物得之，无不有慈爱恻怛之心。"

的异同。现代研究者把宋明儒者对善良本性的信仰体系称为"本体论"。朱子对本体的信仰最明显集中在对周敦颐"太极动静"的注解即"天命流行"。

不过，本体实现在整个朱子形而上体系中看，则是绝不简单的问题。朱子的理本身没有意志考虑和操作，这样的理在个人道德选择情况中怎能起作用，这就是一定要解决清楚的重要问题。在这样的问题意识之下，本文考察朱子理气论和本体论应予分辨的问题，以及朱子形而上体系中孟子以来性善说的可能性和地位。

二　分辨存在论和本体论概念

现代中国哲学界混用"存在论"和"本体论"为"Ontology"的翻译词。"Ontology"乃是关于一切存在的存在原理和运动方式的理论。不过，不少学者以"本体"使用为一切存在的终极根源的涵义。朱子也是好像本体概念使用为同样的涵义。① 牟宗三先生也是以本体概念使用为宇宙的终极根源，不过，他认为这本质根源在个体的阶段，尤其是在个人的阶段中，成为道德本性，因而作为个人道德意志的根据。这意味着人道德意志的根源就是宇宙的道德本质。② 当然，这是不能以科学的方式来证明的"信仰"领域。不过，牟先生主张传统儒者皆有这样的信仰。这样看来，牟先生使用的本体论概念与对一切存在的存在原理和运动方式的理论即存在论（或存有论）完全不同。③

《中庸》的"天命之谓性"和《系辞》的"一阴一阳之谓道，继之者善也，成之者性也"，是以人本性来自宇宙本体看的经典根据。但是，历代哲学家解释此句的态度又不相同。周敦颐和张载是以比较神话方式

---

① 《朱熹集》卷61，《答严时亨》，3189页："以上是人物未生之时，是某思虑所未到，伏读批诲，指示亲切，却觉得先生之说甚明，而明道之说益有可疑。何者人物未生时，乃是一阴一阳之谓道，而天命之流行，所谓继之者善。便是以上事，何故言以上不容说。方其人物未生，固不可谓性，及人物既生须著谓之性。虽则人生已后，此理堕在形气中，不全是性之本体。然气裹不能无善恶者性之流也。义理之有善无恶者性之本体也。然皆不可不谓之性。"（朱熹：《朱熹集》，四川教育出版社1996年版）

② 牟宗三：《心体与性体》，김기주 翻译，소명출판 2012年版，第91页。

③ 杜保瑞：《北宋儒学》，台北：商务印书馆2005年版，第223页。

的，宣言式的，而朱子则是比较理性化的规范化的。陆象山和王阳明是比较心理化的，而刘宗周和王夫之则是比较意志化的。在这样的过程中"天"或"天道"的意义慢慢丧失其重要性。无论他们的哲学色彩如何，他们同样相信人的道德本性以及它的宇宙来源。

笔者在此建议把"本体论"概念与"存在论"概念分辨，而使用为对人道德本性以及其本性之宇宙本质来源的信仰体系。分辨本体论和存在论的问题，尤其是在理解朱子形而上体系中非常重要。本体论是对道德本性之活泼作用的一种信仰，不过，朱子存在论上的理则是没有意志和操作。

三　宋儒对孟子性善说的继承和本体论

前章所提的《中庸》之"天命之谓性"和《系辞》之"一阴一阳之谓道，继之者善也，成之者性也"，乃是扩张孟子性善论为宇宙阶段。两个文献共同主张的是，宇宙本质禀赋于个体而成为个体的本性。不过，儒家的传统中人的本性就是道德的，所以，主张宇宙本质之个人的继承意味着宇宙本质之道德性。换句话说，他们为了证明人性的善良，把宇宙的本质解释为道德的，这就是"生"即生命意志或生命尊崇。

周敦颐的《太极图说》是对宇宙本体或道德本性之个体化过程的理论化、图像化。《周易·系辞》说起"太极"之后，《易纬》、郑玄、韩康伯、孔颖达等谁也没有提到过"人极"概念。比如《易纬干凿度》则跟太极概念一起提出了"太一、太素、太初"等的概念。其思维的重点在于"太"，"太"可翻译为"伟大的"或"最初的"。因此"太一、太素、太初"之间则没有任何连续性，只有各个阶段的最初伟大的开始。反而，周敦颐的"无极、太极、人极"等概念的重点在于"极"。"极"可翻译为"终极的"或"本质的"。其终极本质在"无、太、人"的阶段中继续相连。

这意味着周敦颐的关注，不在于探讨宇宙的根源，而在于宇宙和价值的或是存在和当然的终极始源，从而主张宇宙本质就是人道德本性的根据。因此，虽然周敦颐在《系辞》的传统之下给自己的著作题名为《太极图说》，而此文章的终极目的，则分明是主张无极太极和人极之间的连续性。

问题是周敦颐为什么提到宇宙？恩斯特·卡西尔（Ernst Cassirer）主张若要创造新的人类那就需要新的宇宙。[1] 周敦颐为了确立"仁义中正、人极、主静"等人的价值，他需要一种纯粹观念，就是脱离一切现实性和具体性的作为纯粹理念的"始源"。换句话说，为了确立纯粹道德（人极）创造纯粹人（得其秀而最灵），此纯粹人来自纯粹宇宙（太极或无极）。这太极或无极基本上为了确保人极价值的，因而《太极图说》绝不为脱离价值性的单纯宇宙论。

张载的《西铭》也是主张人本性与宇宙本质相通的一篇大叙事诗。老天是我的父亲，大地是我的母亲。充塞天地的就成为我的肉体，宇宙本质就是我的本性。朱子主张张载的《西铭》表现"理一分殊"观念，不过张载的主要关注，分明先在于"理一"而后在于"分殊"。个体虽有现实局限，但其本质则来自于宇宙本质，因此任何人都能达成理想人格，这就是张载《西铭》的主题。

程颐等北宋儒者在佛教华严宗的影响之下主张世界的法则性，不过他们同时要克服道佛的厌世观。通过肯定世界，他们要"法则"地肯定和复活孔孟传统的儒家价值观。程颐把世界的法则规定为"理"，因而符合于理的一切就成为"合理"。他把整个世界的合理性连续于个体，以及世界的法则显现为现象的想法表现为"体用一源，显微无间"。按照此命题，一切现象乃是原理的显现，而所有法则是同终极法则一样普遍的。

不过，程颐的思路与其他北宋儒者相异的地点，就是他把存在法则即"理"对置于非规范或非合理即"恶"。这就是天理人欲或人心道心的对立。[2] 这样的话，理不仅是存在法则而且是"善"。气也不仅是存在方式而且是"恶"。周敦颐在《太极图说》中对比君子和小人，而没有善恶的对立。邵雍也只有一次对比天地和人欲而说到"屈天地而徇人欲也"[3]。

---

① Ernst Cassirer，《人是什么？（An Essay on Man）》，최명관 翻译，창，2008，第113—115页。

② 程颐：《程氏易传》损卦："先王制其本者天理也。后人流于末者人欲也。损之义，损人欲以复天理而已。"《二程遗书》卷19："人心私欲也。道心正心也。"卷24："人心私欲故危殆，道心天理故精微，灭私欲则天理明矣。"

③ 邵雍：《皇极经世书》卷14。

张载则没有把人欲看成与天理对抗的恶。他说："上达反天理，下达徇人欲者与。"① 总而言之，周敦颐、邵雍、刘牧和张载等的思维方式是，从上往下的纵的结构，反而程颐则是善恶对立的横的结构。

通过善恶的对抗保持恶的可能性，是为了确保主体的伦理决断能力不可没有的重要前提。如果没有任何障碍而道德本性随时随地能够实现的话，在这样的状态中，则没有主体自动实践伦理决断的余地，从而不能成立伦理主体。比如天使虽然至高至善却不能做出恶行的话，从伦理学的角度上看则它只能是一个非常准确的手表一样而已。伦理主体不仅能做善行又能做出恶行。

朱子继承程颐哲学中横的结构，而提示为伦理决断的可能根据。不过，善恶对立的伦理选择的情况则好像与宇宙本质继承于人本性的儒家传统观念互相冲突。这就是朱子形而上体系的结构上的问题所在。

四　"天命流行"和朱子的本体论

众所周知，朱子对《太极图说》的"太极动而生阳……"句注解曰"太极之有动静，是天命之流行也。"但他在《太极图说解》中再没有更详细的说明什么是"太极之动静"。因而我们需要再探索其他著作中的"太极之动静"之涵义。

朱子的"天命流行"是跟个体的"开始"有很大有关。其"开始"好像是一种物理的生物学的诞生。虽不是朱子本人的语言，但在下面的两个引文中我们可以知道天命流行是跟个体的开始很有关系。

> 谦之窃意，明道所言生之谓性，与告子所言生之谓性，不同。明道之意，若谓人生而后方始谓之性，前此天命流行未有所寄寓，只可谓之善，不可谓之性。然以无可得名，又是性之本源，只且谓之性。若论其体段，则不可谓之性。此人生而静以上不容说，才说性时便已不是性也。②

① 张载：《张子全书》卷2。
② 《朱熹集·答欧阳希逊》。

先生答黄商伯书有云："论万物之一原，则理同而气异，观万物之异体，则气犹相近，而理绝不同。"问："'理同而气异'，此一句是说方付与万物之初，以其天命流行，只是一般，故理同；以其二五之气有清浊纯驳，故气异。"①

朱子与他的弟子对话中，对于天命流行的涵义，他没做任何更正或否定。这说明当时学者对天命流行既有一定的通识。前面引文的大体意思是说人生出来时禀受的本质是成为"本性"，不过，个体生出之前禀受的阶段则不可称为"本性"。在此个体生出之前等待禀赋的就是天命流行。第二引文中明说这天命流行就是"理"。不仅如此，据"理同"两个字我们可知道天命流行是跟"理一分殊"的"理一"很有关。此两文明明在个体的生物学、物理学上诞生的涵义来谈天命流行。这种理解与朱子本人不异。

一阳来复，其始生甚微，固若静矣。然其实动之机，其势日长，而万物莫不资始焉。此天命流行之初，造化发育之始，天地生生不已之心于是而可见也。②

万物之生，天命流行，自始至终，无非此理；但初生之际，淳粹未散，尤易见尔。③

据引文则万物得天命之流行而生，不仅生成而且一切存在本身就是天命之流行，而这里所说的天命就是理。综上所知，朱子的存在论上个体的存在则以理和气之结合来说明。那么，引文中简单地直接说个体得到理而生，即"性即理"就够了，为何特意说道禀受天命而生呢？这明明是为了依靠"天命之谓性"之经典权威而说的。朱子的理本身是无操作无计度，而天命则明说作为主体之"天"和命令方式的意志行为。从而产生了天和个体的关系即"天人关系"及两者之间的从上往下的授受方向。

---

① 《朱子语类》4：9。

② 《朱子语类》71：50。

③ 《朱子语类》95：63。

因此个体的理并不是自然而然的而是从天所禀赋的。那么，其具体的内容是什么？

> "必有事焉"，……只此便是天命流行处，便是"天命之谓性，率性之谓道"，便是仁义之心，便是"惟皇上帝降衷于下民"。谢氏所谓"活泼泼地"，只是这些子，更不待想像寻求，分明在这里，触着便应。通书中"元亨诚之通，利贞诚之复"一章，便是这意思。见得这个物事了，动也如此，静也如此，自然虚静纯一；不待更去求虚静，不待体认，只唤着便在这里。①

引文中朱子说明天命之流行或者天所禀赋的是"性"，这本性是"活泼泼地""分明在这里"的，因而"不待想像寻求"或"不待体认"。通过这样的说明我们可以知道人的本性是确实从天禀赋的，而明明摆在我们的内部中。不过，到底其具体的内容是什么？据上文，这只不过是"仁义之心"而已。仁义的道德心之外我们再找不到任何具体内容。

> 夫天命不已，固人物之所同得以生者也。然岂离乎人物之所受，而别有全体哉？……人能反身，自求于日用之间，存养体察以去其物欲之蔽，则求仁得仁，本心昭著，天命流行之全体，固不外乎此身矣。②

这里的天命流行是不仅人而且万物都能禀受的普遍事情。这就是"本心"，却其实际内容是"仁"。朱子的弟子陈淳如下说道时朱子非常满意了（此说甚善）。

> 盖是理在天地间，流行圆转，无一息之停。凡万物万事，小大精粗，无一非天理流行。吾心全得是理，而是理之在吾心，亦本无一息，不生生而不与天地相流行。人惟欲净情达，不隔其所流行然后，

---

① 《朱子语类》52：180。
② 《朱熹集·答张钦夫10》。

常与天地流通耳。且如恻隐一端，近而发于亲亲之间。亲之所以当亲，是天命流行者然也。吾但与之流行而不亏其所亲者耳。一或少有亏焉，则天理隔绝于亲亲之间而不流行矣。[①]

天命或者天理流行而成为我的本性或者我的理。日常生活中我会有道德情感，而能做到道德行为的理由，就是我禀受的天理或天命之存在。在具体情况中，我只使其本性流行而起作用，则日常生活中道德情感和道德行为能够实现。如果没有过分的欲望或过不及情感的妨碍，则我所禀受的本性之流行是非常自然的。由此可见，天命之实际内容是"道德本性的根源"。所以，朱子的天命流行分明不是存在论而是本体论的涵义。

关于朱子的"理一分殊"，陈来教授提出过非常重要的分析。

所谓万理的理指具体万物之理，此无疑问。但是，朱熹讲的具体万物之"理"，有时是指万物内部所秉得的天理，即仁义礼智之性；有时则是指具体事物的规律，本质。如果用传统的概念来分疏，朱熹所谓"物理"的概念有两种意义，一是上述前者之意即"性理"，一是上述后者之意即"分理"。

"一物各具一太极"，这里的太极指性理而不是分理。"理一分殊"在朱熹哲学中的一个重要意义即指作为宇宙本体的太极与万物之性的关系。

总之，在表述宇宙本体与万物之性的关系上，理一分殊是指万物之性来自宇宙本体并以之为根据，且与宇宙本体的内容没有差别。[②]

陈来教授所说的"性理"和"分理"，以笔者的判断来说，则是"本体之理"和"存在之理"。陈来教授分明指出理一分殊的理并不是分理而是性理。理一分殊是只有在本体论的意义上可以成立，而在存在论上则不能成立。朱子所说的"理同"到底是什么意思？比如人的理和狗的理是同样的话，这同样的理并不能说明人和狗之间的差别性。不过，他说过这

---

① 《朱熹集·答陈安卿3》。

② 陈来：《朱子哲学研究》，华东师范大学出版社2000年版，第113—114、116、118页。

"同理"不仅是人和狗同有，而且一切万物都有。因此，这"同理"绝不是为了说明个体的特殊性。总之，这"同理"或者"理一"只在本体论的意义上能够成立。

五　朱子形而上体系中本体实现问题

宇宙的道德本质即天命，流行于个人而成为人的道德本性，这种本体论思想是《周易》《中庸》、周敦颐、程颢、张载和陆象山共同坚持的儒家传统。不过，此传统中只有"继之"而没有气质障碍的设置。如果只有孟子以来的善意志，而没有恶意志可能的根据，则确立"道德主体"则不可能。如果根本没有恶意志的可能性，因而道德意志的展开中根本没有任何障碍的话，这种主体是和非常准确的手表一样根本没有任何伦理判断的能力，因而这便成为一种伦理决定论。这种的伦理决定论从伦理主题抹煞自由意志。朱子则继承程颐的人心道心或天理人欲的对立结构而建立他的理气论。朱子的气既是存在论上的存在方式，又是道德情感论上的恶的根源。从而，儒家传统中开辟真正的道德主体了。由此看来，笔者基本上同意以朱子和程颐为一个别种的牟宗三的看法，不过，这里的"别"意，并不是缺乏或变质而是克服又是完成。

从朱子形而上体系看，这就是本体论和存在论之间的问题，这就是在存在论的思路中如何说明孟子以来的本体信仰的问题。如果没有存在论上恶的可能性的话，本体论只能变成为善良本性（不是意志）自动实现的伦理决定论。为了更正确的理解我们需要对朱子形而上体系进行详细分析。

以笔者看，朱子形而上体系是以宇宙论、本体论、存在论、天理人欲论、万物相关论等来构成。宇宙论是主要在《朱子语类》"天地"条目之下所记述的，关于宇宙的生成和展开以及天体的结构和运行等的理论。这是与现代自然科学尤其是天体物理学很有关，不过，更正确地说这不是形而上的领域，而朱子的弟子们往往与他的老师讨论本体论或者存在论时，以自然科学的态度来提疑问。现代研究者也是往往使用"宇宙本体论"概念，但这是与笔者说的宇宙论无关。"宇宙本体论"乃只是"本体论"，不过，这本体来自宇宙，故称为"宇宙本体论"而已。本体论就是对宇宙道德本质和其禀受于人的信仰。存在论是关于一切存在的存在原理以及规律的理论。朱子则以理气范畴来说明存在论，因而亦称为"理气论"。天理人欲论是关于道德意志和欲望意志之间紧张关系的理论。万物相关论主要是在北宋邵雍的影响之下所形成的，是关于世界法则性和相关秩序的理论。在邵雍的先天易学中的太极、阴阳、四象等，则不能以理或气等概念来规定，而只是表示世界的整体性秩序的记号而已。朱子继承邵雍而主张世界的"$1\rightarrow2\rightarrow4\rightarrow8\cdots\infty$"的相关规律性。

上述所有的朱子形而上体系收敛于"太极"。太极在宇宙论中是"元气"即宇宙的始源，在本体论中则直接为"本体"，在存在论中则一切存在的原理即"理"，在天理人欲论中则为天理的根据，在万物相关论上则是整体世界的终极出发点。各个体系中虽有异质成分，但朱子把各个体系勉强结合于一个概念即太极，从而试图建立一个整体的形而上体系。不过，道德本性和从而产生的道德意志，在存在论的条件上如何实现同时如何被妨碍等的问题，则不能不说明。

"天人合一"的思路是一种纵方向的思维方式。程颐把这种思维和《周易》的道器观结合，同时又以善恶观念来说明。从而，程颐的思维方式是从上往下的纵方向和左右对立的横方向的二元结构。这种二元思维结构被继承于朱子。[①] 韩国的李承焕教授命名此二元结构为"竖说的乘伴论"和"横说的道德心理学"。[②] 李承焕教授据理之对气的存在依赖关系，把朱子的存在论规定为乘伴论；把朱子的天理人欲论规定为道德倾向和欲求倾向之间矛盾的道德心理学。然后，以记号摆置的方式来把乘伴的存在论命名为"竖说"；天理人欲的道德心理学命名为"横说"。笔者基本上同意李承焕教授的分析。不过，再仔细分析则乘伴论是因为理之对气的依赖性而可称的，故可以再定名为"上向式竖说"。反而本体论，则因为这是对道德本性能够克服肉体制约的信仰，故可称为"下向式竖说"。以图画方式说明则如下。

如果把本体论和存在论的上下结构再摆置横的方向，则与天理人欲论

---

① 程颐把所有问题限制于道德主体的心里状态问题，因而他根本没有像朱子那样的存在论体系。

② 李承焕：《横说和竖说（횡설과 수설）》，Humanist 2012 年版。

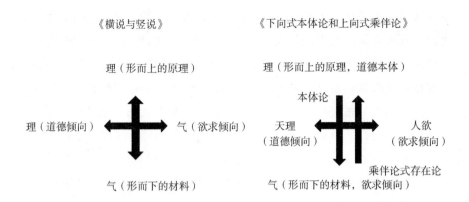

《横说与竖说》　　　　　　　　《下向式本体论和上向式乘伴论》

完全相合。再说，横说的天理人欲论就是本体论和存在论的结合而已。不过，这样的横的摆置是只能在个人的心里状况中所能成立。因为天理和人欲的矛盾则只是心里内部的问题，因而不能扩大于存在状况。不仅朱子思维体系而且整个儒家思维中自然状态中根本没有恶本身。因而把朱子的存在论不能看成横说式的左右对立，因为朱子哲学中"理善气恶"是根本不能成立。气质条件的问题则彻底限制于个人心理现象内。

上面已经说过，在朱子形而上体系中如果只有周敦颐式的本体论的话，道德主体以及功夫的可能根据和理由等，则都不能成立。因此，伦理学上需要程颐方式的天理人欲论。邵雍的先天易学方式的万物相关论上的理（道）和气（器）是"相续"的。《太极图说》的太极和阴阳五行的关系也是一样，这里没有价值上的断绝或非连续。从而，这世界明明是整体的、合理的。不过，在这样的合理、整体的世界中非合理或者恶的存在则从何处发生的呢？当然，这种伦理学上恶的问题则在朱子哲学中应该由存在论和天理人欲论来承担。因为朱子存在论和天理人欲论上的理和气是并不连续，反而对立对抗。

当然，这里的道德改善可能的根据是来自孟子以来的本体论传统。所有的本体论包含天人的关系和方向。从天到人的方向，首先需要最初的"出发点"，这就是太极，还需要从出发点发生的一些"运动和展开"。因此，从结构来看则本体论是一种"生成论"。这就是太极的动静或者一阴一阳。不过，生成论从表面上看则很相似"宇宙论"。如果把本体论中的生成理解为时间和空间内部现象的话，则可以发生"理气先后"或"理生气"等的问题。而这种宇宙生成的问题，并不成为形而上的范围。朱子的弟子们比较陌生于形而上思考，因而往往混同物理上的生成和存在论或者本体论上的生成，不过，毫无疑问这并不是朱子本人的关心所在。

从宇宙论上除掉时间性和空间性的话，"最初的那里"变成"现在的这里"。从而最初的发生变成现在我的发生，这就是本体的流行，即主体的本性禀受以及主体内部道德情感和道德意志的发生和实现。可是，如果从生成中除掉时间性，则同邵雍的先天易学一样，失去了活泼泼的生动感，而留下的是存在的法则性和几何学上的规律和完整体系而已。这样的话，容易面临对本体作用的怀疑。其实，所有的本体论反映了孔孟以来的道德乐观论。而朱子的存在论则不能充分地表现天命活泼泼的作用。"无操作，无计度"的存在论上的理同本体论上的理相比，当然没有"人格"的意志。牟宗三先生主张的朱子的理是"只存有，而不活动"，在这样的理解上是可以容纳的。

总而言之，朱子的本体论和万物相关论，与他的存在论和天理人欲论逻辑上有冲突。在程颐的影响之下，朱子把善恶问题限制于主体的心里和伦理规范之内，但逻辑上仍然与他的本体论或者万物相关论矛盾。

六　结论：阳孟阴荀

朱子思维体系中，本体论和万物相关论与存在论和天理人欲论之间发生矛盾的理由，是因为他的终极关怀不局限于心性的道德心理学之内。他并不认为只以天人合一的本体来解决所有的问题。与陆象山的争论中，他强调"道问学"。当然象山也没有否定"道问学"，不过，朱子认为只有"尊德性"而没有"道问学"就不行。陆王心学主张"万物皆备于我"，但朱子不能相信单靠本体而达成理想人格的可能性，因而他需要"格物致知"的下学上达式的功夫过程，和《四书集注》等的规格教材。

朱子主张世界的合理性，而他同时认定恶的存在论上的本源性。因此，他虽相信主体的道德意志，但他更关心于社会设置的完备。上述的功夫体系和教材之外，他还研究过家礼、仪礼等日常生活的规范体系，还有积极编成乡学、书院、社仓等社会规律的政治经济组织。这一切已经超越对本体的信仰。

如此看来，我们不能简单地说朱子纯然继承孟子的性善论。人本身不会没有气质的干扰，那么更重要的问题是如何克服气质的干扰。所以，朱子更重视外在教育和社会监视的重要性。从这一点，笔者认为朱子反而继承了荀子。儒家的传统之下，他当然不能明显表明继承了荀子，虽然他本人明明坚持对性善或者本体的信心，但他的具体学术内容则却近于荀子。

充养与隆积:孟荀修养工夫合论

翟奎凤

（山东大学儒学高等研究院教授）

孟荀比较是中国哲学史的一个重要议题，近来这方面的讨论也相当多。比较《孟子》《荀子》文本，就修养工夫而言，我们注意到孟子重视"养"，而荀子重视"积"，可以说孟子重由内而外的"充养"、生发，荀子重由外而内的"隆积"、习伪。胡适曾从教育理念上指出："孟子说性善，故他的教育学说偏重'自得'一方面。荀子说性恶，故他的教育学说趋向'积善'一方面"①。"自得"基本上也是"充养"义。就人生修养而言，比较"充养"与"隆积"的工夫论意蕴，我们也可以进一步认识孟荀思想体系的旨趣与异同。

一　苟得其养,无物不长

《孟子》一书出现"养"字 64 次，其中一部分是从修养工夫的角度来谈的，颇有思想意义。在《孟子》第二篇《公孙丑上》谈到著名的"养浩然之气"的问题时，孟子说：

> 其为气也，至大至刚，以直养而无害，则塞于天地之间。其为气
> 也，配义与道；无是，馁也。是集义所生者，非义袭而取之也。行有
> 不慊于心，则馁矣。我故曰，告子未尝知义，以其外之也。必有事焉

而勿正，心勿忘，勿助长也。无若宋人然：宋人有闵其苗之不长而揠之者，芒芒然归，谓其人曰：'今日病矣，予助苗长矣。'其子趋而往视之，苗则槁矣。天下之不助苗长者寡矣。以为无益而舍之者，不耘苗者也；助之长者，揠苗者也。非徒无益，而又害之。

过去常常争论"浩然之气"是客观的还是主观的，是物质的还是精神的，应该说，浩然之气，主客观的因素都有，既有客观性的气的基础，更有主体精神修养的因素，因此，孟子强调"配义与道""集义所生"①。浩然之气是一种很高的大丈夫修养境界，应该说这句话也是孟子夫子自道，是他本人浩然心境的一个描述，也是其修养心得与大家的一个分享。这种气"至大至刚""塞于天地"，这也让我们想到《尽心上》孟子所说"夫君子所过者化，所存者神，上下与天地同流，岂曰小补之哉"，浩然之气也必然是"万物皆备于我""上下与天地同流"的精神境界。孟子这里用"揠苗助长"的故事强调养"浩然之气"要"勿忘勿助"，不可不管不问，也不能操之过急，要在一定的养护下让其自然生长。

《告子上》也集中讨论到"养"的工夫论问题，孟子说：

牛山之木尝美矣，以其郊于大国也，斧斤伐之，可以为美乎？是其日夜之所息，雨露之所润，非无萌蘖之生焉，牛羊又从而牧之，是以若彼濯濯也。人见其濯濯也，以为未尝有材焉，此岂山之性也哉？虽存乎人者，岂无仁义之心哉？其所以放其良心者，亦犹斧斤之于木也，旦旦而伐之，可以为美乎？其日夜之所息，平旦之气，其好恶与人相近也者几希，则其旦昼之所为，有梏亡之矣。梏之反覆，则其夜气不足以存；夜气不足以存，则其违禽兽不远矣。人见其禽兽也，而以为未尝有才焉者，是岂人之情也哉？故苟得其养，无物不长；苟失其养，无物不消。孔子曰："操则存，舍则亡；出入无时，莫知其乡。"惟心之谓与？

---

① 李景林指出"冯（友兰）先生讲'生'是创造的新生，是对的；朱子的'复其初'说，于孟子亦有根据。把二者结合起来，才能真正理解孟子养浩然之气思想的全面的意义"，见李景林《"浩然之气"的创生性与先天性——从冯友兰先生〈孟子浩然之气章解〉谈起》，载《社会科学战线》2007 年第 5 期，第 13 页。

　　这里以"牛山之木之美"比喻人本有仁义之心，以"斧斤伐之"比喻"放其良心"；以"萌蘖"比喻"好恶与人相近也者几希"之善端，以"牛羊牧之"比喻"旦昼所为之梏亡"；以牛山"濯濯"比喻人"违禽兽不远"的恶俗状态。所谓"夜气""平旦之气"应该是指"清明之气"或元气，这种气能养护、滋养善端。因此，孟子强调"苟得其养，无物不长；苟失其养，无物不消"，可见关键是要"养"，引用孔子的话也是说明"操存"工夫的重要性，"操则存"就是"得其养"，"舍则亡"就是"失其养"，可谓"求则得之，舍则失之"（《告子上》）①。

　　"充"字在孟子文本中也多有修养论意义，与"养"字可以相互发明，如《公孙丑上》说："恻隐之心，仁之端也；羞恶之心，义之端也；辞让之心，礼之端也；是非之心，智之端也。人之有是四端也，犹其有四体也。有是四端而自谓不能者，自贼者也；谓其君不能者，贼其君者也。凡有四端于我者，知皆扩而充之矣，若火之始然，泉之始达。苟能充之，足以保四海；苟不充之，不足以事父母"。"苟能充之，足以保四海；苟不充之，不足以事父母"与《告子上》所说"苟得其养，无物不长；苟失其养，无物不消"也可以相互对应。四善端是"萌蘖"，是火种，是源泉。孟子经常用"源泉"比喻"善端"，强调修身要有本，有源头活水，才能不断充养扩大，他说"源泉混混，不舍昼夜。盈科而后进，放乎四海，有本者如是"，又说"君子深造之以道，欲其自得之也。自得之，则居之安；居之安，则资之深；资之深，则取之左右逢其源，故君子欲其自得之也"（《离娄下》）。"深造""资深""自得""居安""逢源"都是形容人与道体不断深入混融之状态。

　　"养"在修养工夫论意义上在孟子也有多个层面。养气是一个层面，如"养浩然之气""养夜气"。其次孟子也论到"养心"，他说"养心莫善于寡欲。其为人也寡欲，虽有不存焉者，寡矣；其为人也多欲，虽有存焉者，寡矣"（《尽心下》）。再次，孟子还说到"养身"，如说"拱把之桐梓，人苟欲生之，皆知所以养之者。至于身，而不知所以养之者，岂爱

---

　　①　陈来先生也强调，"正如并非抽象地说一粒种子有成为植物的可能性，而是指一株已经萌长的细芽所具有的可能性，且以此种生长的可能性为其本性，另一方面他也指出，此细芽虽然现实地具有明白完全的生长本性，但如果不能养之理之，则必不能完成其生长之途"（陈来：《先秦儒学讲稿：孔子·孟子·荀子》，生活·读书·新知三联书店2017年版，第180页）。

身不若桐梓哉？弗思甚也"（《告子上》）。应该说，养心与养身是一体的，身心一如，气为其中介，养身、养心、养气贯通一体，这是孟子的全面养生思想。需要注意的是，孟子强调"养其小者为小人，养其大者为大人"（告子上），养身并不是养口腹之欲，那只是"养其小者"，其所谓养身，应该说是讲在修心的主导下全身气脉的贯通，所谓"德润身"是也。《尽心上》孟子也说"君子所性，仁义礼智根于心；其生色也，睟然见于面，盎于背，施于四体，四体不言而喻"，"睟面盎背"是全身气脉通畅、生命力旺盛的表现。孟子还说："形色，天性也；惟圣人，然后可以践形。"（《尽心上》）"践形"古来解释不一，程子释为"充其形"，孟子于《尽心下》说"可欲之谓善，有诸己之谓信。充实之谓美，充实而有光辉之谓大，大而化之之谓圣，圣而不可知之之谓神"，"践形"可以说即是这里的"充实而有光辉""大而化之"，在"上下与天地同流"的状态中形体没有了质碍，似也可用"道成肉身"来诠释，形体成为道的表现，形而上下，完全贯通。

养气、养心，最根本的还是"养性"，孟子说："尽其心者，知其性也。知其性，则知天矣。存其心，养其性，所以事天也。夭寿不贰，修身以俟之，所以立命也。"（《尽心上》）朱熹认为"尽心知性而知天，所以造其理也；存心养性以事天，所以履其事也"[1]。"尽心""存心""养心"应该说都是要使本心之善完全朗现，善体全显，起心动念也都是天理流行、纯一善相。"知性""养性"是要见到万物一源同体，所谓"万物皆备于我，反身而诚，乐莫大焉""上下与天地同流"是也。"天"是宇宙存在之整体大全，"知天""事天"是对整体无限者"天心""天命"的敬畏。心、性、天是纵向贯通并十字打开的递进、提升，而这个动态的充养、扩充的过程也是始终伴随气在质和量两方面的变化。性可以从体用两个方面来讲，体上说，性是万物一源，发用上说，性即是"善"，仁义礼智是善在人道的主要表现。程子说"天者理也"，天理实质上即是个至善。人类之所以高于其他物种，应该说根本上讲人可以见性通天，达于至善，至善也是完成了的自由，从这个意义上讲人有"神性"。从存在论上讲，万物统一于气，同时展现为"善"的辩证运动，这又统一于人心、

---

[1] 朱熹：《四书章句集注》，中华书局 2011 年版，第 327 页。

人的灵明，人的灵明也即是宇宙的灵明和精神。孟子哲学深契于此，仁义礼智、至善植根于人心，本心是个至善，通达性天，但常人为现象物欲所蔽，往往放其良心，丧其天爵神性，则有沉沦禽兽之虞。通过"内求"理性之"思""操存""充养"的工夫，善的种子、萌芽终成参天大树，源泉混混，不舍昼夜，可放之四海，左右逢源。

方朝晖在前人关于孟子性善论的基础上提出一种新的动态人性观，认为"孟子的'性'概念包含先天地决定的生存方式或成长法则这一重要含义，而性善论的主要依据之一是指孟子发现了生命健全成长的一条法则——为善能使生命辉煌灿烂。孟子与道家均有一种动态的人性观，如果说道家人性论是从精神和生理角度发现了人性健全成长的法则，孟子人性论则是从道德角度发现了人性健全成长的法则。对孟子人性观的重新认识，可以弥补心善说和人禽说在解释孟子性善论时的不足"①，强调"为善有利于生命健康成长"②。这个看法对我们深入认识孟子"充养"修身工夫论颇有启发。植根于人心的善，只要得其养，就能不断扩充到天地，同时善是一种生命力，带着元气能量，善的生长，浩然之气会从根本上贯通全身气脉，使人富有勃勃盎然的生命活力。就此而言，孟子之学是养生学，是修身学，也是关于善的宗教学。

二　积善不息，通于神明

"积"在《荀子》一书中出现 86 次，多有修养工夫论意义。《性恶篇》、《儒效篇》都强调"圣人也者，人之所积"，"积"什么呢？积礼义。《儒效篇》强调说"人积耨耕而为农夫，积斫削而为工匠，积反货而为商贾，积礼义而为君子"。荀子非常重视外在环境习俗熏染的影响，这个熏染也就是"积"的过程，他也多次用到"注错习俗"一词，"注错"指行为举止，《荣辱篇》说"可以为尧禹，可以为桀跖，可以为工匠，可以为农贾，在执注错习俗之所积耳"，《儒效篇》也说"注错习俗，所以

---

① 方朝晖：《从生长特性看孟子性善论》，载《北京师范大学学报》（社会科学版）2016年第 4 期，第 100 页。

② 同上书，第 105 页。

化性也；并一而不二，所以成积也"、"人知谨注错，慎习俗，大积靡，则为君子矣"，应该说"注错习俗"内在都是强调对"礼义"的学习和教养。

在荀子看来，"饥而欲食，寒而欲暖，劳而欲息，好利而恶害"、"目辨白黑美恶，而耳辨音声清浊，口辨酸咸甘苦，鼻辨芬芳腥臊，骨体肤理辨寒暑疾养"，这些生理感官欲望和自然能力"是人之所生而有也，是无待而然者也，是禹桀之所同"，他把这些看作人的本性，"性不足以独立而治。性也者，吾所不能为也，然而可化也"，相应地，"积也者，非吾所有也，然而可为也"。在《荀子》的思想体系中，可以说，与"性"相对的是"积"和"伪"，积"礼义法度"，积"仁义法正"，而礼义、仁义可以说都是"生于圣人之伪，非故生于人之性也"，圣人通过"积思虑，习伪故"，以"生礼义"而"起法度"（《性恶》），就是说这些礼义、仁义、法度也不是圣人内心本性生出来的，不是圣人造出来的，圣人也是要通过"积""伪"才能成为圣人。人人都能认识仁义法正，都能实践仁义法正，因此人人都可以成为圣人君子。荀子也非常强调"师法"的重要性，他说"师法者，人之大宝也；无师法者，人之大殃也。人无师法，则隆性矣；有师法，则隆积矣。而师法者，所得乎积，非所受乎性"（《儒效篇》）。"隆性"就是顺着自己的性情，"从其性，顺其情，安恣睢，以出乎贪利争夺"就会流于小人或恶人。"隆积"，化性起伪，学习实践礼义法度，就会成为圣人君子。

"礼义法度"也好，"仁义法正""师法"也好，实质上都是"善"的表现，"积礼义"也就是"积善"。"积善"一词在《荀子》有三处，但在先秦其他文献中，"积善"一词非常少见，除《荀子》外，似仅见《易传·坤·文言》"积善之家，必有余庆；积不善之家，必有余殃"。"积善"在《荀子》一书具体语境如下：

> 积土成山，风雨兴焉；积水成渊，蛟龙生焉；积善成德，而神明自得，圣心备焉。故不积跬步，无以至千里；不积小流，无以成江海。骐骥一跃，不能十步；驽马十驾，功在不舍。锲而舍之，朽木不折；锲而不舍，金石可镂。（《劝学》）
> 故积土而为山，积水而为海，旦暮积谓之岁，至高谓之天，至下

谓之地，宇中六指谓之极，涂之人百姓，积善而全尽，谓之圣人。彼求之而后得，为之而后成，积之而后高，尽之而后圣，故圣人也者，人之所积也。（《儒效》）

今使涂之人者，以其可以知之质，可以能之具，本夫仁义法正之可知可能之理，可能之具，然则其可以为禹明矣。今使涂之人伏术为学，专心一志，思索孰察，加日县久，积善而不息，则通于神明，参于天地矣。故圣人者，人之所积而致矣。（《性恶》）

"积善而全尽，谓之圣人"可以说圣人是善的完全实现。"积善成德"是使善内在化为稳固的德性，这时就会"神明自得"。"积善不息"到"通于神明，参于天地"，可以说从量变达成了质的变化和飞跃。"神明"在《荀子》一书中出现 7 次，值得关注。关于"通于神明"，《儒效篇》也说"注错习俗，所以化性也；并一而不二，所以成积也。习俗移志，安久移质。并一而不二，则通于神明，参于天地矣"。"通神明，参天地"可以说是一个至高的修养境界。《易传·系辞》也多处讲到"通神明"的问题，如《系辞下》说"古者包牺氏之王天下也，仰则观象于天，俯则观法于地，观鸟兽之文，与地之宜。近取诸身，远取诸物，于是始作八卦，以通神明之德，以类万物之情"、"子曰：'干坤其易之门邪？干，阳物也；坤，阴物也，阴阳合德，而刚柔有体，以体天地之撰，以通神明之德'"，"神明"与"天地"都是并列出现。可见，《荀子》与《易传》在一些具体思想表述上存在着一定关联性。不过，《系辞》是"通神明之德"，《荀子》是"通于神明"，类似直接用"通于神明"一词的，是《孝经》"子曰"："孝悌之至，通于神明，光于四海，无所不通。"《管子·九守篇》也说"诚畅乎天地，通于神明，见奸伪也"。《荀子》一书多处言及"通于神明"，这一点在先秦典籍中很突出，"神明""通于神明"与荀子思想体系甚有关涉，但前人于此鲜有深论。"积善不息"的质变是"通于神明，参于天地"，可以说道德境界，进入了天地境界，"神明"高于"善"，也可以说善源于"神明"。"积善全尽"就达到了神明化境，也就是进入了圣人境界。究极本原而论，在荀子，圣人也是源于神明。"神明"于《荀子》，大概相当于"天"于《孟子》。孟子由内而外，存心养性以通天；荀子由外而内，化性起伪、积善不息，以通神明，都是天人合一、合内外之道。

"积"为聚集、汇聚之义，不自觉的"积"是习染，自觉的"积"是主动学习，都是由外而内。《荀子》一书中用的"积"多是从正面来讲，强调的是"积善""积德""积美""积思虑""积义"，等等。在《荀子》中，与"积"意义比较接近的还有"靡"，如《性恶篇》说："得贤师而事之，则所闻者尧舜禹汤之道也；得良友而友之，则所见者忠信敬让之行也。身日进于仁义而不自知也者，靡使然也。今与不善人处，则所闻者欺诬诈伪也，所见者污漫淫邪贪利之行也，身且加于刑戮而不自知者，靡使然也。传曰：'不知其子视其友，不知其君视其左右。'靡而已矣！靡而已矣！""靡"这里就是浸润、浸染的意思。"积"与"靡"也有连用的情况，如《儒效篇》说："工匠之子，莫不继事，而都国之民安习其服，居楚而楚，居越而越，居夏而夏，是非天性也，积靡使然也。故人知谨注错，慎习俗，大积靡，则为君子矣。纵情性而不足问学，则为小人矣。"当然，"积"更多的是主动自觉的学习积累，而"靡"似多指不自觉的耳濡目染、浸润、熏习，"积靡"连用时偏指"靡"的意味较重。"积"在《荀子》中与"伪"的意思也较为接近，《性恶篇》5 次出现"礼义积伪"连用：

> 问者曰："礼义积伪者，是人之性，故圣人能生之也。"
>
> 应之曰：是不然。夫陶人埏埴而生瓦，然则瓦埴岂陶人之性也哉？工人斫木而生器，然则器木岂工人之性也哉？夫圣人之于礼义也，辟则陶埏而生之也。然则礼义积伪者，岂人之本性也哉！凡人之性者，尧舜之与桀跖，其性一也；君子之与小人，其性一也。今将以礼义积伪为人之性邪？然则有曷贵尧禹，曷贵君子矣哉！凡贵尧禹君子者，能化性，能起伪，伪起而生礼义。然则圣人之于礼义积伪也，亦犹陶埏而为之也。用此观之，然则礼义积伪者，岂人之性也哉！所贱于桀跖小人者，从其性，顺其情，安恣睢，以出乎贪利争夺。故人之性恶明矣，其善者伪也。

学界主流长期以来，多把荀子之"伪"泛泛理解为人为，应该说这是不够准确的，廖名春强调，作为与自然之性相对的，"礼义积伪""其善者伪"之"伪"并非指一般意义上的人为，"而是有着特定的内涵，指的是道德理性之为"①。由此，我们也可以说《荀子》中的"积"主要来讲也不是一般意义上的"积"，而是善言善行之积、德性之积，善是道，是力量和能量，积善成德，使善成为内在稳固的德性，就把本于身体欲望的自然本性给化掉了，最终通于神明。当然，就《荀子》文本文言，细究起来，"积"与"伪"也还是有区别的，《正名篇》说"生之所以然者谓之性；性之和所生，精合感应，不事而自然谓之性。性之好、恶、喜、怒、哀、乐谓之情。情然而心为之择谓之虑。心虑而能为之动谓之伪；虑积焉，能习焉而后成谓之伪"，这样如梁涛所说"伪"就是"心经过思虑后作出的选择、行为"②，同时，"伪"又是"积"的结果，是一种善的成就。

三　养积互发，内外一体：孟荀修身工夫合论

过去常简单认为孟子道性善、荀子道性恶，以至于把二人对立起来，历史和实践表明，这是不足取的。近年来的研究，使我们摆脱传统道统的偏见，能够正面认识孟荀思想的积极一面，呈现出孟荀合论、统合孟荀的新趋势。就历史和现实而言，《孟子》《荀子》对人的修身都很有裨益，都发挥了鼓舞人心、促使人向上向善的作用，两书的很多格言名句都有着穿越时空的永恒价值。

孟子的修身工夫一言以蔽之曰"养"。在孟子，心、性、天是内在贯通的，善是"根芽""源泉"，内在于人心人性。这种本体状态的心，通达性天，万物一体，我与万物是贯通一体的，一气相连相融，这是大我、人之"大体"。内心之善根、善源，顺其生长、流淌，终会参天地、放四海。但其生长、扩充是需要一定条件的，需要"勿忘勿助"的操存的工夫，需要呵护、养育，需要"集义"。孟子认为人有不学而能得"良能"、不虑而知的"良知"，爱亲、敬兄之仁义是人生而能知能行的。作为君主，爱亲敬兄之仁义扩充到天下百姓，就是行仁政。但是在外界恶俗环境

---

① 廖名春：《由〈荀子〉"伪"字义论其有关篇章的作者与时代》，载《临沂大学学报》2015年第6期，第21页。

② 梁涛：《荀子人性论辨正：论荀子的性恶、心善说》，载《哲学研究》2015年第5期，第73页。

的影响下，人可能会丧失、泯灭良知良能，良知良能受到窒息，不得伸展生长。因此，外在环境于孟子修身也很重要，当相对荀子来说，环境并不是根本决定性的，孟子说"待文王而后兴者，凡民也。若夫豪杰之士，虽无文王犹兴"（《尽心上》），天纵豪杰在恶俗的环境下照样可以成为圣贤，这靠的是对内在善性力量的觉悟①。

"积"字鲜明体现了荀子的工夫论特征。荀子把"性"看作所有天生的、非人为的因素，传统上多认为荀子主张性恶，应该说是有些不确切，近年来一些学者认为荀子是性朴说。荀子确实多从生理欲望和自私自利方面讲人性，顺着这个性会流于恶，但也直接说性恶，恐怕是荀子后学的进一步发挥，以与孟子对立。荀子说"今使涂之人者，以其可以知之质，可以能之具，本夫仁义法正之可知可能之理，可能之具，然则其可以为禹明矣"，又说"水火有气而无生，草木有生而无知，禽兽有知而无义，人有气、有生、有知，亦且有义，故最为天下贵也"，因此，"知"、"能"、"义"也是人性，"义"是一种分别善恶、循善而行的能力。《荀子·非相篇》说："人之所以为人者何已也？曰：以其有辨也。饥而欲食，寒而欲暖，劳而欲息，好利而恶害，是人之所生而有也，是无待而然者也，是禹桀之所同也。然则人之所以为人者，非特以二足而无毛也，以其有辨也。…夫禽兽有父子，而无父子之亲，有牝牡而无男女之别。故人道莫不有辨。辨莫大于分，分莫大于礼，礼莫大于圣王"。因此，全面来说，荀子所论人性有自然生理欲望、好逸恶劳、自我中心、争夺等不好甚至流于恶的一面，也有知、能、义，分别善恶、循善能行的一面，在荀子的论述中，似前者的惯性力量更大，因此就需要学习、积善，通过习伪来化性，所化之性是生理欲望自私争夺之性②。

在孟子，善内在于人心人性，工夫在存养扩充。于荀子，心性虽有知

---

① 孟子很重视"觉"字，他引伊尹的话说："天之生此民也，使先知觉后知，使先觉觉后觉也。予，天民之先觉者也；予将以斯道觉斯民也。非予觉之，而谁也？"（《万章上》）

② 杨国荣先生也指出，"在荀子那里，积善成圣同时又展开为一个化性的过程，亦即改造本性之恶使之合乎普遍的道德理想，后者决定了成圣不能归结为向出发点的回复，而应理解为新的人格要素的形成过程：'长迁而不反其初，则化矣'（《不苟》）。较之孟子'求其放心'之说，荀子对成人过程的如上理解，无疑体现了一种新的思路：它在理论上已经开始超越了复性说"，见杨国荣《超越本然的自我——从儒学的演变看荀子的人格学说》，载《思想战线》1993 年第 1 期，第 32 页。

善行善的能力，但本身还并不是善。在荀子，善作为道和礼义法度外在于心性，因此，需要积伪来化性。与孟子重内在觉悟、自得自觉相比较，荀子非常重视学习，其书第一篇即为劝学，与《论语》首篇《学而》之学习精神遥相呼应契合，学习的过程也就是积伪①。学习、积伪要"专心一"、锲而不舍，要"用心一"而不能"用心躁"，《荀子》说"今使涂之人伏术为学，专心一志，思索孰察，加日县久，积善而不息，则通于神明，参于天地矣"（《性恶篇》），"蚓无爪牙之利，筋骨之强，上食埃土，下饮黄泉，用心一也。蟹八跪而二螯，非蛇鳝之穴，无可寄托者，用心躁也。是故无冥冥之志者，无昭昭之明；无惛惛之事者，无赫赫之功"（《劝学篇》）。同样，孟子存养、操存工夫也强调要"专心致志"，不能一曝十寒，在《告子上篇》论牛山之木后，孟子说："无或乎王之不智也，虽有天下易生之物也，一日暴之、十日寒之，未有能生者也。吾见亦罕矣，吾退而寒之者至矣，吾如有萌焉何哉？今夫弈之为数，小数也；不专心致志，则不得也。弈秋，通国之善弈者也。使弈秋诲二人弈，其一人专心致志，惟弈秋之为听。一人虽听之，一心以为有鸿鹄将至，思援弓缴而射之，虽与之俱学，弗若之矣。为是其智弗若与？曰非然也"。当然，荀子专心的重点在学习圣人之礼义法度，而孟子专心的重点在操存、存养、扩充内心之善端。孟荀都很重视"心"的积极能动性，强调"思"的重要性，如孟子说："耳目之官不思，而蔽于物，物交物，则引之而已矣。心之官则思，思则得之，不思则不得也。此天之所与我者，先立乎其大者，则其小者弗能夺也。此为大人而已矣。""天所与我"之大体当为万物一体之善性、天性，但耳目之官常蔽于物，通过心之思可以除物之蔽，使得善性根源能生长、充扩，因此，孟子之思是发掘发扬内在善性之道②。同样，荀子也讲"解蔽"，通过"虚一而静"的心术修养可以解蔽，而"知道"。荀子的

① 东方朔指出，在荀子，"学还是人禽之别的一个重要标准"，"当年孟子言人禽之别再人有'四端'，荀子代之于人有义、辨、群、分；今荀子又言礼义之学为人禽之界端"，见东方朔《"可以而不可使"——以〈荀子·性恶〉为中心的诠释》，载《诸子学刊》（第七辑），上海古籍出版社 2012 年版，第 234 页。

② 杨海文认为，"孟子的'思'亦即牟宗三先生所说的"逆觉体证"，表现为在心的存在过程中不断地"反求诸己"。反求诸己，又是为了"扩而充之"，见杨海文《孟子心性论的逻辑架构》，载《南昌大学学报》（人社版）2002 年第 3 期，第 10 页。

"蔽"是由万物相异造成的，通过"虚一而静"的心术修养可以知道，做到"大清明"，使"众异不得相蔽以乱其伦"，从而"知道"："万物莫形而不见，莫见而不论，莫论而失位。坐于室而见四海，处于今而论久远。疏观万物而知其情，参稽治乱而通其度，经纬天地而材官万物，制割大理而宇宙里矣"，这是荀子的大人境界。《易传·系辞》所说"通神明之德，类万物之情"，"通神明之德"与荀子"大清明"相类，"类万物之情"与荀子"疏观万物之情"相类。《解蔽篇》的心术之道，与《荀子》其他篇章所说通过"积善"来"通神明"的方式似有所不同。《解蔽》在荀子比较特殊，心术，稷下，虚一而静。很少论积、没有"伪"字①。

总体上来说，孟子贵自得、充养，善内在于心性，善是心的本体、本根，本心即是善的源泉，善是仁义礼智之性理，也是一种"上下与天地同流"的浩然之气，理气合一的善是先天的，也是需要后天操存的工夫去养成的。本心之善根、善源需要不断充养、扩充，最终放之四海，参乎天地，通达性天，这种内圣修养在政治上也必然发之为仁政。荀子贵隆积、外烁，心虽有认识礼义法度的能力，但本身还并不即是善，相反心性中更多的是生理情欲、自私自利，若放纵这种情欲私利之小我，天下就会大乱。善是社会群体的和谐有序，要靠礼仪法度来保障，因此人必须努力学习礼仪法度，不断积善成德，积伪化性，化小我为大我，最终通于神明、参于天地。孟子重自得自觉，荀子重学习积累，但两人都有从小我走向大我之期许和信心，故"人皆可以为尧舜""涂之人皆可以为禹"，小我指源于身体的感官情欲、自私自利之我，大我指"上下与天地同流""万物皆备于我"、"通于神明，参于天地""大清明"之我。孟荀学术同归于个人、社会与天地的康乐和谐、生生不息，既是大生命养生修养哲学，也是天下太平、世界大同的政治哲学。今天儒学的发展需要统合孟荀，反本开新、综合创新，才能开拓儒学在新时代发展的新格局、新境界。

---

① 梁涛认为，《解蔽》"完成于游齐的晚期，这说明荀子晚年一定程度上改变了之前对思孟之学的态度，不再视为敌人，而是有意地借鉴、吸收，并对自己以往的思想进行调整。荀子晚年出现这种思想变化不是偶然的，而是与其关注意志的塑造、培养以及道德主体性的确立密切相关的"（梁涛《荀子人性论的历时性发展——论〈修身〉〈解蔽〉〈不苟〉的治心、养心说》，载《哲学动态》2017 年第 1 期，第 65 页）。当然，我们是把《荀子》各篇看作是荀子不同年龄阶段思想的反映，还是看作荀子门人后学不同思想的表达，这也可以再讨论。

从孟子"良知"到《大学》"诚意""致知"

——论阳明"致良知"思想的来源与内涵

张 兴

（山东社会科学院国际儒学研究与交流中心）

引 言

"致良知"学说可以说是阳明晚年最重要的学术宗旨，学术界一般认为阳明是在 49 岁时在江西提出的。[①] 目前，学界对于阳明的"致良知"学说研究较多，主要集中在"致良知"学说的提出[②]、"致良知"的原则方法与功夫理路[③]、"致良知"说的提出过程[④]，等等。而对于阳明"致良知"学说的主要来源则没有详细的学术研究，只是普遍认为来源于孟子的"良知"与《大学》中的"致知"条目，这种说法并不完善。此外，关于"致良知"学说的思想内涵，学界的探究并不充分，这都是研究阳明学说必须要明确的事情，因此，本文拟通过分析阳明"致良知"思想的主要来源来探究其主要内涵。

[①] 参见陈来先生对阳明"致良知"学说提出的考证。陈来：《有无之境——王阳明哲学精神》，北京大学出版社 2006 年版，第 149—152 页。

[②] 王磊：《从"格物"、"诚意"到"致知"——王阳明的〈大学〉诠释与"致良知"的提出》，《烟台大学学报》（哲学社会科学版）2014 年第 1 期，第 32—39 页。

[③] 马智：《王阳明"致良知"探微》，《社会科学家》2012 年第 6 期，第 12—14 页。

[④] 赖忠先：《从贵阳到南昌：致良知说的提出过程》，《贵阳学院学报》（社会科学版）2007 年第 4 期，第 1—10 页。

一　从孟子的"良知"到人人都具有的是非之心

"致良知"是由"致知"与"良知"两个概念相互结合而来的。而"良知"的一词则来源于《孟子》一书。《孟子·尽心上》中记载：

> 孟子曰："人之所不学而能者，其良能也；所不虑而知者，其良知也。孩提之童无不知爱其亲者，及其长也，无不知敬其兄也。亲亲，仁也；敬长，义也；无他，达之天下也。"①

"良知"的"良"字，梁涛先生注解为"先天的，天然的"。② 朱子注解为"良者，本然之善也。程子曰：'良知良能，皆无所由；乃出于天，不系于人。'"③ 孟子说，一个人无须通过学习就能做到的事情，就是良能。一个人无须经过思虑就能知道的事情，就是良知。两三岁的小孩没有不知道亲爱父母的，等到他长大了，没有不知道应该敬重他的兄长的。小孩子亲爱自己的父母，这就是仁；长大之后能够敬重自己的兄长，这就是义。做人没有其他的，只是把这种"仁义"推行于天下罢了。根据孟子对"良知"的定义，"不虑而知者"，主要是说一个人不需要思考就能知道的事情，就被称之为"良知"。可见，一个人从出生就具备"良知"这种道德情感。

梁涛先生认为："人生而具有不必通过学习和思考的'良知''良能'，也就是仁义之心或善性。但'良知''良能'还只是善的萌芽、开端，需要将其进一步扩充到天下。"④ 也就是说，人从一出生就具备"良知""良能"这种道德情感，但这并不是说这个人的"良知""良能"就能马上能实现，而是要像一棵大树的种子一样，只是具有长成大树的可能性，然而要能真正长大成树，还需要一个逐步积累并实现的过程。其实，这里面也有隐含的一层意思，这种"良知""良能"如果在后来被蒙蔽或

---

① 《孟子·尽心上》。

② 梁涛：《孟子解读》，中国人民大学出版社 2008 年版，第 343 页。

③ 朱熹：《四书章句集注》，中华书局 2010 年版，第 331 页。

④ 梁涛：《孟子解读》，中国人民大学出版社 2008 年版，第 344 页。

者被摧毁，也是有可能实现不了的。这就为阳明日后如何发展"良知"的内涵埋下了伏笔。

在孟子的理解之中，"良知""良能"这种情感实际上就是一个人的"仁义之心"。孟子对"良知"的理解对阳明有着重要的启发，阳明在对孟子"良知"理解承袭的基础上继续发展，在《传习录上》记载：

> 又曰："知是心之本体。心自然会知：见父自然知孝，见兄自然知悌，见孺子入井自然知恻隐，此便是良知，不假外求。若良知之发，更无私意障碍，即所谓'充其恻隐之心，而仁不可胜用矣'。然在常人不能无私意障碍，所以须用致知格物之功。胜私复理，即心之良知更无障碍，得以充塞流行，便是致其知。知致则意诚。"①

阳明认为，"知"就是"心"的本体，我们也可以认为本体的"心"就是"知"。本体的"心"是自然而然会"知"。比如说，见到父亲自然而然就知道孝了，见到兄长自然而然就知道悌了，见到孺子掉进井中自然而然就知道恻隐了，这就是"良知"，是不假外求的。其实，这种心之"孝""悌""恻隐"就是一个人的"良知"，是人天生就具有的内在特征，根本就不需要向外探求。在阳明的认识中，"良知"是人所特有的内在特征，只要是人，必然有此特有的内在特征，没有"良知"的就不是人，此点阳明与孟子的态度是一样的。而"良知"的内在特征就体现在"不假外求"上，且此"良知"并不是通过外在事事物物对于人"心"的影响所产生的。

可以说，"良知"就是这样一种与生俱来的、为人所独有的内在特征。这跟孟子所理解的"良知""良能"是"仁义之心"，是人一出生就具有的道德情感是一样的。但是，阳明进一步认为，这种道德情感是人所独有的内在特征，"不假外求"，自然而然就存在于人身之上。阳明在孟子所理解的"良知""良能"为"仁义之心"的基础上进一步提升，认为"良知"更是一种"是非之心"。

众所周知，孟子最著名的思想并非是"良知"，至少比"良知"重要

---

① 王守仁：《王阳明全集》，上海古籍出版社 2011 年版，第 7 页。

的还有"四端之心"说。孟子说：

> 由是观之，无恻隐之心，非人也；无羞恶之心，非人也；无辞让之心，非人也；无是非之心，非人也。恻隐之心，仁之端也；羞恶之心，义之端也；辞让之心，礼之端也；是非之心，智之端也。人之有是四端也，犹其有四体也。[①]

孟子所谓的"仁义礼智四端之心"就是指恻隐之心、羞恶之心、辞让之心、是非之心，这是"心"之四端。这"四端之心"对于孟子的学说来说是非常重要的。梁涛先生认为这一段："仍是在讨论仁政，提出仁政的基础在于每个人都具有的'不忍人之心'，将性善论与仁政结合在一起，是孟子思想的重要篇章。"[②] 但是孟子却没有将"四端之心"说跟"良知"结合在一起进行阐释，也就是说，孟子并没有将"良知"与"是非之心""恻隐之心"联系在一起。而到了阳明这里，阳明则明确提出了"见孺子入井自然知恻隐，此便是良知"[③] 的说法，即"良知"包含"恻隐之心""是非之心"。可谓是对孟子"良知"说的一步大发展。

可以说，在阳明的理解当中，恻隐之心、羞恶之心、辞让之心、是非之心，这"四端之心"都是"良知"，实际上是将孟子的"四端之心"说与"良知"说更紧密地联系在了一起。

但是，对于"四端之心"，阳明认为它们的地位并非都是一样的，阳明尤其突出了"是非之心"之于"良知"的重要性。阳明的"良知"说，实际上是将"是非之心"作为统率恻隐之心、羞恶之心、辞让之心来看待的，这标志着阳明对于孟子"良知"学说的进一步发展。[④] 也说明阳明思想中所蕴含的深厚的孟子学基础。

那么，为什么阳明会将"是非之心"作为"良知"的重点呢？我们来看一个例子。

---

① 《孟子·公孙丑上》。

② 梁涛：《孟子解读》，中国人民大学出版社 2008 年版，第 103 页。

③ 王守仁：《王阳明全集》，上海古籍出版社 2011 年版，第 7 页。

④ 参见陈来先生对是非之心之于良知的论述。陈来：《有无之境——王阳明哲学的精神》，北京大学出版社 2006 年版，第 154—155 页。

阳明有一个学生叫陈九川，也是明代中期的理学家，江右王门的代表人物之一。阳明就曾对他说：

> 尔那一点良知，是尔自家底准则。尔意念着处，他是便知是，非便知非，更瞒他一些不得。尔只不要欺他，实实落落依着他做去，善便存，恶便去。①

阳明对他的学生陈九川说，你那一点点的良知，就是你自己的行动准则。你的意念显露之处，意念是对的，良知就知道它是对的；意念是不对的，良知就知道它是不对的，你是一点也无法欺瞒自己的良知。

阳明这段话的意思是说，"良知"是每一个人天生就有的准则，而这个准则最主要的作用是判断人的"意念"是对还是错。你千万不要欺骗自己的"良知"，实实在在的凭借着"良知"的指引去做事情就可以了，这样做的话，你的"善念"就会持续存在，而你的"恶念"就会离你而去。

因此，阳明所强调的"良知"首要的便是"是非之心"。阳明认为，"良知"不仅能指导我们知道什么是是，什么是非，而且还能引导我们能够"好"是而"恶"非。其前提首先是要分辨人的"是非之心"，也就是要分辨"良知"，从这个层面来看，"良知"最重要的内涵便是"是非之心"。

"良知"除了具有"是非之心"的内涵之外，还是一种人人都具有的特性。阳明说：

> 自圣人以至凡人，自一人之心以达四海之远，自千古之前以至于万代之后，无有不同，是良知也者，是所谓天下之大本也。②

阳明说，从圣人一直到普通人，从一个人的心一直到遥远的四海之滨，从千万年之前一直到万世万代以后，没有什么是不同的，这就是

---

① 王守仁：《王阳明全集》，上海古籍出版社 2011 年版，第 105 页。

② 王守仁：《书朱守谐卷》《王阳明全集》卷八，上海古籍出版社 1992 年版，第 141 页。

"良知"，也就是所谓的天下的大本。也就是说，阳明不仅认为"良知"是一个人天生就具有的，而且还认为"良知"是任何一个人都具有的，而且对于任何一个人来说其"良知"都是一样的，是一种人人都具有的特征。

阳明还说：

> 是非之心，知也，人皆有之。子无患其无知，惟患不肯知耳。……今执途之人而告之以凡为仁义之事，彼皆能知其为善也。告之以凡为不仁不义之事，彼皆能知其为不善也。①

阳明还认为，每一个人都有"是非之心"，这就是"知"，也就是"良知"。你不要担心没有"良知"，只需要担心不愿意知道"良知"罢了。

阳明上面的这两段话说明，每一个人一出生就具有这种"良知"，对于每一个人来说，"良知"都是完全相同的，都是一种人人都具有的特征。因此，我们可以说，阳明所理解的"良知"就是一种人人都具有的是非之心。阳明"借用"了孟子的"良知"说所蕴涵的"仁义之心"的发展性与与生俱来性，将"良知"的内涵提高到了人人都具有的是非之心的层次，可谓是对孟子"良知"说最好的继承与发展。

二　从《大学》"诚意"到"着实用意去好善恶恶"

目前，学界普遍认为《大学》中的"致知"条目是阳明"致良知"学说最重要的来源，这种观点是没有问题的。但是，这并不能说明《大学》中的其他条目对"致良知"学说的形成影响就比较少。事实上，阳明对《大学》中"诚意"条目的理解，最终导致了其学说的重点转向了"致知"或"致良知"，这也是我们所不能忽略的。

阳明在教育他的学生陈九川时曾提到，"尔那一点良知，是尔自家底

---

① 王守仁：《王阳明全集》，上海古籍出版社 2011 年版，第 308 页。

准则。尔意念着处，他是便知是，非便知非"①，"良知"是每一个人天生就有的准则，而这个准则最主要的作用是判断人的"意念"是对还是错，或者说判断人的"意念"是善念还是恶念。

阳明要让人能够在"意念"上存善念去恶念，一个首先要解决的问题便是要能分辨出"意念"上的善念与恶念。那人们怎样才能分辨出善念还是恶念呢？这就需要人们的"知"了，即人的认知能力。也就是说人怎样才能够知善、知恶呢？在阳明的理解中，对于是非、善恶的"知"并非是从外在的世界获得的。任何一个人都有天所赋予的"良知"作为其分辨是非、善恶的"知"，这就是说人的"良知"是能够分辨出人所发出的"意念"活动中的善念与恶念的，这就是前文提到的"良知"是人人都具有的是非之心，而是非之心则能分辨"意念"活动中的善念与恶念。

从这个意义上来说，阳明的学说开始由"诚意"转向"致知"。虽然，"良知"是天所赋予的是非之心，也是人人都具备的，但是，"良知"在每一个人身上的表现却又是不完全相同的。由于每一个人都受到不同程度的私欲蒙蔽，所以，如果要将内心中那一个完满的是非、善恶标准表现出来，就需要人去"致知"，也就是说人要去"至极其良知"，将受到不同程度的私欲蒙蔽的"良知"尽可能恢复到至极的"良知"。这也是阳明对"致知"的基本看法。

那怎么样才能恢复或者扩充自己的"良知"到至极呢？阳明认为，恢复或扩充"良知"需要一个过程，而这个过程或者工夫，就需要用到"致知"的前一个条目，它就是"格物"。根据《大学问》的记载来看，"格物"主要是指正其"实有之事""即其意之所在之物而实有以为之"。阳明所说的"即其意之所在之物"，很明显有朱子将"格物"训为"即物"的影子。朱子的"即物"只是"格物"内容的第一个方面。阳明此说虽然有朱子将"格物"训为"即物"的影子，但是，阳明所说的"物"主要还是指"意"之所在之"物"。也就是说，阳明所要格之"物"，一定是跟人的意念活动有关的事物，无论是意念所发的单纯性思想之物，还是意念所发之后与具体物件结合在一起的事物，其核心始终在

---

①　王守仁：《王阳明全集》，上海古籍出版社 2011 年版，第 105 页。

于突显"意念"之所发。

在《大学》原文中，对于"诚意"的解释是这样的：

> 所谓诚其意者：毋自欺也，如恶恶臭，如好好色，此之谓自谦，故君子必慎其独也！①

《大学》文本对"诚其意"的解释首先是"毋自欺"，然后才是"恶恶臭""好好色"。在这里，《大学》文本为什么说要"毋自欺"？很明显，在现实情况中存在着"不自欺"与"自欺"两种不同的意念。"不自欺"的意念是人的意念能够"诚"之后的状态，一般情况下圣人能做到；而"自欺"的意念主要是指世间的普通人的意念，意念之不"诚"而发的，因为蔽于物欲而处于一种"自欺"的状态。

阳明在给郑德夫的序中说：

> 曰：心又何以能定是非乎？曰：无是非之心，非人也。……子务立其诚而已。子惟虑夫心之于道，不能如口之于味、目之于色之诚切也，而何虑夫甘苦妍媸之无辨也乎？②

阳明认为，没有是非之心的人就不是人，正是因为人有是非之心，所以人是能够分辨是非的。学者主要是真能够立其诚，能实其意，便会自然而然的分辨是非。《大学》文本中的"毋自欺"是说我们要发自内心地去厌恶臭味、喜好美色，在日常实践中全部根据"心之本体"的指引去做，千万不要违反或者欺骗自己的"心之本体"。既然，"诚意"的具体内涵是"毋自欺"，那么"毋自欺"作为一个道德修养的科目，事实上是认为人有一个先天而存在的是非之心，"诚意"的过程就是要让人不要欺骗自己本有的善良之心。而阳明所说的"立诚"之教的内涵也是希望人能实其是非之心，按照是非之心所发的意去实用其力。因此，可以说，正是由于阳明"诚意"学说的这种内在要求，"诚意"学说才最终发展为后来的

---

① 朱熹：《四书章句集注》，中华书局 2010 年版，第 8 页。
② 王守仁：《王阳明全集》，上海古籍出版社 2011 年版，第 266 页。

"致良知"学说。

《传习录》下中曾记载：

> 心之发动不能无不善，故须就此著力，便是诚意。如一念发在好善上便实实落落去好善，一念发在恶恶上，便实实落落去恶恶。①

阳明认为，心的发动不可能没有不善，因此必须要在心的发动处用力，这就是诚意了。如果学者心所发之意念发在了好善上，那就实实落落地去好善；心所发之意念发在了恶恶上，那就实实落落去恶恶就好。

按照阳明的说法，假如"诚"是"著力""实落"之意，那么阳明所提出的"诚意"就不能认为是泛指的"意念"，而应被认为是按照一个人本心中的好善恶恶的意去实实落落地去做了。从另一个角度来看，"诚意"之"诚"就应当是"行"之义。阳明曾在晚年说"知之真切笃实便是行"，故此我们也可以说"知之真切笃实"也就是"诚"，那么"知之真切笃实便是行"就可以被当作是"诚意"学说的一种形式。"一念发在好善上便实实落落去好善"则说明阳明的"诚意"说跟"知行合一"学说是有着密切联系的。但是，这里有个问题，阳明说"一念发在好善恶恶上"，便去著力去行便可。但是，凡事都有例外。万一一念发在了好恶恶善上，那究竟该怎么办呢？

当然，阳明在《大学问》中对于这个问题是有相关的回答的。阳明说：

> 故欲正其心者，必就其意念之所发而正之，凡其发一念而善也，好之真如好好色；发一念而恶也，恶之真如恶恶臭：则意无不诚，而心可正矣。②

凡是心所发之"意念"是善的，喜好它就跟真的喜好美色一样；凡是心所发之"意念"是恶的，厌恶它就跟真的厌恶恶臭一样，这样的话

---

① 王守仁：《王阳明全集》，上海古籍出版社 2011 年版，第 136 页。
② 同上书，第 1070 页。

"意念"就没有不诚的，心也就没有不正的。此外，阳明又说：

> 今于良知所知之善恶者，无不诚好而诚恶之，则不自欺其良知，
> 而意可诚矣。①

阳明认为，现在对于"良知"所知道的"意念"善与恶，全都是诚好、诚恶的，这样做就是自己不欺骗自己的"良知"，那么"意念"就能够诚了。阳明这段话语跟前文所说"一念发在好善上，便实实落落去好善"这段话是有所区别的。在前文所说的这段话中，阳明想要学者"诚其好善恶恶之意"，就像我们前面提到的，学者怎么样才能分辨一念之发的"所好"究竟是善念还是恶念呢？

阳明的《大学问》是在临去世之前几年才刊印的，当时阳明已经提出了"致良知"学说。因此，阳明在《大学问》中将"诚意"表达为"如意在于为善，便就这件事上去为；意在于去恶，便就这件事上去不为。"② 如果学者心所发之"意念"发在了好善上，那就实实落落地去好善，心所发之"意念"发在了恶恶上，那就实实落落去恶恶就好。根据阳明在《大学问》中的这种说法，"诚意"就应该根据"良知"的引导去"诚"。

可以说，这就是对于前面说到的阳明"诚意"学说产生问题的一种解决。但是，按照阳明的这种解释，假如"诚"是指实实落落去行，"诚意"就再也不再是诚"意"了，就变成了诚（致）其良知了。一个人一念发而为善，"良知"就知道它是善的，就会实实落落去行此善念。一个人一念发为恶，"良知"就知道它是恶的，就会按照"良知"的指引实实落落去除此恶念。在这种情况下，阳明的"诚意"学说就最终变成了阳明最重要的"致良知"学说了。

三 从《大学》的"致知"到"至极其良知"

目前，学界普遍认为《大学》中的"致知"条目是阳明"致良知"

---

① 王守仁：《王阳明全集》，上海古籍出版社 2011 年版，第 1070 页。
② 同上书，第 136 页。

学说最重要的来源，这种观点是没有问题的。阳明的"致良知"学说本来就是在《大学》"致知"条目的基础上，结合《孟子》的"良知"而来的。"致良知"是阳明晚年论学的核心宗旨，那么"致知"或者"致良知"究竟是指什么呢？

一直到阳明的晚年，阳明才明确提出"致知"的概念为"致吾心之良知"，具体为"若鄙人所谓致知格物者，致吾心之良知于事事物物也。"① 这是阳明在《答顾东桥书》中所提到的，可以说是对《大学》中的"致知"含义作出了明确的解释。在阳明的"致良知"学说中，"致良知"与"致知"其差别就在于"良知"与"知"。这也是很清楚的，阳明是将"致知"中的"知"解释为"良知"。接下来，通过对阳明"致良知"学说"致"字的具体解释来看"致良知"学说的主要内涵。

（一）"致良知"之"至极其良知"义

《大学问》中记载：

> 致者，至也。如云'丧致乎哀'之致，《易》言'知至至之'，知至者知也，至之者致也。致知云者，非若后儒所谓充广其知识之谓也，致吾心之良知焉耳。②

阳明认为，"致"字应当理解为"至"。这种训解方式，跟郑玄的训解是一样的，郑玄将"致"字理解为"至"字，"致知"就变成了"至于知"，因此郑玄强调"知"善物之"深"与知恶物之"深"，"深"字是用来形容"至"的程度的。那么，郑玄的理解就变成了"知善物深则来善物""知恶物深则来恶物"。显然，两者的字虽然一样，但是意思却相差极大。"丧致乎哀"之"致"，意思当为"极至"。而"至之者致也"，"致"的意思当为"至之。"

阳明将"致"字训解为"至"字，此"至"字应当理解为"至之其极"之意。"至"字有两种词性，每一种词性都伴随着一种解释。一是作

---

① 王守仁：《王阳明全集》，上海古籍出版社 2011 年版，第 51 页。
② 同上书，第 1070 页。

为名词，有极点、顶点之意；二是作为动词，有向极点、顶点运动的意思。由此可见，"致知"是一个不断发展变化的过程，"致知"是有自己的目的的，其目的便是要达到极点的"知至"。"至"字强调的是从"我"这里出发，到达那个极点。

阳明在《大学问》中还说：

> 吾良知之所知者无有亏缺障蔽，而得以极其至矣。①

也就是说，"致知"的"致"跟"极其至"的"极"是同样的意思，都是说一件事情经过不断的发展变化的过程而达到极点、顶点。推演到"致良知"上，就是说一个人要扩充自己的"良知"至其极点、顶点，一个人的极点、顶点也就是一个人的全体。

阳明在《寄邹谦之》的信中说：

> 某近来却见得良知两字日益亲切简易，……缘此两字人人自有，故虽至愚下品，一提便省觉。若致其极，虽圣人天地不能无憾。②

阳明说，世界上的每一个人都拥有"良知""若致其极，虽圣人天地不能无憾"，这即是说，假如一个人如果能够将自己的"良知"扩充到至极，那就是圣人了，不论这个人是否聪明还是愚蠢。"若致其极"中的"致"字表明，这是一个渐渐发展逐渐接近于极点、顶点的过程。"致良知"就是一个先扩充，然后至极至极点的过程。

"致良知"就是使自己的"良知"致其极，就是说"扩充"自己的"良知"至其极点。《传习录》中记载：

> 惟干问："知如何是心之本体？"
>
> 先生曰："知是理之灵处。就其主宰处说便谓之心，就其禀赋处说便谓之性。孩提之童，无不知爱其亲，无不知敬其兄。只是这个灵

---

① 王守仁：《王阳明全集》，上海古籍出版社 2011 年版，第 1071 页。
② 同上书，第 228 页。

能不为私欲遮隔，充拓得尽，便完全是他本体，便与天地合德。自圣人以下，不能无蔽，故须格物以致其知。"①

在这里，阳明用孩提之童亲爱其父母与敬重其兄长举例来说明"良知"是如何体现出来的。阳明认为，孩提之童亲爱其父母、敬重其兄长都体现了"良知"的本体，但这并不是"良知"本体的全部展现。每一个人只有从这些一开始显现的"良知"，比如说孩提之童亲爱其父母、敬重其兄长等，一步一步逐渐扩充至极点，"良知"的本体才能够真正的展现出来，能够将此"良知"之本体全部展现出来，就是做到了与"天地合其德"，做到了圣人的境界。而这也深深地体现出了孟子"四端之心"逐渐发见扩充对阳明"良知"学说的影响。

前面提到，阳明从孟子那里继承的"良知"是一种人人都具有的是非之心，此"良知"或者此"是非之心"能够分辨"意念"的善与恶、是与非。而"致良知"则包含着至极其"善念"与"恶念"两个层面，从善的方面来看，"至极其良知"就是至极其"善念"的一个层面。

（二）"致良知"之"使无亏缺障蔽"义

但是，一个被私欲遮蔽的普通人能够做到这种圣人的境界，又是多么的不容易。换一个角度来说，正是由于个人的私欲遮蔽、间隔了"良知"，才导致了"良知"本体不能完全展现出来。前文提到，孟子的"良知"说也有隐含的一层意思，这种"良知""良能"如果在后来被蒙蔽或者被摧毁，也是有可能实现不了的。所以，"致良知"的工夫其实包含了两个方面的内容。从善的方面来说，就是扩充自己的"良知"到极点，体现的是扩充到至极的一个逐步发展的过程；从恶的方面来说，就是要学者去除自己的私欲遮蔽、间隔，体现的是逐步去除遮蔽，恢复本体光明的过程。每一个人都有自己的"良知"发现，但是这种发现并非就是"良知"全体的完全展现，这需要一个"致知"的过程在里面。

于是阳明进一步指出：

① 王守仁：《王阳明全集》，上海古籍出版社 2011 年版，第 7 页。

　　　　诚意之本，又在于致知也，所谓人虽不知而己所独知者，此正吾
　　心之良知处。然知得善却不依这个良知便做去，知得不善却不依这个
　　良知便不做去，则这个良知便遮蔽了，是不能致知也。吾心之良知既
　　不能扩充到底，则善虽知好，不能著实好了。恶虽知恶不能著实恶
　　了，如何得意诚！①

　　"诚意之本，又在于致知也"，而阳明所理解的"致知"又是"致良
知"，而"致良知"则需要将自己的"良知"逐步扩充，以达到其极点。
阳明的好友黄绾就曾对阳明的"致良知"有过这样的记载：

　　　　予昔年与海内一二君子讲习，有以致知为至极其良知，格物为格
　　其非心者，又谓格者正也，正其不正以归于正。致者至也，至极其良
　　知，使无亏缺障蔽。②

　　黄绾此处的说法，可以说完全将阳明"致良知"的思想体现出来了，
"致者至也，致极其良知，使无亏缺障蔽"应该说是阳明"致良知"学说
的最完美注解，这就将笔者前面所说的"致良知"工夫所包涵的两方面
的内容全部体现出来了。"致良知"之"使无亏缺障蔽"义，即从恶的方
面来说，就是要学者去除自己的私欲遮蔽、间隔，体现的是逐步去除遮
蔽，恢复本体光明的过程。

（三）"致良知"之"知行合一"义

　　阳明的"致良知"学说，如果仅从文字训诂的角度来说，就是"至
极其良知"。但是，如果只是从"至极其良知"的解释来说，阳明"致良
知"学说的意义是不能完全体现出来的。"致良知"除去有"至极其良
知""使无亏缺障蔽"的涵义之外，另外一层涵义是说一个人要能够依照
"良知"而有所行动，就是要突出学者的行动来，这是阳明"致良知"学
说中非常重要的一个层面。

---

①　王守仁：《王阳明全集》，上海古籍出版社 2011 年版，第 135 页。
②　黄绾：《明道编》卷一，中华书局 1983 年版。

阳明有一个学生叫陈九川，阳明在赣州的时候就曾对陈九川说：

> 尔那一点良知是尔自家底准则，尔意念著处，他是便知是，非便知非，更瞒他一些不得。尔只不要欺他，实实落落依着他做去。①

阳明对自己的学生陈九川说，你那一点点的良知，就是你自己的行动准则。你的意念显露之处，意念是对的，良知就知道它是对的；意念是不对的，良知就知道它是不对的，你一点也无法欺瞒自己的良知。你不要欺瞒自己的良知，你只要能够实实落落依着（即良知）去做就好了。

"实实落落依着他（即良知）做去"这句话就鲜明地体现出阳明"致良知"学说中的行动意义来了，即是说注重行动应是"致良知"应该有的意义之一。前文提到，"良知"是检测"意念"善与不善的标准，也就是说"良知"是包括"知善"与"知不善"的，而"致良知"则是致其知善之知而必为之，致其知不善之知而必去之。因此，阳明的"致良知"学说，实际上包含学者的行动在里面，也就是说学者要根据"良知"的引导去行动，去具体的做。

故此，阳明在《书朱守谐卷》中提到：

> 如知其为善也，致其为善之知而必为之，则知至矣。……知犹水也，人之心无不知，犹水之无不就下也。决而行之，无有不就下者。决而行之者，致知之谓也，此吾所谓知行合一者也。②

阳明用"决而行之者"来阐述"致知"，换句话说，"致良知"是要将"良知"所知之善与不善真正贯彻落实到每一个人的行动中去。可以说，行动是"致良知"的一个必然要求。"决而行之"，体现出了阳明强烈的行动意味。

既然行动是"致良知"的一个必然要求，那么怎样做才是真正的"致良知"呢？阳明曾经以如何对父母"温清奉养"进行举例以说明什么

---

① 王守仁：《王阳明全集》，上海古籍出版社 2011 年版，第 105 页。
② 同上书，第 308 页。

才是真正的"致知"。阳明说：

> 知如何为温凊之节，知如何为奉养之宜，所谓知也，而未可谓之
> 致知。必致其知如何温凊之节者之知，而实以之温凊；致其知如何奉
> 养之宜者之知，而实以之奉养，然后谓之致知。①

阳明认为，一个人知道怎么对父母行温凊的礼节，知道怎么样奉养父母是合适的，这就是一个所谓的"知"，但是却不能称之为"致知"。一定要将他所知道的怎么对父母行温凊之礼节的"知"，实际去践行对父母的温凊之礼节；一定要将他所知道的怎么样奉养父母是合适的"知"，实际去践行对父母的合适奉养，然后才能说这个人是真的"致知"了。

这依然是阐述在有所"知"的基础上，强调"致良知"中所包含的行动特征。阳明还说：

> 温凊定省孰不知之，然而能致其知者鲜矣。若谓粗知温凊定省之
> 仪节而遂谓之能致其知，则凡知君之当仁皆可谓之能致其仁之知，知
> 臣之当忠者皆可谓之能致其忠之知，则天下孰非致知者邪？以是言
> 之，可以知致知之必在于行，而不行不可以为致知也，明矣。知行合
> 一之体不益较然矣乎。②

阳明认为，作为一个人要对父母行"温凊定省"之礼节，这是每一个人都知道的事情，没有一个人不知道的。但是，能够真正做到对父母行"温凊定省"之礼节的人却非常的少。如果说知道一点"温凊定省"之礼节就可以说能做到对父母行"温凊定省"之礼节，那么但凡是知道一点当国君的应该为"仁"的就可以说当国君的真正做到了"仁"，知道一点当大臣的应该尽"忠"的就可以说当大臣的真正做到了"忠"，那么天下谁不是"致良知"的人呢？通过这个例子来说，就可以知道"致良知"的关键在于一定要有"行动"，如果不"行动"就不能称为是真正的"致

---

① 王守仁：《王阳明全集》，上海古籍出版社 2011 年版，第 55 页。
② 同上书，第 56 页。

良知"了,这是一件显而易见的事情。

这依然是阳明在强调"行动"对于"致良知"的重要意义。也可以说,如果没有学者在有所"知"的前提下,所依据此"知"进行的行动,那"致良知"中的"致"永远都到不了至极的境界。

正是由于"致良知"中的"良知"为"知",而"致"又含有鲜明的"行动"之义,因此,阳明认为"致良知"学说是"知行合一"精神的完美体现。因此,我们也可以说阳明的"致良知"其实就是"知行合一"之义。阳明在《答陆元静》一文中曾这样写道:

> 孰无是良知乎?但不能致之耳。《易》谓"知至至之",知至者知也,至之者致知也,此知行所以合一也。近世格物致知之说,只一知字尚未有下落,若致字工夫,全不曾道着,此知行所以二也。①

在阳明看来,"致知"条目中的"知"是属于知的层面,而"致"则属于行动的层面。程子与朱子讲"格物穷理",这些人的学说都只是讲了"知"的层面,却没有讲"行动"的层面,因此在程朱那里,"知"与"行"就变成了两样东西。但是,"致良知"学说则是个人的"知"与"行"合一的学说。根据阳明的说法,"良知"是人人都具有的是非之心,能够判断意念的善与恶、是与非,"致"代表的是"行"的工夫,即行动之意,"致良知"就是要将人人都具有的是非之心在实践中行动,要真切的付出行动。从这个层面上来说,"致"就是行,就是行动的意思,而这正体现出了"致良知"之"知行合一"义。

结 语

综上所述,"致良知"学说作为阳明晚年最重要的思想,是阳明诠解《大学》文本思想最重要的体现。阳明的"致良知"学说,实际是结合《大学》"八条目"中"诚意""致知"条目与《孟子》一书中的"良知"说,并结合自己人生经历的切身体会,即强调"心"之本体指导下

---

① 王守仁:《王阳明全集》,上海古籍出版社 2011 年版,第 211 页。

的行动，所提出的一种全新的学说。

从"致良知"思想的来源来看，"致良知"学说主要包含三方面的内涵，一是"致良知"之"至极其良知"的内涵，即从善的方面来说，将自己的"良知"逐步扩充，以达到极点、极致；二是"致良知"之"使无亏缺障蔽"义，即从恶的方面来说，就是要学者去除自己的私欲遮蔽、间隔，体现的是逐步去除遮蔽，恢复本体光明的过程；三是"致良知"之"知行合一"义，"致"字所体现出来的行动内涵，即"良知"要通过行动展现出来。

大韩民国上海临时政府独立运动家
相片中扇子的儒家意味

赵镛珍

（韩国形质文化研究院）

在韩国历史上，朝鲜时代的两位王：英祖（在位：1724—1776）和正祖（在位：1776—1800）的时代是肖像画最流行、最兴盛的时代。临近的中国和日本虽然也有肖像画，但是朝鲜时代对于肖像画的热情要远超这两国，非常盛行。肖像画在朝鲜时代流行的原因与前时代高丽佛画的传统不无关系，这里面包含有古代人的物活论的来世观以及朝鲜建国的理论指导——性理学的名分论，朝鲜后期的时代思潮——实学，这些不同的要素巧妙的调和在一起而构成了朝鲜肖像画的特色。

物活论是祖先崇拜，实学是祖先的本来面目，性理学是被伟人的人品所感化的传神论，具有写实刻画祖先的画风，而不是掺杂有理想化的要素，传递着主人公的人品在其中。所以被命名为传神画。这里面有追寻儒家价值的思考在其中，因为从传统上来说，韩国的学者都属于儒学者。国王也不例外，举国上下都认真研读经筵，一般百姓更是从四书三经中得到训导，作为自己人生的教科书而没有松懈。

一　不是夏天，但是手中仍持有扇子的独立运动家

8 月对于韩国人来说有着特别的意义，因为若干年前的时候，韩国从日本帝国主义的统治下得以解放，所以这一天被命名为光复节。当时韩国的独立运动家们在韩国都是身居高位，但是他们放下了这一切流亡到中国，并设立了以大韩民国为名临时政府，为了争取独立而奋发向上。当时

在中国临时政府的工作人员得到了来自中国各级人民的物质和精神方面的援助。

　　有意思的是在下面的这个照片中有一个疑问点。照片中的人物是当时上海临时政府的工作人员，从他们穿的衣服来看不太像是炎热的夏天，但是在有些人的手里却还是拿着扇子。如果说拿着卷烟或者烟斗看起来似乎更帅气，但是斗志高扬的独立运动家们悠闲地拿着扇子的样子却显得不是太和谐，在不是夏季的日子里拿着扇子的样子似乎也不太恰当。

图 1　　在不热的季节手持纸扇的上海临时政府的独立运动家们

二　　两种不协调

　　在记录韩国古代风俗传统的书中写道：到了三伏天，国王会命令图画署的画员们画《濯足图》和《金刚山图》赐给大臣们，这是记录在《东国岁时记》中的内容。韩国的金刚山是连中国的文人墨客都知道的景色优美的名山，山美、水美。炎热的夏季，看着风景优美的山水画《金刚山图》，让人可以"卧游"名山，这幅图的用意可以让一般人了解并接受。但是另外一幅《濯足图》却让人难思国王的用意，为何偏偏是洗脚图呢，似乎有些不太合乎常理。具体是从什么时候已经无从考证了，这种流行在上层的风俗也逐渐流传到了民间，经常可以看到扇子上画有金刚山图。这里也有同样的疑问，虽然夏天在扇子上画金刚山图很和谐，但是"濯足图"却有些不太和谐。扇子自古多风雅，扇来"金刚山风"还有些韵致。如果说"濯足"而扇来清凉之风画面感觉不是很美。

图2　扇面的金刚山图很和谐，濯足图却不协调

三　肖像画中的虎皮垫子

在韩国美术史上值得骄傲的朝鲜时代的肖像画中还有一个不太调和的事情。如前所述，与中国和日本的肖像画不同，韩国朝鲜时代的肖像画在韩国美术史上具有重要的意义。高丽时代的镶嵌青瓷、高丽佛画、粉青沙器、朝鲜白瓷以及韩文文字是韩国历史上值得骄傲的文化结晶。不是因为有多大的规模，也不是非常的漂亮，工艺也不是特别精巧，越过这些表面的东西，其内在的表现只有韩国人能够理解，具有传统的韩国形式。其名称也不是简单地用"肖像"来表达，而是蕴涵有传递图画主人公人品意义的"传神画"来说明。这种美术的表达方式体现了儒学者本具的风采，这种传统被朝鲜的画家们继承了下来，从而使得儒学者的风貌通过"传神"这样的画风得以传播。这种肖像画中的文臣大都坐在铺有豹皮的交椅上，图画的样子大致如此。虽然是豹皮，但实际上并不区分是否是豹皮还是虎皮，都直接用虎皮来表述。（过去说豹子是小老虎，也许是因为这样的原因并不特别区分虎皮还是豹皮。）肖像画中一般都画有虎皮垫子，但是因为虎皮很珍贵，所以直接看着虎皮而作画的情况应该不是很多。虎图案有很多观念性的因素，听到有关虎皮的见闻而作画的情况应该不无可能。猛兽之王的虎皮垫子对于武官身份比较符合，但是对于作为儒学者的文官来说似乎是不太符合身份的物品。

国王赐给文武百官有关濯足的图画，这件事本身也不太符合国王的格调。作为儒学者的文臣坐在珍贵的虎皮垫子上的样子也不太协调。特别是作为朝鲜时代的儒学者文臣更是不和谐。在通读四书三经的当时，对于生活在儒家学问实践躬行时代的人们所具有的文化现象，国王和濯足图，文

图 3　文官肖像画中的豹皮垫子不符合身份

臣和虎皮之间这些看着不太协调的组合中找不到一些关联性吗？他们之间
学习的内容是相同的，所以喜欢的东西也应该差不多，思维也差不多一
致。如果思维差不多的话，这些从表面看起来没有关联的事物之间有什么
相同的地方吗？

四　清斯濯缨浊斯濯足

"濯足"一词来自孟子的《离娄》"有孺子歌曰：沧浪之水清兮，可
以濯我缨；沧浪之水浊兮，可以濯我足。"对于弟子的提问，孔子说清斯
濯缨，浊斯濯足，"一切事情都是根据自己的需要而自取。"

在扬子江的上游有叫作沧浪的江，半年流清水，半年流濯水。现在看
来，应该不一定就是六个月，而是在旱季流淌清水，雨季因为上流的雨水
而导致水质浑浊。所以江边的人民在水质清洁的时候可以洗手洗脸，在水
质浑浊的时候就只好洗洗脚了。所以有隐者还对此编写了歌曲流传，歌词
大意如下"沧浪你自己如果清洁，可以濯我缨；沧浪你如果浑浊，就只
能濯我足。所以如果想成为濯缨之水就要自己清洁。"可以解读成这样。

国王也曾通读儒家典籍，所以对于《孟子》中的这部分内容应该不
会陌生。在炎热的夏天赐给大臣们《濯足图》应该是对大臣们有特别的
意义。"在慵懒的夏日，你们作为士大夫阶层要注意不要成为洗脚水！"
具有这种意义的可能性是比较大的。如果这个推论是正确的话，就可以解
开一个疑问。"濯足"一词在当今韩国并没有什么高尚的评价，但是考虑
到《孟子》中的"濯足"就可以知道其实它是具有高尚的目的的。"濯

足"具有特别的意义，即便不如金刚山图，但是也可以画在扇面上，如此看来也不是不协调。因为每当扇扇子的时候，就会想起《孟子》中有关濯足的内容。

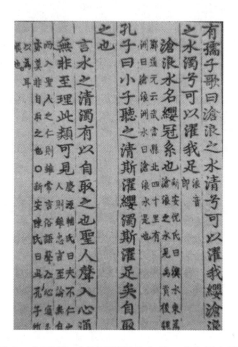

图4　《孟子》中有关濯足的内容，有自取之意

韩国的折扇多以合竹扇为主，与日本的团扇、中国的芭蕉扇不同，合竹扇可以说是韩国折扇的特色（徐兢，《高丽图经》）。但是一般来说，在制作折扇的时候，为了在边侧（合竹扇两侧的棱）进行点缀，所以主要使用具有竹节部分的竹子，偶尔也会用玳瑁进行装饰。韩国随处可见竹子，也经常应用在日常生活中。但是生活在热带的海龟在韩国沿岸并不常见，所以一般都是通过贸易交换而来。所以崇尚节俭的儒学者自身通过装饰有玳瑁的折扇来夸耀自己的财产显得也不是很和谐。

仔细观察肖像画可知，在官员的腰带上有斑纹，与折扇上装饰的玳瑁类似。系在腰上的犀带是九品官员的品阶中正一品和从一品官阶才能装饰的高级腰带。装饰有犀角的腰带在没有水牛的韩国来说是舶来品，对于崇尚节俭的儒学者来说似乎也不太和谐。折扇上有扇锤，上面装饰有玳瑁，再加上腰带上的犀角以及虎皮垫子。这些奢侈品之间又有着怎样的关联

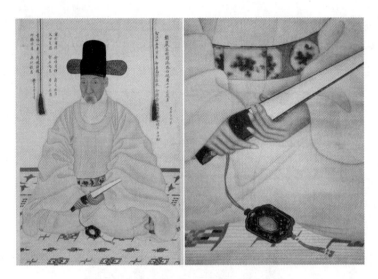

图 5　腰带上装饰犀角，折扇上装饰玳瑁，是什么原因呢？

呢？韩国的装饰纹样不只是好看，还有不同的意义存在。比如说牡丹象征富贵、石头代表长寿等。一般来说，玳瑁具有"长寿"的含义，这么来看具有豹纹的海龟的玳瑁甲代表长寿的意义也说得过去。

五　君子豹变,大人虎变,小人革面

海龟的玳瑁上的纹理与猎豹皮的纹理很相似。不过猎豹有其他的含义，《周易·系辞上》篇有"君子豹变"，这对于崇尚君子风范的朝鲜文人来说正合适。犀带的斑纹、猎豹的斑纹、玳瑁的斑纹，这三种斑纹有共同点。不和谐的是这些虎皮斑纹与文人学者，这些共同点是否与"濯足"有关也不得而知。

六　都俗又于南北溪涧为濯足之游

记录韩国风俗的《东国岁时记》中有如下的记录："都俗又于南北溪涧为濯足之游。"儒学者们并不只是为了游玩而濯足，把脚放在水中清洗的话会想到《孟子·离娄》章句中的"濯足"。所以在炎热的夏季，与大臣们有着同样儒学知识的国王也会赐给大臣们扇面图。国王从小就学习儒学，可以说深受其影响。所以对于提倡谨慎警戒的儒家教导念念不忘，在深宫大院之中散步莲花池，看着芙蓉亭自然会想起"清斯濯缨、浊斯濯足、自取等"孔子的教导。

从上往下俯视来看，芙蓉亭的样子像"亚"字的样子。它的装饰也用亚字窗。"亚"是指孔圣人之后的贤者孟子。亚字窗的亚字形构造，以及外观看来整个建筑像是在濯足，有不知道这个意思的王吗？这是为了避开炎热的夏季，而对生活时刻警戒的儒学者的精神体现。

图6　体现亚圣《孟子》教导的昌德宫芙蓉亭，看似濯足
构造的亚字形建筑以及亚字窗

（1）国王赐给大臣礼物一定要与濯足有关吗？

（2）折扇上一定要画濯足图吗？

（3）不是武官而是文官的肖像画为什么要画豹皮？

（4）为什么要在折扇的棱上装饰韩国少见的玳瑁？

（5）韩国没有的犀角为何要装饰在腰带上？

（6）天气还不热，为何要手持折扇？

按着这个顺序来思考，有关折扇的疑问似乎可以消失。

所以回到文章开头我们看到的照片中，当时临时政府的官员们手持折扇的原因就可以解释清楚。这些独立运动家都是儒学者，从小学习儒家的教导而长大。虽然照片中看到当时虽然不是炎热的夏季，但是他们还是手持折扇，这肯定有某种意义。虎皮纹理、玳瑁装饰的折扇、濯足等这些含义都蕴含在其中，随时在手，时刻提醒自己不要忘记儒家的根本精神，使其成为日常的行为规范。这些独立运动家具有的精神，正是我们称他们为"志士"的原因所在。

前文肖像画中的人物是朝鲜正祖时期领议政蔡济恭（1720—1799）的肖像。画师李命基没有使用常用的明暗法而是通过肉理纹法在绢帛的背面着色，这被称为背彩法（北彩法），所谓"一毫一发，不似则是他人。"通过这种技法来展现画中主人公的"传神"。可以说这是韩国肖像画史上值得骄傲的地方。

登毗卢绝顶

蔡济恭

脚下三千海　　盈盈小似杯

精神一豆廓　　元气与徘徊

万象干端出　　孤霞日本来

不令高眼着　　那有大心开

毗卢峰是韩国名山金刚山的一个山峰，登上毗卢峰可以超越俗人的境界，而达到高度的视野。通过诗文中可以感觉到老宰相的浩然之气，继而再次吟味修己治人、知行一致、一以贯之、薄己厚人等儒家的德行标准。

结　论

人天性懒惰，其实所有的物种从单位细胞开始都在节约这能量。即便知道什么是好，什么是自己擅长的，能克服辛苦而努力的人还是少数。克服这种本性而追寻理想价值的过程并不容易。因为称这种人为志士。为了鞭策懒惰懈怠的自己，要更加的谨慎和精进，这正是儒家的教导。虽然不是能带来实用性的实际心理，但是因为具有这种想法的人的存在，让那个时代有了独立运动的展开，才成就了今日的韩国。

本身为儒学者的独立运动家们是儒学的躬行者，为了实现他们追求的儒家理想，挺身而起与日本帝国主义抗争。抛弃了所有，选择了流亡中国，让我们牢记君子豹变和《孟子》中濯足的精神，记着右手还拿着玳瑁甲装饰的合竹扇！在这个炎热的三伏天，通过韩国独立运动家们的照片，让我们再次反思玳瑁甲装饰合竹扇的儒家意义。

后记 为了孟子思想与东亚儒学的共同发展

——第五届中韩儒学交流大会学术总结

杨海文

（中山大学哲学系教授，中国孟子研究院泰山学者）

受大会委托，由我对山东社会科学院、韩国国立安东大学、邹城市人民政府 2018 年 8 月 7—8 日在孟子故里主办的第五届中韩儒学交流大会进行学术总结。山东省外事侨务办公室、韩国驻青岛总领事馆给予了大力支持，中国孔子基金会、孔子研究院、韩国成均馆大学协办，本次会议由山东社会科学院国际儒学研究与交流中心、韩国安东大学孔子学院、中国孟子研究院共同承办。

本次会议收到 32 篇论文，中国学者提交 20 篇，韩国学者提交 12 篇，论文切合会议的主题——孟子研究。这 32 篇论文，昨天上午的主旨交流环节发表 6 篇，接下来的六场学术交流发表 26 篇。每位学者通过论文交流，展示了自己的理论思考，表达了对于孟子的深情厚谊。下面我从孟子的思想精髓、孟子的远亲近邻、孟子的隔代知音、孟子的海外传播等四个部分进行小结。

第一部分讨论孟子的思想精髓，共发表 10 篇论文，集中在孟子的心性道德修养论。郭美华先生、韩国学者高在锡先生对孟子的性善论进行了深入的阐发。郭美华先生发表论文之后，主持人彭彦华女士从编辑学角度做了一番让我们深受启发的商榷。李巍先生从"不忍""不忍人"两个概念出发，深度解读了孟子的"同情心"理论。韩国学者安秉杰先生对孟子的"大丈夫"概念层层解析，让我们对如何做大丈夫有了更切身的感悟。韩国学者安永喆先生对孟子的道德教育理论，孔德立先生对孟子仁政思想的内涵及其价值，孙聚友先生对孟子的社会管理思想，李友广先生对先秦儒家王道理想的应然指向与现实困境，都做了很精到的报告。

这一部分还有一个亮点，就是对《孟子》首章（1·1）与末章（14·38）的阐释：殷延禄先生的拿手好戏是古文字学，他抓住《孟子》首章说的"上下交征利而国危矣"中的"征"字，贡献了自己独到的见解；贡华南先生出版过不少讲味觉的著作，他经由《孟子》末章的"见而知之""闻而知之"这组范畴，深入到了孟子的心学与味觉的关系。所有的孟子研究都是基于《孟子》文本而展开的。只有理解了孟子的思想精髓，我们才能理解孟子思想沿着历史方向在不同时代、不同地区呈现的理论魅力，以及孟子思想博大精深的理论价值。

第二部分讨论孟子的远亲近邻，共发表 4 篇论文。我为什么提出"远亲近邻"这个说法？原因在于：一方面，孟子思想的形成有其历史渊源；另一方面，孟子与相近时代的思想家会产生方方面面的关联。从前一方面看，彭彦华女士解读孔子的"为己之学"，让我们倍感"古之学者为己，今之学者为人"（《论语》14·24）无比亲切；杨朝明先生是研究《论语》《孔子家语》的大家，他对"孔孟之道"这个众所周知的范畴做了正本清源的工作。从后一方面看，孟子与庄子、荀子有着密切的联系。孟子与庄子是同时代人，但他们是否见过面，这是宋代以来反复讨论的话题。韩国学者辛正根先生从心性论的角度，对孟子与庄子的思想异同做了扎实的解读。我对庄子与儒家（包括孟子）的关系问题写过几篇文章，听了他的报告，同样深受启发。翟奎凤先生主要讲孟子、荀子的修养工夫论，提到两位思想家可以相互补充，反映了学术界最近重视孟荀统合的新动向。

第三部分讨论孟子的隔代知音，共发表 9 篇文章，讲孟子思想在中国历史上的传播与发展，相当于我们平常说的中国孟学史，集中在宋明理学。"孟母教子"故事形成并定型于西汉的《韩诗外传》《列女传》，王志民先生认为"孟母教子"故事是中国传统家风家训的源头活水。我本人讲的是东汉著名学者刘熙（生卒年不详）如何影响交州孟子学这个小题目，侧重于考证。我们今天探讨孟学史，魏晋南北朝孟学史是相当薄弱的环节，研究得很少。李玉女士从孟子与孟母的关系、孟子与荀子的关系以及《千字文》说的"孟轲敦素"入手，对"励俗敦素"风气之下的魏晋南北朝孟学史做了细致入微的分析。宋代是孟子升格运动的关键时期。

李文娟女士研讨北宋初期的"道统"之兴起与"孟荀同尊"之余韵，提供了不少新材料、新见解。韩国学者洪元植先生研究朱子（1130—1200）与孟子的关系，认为朱子的《孟子集注》对孟子思想有误解甚至是曲解的。与此同时，韩国学者朱光镐先生认为孟子的性善论在整个朱子学体系中有正面的价值。两位韩国学者都讲朱子与孟子的关系，但一反一正，形成了交锋。韩国学者李哲承先生以孟子的"浩然之气"为关注点，对朱熹的《孟子集注》与王夫之（1619—1692）的《读孟子大全说》进行比较，旨在辨析两位孟学大家的解释有哪些相同与不一样。我们知道"良知"概念在《孟子》（13·15）第一次出现，《大学》讲"格物致知"，王阳明（1472—1529）提出"致良知"。张兴先生的论文认为：从来源看，王阳明的"致良知"与《孟子》的"良知"、《大学》的"格物致知"是密切相关的。这里我想补充一点："致良知"在后世得到充分的发挥，张载（1020—1077）对"良能"也是特别强调的，但孟子说的"良能"概念在后面的哲学史发展中没有得到全面的敞开，这是十分值得关注的问题。石永之先生解读了黄元吉（生卒年不详）视野中的孟子治气养心术，为孟学史研究打开了一扇从道家道教看孟子的窗户。沿着这条路走下去，我们有望发现孟子思想更为深邃、丰富的内涵。

第四部分讨论孟子的海外传播，共发表 9 篇论文，集中在韩国孟子学史，是这次会议的重头戏，为中国学者提供了相当好的学习机会。韩国学者黄晳起先生、秋制协先生的研究对象是两部韩国历史上的孟学作品：前者研究赵翼（1579—1655）的《孟子浅说》，后者研究李瀷（1681—1763）的《孟子疾书》。中国读者对于这两部作品比较陌生，但看到李瀷的《孟子疾书序》强调读《四书》要从《孟子》开始，我不由自主地想到韩愈（768—824）说过"故求观圣人之道，必自孟子始"。李存山先生、邢丽菊女士的论文都是探讨韩国儒学史上著名的四端七情之辨，他们认为四端七情之辨是在朱子学范畴中展开的。韩国学者全圣健先生把丁茶山（丁若镛，1762—1836）的孟子学与血气论结合起来，有助于我们深入理解"我善养吾浩然之气"在身体哲学方面的重要意义。韩国学者金恩景女士讨论了最近 20 年来韩国各大学的 202 篇博士、硕士学位论文，认为孟子研究在韩国得到了良好发展，因为学位论文就是最好的参照指标。韩国学者赵镛珍先生以大韩民国上海临时政府独立运动家老照片上的扇子为例，别开生面地揭示了其间蕴涵的儒家意味。物质文化如何承载儒家思想？这个研究方向亟待我们今后加大力度。

这一部分还有两篇文章的站位极高：韩国学者李润和先生探讨孟子思想中的忧患意识，借助的是法国当代哲学家弗兰索瓦·于连（Francois Jullien）说的"天下之忧"；杨泽波先生以其深厚的学养，认为儒家生生伦理学足以解决"是"与"应该"两相对峙、不可兼得的"休谟难题"。这两篇论文高屋建瓴地探讨孟子思想如何与世界哲学接轨，极富启发性。

以上我从四个方面对这次大会发表的 32 篇论文做了简单的总结，难免挂一漏万，敬请海涵。另外，我还想说两点：第一点，七位主持人（先后为杨朝明、韩国学者宋奂儿、孔德立、韩国学者辛正根、彭彦华、韩国学者李润和、石永之）都主持得很好，看来做主持确实是一件快乐的事。第二点，很多韩国学者的汉语讲得特别优秀，尤其是高在锡先生、朱光镐先生说得太好了。我虽然是中国人，但是汉语讲得没有他们好，真的很佩服他们！

在昨天的开幕式上，韩国驻青岛总领事馆总领事朴镇雄先生引用了两句话：一句是韩国的谚语"雨后的土地更加结实"，另一句是中国的名言"梅花香自苦寒来"。中韩儒学交流大会已经到了第五届，以后还会继续办下去。我们要立足现代化的潮流、国际化的视野，努力把孟子思想、孔孟思想以及中国优秀传统文化推广出去。第五届中韩儒学交流大会开得很成功，意义很重要。通过这次会议，我们彼此了解到孟子研究领域有哪些是双方经常讨论的问题，有哪些是值得双方进一步沟通的地方。为了有力推动孟子思想与东亚儒学的共同发展，我们期待中、韩学者携起手来，沿着孟子研究的基础性、开拓性这两个方面不断前进，促使两国的儒学交流取得丰硕的成果。

（本文由山东大学儒学高等研究院博士研究生王晶同学整理）